京师人文宗教讲堂

2012年卷（总第二卷）

北京师范大学人文宗教高等研究院 编

中国社会科学出版社

图书在版编目（CIP）数据

京师人文宗教讲堂.2012年卷：总第2卷/北京师范大学人文宗教高等研究院编.—北京：中国社会科学出版社，2015.10
ISBN 978-7-5161-6470-9

Ⅰ.①京… Ⅱ.①北… Ⅲ.①儒家-文集②道家-文集③佛教-文集④中医学-文集 Ⅳ.①B-53②R2-53

中国版本图书馆CIP数据核字（2015）第153785号

出 版 人	赵剑英
责任编辑	任　明
特约编辑	李晓丽
责任校对	王佳玉
责任印制	何　艳

出　　版	中国社会科学出版社
社　　址	北京鼓楼西大街甲158号
邮　　编	100720
网　　址	http://www.csspw.cn
发 行 部	010-84083685
门 市 部	010-84029450
经　　销	新华书店及其他书店
印刷装订	北京市兴怀印刷厂
版　　次	2015年10月第1版
印　　次	2015年10月第1次印刷
开　　本	710×1000 1/16
印　　张	25.25
插　　页	2
字　　数	418千字
定　　价	78.00元

凡购买中国社会科学出版社图书，如有质量问题请与本社营销中心联系调换
电话：010-84083683
版权所有　侵权必究

前言

"京师人文宗教讲堂"系列讲座是北京师范大学人文宗教高等研究院举办的纯公益性学术讲座,面向广大师生,面向全社会,邀请海内外人文宗教领域著名专家学者主讲。讲堂开设儒学、道学、佛学、中医四个系列讲座,每月两次,于当月双周周六上午在北京师范大学校内举行。自2011年起,已历四年。

讲座视角多元,内容广泛,兼顾学术与普及,不仅受到在京高校师生的欢迎,也得到社会各行各业众多人士的肯定。不少听众、包括一些未能到场聆听的人士希望得到讲座的相关资料,而将研究院主办的论坛、研讨会、讲座中专家学者精彩演讲结集出版,以飨读者,本在研究院规划之中。

2011年,研究院出版了《固本强身 走向世界——北京师范大学人文宗教高等研究院揭牌典礼暨首届高端论坛文集》,其他如儒学国际学术研讨会、中医养生论坛、北京尼山世界文明论坛、儒释道融合之因缘研讨会、两岸四地茶文化高峰论坛、方东美哲学思想研讨会等会议论坛文集亦已结集,不日即将出版。

"京师人文宗教讲堂"系列讲座2011年所讲内容,已收录于2012年出版的《相克相生 共进共荣——"京师人文宗教讲堂"讲演集(2011)》。现在奉呈给读者的,是2012年所讲内容的文集。之后"京师人文宗教讲堂"系列讲座内容,亦将按年结集出版。此系列文集,将均以《京师人文宗教讲堂》为名,分年计卷。因以《相克相生 共进共荣——"京师人文宗教讲堂"讲演集(2011)》为第1卷之故,本书标以"2012年卷(总第2卷)"。

相信文集的出版会让更多的朋友了解京师人文宗教讲堂,期待更多的朋友与我们共同推进中华文化和人类文明的进步。

目　录

儒学系列

汉魏石经与儒学传承 …………………… 上海社会科学院　虞万里（3）
春秋学与传统政治 ………………………………… 南开大学　赵伯雄（31）
《清儒学案》与治学之道 …………………… 中国社会科学院　陈祖武（55）
清代汉学的学术成就与思想意义 …………… 中国人民大学　黄爱平（71）

道学系列

中国传统文化中的道教 …………………… 中国社会科学院　王卡（93）
《道德经》的精神——节制与宽容 ……………… 北京大学　王博（119）
大道清虚 …………………………………………… 北京大学　王宗昱（141）
道教养生 …………………………………… 中国道教学院　孟至岭（164）

佛学系列

佛教对生活的看法 ………………… 黑龙江省佛教协会　静波（197）
祖师西来意：对禅宗中国化和中国化禅宗的考察
　　——以《祖堂集》《五灯会元》相关公案为例
　　………………………………… 江西省佛教协会　纯一（227）
佛教在欧美的形象变化
　　——兼谈全球化时代的佛教理念 ………… 北京大学　李四龙（270）

禅者的生活 ················· 金山江天禅寺　心澄（289）

中医学系列

中医学理论的特质与中华传统文化
　　················· 中国中医科学院　孟庆云（309）
中华医道与中华文化 ········· 中国中医科学院　傅景华（332）
中医非物质文化遗产的核心价值与公众健康
　　················· 中国中医科学院　柳长华（362）
儒释道文化与中医文化的精神 ········ 北京中医药大学　张其成（378）

儒学系列

汉魏石经与儒学传承

主讲：上海社会科学院　虞万里教授
时间：2012年3月24日
地点：北京师范大学英东学术会堂

主持人：各位朋友，各位老师，各位同学，我们北京师范大学人文宗教高等研究院的京师人文宗教讲堂儒学系列讲座，今天专门请来了从上海专程来给我们作报告的虞万里教授。

虞万里教授是上海社会科学院历史研究所的研究员，同时也是华东师大双聘的教授。虞万里先生的学术研究领域非常宽广，在中国传统文化这一块就有着非常多的研究成果和建树。在中国传统文化当中的儒学领域里，他有非常多的重要研究成果，不仅在传世文献，也包括从20世纪末以来直到现在清华简在内的一些竹简的研究，虞先生都有非常多的成就，在海内外的影响也非常大。他在中国台湾、中国香港、国外很多地方做过讲学、交流、讲座。

虞先生非常忙，但是他愿意和我们人文宗教讲堂一起做发扬光大儒学和中国传统文化的工作，来尽他的力。虞先生是一个"知行合一"的人，他是我们学界非常著名的一位孝子。另外，他很早就得过国内"王力语言学奖"，当时很少有青年人获得这个奖项，获奖的时候他是最年轻的学者。刚才说的是他学术造诣的方面。

另一方面是他在传统文化上的修养，他在诗书辞赋创作方面也都是很有建树的。所以今天非常高兴邀请到虞先生给大家作题为"汉魏石经与儒学传承"的讲座。今天还有这么多的听众来听，其实这讲也是我们的一个尝试，我们会把高端研究和普及宣讲相结合，让听众和我们互动，希望听众多给我们反馈。我们会有很多新的尝试，今年是其中之一。下面有请虞老师给我们作报告，谢谢！

虞万里： 主持人的介绍使我很惭愧。因为孔子传下来的儒家经典是一门浩瀚无际的学问，我在几十年中间所学到的仅仅是沧海一粟。本着这样的理念或精神，我觉得在有生之年，能够多学就多学。今天很荣幸被邀请来这儿跟大家作交流。

我为什么讲这个题目呢？因为前两讲有的老师讲了儒家的精神或者回归孔子这样的题目。我想理性层面上的认识当然很需要，但我们今天所得以领略或理解的儒家经典是否与孔子和两汉经学时代流传下来的经典完全一样，这是一个很大的问题。

层出不穷的竹简出来以后，有人说可以改写学术史，我认为这个命题确实让很多人翘望，但很难回答，到底能否改写？改写多少？这要依据我们的立足点和今后的研究来作最后的结论。当然，这是先秦和两汉之前的东西，今天我要讲的是汉魏以后的石经与儒家文本的关系。

我们今天得以理解、领略的儒家经典，从大致的形式来看，源于六朝的抄本，六朝时还没有刻本和印刷。六朝抄本之后，经历了从唐朝初年的《五经正义》到中唐张参的《五经壁本》，然后到开成石经——开成石经现在还陈列在西安碑林。然后是北宋初年的校勘本——先是单疏本，后是南宋注疏的合

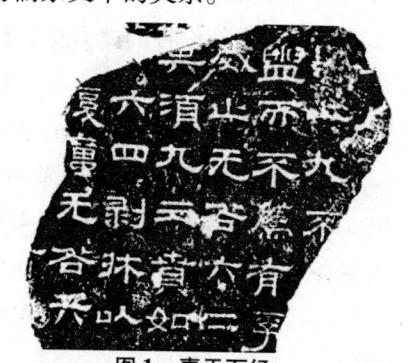

图1　熹平石经

刻本，再下来就有明代李元阳的《十三经注疏》的合刻本，就是版本学上所称的九行本。现在我们所阅读的，包括点校本哪怕是简体字本，一般都是从嘉庆年间阮元的《十三经注疏》本翻刻或排版、影印过来的。现在我们对各种经典的理解和解说都是在这样一个系统下建立起来的。如果推向六朝之前，当时的文本是否和现在的一样，如果有差异，这种差异有多大。我认为这是理解汉魏石经一个很重要的方面。

先秦的文本一般情况下都是用竹简写的，尽管还有其他质料的文本，但不管怎么样，到东汉末年郑玄在注《三礼》的时候，他所凭借的仍是竹简，所以他在注文里都会谈到哪些地方简残看不清楚，哪些地方应该移位到哪里。公元200年郑玄死的时候，阅读记录的还是竹简。在此之前不久，也就是公元175年灵帝熹平四年的时候，刻立了我们今天要讲的熹平石经。

刻立熹平石经有一个过程，也有一个前提。《蔡邕传》中说到蔡邕在东观校书的时候发现经籍中有很多差异，即文字多谬、俗儒穿凿，我认为这是文字发生讹谬以后，经典需要统一的一个重要内因。外因上来讲，源于这样一件事情，公元167年党锢之祸，当时很多学者被流放到外地，党锢之祸平息后，三科考试才得以重新恢复。当时博士选三科的考试，最高可以做到尚书，其次是刺史，再下面是到各个地方做太傅，这些都是很重要的职位。因此为了争夺考试名额，许多人就互相告发，甚至私行贿赂兰台的官吏，甚至还把当时竹简上的字改从自家的文字，这样在考试的时候他就可以高第。《宦官传》里记载，李巡因为这件事情向皇帝进言，要求把经文统一刻在石碑上，昭示天下，这样就可以避免贿赂、篡改文字的情况。这是触发刊刻熹平石经的外因。

内外因之外还有契机，当时为什么不用其他形式校正经文呢？因为东汉是碑刻盛行的年代。经统计，今存东汉碑刻，桓帝时有59块，灵帝时有76块，桓灵之间，也即熹平前后是石刻最盛行的年代。用当时最通行的方式，是时人最能接受的。将经典镌之于石，立之于太学，自然可以"定于一尊"。东汉立五经十四博士，每经都有几个师法家派，石经以一家为定本，其他家法异文作为校记置于各经之后，这样，任何一家师传都可从中得到自己的标准文本。东汉时蔡邕的经学、书法均有极高造诣，所以由他领衔，杨赐、马日磾、张驯、韩说、单飏等二十余人参与工作。图1为熹平石经的周易残石。

熹平石经从熹平四年开始刊刻，到光和六年（183年）刊成。不到十年，董卓迁都邺城，焚烧洛阳，石经崩裂，遭受损毁。曹丕继位（220年），曾下诏进行校补。《三国志》裴松之注引鱼豢《魏略》说："黄初元年之后，新主乃复始扫除太学之灰炭，补旧石碑之缺坏，备博学之员录，依汉甲乙以考课，申告州郡，有欲学者，皆遣诣太学。太学始开，有弟子数百人。"虽然太学开始招生，并依照桓灵考课的甲乙形式考试，但曹魏之际的经学却在悄悄地变化。

熹平石经刊立后不到70年，即魏废帝正始二年（241年），在洛阳刊刻了三体石经。熹平石经还没有毁坏，为什么要刻三体石经呢？这与汉魏今古文经学问题有关。熹平石经所镌刻的都是今文经，即今文十四博士文本。正始二年所刊刻的则是古文经。为什么要刊刻古文经呢？从历史上看，在熹平石经刊立后的数十年间，《易》、《书》、《诗》、《礼》或其他的经典，大多都已传习古文经，与东汉中期相比已大有改观，故王国维总结出两个原因：

第一，曹魏年间，诸经多已立古文博士，古文家觉得今文经有自己的石碑，自然也希望有自己的石经古文本。

第二，东汉古文经学家多是小学家，所谓小学就是文字、音韵、训诂，说明当时他们都能够读写古文字，甚或在文字形体上有造诣。

有鉴于此，加上政治需要，所以在70年之后刊刻三体石经。三体石经上面是一行古文，中间是篆体，再下面是汉代的隶书，故称。因在曹魏正始年间刊刻，故也叫正始石经。

三体石经出土的相对要少，只有《尚书》和《春秋经》二经，《左传》也有一小部分，但现在看到的只是宋代留下来的。这是可能1957年发现的石经，孙海波后来把石碑下面的顺序做了研究，他进行了排定，认为是正反面28块，才有这样的数据。

三体石经第一行都是古文，这和当时的学术倾向有关，它的来源主要是孔壁的古文。汉武帝末年，鲁共王将孔子老宅毁掉准备重建，拆建过程中发现很多古文经，有《书》、《礼》等，文字都是古文，与现在出土的竹简相似，也就是王国维所说的六国古文，和西土秦文字体有差别。在熹平石经刻成几年之后，汉灵帝因个人的喜好，建立了鸿都门学。鸿都门学是很多工鸟篆书的人聚集在一起研讨文字的机构，可见那时文字形体学非常发达，给几十年后用古文来书写经典打下了基础。

图2文字是由上向下竖排，最上面的就是古文，依次为篆书和隶书。图3是古文在上，下面是左隶右篆，称为品字形，非常精美。

图2

图3

图4　张钫藏的拓本　　　　　图5　孙海波的《集录》本

汉魏石经刊立后遭到多次迁徙和损毁。晋怀帝永嘉五年（311年），即永嘉之乱，王弥、刘耀到洛阳后焚毁太学，这是石经第一次遭受巨损，据说三十几块石碑只剩下十八块。北魏孝文帝延兴年间（471—475年），

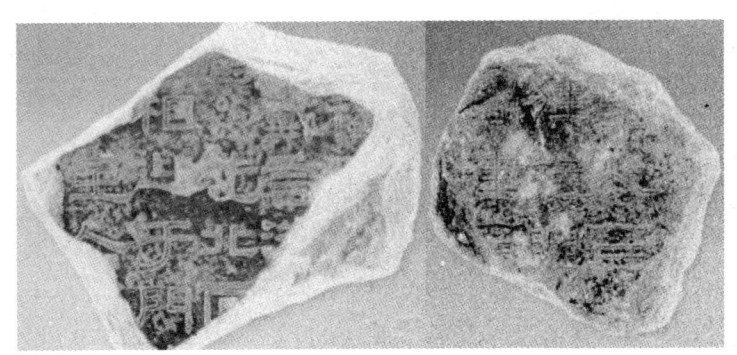

图6

佛教徒冯熙出任洛州刺史，废毁石碑用作佛塔，致使石经毁坏，委弃榛莽，让人随意拾取。图6是1980年前后在洛阳太学发现的残石，这些残石周围已经磨损，或许就是损毁后挪作他用的标识。虽然后来大学者崔光曾建议修补，但最终因事未果。东魏武定四年（546年），孝静帝将洛阳汉魏石经迁往邺都，不意运输到河阳，遭值岸崩，很多经碑沉到河底，迁到邺都只剩一半。北周大象元年（579年），宣帝又把这些石碑从邺都迁到了洛阳。到了隋朝开皇六年（586年），隋炀帝又把这些石碑迁到长安，置于秘书省内，因几经迁徙、搬运，已所存无几。当时省议欲补辑，立于国学，适逢兵乱，不但没有修补，仅存的残碑亦为营造司用为柱础。战乱结束，魏征接手皇家图书馆，征收经碑，想把它们聚集在一起，竟已十不

存一。残石虽所存不多，但当时的拓本犹在祕府——说到拓本，得需补述一句。有人说传拓技术在石碑建立之后就有了，其实这种说法至今还没有确凿证据可以证明，至少蔡邕刊刻石经前后没有拓本。假如当时有传拓技术，就不可能有《后汉书》所记，很多太学生乘车从各地赶来，争先去临摹自己一家师法的文字。我觉得这种传拓技术应该是两晋以后才有的，至少是左思写《三都赋》"洛阳纸贵"之后，才有可能用纸在石碑上施行椎拓——《隋书·经籍志》有"一字石经《周易》一卷，梁有三卷"、"一字石经《尚书》六卷，梁有今字石经郑氏《尚书》八卷，亡"、"一字石经《鲁诗》六卷"等，这种记载，说明唐代皇家图书馆里确实藏有拓本，而且应该是剪贴可读的。为什么这么说呢？熹平石经《尚书》用欧阳本，三体石经《尚书》用马郑本。今秘府有郑玄隶书石经《尚书》，必是从三体石经《尚书》中截取隶体拼接而成。《隋书·经籍志》所谓"梁有"，是阮孝绪《七录》所载，据此推测梁代已有剪贴的石经拓本。

根据唐代韦述《西京新记》载，贞观中（627—653年），秘书监魏征参详考验蔡邕的三体石经，只有数十段，就放在九成宫内，后来移到了著作院，到开元间只剩下"十三纸"。这拓本上钤有大书法家钟绍京的印，说明朝廷也开始重视。

到了宋朝，有人开始搜集。因为宋朝的古玩收集已经成风。邵博《闻见后录》说："近年洛阳张氏发地得石十数，汉蔡伯喈隶《尚书》、《礼记》、《论语》各已坏缺。《论语》多可辨。"姚宽《西溪丛语》也说："往年洛阳守因阅营造司所弃碎石，识而取之，凡得《尚书》、《论语》、《仪礼》，合数十段。又有《公羊》碑一段在长安，其上马日碑等所正定之本。"他们所记之残石有的是重合的，有的则并不重合。

李清照的丈夫赵明诚在《金石录》一书中专立《汉石经遗字》一节，不仅著录逸文，而且还与传世文本校核，说"以世所传经书本校此遗字，其不同者已数百言，又篇第亦时有小异"。所谓篇第小异，指《诗经》、《尚书》或《仪礼》，与我们今天所看到的次序不同。可惜他没有把这些异同记录下来，以致此后800年中没有人知道石经篇第与传世本有什么不同。宋代印刷技术普及，宋人重视搜集石经，虽然对保存石经有利，但从另一个层面上讲，这种搜集保存在存古意识驱使下，更注重于残石古文、隶书的书法价值。因此他们不仅摹录唐代拓本，还依仿翻刻。就开元"十三纸"而言，先是由郭忠恕截取其文字，编入其所著之《汗简》中；

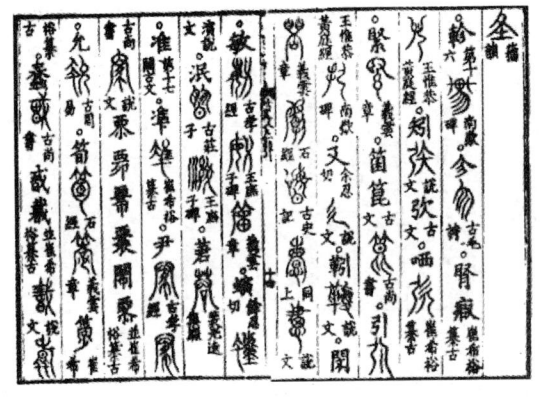

图7

拓本传到宋代王文康丞相家，又辗转传给苏望和夏竦两人。苏望摹录之后，刻在碑上；夏竦则把它编入《古文四声韵》。胡宗愈和洪适复从苏望处得石本，两人亦都予以翻刻。胡宗愈摹录后翻刻在成都西楼，洪适则不仅把它翻刻在绍兴会稽的蓬莱阁，还将文字著录在《隶释》中。我们现在看到的《隶释》卷十四和《隶续》卷四都有石经残碑。

宋人辗转摹录传刻的途径可用图8表示：

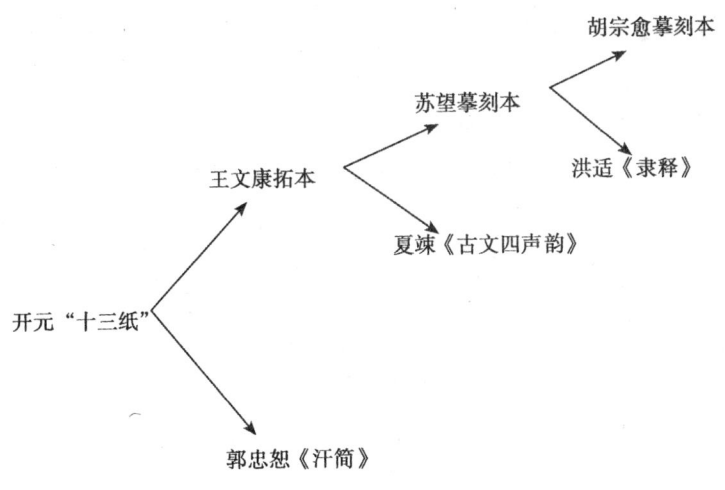

图8

宋人的摹录传刻，在存古意识的驱使下还带有书法欣赏的意味。图9—11即是《隶续》卷四"魏三体石经《左传》遗字"。依次第一个是古文，第二个是篆文，第三个是隶书。因为版刻刀法原因，字体没有真正的碑刻那么美观，线条也不那么流畅。

元代以后，看到拓本的人相对更少，偶尔可在文学家或书法家的诗文中透露一点石经或拓本的信息。如元吴莱说"陈彦理有汉一字石经，云是王魏公家故物",但"石文剥落者太半,纸尾犹存蔡邕、马日䃅字",陈以汉石经遗吴,复寄诗索石鼓文,吴答诗有云:"横山先生多古玩,太学石经分我半。魏公世藏资州本,金石录中还散乱。"清代学术在各个方面都有长足进步和发展,收藏、考释不乏其人。从顾炎武《金石文字记》到朱彝尊《经义考》,都详细地记载了汉魏石经的流传轨迹。金石收藏家黄易曾藏有汉石经《盘庚》五行、《为政》八行、《尧曰》四行。钱泳在《履园丛话》中记载,乾隆五十年,他在书肆中购得《管子》一部,里面夹

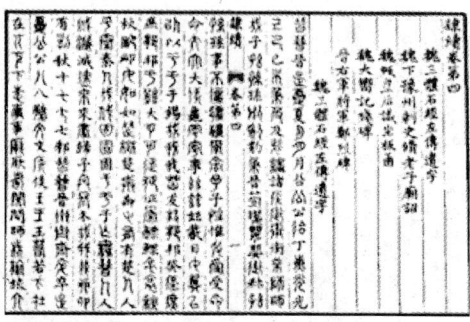

图 9

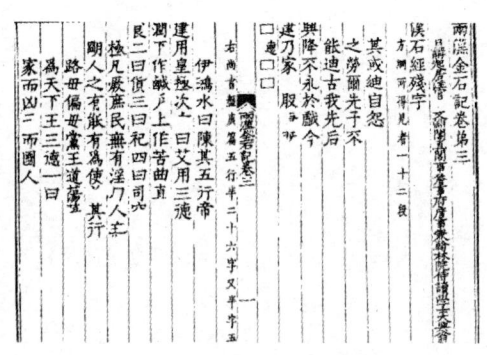

图 10

图 11

有双钩本石经文字。经他细心寻绎,区别恢复,才知是《尚书·洪范》篇78字,《君奭》篇13字,《鲁诗·魏风》73字,《唐风》31字,《仪礼·大射仪》37字,《聘礼》28字,《公羊·隐公四年传》18字,《论语·微子》篇170字,《尧曰》篇39字,又盍毛、包、周有无不同之说及博士姓名18字,合500余字。虽不详何人所摹,但《管子》第一册上有清初徐树丕印记,则推知为徐氏所勾摹。于是钱氏课徒之暇,亲自刻石,刻成后椎拓三百多本分赠同好,一时轰动学界。翁方纲先购得黄氏拓本,后又得钱氏摹本,遂在江西南昌学宫将残字重新摹录,分为十二段,刻在石板上。他认为这是儒家的经典,刻立在学宫里有象征意义。于是各地竞

相仿效，如绍兴知府李亨特及如皋姜氏、吴门刘氏都有重模本。王昶则在《金石萃编》中收录了当时学者的一些题跋文字。唯当时段玉裁对钱泳的拓本有所怀疑，后经王国维以行款推排，证明钱泳的拓本确实有非汉石经的文字。

图12

可以说清代光绪以前一直上至蒙元，很多人没有看到过真实的石经，所见都是流传的拓本。图12是清代雍乾间旗人董元镜所藏比较早的拓本，很可能是从宋代流传下来的。直到晚清光绪十八年（1892年），人们才目睹真正的石经残石。据罗振玉记载，山东古董商范维卿在洛阳看到卖茶的小商贩坐着一块石碑，面上虽遭扑击，依稀有字迹，再反过来看，也有文字，乃确定为石经，用两千钱把它买下来。这个传说有不同的细节，买价也记载各异，甚至说是光绪二十一年（1895年）发现的。但若看其（图14）"光绪壬辰光县丁干圃购得曹魏三体石经"印章，知道应该是1892年。范贾得石，售给黄县丁树桢。丁氏购得后请人鉴定，竟有人说是假的，丁氏一怒之下，不肯拓模，导致已拓拓本一张价值十金，非常昂贵。直至罗振玉记录并刊印在《吉石盦丛书》后，才广为人知。残石是《尚书·君奭》，有120多个字，全字有110，半字有12个，这是清末民初最早出现的石经。很巧的是，在30年之后（1922年），另一块可以和它相拼接的《尚书》残石也在洛阳城东三十里之大郊东朱家古墩出土。（图15上半段）

图13

这块硕大残石宽约建初尺四尺一寸，高不及五尺。其出土状况也众说纷纭。据罗振玉说是由农家耕地得之，售予古董商。商贾想偷运入城，由于残石重大，难以运输，于是连夜把它一剖为二。石经中剖，损失一行文字。所幸在剖分前已椎拓十余张，在学界和民间流传，今故宫博物院所藏有马衡题跋的拓本即为未剖前所拓，非常珍贵。

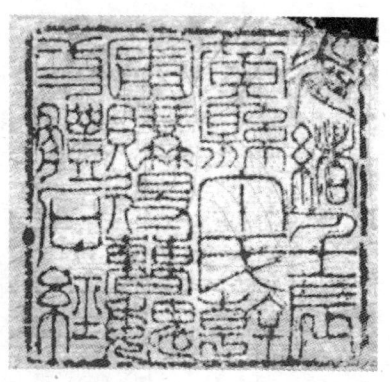

图 14

1916 年王静安在撰作《魏石经考》的时候，根据《隶续》所著录文字及黄县丁氏藏《君奭》残石，考定每行古文、篆文、隶书各二十字，三体就是六十字。待此石及后来有《君奭》石碑"第廿一"序号的残石出土，行款得以证实。但由有序号的底部残石，使我们联想到石碑的存放竖立形式和高度。20 世纪 60 年代，在洛阳太学遗址发掘出一块石经碑座，青石质，长 116 厘米，宽 71.8 厘米，高 35.3 厘米；石碑凹槽宽 16.5 厘米，深 11 厘米。根据魏晋六朝人目验与传闻记录，石碑高八尺，宽四尺，如果用汉代 23.5 厘米计算，八尺是 188 厘米，将此石碑插入碑座，总高在 206.8 厘米左右。这种高度对成人而言，只要稍抬头向上，即可清晰看见顶部文字。所以说，当时制定经碑的高和宽都是经过反复斟酌，根据成人高度最佳视觉尺寸而定的。

图 15

随着这块巨型三体石经的出土，引起古董商和当地民众的发掘热情，于是有大量的熹平石经出土。据罗振玉所说，1923 年 5 月前后，他曾和马衡、徐

图 16

图 17

森玉两人相约,拟从天津起程到洛阳访太学遗址,搜寻石经,后因事无法前往。马衡、徐森玉两人临行,罗告诉徐,说根据《三国志》裴松之的记载,黄初元年魏文帝曾经写过《典论》,明帝时曾下诏刻之于石,竖于太学石经之旁。此去洛阳,可注意是否会发现魏文帝的《典论》。徐到洛阳后,得到一块小石,墨拓寄给在天津的罗振玉,问这是不是《典论》(如图17)。罗振玉看了后,兴奋地说这是熹平石经《论语》的《尧曰篇》,他说这个"绝"正好是"继绝世,举逸民"的"绝","费劳而"则是"惠而不费劳而不怨"一句,"亦泰而"即是"斯不亦泰尔不骄乎"一句。这是熹平石经被发现的第一块残石,罗敦促马、徐二人尽力搜集,于是在洛阳太学村周围开展了新一轮的石经挖掘工作,几乎村民家家都加入了挖掘行列。马衡和徐森玉两人则通过洛阳有名的古董商郭玉堂,把很多村民挖掘出来的残石收集起来,一下子就收到了200多块,当然都是比较小的残石。后通过椎拓、研究,不断地进行缀合,印成书籍,流传学界。此后发掘出的大块熹平石经有:1925年出土的《周易》上半段,初归张定业,1930年12月归江西文素松;1929年冬出土的《周易》下半段,初归金村王道中,后归三原于右任;1930年冬出土的《春秋》残石,是较为完整的两大块,经辗转易手,现存放于中国台湾历史博物馆。

自20世纪20年代至今,包括60—80年代在洛阳太学村的科学发掘,前后90年，共发掘出土有字熹平石经残石约600块，计约8000字（这个数字包括洪适《隶释》中摹录的字）。60—80年代太学村的发掘，共出土残石一百五十几块，但很多是被敲碎的碑底、碑边残石，或是碑座，没有文字；有的只有一个字，无法辨

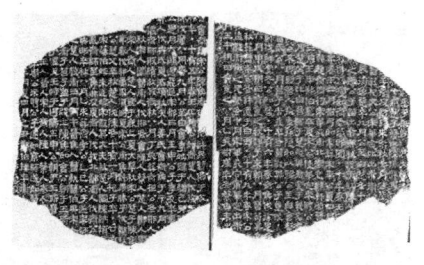

图18

别它属于哪一类经文字。此外，零星出土和个别收藏的，如50年代陕西西安也有出土，上海博物馆收藏两块较大的《鲁诗》残石，日本书道博物馆藏有中村不折的藏品《公羊》残石。这些残石拓本，除了西安、上博、日本书道博物馆所藏和太学村遗址发掘的以外，大多都收录于马衡的《汉石经集存》。

三体石经的字数总共约有5000多字，约以古、篆、隶三体不到2000字。其中在文字学上最有价值的是古文，计有古文字形1977个，删除字腹后有542个字头。这些文字有相当一部分可以和现在出土的竹简文字进行对照研究。三体石经残石主要收录在孙海波的《魏三体石经集录》里。

上面把汉熹平石经和魏三体石经刊刻的原因、内容、流传，以及清末以来的发现、发掘、收藏作了简单的交代。我今天讲汉魏石经和儒学传承，就是要通过这些残石，阐发汉魏石经能传递给我们什么信息？也就是说这些残石上所保存的文本信息和我们现在看到的儒家经典文本有什么差异，它的差异有多大？

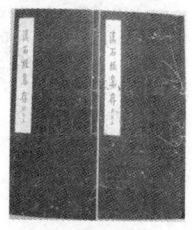

图19

东汉初立五经十四博士，亦即《易经》有施、孟、梁丘和京氏四家博士；《尚书》有欧阳和大夏侯、小夏侯三家博士；《诗经》有鲁、齐、韩三家博士，《礼》有大、小戴两家博士，《春秋》有严、颜两家博士，都是今文经。一共十四博士。

将现在所见经典文本和熹平石经、三体石经残石进行对照后会发现，汉魏所镌刻的文本和我们今天所见文本确实有从异文、异句到篇章、序次各种各样的差异。其中有某些差异会引起理解上的不同。

图20

图 21

图 22

师法、家法文本差异

如熹平石经《诗》用《鲁诗》，今天所能见的是《毛诗》，比如说《易经》最早的古《易》，就是费氏《易》，分为十二篇。汉末郑、王承费氏《易》之余绪，先后将《彖传》、《象传》、《文言》移至经文之后，加注"彖曰"、"象曰"、"文言曰"以别之，多出1020字。于是费氏古《易》原貌不可复见。熹平石经残石的排列就是分经上、经下，《彖上》、《彖下》，《象上》、《象下》，《系辞上》、《系辞下》和《文言》、《说卦》、《序卦》、《杂卦》，完全显示出汉代古《易》的面貌。根据学者考证，它刊刻的是梁丘贺的文本。

确定熹平石经用哪一家文本，首先主要是靠石经校记和篇章的排列等。因为熹平石经刊刻的宗旨是最大限度反映东汉古文经师法、家法的文本全貌。其方法是选用当时最为重要的一家文本镌刻其全文，将其他师法、家法的文本异同作为校记，刊刻在经文之后。这样，未作为正文刊刻的博士家法文本，可以从正文和校记中去意会、复原。而在今天，我们可以从残石校记中提到的那几家师法，去推测它正文用的是哪一家文本。其次是篇第次序，汉代不同博士家法的篇第有同有不同，如果残石有篇第而正好是两家不同的次序，就可根据其次序推测正文所用文本。

图 23

《易经》的确定是根据校记，图23文字有"孟京氏有"、"施孟京氏"云云。每一条校记前后都用一个圈点相隔。比如"孟施京氏"前的"革"字，是革卦。旁边的"养"字应该是养卦。据校记里出现施、孟和京氏三家，可以断定经文是用梁丘贺的文本。

《尚书》有"《酒诰》第十六"残石，序记也有"《尚书》小夏侯"

字样，罗振玉、陈梦家等人认为既然出现小夏侯，应该是小夏侯本。然顾颉刚、顾廷龙所藏拓本校记中有"大夏侯"、"小夏侯"或者"大小夏侯"云云，则经文似应用欧阳本。但有的人就觉得顾藏残石拓本是伪刻，靠不住。我认为这个问题还应深入研究。

图24

《鲁诗》比较明显，在宋代洪适《隶释》著录的时候已经说有"齐言"、"韩言"，所以经文用《鲁诗》无疑。《诗》用《鲁诗》文本，符合两汉经学师法的盛衰。班固《汉书·艺文志》说"鲁最为近之"，《鲁诗》在两汉之世是最为盛行的。可惜后来《齐诗》亡于魏，《鲁诗》不过江东，从西晋到东晋的时候已无传人，唐代的时候《韩诗》虽存，也没有人传习，汉魏以后基本上是《毛诗》独行天下。

石经的《礼》是指《仪礼》，不是《礼记》。图25残石上有"乡饮酒第十"字样，我们即可断定它是谁家的文本。据唐贾公彦《仪礼注疏》所云，汉代戴德、戴圣和刘向三人对《仪礼》十七篇伦次不同。前三篇"士冠礼第一"、"士婚礼第二"、"士相见礼第三"三人相同，以后则各异。今天所见郑玄所注的《仪礼》次序，"乡饮酒"在第四，这是刘向排定的序次。"乡饮酒"排在"第十"，是戴德的序次，所以知道熹平石经所刊经文用戴德文本，既与戴圣本不同，也与今天所见的刘向本有异。

东汉《春秋》博士有严彭祖、颜安乐二家，到现在为止没有校记残石出现，但《隶释》所录有"传桓公二年颜氏有所见异辞所闻异下缺"，又有"世年颜氏言君出则已入下缺"之文。既然有颜氏的校记，就应该是用严彭祖文本。

图25

《论语》校记在《隶释》中已有记录，民国时出土也很多，有张、包、周等字，所以一般推测它很可能是由鲁派《论语》传下来的张侯论。现在定州《论语》的出现，又掀起了新一轮《论语》的研究。

图26是熹平石经的碎石，残存的几个字连在一起可以看出一些什么，也就是说和我们现在所看到的、所理解的、所用以提取儒家精神的文本有

图 26

什么差异？在近代，就我个人读书所得来说，应该要归功于王国维和罗振玉两位学者。当然在他们之前，清代自顾炎武以来，朱彝尊和段玉裁等他们都做了各种各样的推导的工作，但确实没有一个人像罗、王那样把石经研究提高到可以称为"石经学"的层面。

王国维的石经研究是从1916年开始的，所利用的除了《隶释》所载之外，就是光绪十八年丁氏所得到的那块三体石经。王国维之所以去研究魏石经，是与他当时正在酝酿近一百年来最著名的文字学理论，也就是东土用六国古文，西土用籀文这个东、西土文字不同的理论有关。他先研究《说文》所载的籀文，就是班固《艺文志》所说的《史籀篇》文字，《说文》中的籀文有200多字。王国维就利用这200多个字做了一篇《史籀篇疏证》。因籀文与西秦的文字相近，他就想探究东土古文与西秦籀文之异同。东土古文除《说文解字》保存约500字，最直接的实物性文字就保存在《魏石经》里，所以就开始研究魏石经。王国维学过哲学，具有极强的系统意识。他研究《魏石经》，原先只是想取魏石经上面一个古文，以与籀文进行比较。随着研究的展开，他立即想到碑式、行款，想到整个经碑可以复原，于是他给罗振玉写信，说将黄县丁氏所藏的三体石经进行研究后发现每行经文二十字，总共六十字，他准备做《魏石经考》来恢复它的原貌。

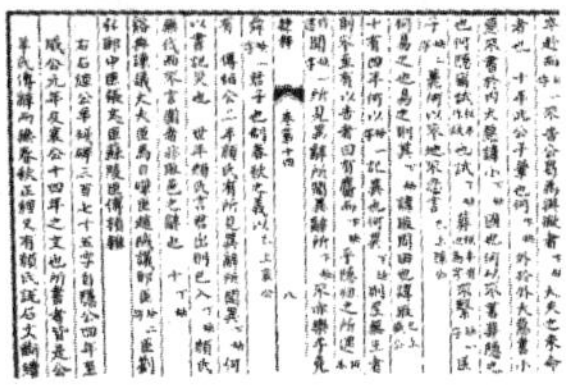

图 27

他研究的方法极其简单，但手续过程却极其繁复，而最后的抉择和判断又极具慧识。说方法简单，如残石只有一个字，因同文太多，无法确定它是哪一经哪一句，但只要有两个字或三个字，就大致可以根据相应经文的前后字数排列，将它展示、复原。说手续过程极其繁复，我们现在到了电脑时代，可以用电脑检索，电脑排列；可在20世纪初叶是全部靠手工来排列，假如一个字排错了，就得在草稿上勾来画去，三番四复，重抄重排，不止一遍两遍。而且必须对经典极其熟悉，不然根本无从下手。

排列石经行数字数，最早洪适在《隶释》中很可能随便说过一句"每一行73个字"，清代翁方纲在翻刻黄小松给他的汉石经时，就把每一行字数都给定下来。王国维或许由此得到启发，进行了全面的汉魏石经的恢复工作。1916年4月，他给罗写信只是要作《魏石经考》，到5月给罗写信时，对石经碑式、行款已经有一个大致的概貌，认为"大率八字得建初尺一尺有奇，则六十字正得八尺许"。此时他认为《尚书》用古文经，但用马、郑本还是梅赜本，难以确认。马、郑本有三十三篇，梅赜本有五十多篇，关系到全经篇幅多少的大问题。所以他致函问罗，罗振玉对他恢复魏石经称誉备至，认为是大快人心的事，但对于这个问题仍然没办法回答，只是说阮孝绪《七录》三字石经是什么情况。王国维还没有等罗振玉回信就已对此问题有了新的突破。他根据《吕刑》和《文侯之命》——这在《尚书》里是紧挨着的两篇——之间的空位，断定应该是用马、郑本。

图28是王国维复原图。其中宋体大字是残石文字，仿宋小字是复原文字。"文侯之命"前是《吕刑》残字，后是《文侯之命》残字。王国维就根据"民之中"、"咸"、"文侯之命"、"王若曰"这些残字之间空位无法容纳《文侯之命序》"平王锡晋文侯秬鬯、圭瓒，作文侯之命"十五字，遂推定魏石经用马、郑本。因为马、郑本虽是古文经，但其篇章和排列与西汉今文经的大、小夏侯和欧阳本一样，

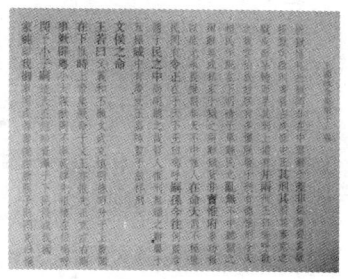

图28

《书序》都是集为一卷，置于最后；而梅赜所上古文本则将小序置于各篇之前。残石既然是古文本而又无容纳小序地位，则一定是马、郑本。

《魏石经考》前后经过了五个月，基本写完，所留下的问题，是因为当时残石资料不足，无法解决。七年之后，即1923年，因洛阳又出土一批魏石经残石，于是他又开始撰写《魏石经残石考》。《魏石经》所刊经文有《尚书》和《春秋》，《左传》只有隐、桓两公部分。汉魏石经刊刻年代相近，设计的碑式高度和宽度也相似，所以王国维在研究魏石经同时，也把熹平石经的经数和石数作了系统的考订，熹平石经每碑35行，行75字左右。王国维石经研究主要分两个阶段，第一阶段是1916年，第二阶段是1923年，只是《魏石经残石考》到他去世前也没有最后定稿。他在魏石经研究上所做出的成就是很大的，归纳起来说有三点：

第一，基本排定了汉熹平石经和魏正始石经的行款字数，此后的研究

都是在他的基础上发展延续、修正补充的。

第二，确定了魏石经古文为汉代古文壁中经的传抄本。现在一般认为，汉末魏初，孔壁古文《尚书》已经难以见到，而梅赜所上《古文尚书》尚未出现。王国维根据东汉古文家都是小学家，善于古文字体，所以认为《魏石经》三体中的古文一体是东汉古文家辗转传抄转写的古文。

第三，肯定《汗简》和《古文四声韵》两部书在文字学研究中的地位。郭忠恕和夏竦的书在宋代还受人赞赏，到清代则被贬得一钱不值。清人的普遍观念，认为这都是郭、夏二人自己在描摹、拼造古文，全无根据。王国维将之与魏石经的比勘，指出二书中的古文多有来历。近数十年来简牍层出不穷，其文字多可与二书相印证，证实王国维的看法是对的。

罗振玉（1866—1940 年）和王国维的学术往来最为密切。罗振玉是 20 世纪保存国粹的第一人，这一点是毋庸置疑的。他在搜集、保存、研究甲骨文、敦煌卷子、金文、大内档案等方面都作出了巨大的贡献，在熹平石经的搜集和研究上也有突出的成就。从其年谱得知，他从小就喜欢校勘碑刻，十几岁时就把王昶的《金石萃编》进行重校，写了很多校记，20 岁前写过熹平石经的考证札记。1916 年王、罗两人书信往来，讨论魏石经形制和内容，开启了两人在汉魏石经研究中的序幕，把石经研究提高到了一个"石经学"的层面。

罗、王书信往来研讨石经，是以王为轴心，为什么罗后来会做熹平石经集录的研究工作呢？1924 年 5 月 22 日，罗振玉写信给王国维，说王原拟将"石经的残字拓本做一个完善的考订"是一件好事。他希望成稿后可以直接在天津刊印。至于拓本，因为当时所拥有的都比较模糊，可以等以后访得清晰拓本后另外印行。据此可知王国维原拟将其对汉魏石经的研究心得和具体考释集成一书，可惜 1927 年他自沉颐和园时，《魏石经残石考》尚未定稿，遑论熹平石经。罗振玉深觉亡友这个工作意义重大，应该继续下去，1929 年 7 月，他以孙壮、马衡编辑序次的《汉魏石经集拓》一书为基础，加上自己所藏，剔除无法复原的一字残石，整理出可资校勘、复原的熹平残石，汇为《熹平石经残字集录》，用石印梓行。此集录刚付梓，陶祖光寄给他《周易》、《春秋》、《论语》校记等拓本，他立即汇集考释，作《集录补遗》附于其后。

第一编出版后，不断有人将所藏和新搜集的拓本寄赠罗振玉。从 1929 年 7 月至 1930 年 6 月这一年中，他把当时很多朋友像赵万里、陈承修、陶祖光等赠送给他的拓本不断缀合、考释，连续编纂九次，附之石印；1932 年到 1934 年，又出版《集录续补》、《又续编》、《续拾》三编，前后 12 次编辑。1938 年，重新按七经排列，汇辑成《增订汉熹平石经残字集录》二卷（上海古籍出版社出版的《罗振玉学术著作集》所收即此二卷本）。总共收录熹平残石字数达 5000 多字，加上校记有 6000 多字。罗振玉曾对王国维熹平石经的贡献和自己的补证有所述说：

第一，确定了经数。熹平石经确实是七经，而不是一般所说的五经或六经。

第二，明确熹平石经所用是今文经，这一点毫无疑问。以上两点王国维在做《魏石经考》的时候就已经认定，他说这可以"证成静安所考定"，可以告慰朋友。

第三，各经字数各不相同，各石行数字数甚至石阳和石阴字数亦有参差。具体则每行 73、74、75、76 甚至于 69 字都有。

第四，各经书写格式也不相同。以上两点王国维有所论述但知而未详者，因为他没有看到七经的全部款式。

第五，《鲁诗》篇次不同。《鲁诗》篇次不同自赵明诚揭示以来，八百多年中因无实物而难以证实。王国维虽信赵说，苦乏证据，因而无从知晓。罗氏论证了多处《鲁诗》篇次的不同，此亦可以告慰亡友。

总之，罗振玉熹平石经研究的主要成就有：

（一）推明各经书写款式。凡篇题占一行。《易》上、下经中诸卦文蝉联书之；每卦首画卦象，当一字之位而不空格；《文言》和《说卦》每章首空一格，复加点识之。《鲁诗》每章末注章次；每篇末章句下空一格加点；每行后题亦加点而不空格。《春秋经》每易一年，空格加点。《公羊传》每岁冠以某年，上空一格加点；每事则于首末两字间加点而不空格。《论语》每章首空一格加点。

（二）推明各经每行字数时有参差，并非一律，然一经大致有一定字数。

（三）揭示七经所取今文经本，其经文字数与今所见传本皆有多少之差异。

（四）揭示经今古文之篇次、章节有差异。《鲁诗》和《毛诗》之间，篇次、章次都有不同，由篇次之不同还导致二《雅》中分"什"（如"生民之什"）之不同。《仪礼》中亦有章节之错舛异同。

王国维《魏石经考》、《魏石经残石考》和罗振玉《熹平石经残字集录》二书的著成，基本上奠定了汉魏石经作为一门学问的基石，为以后学者的进一步研究搭建了很好的平台。在罗、王之后的1931年，张国淦即融会理解罗振玉的研究成果，益以自己研究心得，制作成《汉石经碑图》，将数百块碎石，复原出一千八百年前一套石经碑式，虽多可商榷而有待修正，却已展示其大概。但如果没有《集录》，《碑图》不可能在短期内速成。1933年，马衡发表《从实验上窥见汉石经之一斑》，亦为得见《集录》以后之作。1955年，陈梦家、陈公柔等整理马衡遗著《汉石经集存》，虽在《集录》基础上增益二千余字，若除去《隶释》所录文字，所益无几，此可见二书递增之迹。马书注解，亦多引用罗说。而且据说罗振玉之子罗福颐将所藏残字拓本全部赠予整理者，其中多有马衡所欲寻访而不得的拓本。20世纪60年代起，台湾屈万里撰著《汉石经周易残字集证》和《汉石经尚书残字集证》，虽已可用《集存》，然亦参考《集录》。及其弟子刘文献撰《汉石经仪礼残字集证》、吕振端撰《汉石经论语残字集证》、《汉石经春秋残字集证》和《汉石经公羊传残字集证》等，亦无不以《集录》为主要参考书。虽然后出之著，研究更深入，排列也趋于准确，但我觉得所有的研究，包括我自己在内，都是在罗、王研究基础上细化和深化的。

  我们今天所阅读、研究的儒家经典，主要是唐石经—北宋校勘本—南宋注疏合刊本—十三经注疏本—阮刻十三经注疏（附校勘记）一系的文本，所用的《易》是王弼、韩康伯注本；《尚书》是梅赜所献《古文尚书》本；《诗》是《毛诗郑笺》本；《春秋》用经传合一的杜注本；《公羊传》用何休注本；《仪礼》用刘向伦次的郑玄注本，《论语》用何晏集解本，皆与汉魏石经文本的系统不同。熹平石经《易》、《书》、《诗》、《春秋》、《公羊传》、《仪礼》、《论语》正文约21万字，加校记不超过30万字。今残石存约8000字（残石6326加隶释字数）。不足1/37.5和1/47.6；三体石经《尚书》18650字，《春秋》16572字，合计32022字，三体约10万字。今三体石经残存5672字，古文1977字（删重得542字），约存1/50。这些残存的1/37.5或1/50的文字，能够提供给我们多少汉魏儒家经典的信息。将它与唐宋以后的文本——阮刻本对勘，可以传承给我们一些什么启示呢？

1. 以熹平残石证经本篇什篇次异同

  《诗》四家之篇第章次异同，因三家篇章湮没，无从知晓。宋赵明诚亲睹残石，曾云："以世所传经书本校此遗字，其不同者已类百言，又篇第亦时有小异。使完本具存，则其异同可胜数邪？然则岂不可惜也哉！"八百年来，未有论者。一直到王国维犹未敢置喙。罗振玉在系统整理熹平残石时，终于屡屡发现鲁、毛篇第章次之异。如熹平石经五七（此据马衡《汉石经集存》编号，下同）残石：有"其车三千//方朔征伐狝//彼四牡四牡骈……"残文（图29），经复原排列，其在碑图中位置如图30。从图中得知，此为《小雅》残文。《毛诗》序次是《采芑》、《车攻》、《吉日》、《鸿雁》、《庭燎》、《沔水》、《鹤鸣》、《祈父》、《白驹》。此石第一行"其车三千"为《采芑》第三章文，第二行"显允方叔征伐狝狁"为第四章文，第三行"驾彼四牡四牡骈骈"为《车攻》第四章文，第四行"有闻无声允也君子"为第八章文，第五行"其麀孔有"为《吉日》第三章文，皆与《毛诗》同，唯第六行"所为伊人于焉逍遥"为《白驹》第一章文。中间隔《鸿雁》、《庭燎》、《沔水》、《鹤鸣》、《祈父》五诗。《吉日》为《毛诗·南有嘉鱼之什》最后一篇，而《白驹》是《毛诗·鸿雁之什》第六篇，可见毛、鲁篇次不同。排列对照如下：

图29

图30

熹平石经	毛诗	
《采芑》	《采芑》	
《车攻》	《车攻》	
《吉日》	《吉日》	——《小雅·南有嘉鱼之什(10)》
	《鸿雁》？	
	《庭燎》？	
	《沔水》？	
	《鹤鸣》？	
	《祈父》？	
《白驹》	《白驹》	——《毛诗·小雅·鸿雁之什(6)》

图31

《鲁诗》之《鸿雁》《庭燎》等五《诗》次于什么位置，今未可知。

熹平石经一〇〇残石（图31）有五行文字，经复原排列，其在碑图

图32

图33

中的位置如图32。文字分别为《旱麓》第四章章尾标识和第五章第一句："其四　瑟彼柞棫"，《灵台》第二章第一、第二句"王在灵囿，麀鹿攸伏"，《思齐》第一章第一、第二句"思齐大任，文王之母，思媚周姜"，《思齐》第四章第一、第二句"肆戎疾不殄，烈假不瑕"，《皇矣》第一章第六七句"其政不获。维彼四国"。根据排列，熹平石经应该是《旱麓》、《灵台》、《思齐》、《皇矣》，而《毛诗》的次第是《旱麓》、《思齐》、《皇矣》、《灵台》，所以熹平石经《灵台》在《毛诗·皇矣》后面，毛、鲁也不同。

2. 以熹平石经残石证经文章次异同

两汉《礼》有大小戴及庆普，《诗》则有鲁、齐、韩、毛，各家篇第有异，章次也有不同。如图33一块残石，末行是"式微式微胡不归微君之故胡为乎中路其二式微二章……"若将整块图文复原，可知《式微》一诗章次与《毛诗》不同。《毛诗》是"式微式微胡不归，微君之故，胡为乎中露，其一"，而且"路"写作"露"。熹平石经是"式微式微胡不归，微君之故，胡为乎中路"，写作"路"，而且下面是"其二"。即《毛诗》第一章，熹平石经是第二章。

《礼经》也有章次的不同。如熹平石经四二〇（图34），此为《仪礼·乡饮酒礼》残文。《仪礼》十七篇，有十一篇篇末皆有记文，残石末行"北面鼓"乃《乡饮酒礼》之记文。依胡培翚的分段，记文从"乡朝服而谋宾介"始，分为"记乡服及解不宿戒"、"记器具牲羞之属"、"记礼乐仪节隆杀面位次序"三章。残文"北面鼓之"在第三章，上距记文开始有二百多字。按理不应行次相连。知《仪礼》章次古今文亦有异同。凡此皆以前单凭经学传本所无法探知者，因残石重现于世，经罗振玉悉心排比，掀开古今经文章节异同之一角。1957年武威汉简出土以后，我们发现《仪礼》后面的

图34

记确实和我们现今所看到的记文差别很大。所以可以由此推定，在两汉《仪礼》传授过程中，有经师不断把孔子或七十子后学，乃至自己老师的记附于经文之后，以便于对经文的理解，从而形成不同文本。

3. 以熹平石经残石证经本章次多寡

先秦经典之流传，多以简牍为媒介。简牍一旦散乱，章节就难以连缀，于是或移甲冠乙，或甲乙颠倒，所在多有。等到各承师法、家法，代代传授之时，皆恪守文本不敢轻改，所以舛乱状况，遗留千年。经本章次之多寡，诗章中最易发生。四家《诗》章节互有异同多寡，虽有郑玄、孔颖达等人道及，而无从证实。《小雅·都人士》就是这样一首诗。此诗第一章作"彼都人士，狐裘黄黄。其容不改，出言有章。行归于周，万民所望"，后面还有四章，内容与此不相干。这个问题，从郑玄、服虔到孔颖达，及至晚清王先谦都有过辨正，说《毛诗》第一章文字，为西汉齐、鲁、韩三家诗所无。一千多年来，经学家只是递相阐述，没有办法印证。熹平残石八四（图35）"弟绰绰、雪瀌瀌"出土后，经复原图示（图36），我们可以看到，"彼都人士，台笠缁撮。彼君子女，绸直如发。我不见兮，我心不说"中"我不"两个字见于残石，位置不可更动。假如前面有一章的话，这里应是"彼都人士，狐裘黄黄，其容不改，出言有章"后的"行归"二字，而不应是"我不"二字。所以按照碑图位置排列，可知《鲁诗》不可能有第一章，这就证实了郑玄、服虔等人的说法。以此来读唐代孔颖达《正义》那些曲为弥缝的文字，显得有些可笑。笔者曾根据出土竹简《缁衣》所引，考定《毛诗》第一章和竹简《缁衣》所引为一首诗，而《毛诗》下四章（亦即三家《诗》的四章）为另一首诗，两诗内容完全不同。前者是一首歌颂诸侯的诗歌，而后者则是歌咏下层平民的情诗。西汉末年，《毛诗》传授者在和三家诗争胜过程中，取而装于篇首，待《毛诗》独传，遂被认为自古而然。

图35

图36

4. 以熹平石经残石证文句移位

以《周易·系辞》为例，我们现在所用《系辞》是韩康伯注本。朱熹在作《周易》本义时，据二程和张载之说，把"天数五，地数五，五位相得"移易位置，形成一种新的排列。及至熹平残石出土，学者拼合复原后，又出现一种与韩、朱都不同的顺序，具体如下：

韩康伯注本顺序：

大衍之数五十其用四十有九分而为二以象两挂一以象三揲之以四以象四时归奇于扐以象闰五岁再闰故再扐而后挂天数五地数五五位相得而各有合天数二十有五地数三十凡天地之数五十有五此所以成变化而行鬼神也干之策二百一十……易有圣人之道四焉者此之谓也天一地二天三地四天五地六天七地八天九地十

熹平石经本顺序：

大衍之数五十其用四十有九分而为二以象两挂一以象三揲之以四以象四时归奇于扐以象闰五岁再闰故再扐而后挂天一地二天三地四天五地六天七地八天九地十天数五地数五五位相得而各有合天数廿有五地数卅凡天地之数五十有五此所以成辩化而行鬼神也干之策……

朱熹《本义》顺序：

天一地二天三地四天五地六天七地八天九地十天数五地数五五位相得而各有合天数廿有五地数卅凡天地之数五十有五此所以成变化而行鬼神也大衍之数五十其用四十有九分而为二以象两挂一以象三揲之以四以象四时归奇于扐以象闰五岁再闰故再扐而后挂干之□二百一十有六

天一到地十，加起来正好五十五，传本将它割裂分置，中间相隔三百多字。从文义上思考，二程、张载、朱熹的顺序比较合理，但这只是一千多年后学者的一种推测。及至马王堆帛书出土后，发现"**天一地二天三地四天五地六天七地八天九地十**"仍在"**易有圣人之道四焉者此之胃也**"后，与韩康伯本相同，但却无"天数五地数五"等文字。汉代所传给我们的已有三种不同的文本，而宋人的调整本又更符合文理，到底哪一种最接近七十子转述孔子言辞的原意，还需要进行深入的研究。

再举一个例子。《无逸》是《尚书》的一篇。恰好熹平石经和三体石经都有《无逸》残石出土。熹平石经《尚书》用欧阳本，三体石经《尚书》用马郑本，将它与传世的梅赜所上的《古文尚书》比较，也非常有趣。

梅本《古文尚书·无逸》云：

周公曰呜呼我闻曰昔在殷**王中宗**严恭寅畏天命自度治民祗惧不敢荒宁肆中宗之享国七十有五年其在高宗时旧劳于外爰暨小人作其即位乃或亮阴三年不言其惟不言言乃雍不敢荒宁嘉靖殷邦至于小大无时或怨肆高宗之享国五十有九年其在**祖甲**不义惟王旧为小人作其即位爰知小人之依能保惠于庶民不敢侮鳏寡肆祖甲之享国三十有三年…………周公曰呜呼自殷王中宗及高宗及祖甲及我周文王兹四人迪哲

熹平石经《无逸》云：

周公曰呜呼我闻曰昔在殷王□□□□□□□□□□□□□□□□□□□□□□□**中宗严恭寅畏天命自亮以民祗惧**不敢荒宁肆中宗之享国七十有五年其在高宗时旧劳于外爰暨小人作其即位乃或亮阴三年不言其惟不言言乃雍不敢荒宁嘉靖殷邦至于小大无时**或怨肆高宗之享国百年自时厥**后立王生则逸生则逸不知稼穑之艰难……

熹平残石存"中宗严恭寅畏天命自亮以民祗惧"和"或怨肆高宗之享国百年自时厥后"两行二十八字，经复原，显示出"昔在殷王"后空缺三十八字。而"肆高宗之享国百年"后接"自时厥后"，则少**祖甲**不义惟王旧为小人作其即位爰知小人之依能保惠于庶民不敢侮鳏寡肆祖甲之享国三十有三年"四十二字。《无逸》原文的祖甲到底在中宗前，还是在高宗后？依照殷世系，在中宗前，则为太甲（王肃、孔传说），在高宗后，则为武丁子（马融说）。熹平石经之空位如果正好是叙述"祖甲"一段，则祖甲应是太甲，但熹平石经如用马郑本，马融为什么说是武丁子。解为武丁子，则祖甲应排在高宗后，而熹平石经高宗之后没有祖甲的地位。三体石经《无逸》1922年和2002年都出土过残石，存有"逸先""家""勤劳"、"不则"、"昔在"、"宁"、"享国"、"外"、"逸"、"厥"等字，经复原如图（图37）。从复原图可知，三体石经《无逸》文字与梅本《古文尚书》相同，而与熹平石经有异。假如信从王国维所说，三体石经用马、郑本，而说马、郑本即承袭今文《尚书》篇章而用隶古文字

熹村石经局部复原图（第廿碑）

图37

解释、传授，为什么三体石经与《古文尚书》顺序一样，而与熹平石经（今文《尚书》，其篇章顺序为马、郑本承袭）反而不同。这里面透露出我们现在很难合理解释的信息（我另有专文论述），显示出汉代经师所见、所传文本之错综复杂。

5. 以熹平石经证古今卷次不同

《汉书·艺文志》中所记刘向、刘歆校书的卷次和《隋书·经籍志》中所载已有不同，和我们今天所见儒家经典卷次更有差异。唐宋到今天的差异，主要是唐代《正义》和经文注文别行，到宋代刻版时有一个就经文从《正义》的变化，于是产生卷次差异。而汉代博士家法、师法下的卷次不同，除了整理时序次之异，如《仪礼》大、小戴排列，还有分卷的不同。这里举熹平石经《春秋》残石为例。按照熹平石经《春秋》行款书法的格式，是每一公都另起一行，如隐、桓、庄、闵……此后再元年、二年、三年依次书写。依此格式，元年应该顶格在上。如图37残石的"元年"在圆点"·"之后不换行顶格写。检视其经文，正好是庄公末闵公元年交接的地方。我们知道《春秋》闵公只有二年，《汉书·艺文志》载《春秋》经十一卷，《公羊传》十一卷。十二公为什么只有十一卷？何休《公羊传解诂》说："系闵公篇于庄公下。"因为闵公在位年数太少，其文字不足自成一卷，所以就把它附在前面庄公之后。这块残石的出土，证实了《汉书·艺文志》和何休《公羊解诂》的说法。

6. 以残石证传本文字异同

东汉十四博士各以师法、家法教授，其经文文字互有异同。熹平石经《诗》取鲁，《书》取小夏侯（或说欧阳），《易》取梁丘氏，《礼》取大戴，《春秋》取《公羊》，故石经与各家之间颇多异文。三体石经用古文《易》和马、郑本《尚书》，其文字也与今传王、韩注《易》本和《古文尚书》有很大差异。异文有师法、家法的差异，有篆隶演变中取舍的差异，有弟子听讲时各以方言方音记别字的差异，也有简牍残泐、磨损误读误认产生的差异。产生途径多种，毛举不能细数。有些异文只是文字形体之异，可供文字学之研究，有些异文则关涉到经文经义的理解，关系到师法家法的传承，极为复杂，只能从略。

前面举例说明了熹平石经和三体石经在篇次、章次、内容、卷次、文字等与今所见传本的不同。今天所依据的仅仅是8000字不到的熹平石经和5000字左右其实只有一千九百多个古文的三体石经，是从这些残石上所见的种种差异。可以推想，如果将这些 1/40 或 1/50 的残石异同推衍到全经，亦即熹平石经和三体石经的全部文本与今存传本作一对照，其差异将是怎样一个面貌？当然，汉魏石经已经不可能全部复出在我们面前，但即便现今所看到的，已经可以丰富我们对两汉今古文及今文各家之间差异的认识，可以有助于我们如何取舍今天所看到的经典文本。现在各地都有经典竹简出土，两汉以前、先秦战国时期的竹简所显示的内容和文字与我们今天所看到的经典文本有很大差异。如果我们能够从汉魏石经与经典文本的异同中归纳出一些原则，再去认识、处理儒家简牍文本的异同，就会比别人思考得更深。

我今天就汉魏石经刊刻、存毁、出土和研究，以及它的文本差异和文字异同，与大家作一次交流讨论，希望能得到大家的批评指正。

主持人：非常感谢虞老师用了两个多小时给我们作的这个报告，这个报告在我看起来应该是一个非常专业的报告，可以说与人文宗教领域的"高等"很贴切，讲的内容很专业。但这个报告在我看来又是非常清晰的，给我们非常清晰地梳理和勾勒了石经的产生、流传、研究，还有它所体现的儒学研究传统。其实在世界各个民族中，从远古开始一直到今天，碑刻就不断地发生着，这里面有很多文化学、人类学、民俗学的价值。今天我们写东西都是要备份的，备份就得有一个功能，叫只读文件，石经就是只读文件。虽然不知道这个只读文件到底能保存多久，因为在长久流传的时间里，这种只读性在发生变化，但它比竹简要好，竹简相对容易一些，但不管怎么说它还是体现了一种精神。研究这样的文本，我们可以看到，其实这是在做一个最基础性的工作，我们在这个基础上才能看到，还原真正的儒家传统。其实儒释道三家都有非常多的石刻，从儒学这一脉看石刻，它给我们提供了非常重要的证据。王国维有一个很重要的双重证据法，其实这个双重证据法是有关联性的，我想这体现出了实事求是的、回归最原点的研究。重新解读，并赋予我们新的时代需求的精神，在虞老师的报告里，我们都深切地感受到了。

还有一点时间，我们开放给大家，作一些互动交流，有谁要提问可以举手。

互　动

问：虞老师您好！我是文学院的一名学生，感谢你以石经为例给我们说明了二重证据法的重要性，即出土文献和传世文献相对照。这很重要。我的问题是，王国维的《史籀篇研究》我没有看，但听您的讲述，好像王国维讲过一个观点，西土用籀文，东土用古文，王国维认为东土和西土是不是同时期的文字？

答：应该是这个意思。此观点见于他的《战国时秦用籀文六国用古文说》，后来在《桐乡徐氏印谱序》中又有进一步阐发。

问：我个人认为籀文和古文是不同时期的文字，籀文是殷商文字，到春秋战国时期是否还在用籀文是值得商榷的观点，不知道虞教授您认为王国维的观点正确与否？

答：王国维在1916年创说东西土文字不同的理论，但里面有一个比较重要的，在当时来说允许犯的错误，就是王国维觉得《史籀篇》年代偏晚，晚到战国之时，所以他认为是同时期的文字。50年代征集到青铜器《趞鼎》，里面有一个"史留"，也就是"史籀"。《趞鼎》出来之后，唐兰、马承源、陈佩芬都认为这就是史籀，把史籀年代仍提到西周宣王时代，《史籀篇》文字自然也是西周时期所用文字。现在看来，王国维当时的认识是有所不足的。王国维创说至今已有近一百年，出土的实物文字越来越多，其间研究战国文字的学者，有的驳斥他，有的赞同补正他，所以我专门写过三四万字的文章，梳理它的脉络。可以说，他提出东西土文字不同的理论构架大致是对的，至于年代的问题，不同的程度问题，因为现在出土文献多了，很多三晋的刀布文字、陶文和青铜器文字都可以做系列年代和区域的排列比较，研究的结论当然会更细致准确。但籀文和出土的孔壁古文有字形上的差异，这基本上是可以肯定的。他将西土籀文降为战国文字是一个历史的局限，应当修正。

问：虞老师您好，我是师大历史系毕业的学生。关于《诗》三百零五篇，是孔子删《诗》、《书》之后还是之前才有？如果是孔子编订了《诗经》，《诗经》的顺序就应该固定下来，因为在古代如果这些篇章次序变动则代表它的内涵、含义变动，次序不一样含义也就不一样，如果孔子把《诗经》排好之后，为什么在后来会有不同的排序，是不是排序代表着它的意思有很大的变化？

答：孔子是否删诗确是诗经学上很重要的问题。但西周初期诗的来源是当时行人到各地采风而得，这是没有异议的。现在的学者认为《诗》在西周宣王时代或其他什么时候存在过第一次编辑或第二次编辑的过程，所以孔子是否删诗编辑，我没有办法作肯定和否定的回答。至于您说在孔子删诗的前提下为什么会产生不同？我认为是这样的，因为三百篇流传过程中，即使曾经有过文本，但经秦火以后，《诗》《书》遭焚，据《汉书·艺文志》所说，三百篇是口耳相传而保存下来，不是单靠文本流传。当然《毛诗》出来很可能是文本，因为口传之后，再记录保存留下来，所以会有前后错舛，此其一。

其二，即使已经写成文本，在流传过程中，在竹简编排的时候也偶尔会有前后错乱，错乱可大可小，但用竹简错乱来解释，需要有证据。所以，很可能是在讽诵过程中，产生前后的错舛。

主持人：我们今天的讲座就到这里，谢谢虞老师！我们人文宗教高等研究院京师人文宗教讲堂有四个系列，这学期我们每个系列都会有讲座，时间差不多，另外我们还有艺术讲座，这学期至少会给大家安排相对可能更轻松一些的讲座，我们将还有一次专门讲琵琶的讲座。刚才两位学生提到《诗经》，其实《诗经》和文本的保存给我们一个很重要的概念，我们今天人人都会背的《诗经》、《论语》未必就是我们原来所背的那样，当然它的差异可能很少，比如说比例上很少，但这个少的部分，给我们提供了很多新的、我们的祖先曾经走过的历程的机会，并且我们也多少感觉到，包括残存石经的发现、保存、流传其实不完全是学者的工作，至少在它的前几个阶段是个民间的行为。

为什么在这个讲堂里，有很多听众和朋友不一定是北师大的也来听，或者不一定是研究这个领域的也来听呢？因为我们有一个不一定每个人都认同的观点，就是我们觉得中国文化的复兴，假如一个学问、一个领域、一个话题它只能够在大学研究所、研究院的课堂上、书斋里、象牙塔里讨论和进行的话，它已经死了，因此，我们觉得有必要把我们学者们的最新成果与社会全体的朋友们一起共享。

我们下一次的讲座会在4月14日上午，仍然在这个地方，由南开大学的赵伯雄教授来给大家讲《春秋学与传统政治》。

春秋学与传统政治

主讲：南开大学　赵伯雄教授
时间：2012年4月14日
地点：北京师范大学英东学术会堂

主持人：尊敬的各位听众，感谢大家利用周末的时间来聆听人文宗教高等研究院儒学系列的讲座。今天我们非常高兴地请到南开大学历史学院古籍所的赵伯雄教授为我们讲《春秋》学与传统政治。大家知道，历史上《春秋》学是经学的一部分，因此它也正像经学一样是门综合的学术，几乎涉及了当时学术史上的各个领域，包括历史学、文献学。但在赵先生看来，《春秋》学它不是历史学也不是文献学，而是政治哲学。在座的可能都熟悉《春秋》的微言大义。就一个《春秋》，从汉代起就开始分为《公羊》、《谷梁》、《左氏》三家卓著，还分为古文学派和今文学派，就是这三家两派之争为我们的学术带来了很多的探讨的余地，今天我们非常高兴地请到了赵先生，赵先生近年来一直致力于《春秋》的研究，并著有《春秋学史》。《春秋》是什么样的学问？它和其他经典相比有什么特色？下面请赵伯雄教授为我们娓娓道来。

赵伯雄：谢谢主持人，谢谢各位的光临。没想到像这样的题目会有这么多的听众，不是很热门的科目，对经学、儒学看来是非常感兴趣，也有探讨的意愿。而且我发现听众当中还有相当多的老者，比我的年龄都要年长，非常惶恐，我给同学们讲还信心满满，但给年长的前辈们我实在是不敢在这儿说什么报告，只能说和大家一起探讨探讨。

研究院跟我联系说是让我在这儿讲点什么，我听说咱们这是儒学系列，既然是儒学系列，恐怕离不开儒家的经典，也离不开经学。不管经典还是经学它对中国人影响非常大，这个影响怎么估计恐怕都不过分，有些东西直到今天还在发挥作用，所以我们对经学要了解，要研究，但这种对经学的研究我认为应该有两种态度，一种是所谓信仰性研究，另一种是所谓学术性的研究。

什么叫信仰性的研究呢？比如经典理论里，像旧时代学者那样探讨经典，《春秋》头一句"春王正月"，这个"春王正月"究竟蕴含什么意思？里面的经义都有哪些？这样的探讨往往是属于信仰化，把它作为一种指导，是这么研究。另外一种我考虑应该是学术性研究，就是把经学、经典看作是一种历史现象。我们站在经学的外头，研究《春秋》学我们站在《春秋》学外面，从外侧观察它，进行客观的分析，进行客观的判断。我个人是主张后者这样来研究的。

经学的体系非常的庞杂，涉及的方面很广，各种经典的差异性也很大，要做综合性的研究那是很不容易的一件事情，以我个人的体会，做这种研究还是得一步步地来，所谓一步步地来就是先做分经典的研究，最好每人专攻一经来做，将来条件成熟之后再做综合的工作。我这些年主要做的是关于《春秋》经传的研读工作，所以让我定一个题目我就定了"《春秋》学与传统政治"。

不知道各位注意过没有，古人说六经的时候，六经的顺序是不一样的，有人说《易》《书》《诗》《礼》《乐》《春秋》。有人说是《诗》《书》《礼》《乐》《易》《春秋》，这样两种顺序，有的学者说是前者属于古文家的说法，后者是今文家的说法，这个我们先不管它。

前者先说《易》，再说《书》，再说《诗》，这个序列基本是按经典产生时代顺序说的，后面《诗》《书》《礼》《乐》易春秋可以说是经义由浅到深、由易到难的角度来说的。不管怎么样，《春秋》是六经当中最后的。按时代来说它出现得最晚这没问题，从古人所谓经义来说，《春秋》也是六经当中最为深奥的。有不少古人都有这样的看法，说《春秋》最深，所以它按照由浅入深放到最后。如果单看文本，《春秋》是最好理解的，它都是记事，记的什么什么时候，谁谁谁，做了些什么事儿，都是这些事儿，基本没有训诂上的难题。这有什么不好理解的呢？当时修《四库》的时候，馆臣们就有这样一个说法，经部书里哪种书的数量最多？他们说两种，一种是《周易》，另一种是《春秋》，这两部书在经部书里数量是最多的，"《易》包众理，事事可通"，就是《周易》它包含的道理非常的广泛，什么都包，事事可通，哪件都能联系上，《春秋》是"具列事实，以人人可解"，《春秋》看上去简单，就是列事实，谁都可以明白，人人可解，所以"一知半见，议论易生，著录之繁，二经为最"，一知半见，议论容易出来，谁都可以说那么几句。《易》包众理，谁都可以说几句，《春秋》很简单，就是记事，所以"著录之繁，二经之最"，写出来的经部书这两种是最多的。

就是最好懂的《春秋》，只列些事实的《春秋》，古人却说它最深奥，这是因为它的经义不在表面，都在文字的背后，不深入地挖掘你什么也看不出来，是这么一种情况。《春秋》是一部史书不是？我们今天都说它是鲁国的史书，鲁国的编年史，这是不错的，它原本确实是鲁国的史书，但后来《春秋》成了经典就不再是史书了。很多人现在从史学史角度研究《春秋》，这只能说是研究的一个角度，实际春秋的问题还是要复杂得多。古书里最早提到《春秋》的应该是孟子，孟子最早提到《春秋》，孟子说，"王者之迹熄而《诗》亡，诗亡然后《春秋》作"，三代王者，王者之迹，就是王者衰微了，王者之迹熄而《诗》亡，《诗》没有了，《诗》亡而后《春秋》作，这是在诗之后一个阶段。下一句很重要，"其事则齐桓、晋文，其文则史"。孔子曰"其义则丘窃取之矣"，说《春秋》这个事情是齐桓、晋文的时候，当然不是光指齐桓、晋文，是那个时代的事情。"其文则史"，他们的文本是史文。孔子曰"其义则丘窃取之矣"，还有一个"义"，孔子说《春秋》里的"义"是"丘窃取之矣"，就是我知道，孟子把《春秋》看作王者衰微之后那个时代的产物，他看成针对乱臣贼子横行局面的一种应对。他从三个方面解读《春秋》，一是内容上齐桓晋文之事，二是文本上是其文则史，三是，孟子还说，像晋国的诗圣乘子是晋国史书的专名叫"乘"，楚国也有一个史书专名叫"梼杌"，说鲁的《春秋》和晋的《乘》、楚的《梼杌》是一个类型的东西，他把《春秋》分为这三个层面。

这三个层面最主要的就是"义"，当然孔子这个窃取的"义"是孔子的谦辞，也就是说孔子才能阐述明白。所以我们今天说《春秋》本质上是关于"义"的学问，用我们今天的话来说就是一种政治哲学。孟子的话究竟说得对不对，我感觉孟子的话是值得重视的。他生活的时代距离孔子比较近，孔子死后的一百多年是孟子时代，他是子思的再传弟子，所以子思的说法可以信据。事实上在战国以后，《春秋》学的发展基本就按着孔子所说的路径所为，这个路径可以看作孔子的制作，孔子在其中蕴含了种种的大义，后来不管哪一个学派都不否认《春秋》里有孔子所说的

"义"存在。所以古人从来不把《春秋》当史书看待。

我们今天研究什么呢？如果单从史学发展角度看《春秋》，仅仅把《春秋》看作一部编年史，这样的研究固然也有它的意义，但是总不免有那么一种隔靴搔痒之感。但《春秋》这种哲学和其他哲学经典又有不一样的地方。虽然它最重要的是大义，《春秋》的义最重要，但《春秋》这些"义"都没有写在表面上。像尊王攘夷、张大一统、内外有别、尊君卑臣，这许许多多的义没有一样写在字面上，这和别的经典是不一样的。别的其他经典，每一种经典也都有义，尽管有的也得靠经师发挥才能够明白，毕竟它有很多的义是在文本上就能看出来的。比如《周易》表达的义就很多，比如我们耳熟能详的"君子终日乾乾"、"厚德载物"、"履霜坚冰至"、"积善之家，必有余庆"，这些都属于《周易》里的义，它在《周易》的经传里都有文字表示出来，有些文字明确地说它意思是什么。《尚书》也是这样，《尚书》里主张德治，它里面就有明确地说"敬德、保民、明德、慎罚"，这都是《尚书》里的原文，后人发挥起来总不至于太离谱，因为它有根据，文字上这么说。《诗经》也是如此，《诗经》里比如"周虽旧邦，其命维新"、"天命靡常"、"济济多士，文王以宁"，这些《诗经》里的话也是非常明确的《诗经》的义。

《春秋》就不一样，《春秋》的文本当中很难看出有什么大义来，《春秋》的大义完全依赖于三传的发挥，单从经文当中可以说什么也看不出来。比如开宗明义，"春王正月"这四个字，这四个字里面蕴含什么大义，光看经文永远弄不明白，其中奥妙都在传里面。《公羊传》就这么说，"王者孰谓？谓文王也"。他说"春王正月"这个王说的是谁？这说的是周文王。"何谓先言王而后言正月？"为什么要后说正月？是"王正月也"，意思是说周王的历法里的正月，不是说别的国家的历法，我这个正月是指周王的历法。下面又说了，"何言乎王正月？"为什么要用王的历法？要强调周王的历法呢？这正月是王的历法呢？后来有一句"大一统也"，这是为了主张大一统，"大一统"，这个"大一统"应该理解为动词，我们现在好多人一般泛泛地说大一统好像是大小的大，要大一统，不要小一统，这是后人的曲解。实际原文是说"张大一统"，赞成一统，"大"是个动词。他说，《春秋》之所以是这样的排列顺序，春王正月，里面最隐秘的含义就在于我们要主张大一统，要强调这个，主张这个，赞成这个，这叫"大一统"。这里面包含的大义，要不通过《公羊传》的解说人们很难想象它有什么"大一统"的含义。

隐公元年还有一条，是三字"祭伯来"，祭伯那个"祭"就是现在我们祭祀的祭，在座读的时候读作"zhai（四声）"。《公羊传》就说了，说祭伯不是来，实际是出奔，实际是一种政治流亡。既然是流亡国外，为什么不说奔而是要说"祭伯来"，它说："奔则曷为不言奔？王者无外，言奔则有外之辞也。"因为这个祭伯是周天子的大夫，属于周王的人，"王者无外"，普天之下莫非王土，全天下都是王的，它没有外，要说祭伯奔的话，等于说周王的土地是有限的，所以"王者无外，言奔则有外之辞也"。这三个字阐发的是什么意思呢？就是尊王的道理，就是尊敬周王。道义上或者人们理想中，或者自古以来他就应该是这样，就应该是天下的主人，把这个意思钻到"祭伯来"来讲解，如果这没有传的讲解一般人很难理解。大家最熟悉的"郑伯克段于鄢"，为什么要用"克"，《左传》说了"如二君故曰克"，就是郑伯和他的弟弟共叔段他们两个人好像两个国君，所以用了一个"克"字来表示这个意思，实际是讽刺郑伯，有一种贬义在里面。《公羊传》说"克"就是杀，是为了"大郑伯之恶也"，为了要突出郑伯有多坏，这是一种贬。类似这样的解释在《春秋》里，经传里是非常多的。三传实际与经文密不可分，研究《春秋》必然要研究三传，所谓《春秋》学实际就是关于《春秋》以及三传的学问，不要把三传轻视了。

孔子和《春秋》究竟有什么样的关系？

《春秋》是这么一部书，我们今天看到的《春秋》和孔子究竟有什么关系呢？这个问题非常之重要，可是又众说纷纭，最不容易取得一致的看法，直到今天大家的说法也不完全一样，有的学者间也有不同的看法。自古以来，不管经学家的家派是怎么样的，大家对孔子作《春秋》或孔子修《春秋》这一点基本没有异词。今文家不用说，今文家主张《春秋》就是孔子的著作，古文家是承认《春秋》是鲁史旧闻的，他也主张这里头经过了孔子的加工，这叫笔削。至于三传对孔子和《春秋》的关系有没有说明呢？现在看来我们今天见到的三传还没有明确的说法。

《公羊传》有这样的说法，说《春秋》是谁谁作的，是"君子修之"，这个君子是谁？没有明说，只是说君子修之。《左传》里有这么一句话，《春秋》是"非圣人孰能修之？"不是圣人谁能作《春秋》？但圣人是谁也没明说，很可能是孔子，但它没有明说。现在看到的文献里最早的有明确说法的是《孟子》。孟子的说法是"世衰道微，邪说暴行有作"，世道衰微了，有很多邪说暴行，邪说是言论，暴行是行为，"邪说暴行有作"，起来了。主要表现在哪儿呢？"臣弑其君者有之，子弑其父者有之"，就是子杀父亲叫弑，臣杀君主也叫弑，臣弑其君者有之，子弑其父者有之，就是天下乱套了。"孔子惧，作《春秋》"，孔子害怕了，在面对这种局面，他很害怕，于是作《春秋》。下面紧接着"《春秋》，天子之事也"，《春秋》是天子的事儿，"是故孔子曰：'知我者其惟《春秋》乎！罪我者其惟《春秋》乎！'"，照孟子这个说法，孔子很看重自己的这个《春秋》，他作《春秋》又实出无奈。在这种礼崩乐坏、秩序颠倒的混乱社会里，他觉得自己有责任挺身而出，来承担起诛讨乱臣贼子的使命。可是话又说回来了，这种责任，这种使命按说应该是天子的，所以《春秋》是天子之事，就是贬斥乱臣贼子，哪个诸侯做错了，批判、撤封，这都是天子的事情。孔子这么做不是有点僭越了吗？孔子是一介布衣，虽然他曾经做过大夫，但那时候他并不做官，有点僭越。所以他说"知我者，其惟《春秋》"，知道我的心的人，从《春秋》里就可以知道我；"罪我者，其惟《春秋》"，要是论我的罪过，批评我的人恐怕也会因为这个《春秋》。这是孔子有一种自知之明，他说我作《春秋》一定会得到这两方面的评论。

  孟子在别的地方还说过，过去"昔者禹抑洪水而天下平，周公兼夷狄、驱猛兽而百姓宁"。过去大禹治水，天下太平，"周公兼夷狄驱猛兽"，这是指周公平叛，周初曾经有天下叛乱，局面很乱，周公平叛。下面说"孔子成《春秋》而乱臣贼子惧"。孟子对孔子作《春秋》这个举动高度评价，认为他是跟大禹治水、周公平叛可以等量齐观的，而且他对《春秋》的作用极尽夸大之词，说得非常玄，说"孔子成《春秋》而乱臣贼子惧"，乱臣贼子为什么害怕呢？是因为《春秋》里包含了褒贬，有对乱臣贼子的贬斥。至于孔子怎么进行褒贬，怎么表达？这个孟子没有说。

  进一步说明的是司马迁。到司马迁的时候对这个问题有了进一步的说明，他说孔子作《春秋》是依据原来有的史册，就是我们刚才说的《春秋》它本来是鲁国的国史，依据原有的史册。具体做法是"笔则笔，削则削，子夏之徒不能赞一辞"，有这样的提法，也就是说孔子作《春秋》是对史书的旧文有保留，这就是"笔"，"笔"就是写下来，"削则削"是削去，有保留有删减，而且在笔削的过程中贯穿着孔子独特的，也是非常高深的某种思想。因为他的高徒子夏都不能"赞一辞",就是插不上嘴、帮不上忙,只有孔子能做到。这是孟子把《春秋》抬得非常之高,极尽夸大之词。

至于孔子作《春秋》的时间一般都认为是孔子的晚年,我们看《春秋》经最后截止在鲁哀公的十四年(大约公元前481年)。《春秋》经最后一条经文是"西狩获麟",到西边去打猎,逮到一头怪兽麒麟。司马迁的《孔子世家》,是写孔子的一生,把孔子写《春秋》的事儿列在了获麟之后,也就是鲁哀公十四年之后,但孔子死在鲁哀公十六年,就是两年之后,这样孔子作《春秋》成为最后两年的事儿。

当然还有另一种说法,说孔子作《春秋》是作在鲁哀公十一年,也早不了几年,他是在鲁哀公十六年死的。总之《春秋》是孔子晚年作的,是汉人一致的看法。但孔子作《春秋》或修《春秋》的观念受到现代学者强有力的挑战,因为现代学者有它的优势,摆脱经学的桎梏,没有经学的束缚,把孔子和《春秋》的关系这个问题纯粹看作一个历史现象来进行研究,于是就发现很多可疑的地方。比如有的学者就说了,《论语》这个书记孔子的言行非常多,非常全面,很细致。但是《论语》里没有一点反映关于孔子作《春秋》的事儿,而且孔子明明自己说过,我是述而不作,只传述古代文献,不进行创作,那你凭什么说孔子作《春秋》?如果我们再对《春秋》的经文、经传再作进一步、仔细的研究,会发现更多可疑的地方。比如《春秋》里有很多残缺的文字,缺文。有的地方就俩字,比如说"国公",前后都不挨着,就那么俩字;还有一个地方出现个"夏五",前后也都谁也不挨着谁,很明显这是一种残缺,前后文可能丢失了,要是孔子真的修过《春秋》,他有什么理由一定要保留这个残文、缺文,他保留这个干什么?而且看《春秋》整个全书还有可疑的地方,记事的规则不是那么统一。比如他记非鲁国的卿大夫参加盟会,就是鲁国以外的,外国的,有时候写卿大夫的署名,把他的名字写在《春秋》上,有的不署名,不写他的名字。写名不写名古人很看重,比如弑君的事件,臣子杀国君的事件。还有庄公以前凡是弑君的人都不书氏,闵公以后弑君者都要写氏,这个前后写法不一样,同样的事儿记法不一样。

在僖公二十一年以前,对于楚国的国君称呼起来没有例外都叫楚人,指的就是楚国国君,但后来有的地方称楚人,有的地方还称楚子。到宣公十一年以后统统改成楚子。不同的时间段对同类事情的记载用不同的表述形式，用不同的话，不同的词。如果孔子真的修了《春秋》，为什么不把这些写法都统一起来，这是很可疑的，是现代学者提出的疑问，确实值得我们考虑。

《公羊传》还有一个地方说得非常明确。《公羊传》有一个地方说孔子和他的弟子说，我发现《春秋》上有一个地方写错了，意思就拧了，就走样了。于是弟子问他，你既然发现它写错了为什么不改正呢？孔子有句回答非常要紧，孔子回答说"如尔所不知何"，他的意思是说，这个地方要是改了，那别的地方我不知道错了的地方该怎么办呢？他鉴于自己所知道是有限的，宁肯保留文本的原貌，也不肯造成这种局面，有的错处改了、有的错处没有改这样混乱的局面。从《公羊传》的记载来看他基本都没改动，就是他知道错了也不改，这不是明说孔子没修《春秋》吗？这些多疑点要都汇聚起来，确实觉得很能说明问题，司马迁那种"笔则笔，削则削"地修《春秋》可能并不是完全真实的情况。要说《春秋》没有经过孔子修或者不是孔子作，那么它就应该是原来的史册，就应该保留原来的史册，没有人笔削，是鲁史的原样。是这样的问题。

同样我们可以找出疑点来，你看《春秋》的记事有很明显的选择性，同类的事情不是所有的事儿它都记，有的记有的不记，往往很难解释。比方说关于鲁国国君生儿子这个事儿，"桓公六年，子同生"。子同是桓公的儿子，当然后来他做了国君，是庄公，记下来的。春秋一共242年，国君生公子不知道生了多少个，就这一处记录在《春秋》之上了，这应该是很明显的有人为在这里面笔削。这类的事儿还有很多，哪些记哪些不记都有选择，有选择就一定会有笔削者、选择者的用意在里面。

要说《春秋》是鲁史的原本还有一处可疑，比如关于春夏秋冬四时的记载，这个《春秋》记事有个很严格的规则，每年必记四时，春夏秋冬这一季没事也得记四时，轻易不遗漏。这事儿很值得研究。他记四时的时候还得跟月份连在一起说，比如春王正月，春和正月连在一起说，春二月也有，夏五月、冬十月这类记载非常明确，很严格的规则。这个规则就值得讨论。因为春夏秋冬四季的观念至少在西周时期已经有了春夏秋冬四季，可是在西周的时候还没有把所谓时，古人说时就是季节，还没有把时和月连在一起写，比如春几月、夏几月这个写法西周的时候没有。我们怎么知道？现在地下出土的青铜器记载的西周时期铭文也很多，西周铭文上凡是记时的地方十有八九就是这样，几年几月几日相，就是初吉、生霸、既望、死霸，具体什么意思现在也有不同说法，但它是指月相。月牙刚出来，月亮是半个的情况下它有一个名称，月亮满月是望，每件记时往往记月相，年月相日这几项是西周时候记时的一个比较常写的东西。没有春夏秋冬和月连在一起写的，文献也是这样。文献和经文都同样证明了这个情况。

再进一步考察这种写法是什么时候出现的呢？大约是在春秋战国之交，春秋晚期，战国初期，出现了季节下面和月连在一起，这是这时候的记时习惯，一个时代有一个时代的记时习惯。由此可以想到，《春秋》那时候的样子，春几月、夏几月这种现象，一定不是鲁国历代史官记录的原貌，一定是有人加以整理。而且这种整理是带有某种理念的，他有目的，要表达一种意思，当然这种意思就更麻烦一点，我们就不再细说它了，孔子主张夏时不夏时就不再说它了，一定有人经过整理，有人做理念，有人加入一种理念，赋予了它某种意愿。这个整理者是谁，有可能是孔子，而且非常有可能。

由这儿还可以联想到他记载《春秋》的十二公，春秋242年记载了鲁国的12个君主：隐、桓、庄、闵、僖、文、宣、成、襄、昭、定、哀这么12个鲁国的国君，这12个鲁国的国君为什么要从隐公开始？截止到哀公没有问题，因为孔子死在哀公年代，所以下限是哀公。为什么从隐公开始，不从别的公开始？这个前人对这个事儿有种种不同的解释，古人也是说法不一，主张很多，好多人讲解这个，为什么从隐公开始。后来我看到过张政烺先生写过一篇文章，很受启发，张老先生主要考察的对象是秦公钟、秦公簋两个铜器，春秋时期秦国的国公做的两个铜器，这两个东西在铭文里很相似，秦公钟是个传世的东西，宋朝就有，秦公簋是后来发现的，是在天水那边发现的，很可能这个地方是陕西秦国故地出土的铜器，这两个秦公铜器铭文上都有"十又二公……"，追溯秦国的主线是十又二公。后来研究青铜器的人往往讨论这两个铜器究竟什么时代的，你一定要有作器的人是什么什么时代的，然后再往上导十二公，这样争论不休。张政烺先生意思是说你不必太纠结这12个国君做的钟包括谁不包括谁。十二公是带有观念性的东西，因为"12"是在那个时代很重要的数字，12是天之大数，十二公就是法相天之大数，《吕氏春秋》里《十二纪》，史记里《十二本纪》，12个诸侯年表，即使不到12也要凑成12，而《春秋》里国君数目12跟这个意思是一样的，是取天之大数。和秦公钟铭、秦公簋铭里面的十二公的意思是一样的，不是偶然的，不是说隐公以后史册保留下来，隐公以前史册没有了，不是这个情况，也不排除有人为安排的可能。

这么一来，《春秋》就不应该是史册的原本，它一定是经过人的取舍，经过人的加工，被赋予了一定的"义"，这个人是谁？应该就是孔子，至少是孔子的可能性最大，要完全说是我们现在不敢肯定，但至少孔子的可能性是最大的。孔子赋予《春秋》的义，是不是就是后来三传里所说的那些呢？三传里所说的是不是孔子的原意？这倒未必，因为孔子生前最后几年才整理出《春秋》来，本来他是要用《春秋》做教材的，教学生的。孔子拿《春秋》教什么呢？要我说恐怕不是讲历史，尽管它是一个史册。从《春秋》记载简略的情况来看，简单的，大事记式的、纲要式的记载，他没有办法用它来教历史。孔子那句话很重要，他说"其义丘窃取之矣"，他是用《春秋》来讲政治的，用这个历史事件做事例来讲其中的大义的。

他说："我欲载之空言，不如见之于行事之深切著明也。"讲道理我要是光用空言、空说，不如见之行事，用具体的事儿，深切著明，用具体的事儿来讲这个道理更是深切著明。他是借《春秋》之义来灌输自己向学生的主张。他讲六经都是这样，讲六经是灌输自己的主张，孔子教学生当然首先是为了干禄，孔子教学有一个最明确的，毫不讳言，毫不隐讳的目的就是"干禄"，干者求也，就是让学生们求禄、做官，但也毫不吝啬在经典讲述当中要灌输自己的主张，因为那时候他的确是平民，没有办法在政治上有所作为，只能通过自己的讲学来把自己的主张传播给学生，所以他讲六经都是有这个意思，把自己的主张贯彻进去，讲《春秋》也应该是这样。但孔子修《春秋》不久以后就去世了，这个"义"未必能完整地、准确地被传下来。他的弟子们往往各就所闻，加上自己的理解，不断地发挥讲述，于是形成不同的派别，所以后来《春秋》的派别有很多。

传述过程中不断有新的东西加进去，所以我们看现在所谓《春秋》大义，里面好多好像不是孔子的意思，孔子说不出这样的话来，有这样的情况。因为他的门人、弟子们在传授过程中不断加入新的东西，很多义是应时事需要而产生的，有很明确的时代色彩，而且有些义牵强迂回，绕弯太大，一看就很牵强，所以引来后世学者不断的质疑。后世学者对《春秋》经义的质疑超过了对其他经典，很多人都怀疑是不是这个意思，是不是那个意思，后人对这个东西的质疑如家常便饭，这是在传授过程中产生的问题。

在后来的政治实践当中，《春秋》经传究竟能什么样的作用？在不同的历史时期《春秋》的作用也不一样。有大家都知道汉代是儒学复兴的时代，是儒学独尊，汉武帝独尊儒术，在当时最受尊崇的经典就是《春秋》，说得更准确一点是《公羊春秋》，离开了传的《春秋》没有义可言。所以西汉对《春秋》尊崇，被大家的讲论一定是和传连在一起的。汉武帝当时独尊儒术，他听从了董仲舒的建议，董仲舒就是以《春秋》名家，他的《春秋》学就是公羊学。还有一个公孙弘也是当时很关键的人物，他受汉武帝的重视，是以经学入围天子三公的第一人，他的官做得比董仲舒大得多，他也是以《春秋》名家。

为什么在汉武帝的时候，他倡导尊儒，要依靠这些《春秋》学者？为什么在汉代经学里《春秋》学者的地位显得特别突出？我想这可以从两个方面来看：

第一，从经典本身来看，汉人尊儒主要是寻求一种治国之道，治道，寻求一种治国平天下的理论。《春秋》有它的优势，《春秋》其"文则史"，它的文本是史文。史文是什么东西呢？记载一些军国大事，而《春秋》其中的义也都是根据这些政事、军国大事阐发而来的，比起《周易》、《诗经》、《仪礼》更贴近政治，对政治行为有更直接的指导意义。可以想见这些经典在当时受欢迎。从经典本身是这样。

第二，从学者对经典的发挥，就是学者讲的经义角度来看，汉代《春秋》学以公羊学派为主流，《公羊》经义有好多跟汉的统治者需要相契合，比如"大一统"、"尊王攘夷"都是汉的统治者非常欢迎的，再加上董仲舒的改造，这个大家都熟悉，董仲舒把儒学增加了很多新的神秘主义的东西，神学化地改造，"天人感应"、"灾疫祥瑞"这些东西非常符合汉武帝的口味。汉武帝好儒是一个方面，另外他的神学趣味特别的浓。要说儒学复兴在汉代是有它的必然性。要说儒学为什么在汉武帝时复兴，汉武帝为什么取这样的形式，这和汉武帝有关，因为这和汉武帝本身的兴趣、喜好尚有关系。董仲舒改造以后的公羊学确实符合汉武帝这方面的口味。

汉人对《春秋》还不是一般的崇奉，这在我们后人看来也比较新鲜，他真当回事，落在实处，推崇《春秋》是真当回事。一是他把《春秋》

当作行政的一个指南、指导原则。什么皇帝的诏令,大臣的奏印,里面充斥着什么《春秋》之义如何如何,就是根据《春秋》之义我们应该怎么怎么做,我这样做的原理就是《春秋》之义怎样怎样,这样的内容特多。二是用《春秋》说灾疫,汉人说灾疫比后人更严重,他们往往把自然界出现的灾疫和人的行为联系在一起,大家熟知的是哪儿出现灾疫册免三公,这非常冤枉,当官的没有别的问题,就因为出现什么灾疫就把他罢官,这种现象都是在汉代出现的,在汉代非常常见的。因为《春秋》里记载了很多灾疫,本来《春秋》记灾疫没有太多的神学意义,到了董仲舒他们公羊学派一解释起来就给了很多的神学意义在里头。而这个东西和汉代的说灾疫配合着。汉人对《春秋》的利用还有礼仪,用《春秋》重新建立起礼制来,汉代的礼制曾经一度中断,以前没有完整地传下来,怎么恢复礼制,很多都是根据《春秋》来的。三是用《春秋》来决狱,这就是司法上的,把《春秋》用在了司法诉讼上,也有很多这样的事例,一个案子怎么来解决,怎么判决是根据《春秋》里的意思来判决。董仲舒有专门"春秋决狱"这方面的书,但没传下来。以上这几点,用它作行为指导,用它来说灾疫,用它来议礼,用它来决狱,在我们念《后汉书》的时候能够非常深切地感觉到,这样的例子很多。

到了东汉确实发生了今古文、经学的变化,公羊学属于今文经学的,但在东汉的大部分时间里,今文经学依然盛行。要说东汉的时候古文经学占上风,今文经学处于下风,还不是那么回事,东汉的十四博士都是今文经,但东汉的时候确实有古文经学崛起的事实。就《春秋》角度来讲,那就是左传学在日益发达起来。今文学的衰废,到最后不兴、不讲了,大约是在汉末三国的时候,今文学就衰落得很厉害了,魏晋时期的《春秋》学是以左传学为主流。至于为什么会发生这种变化?这是历史上非常重要的一个变化,也是很值得探讨,很值得研究的。

为什么西汉以及东汉大部分时间公羊学讲了这么多年,被大家尊重,被大家推崇、重视,到了曹魏以后就变成以《左传》为主流了呢?慢慢《公羊》没人讲了,这是为什么呢?这个变化怎么发生的呢?应该讲里面是非常复杂的问题,还需要进一步深入地研究,这涉及古文经学的消长变迁。我感觉目前这还是个课题,还可以作进一步讨论。以往的研究或以往的一些说法不是很能够令人满意。过去有一种说法,今文学有两大痼疾,有两大弊端,是特别致命的弊端,第一个是烦琐,今文经烦琐,烦琐得让人烦，后来它慢慢不被人喜欢了。第二个弊端是谶纬化，今文学逐渐和谶纬结合，逐渐变成荒诞不经，所以导致今文学衰落，但细研究起来它其实也有问题，也有一些可疑的地方。

要说这个烦琐、谶纬化是今文不被看好的一个原因，但古文其实也没摆脱这两个毛病。前一阶段确实古文是反对烦琐，对章句之学瞧不起，但后来也流于烦琐，尤其到了汉末郑玄的时候也够烦琐的，说郑玄著述数百万言，百余万言等，它也有这个弊病。谶纬光是今文学家的问题，也不完全是这么回事。早期的古文经学家确实反对谶纬，《后汉书》里有非常明确这方面的例证。什么桓谭、郑兴这些著名的古文家都有亲自向皇帝表达对谶纬的不满，有这样的言论，可是古文家也没有完全摆脱谶纬，因为这是一个时代的风尚，处于那个时代之中很难置身于外。贾逵是古文大家，贾逵在拼命为《左传》立学官努力当中也利用谶纬，这在史学上也有明确的记载。他和皇帝谏言说《左传》和图谶有非常相合的地方，拿最能引起皇帝兴趣的一个例子说，你们姓刘的是尧的后人，这皇帝爱听，这个说法在谶纬里有，但经典里没有，贾逵就说《左传》里有明文，他通过这个抬《左传》，用图谶协助让《左传》的地位能够上升，至于《左传》里哪些话表明姓刘的是尧的后代，在座的各位恐怕也都知道，不知道不妨你们自己去查一查《左传》里头有关于姓刘的是尧的后代的明文，这一句话被后人说是后人加进去的，说《左传》里原来没有这句。大家争论了很多年。这样一来，谶纬、烦琐都不能构成说是今文家和古文家的本质区别，就因为这个古文起来了，恐怕不是这么回事。

这个问题究竟怎么来解释？我也没有很成熟的看法。大致想起来，我想了这么几个地方，跟各位交流交流，你们看是不是这么回事。在汉魏之际，魏晋之后，古文家能够取代今文家，能够发生今古文的消长变化，可能有几个因素共同造成的：

第一个因素，因为公羊学在西汉早就立为学官了，它成了利禄之途，公羊学是个利禄之途，就是通过念《公羊》可以做官，学者但求晋升，并无钻研经义之心，念这个书的人只为了能做官就行了，不再研究经义。这就像后来的科举一样，原来科举是很好的体制，后来就变味了，因为大家都奔着利禄去的。它必然会走向没落。这个意思当时我看刘师培说过，我看了刘师培的书当时受到了一些启发，刘师培说不能发明经义的话，其学则越曲而越落，如果一个学术不能发挥其经义，那么它就会越来越陋，越来越差劲，经义陷于停顿。一个理论或一个学说只要是陷于停顿，陷于停滞，它就不再发展了，就没有生命力，就会走向没落，这是普天皆然，古今中外都是如此，任何一个学说也是如此。所以公羊学的衰落是必然的。左传学就不一样了，左传学者长期在野，他们力求晋升学官，所以对经义的钻研精益求精，这就造成两者之间此消彼长。

第二个因素，可能不同的时代对政治理论有不同的需求，《公羊》经义是符合西汉到东汉前期统治者的需要，因为它是显学，后来这个情况有了变化，对《公羊》的需求就不那么迫切了，统治者关注的经典就有可能发生变化。最著名的古文家贾逵在讲《左传》的时候说，《左传》是"义深于君父"，而《公羊》是"多任于权变"，他把这两个优点和毛病指出来了，他说《左传》的义深于君父。大家知道东汉那时候特别讲究气节，那时候有风气。《左传》是"义深于君父"，《公羊》是"多任于权变"。《公羊》里有一例是表彰任权，随机应变，这就指出了《公羊》的经义不大符合东汉统治者胃口的东西，《左传》正是比较符合。

第三个因素，我想不同的时代，学术的风气恐怕也有所不同，我们把《公羊传》和《左传》作个比较，你就会发现这两个传说经的路数是不一样的，《公羊传》大多数都是空说，纠缠在《春秋》的书法、义例上，讲《春秋》的书法是指它的写法，遣词造句用语，为什么用这个词不用那个字是书法，《公羊》大部分是纠缠在这上面了，太抽象，太空洞，有很强的随意性。比如记载人的，或者有的记事的时候，提到人的时候有用他的名的，有用他的字的，也有称人的，说法很多。在《公羊传》看来，这都是褒贬在里头，什么时候用人，什么时候提到他的字了，什么时候提到他的名了，他就从这个地方找到褒贬，它的解经还有很多随意性，所以产生许多……当年何休说有许多"非常疑义可怪之论"，说《公羊传》有很多这样的，比如"三科九旨"、"三世说"虚悬无根，这样的东西短时间也许能迷惑人，时间长了必遭人抛弃。

《左传》就不一样了，《左传》是以事解经，非常具体，以非常丰富的史事作为例证。讲忠有忠之例，讲孝有孝之例。《左传》开卷第一篇"郑伯克段于鄢"里就提倡孝，"颍考叔，纯孝也"，这就是讲孝。后面隐公四年记石碏大义灭亲，石碏是魏国的大夫，就是因为他儿子参加了弑君，把魏国的国君给杀掉了那个事儿，石碏就把他的儿子处死，这就是大义灭亲。所以《左传》里明确说，"颍考叔，纯孝也"，"石碏，纯臣也"，一开卷就有实例，讲忠有忠之例，讲孝有孝之例，很生动，很感动，容易被人接受。也许这时候人们的学术趣味已经发生变化了，不像西汉时期的学术趣味。曹魏的时候有一个学者叫钟繇，钟繇有个评论，《左传》是太官，太官就是专门给宫廷皇室做饭的高级厨子，大概是这个意思，我这是瞎说，反正是主持宫廷里饮食的；《公羊》是卖饼家，民间卖大饼的。他举这个例子，把这两个高下之别说得非常形象，这可以说是一个代表，那时候人们对这两个传认识的一个代表，这时候大家不看好《公羊》了，都看好《左传》了，到这么一种程度。

总的看来，东汉后期以来，《公羊传》学日渐衰落下去，代之而起的是左传学，魏晋南北朝时期一直都是这样的格局。说《春秋》的，以后人们再讲《春秋》的，就是以《左传》为主，很少有人再说《公羊》。所以左传学逐渐成为《春秋》学的一个主流。

《左传》成为《春秋》学的主流确实也不是偶然，它在指导政治行为这一点上优势非常明显。我的一个基本看法，《春秋》在那个时代是个政治教科书，指导人们如何行政，如何治国，如何做国君，如何做臣子。在指导政治行为这一点上《左传》有非常明显的优势，它用大量的历史事实，有些还加了"君子曰"这样的评论，以评论的形式来表明哪些值得肯定，哪些值得否定。有的并没有评论，有的就是直接客观记事。记些什么事儿呢？记那些公认的嘉言懿行——好的言论，好的行为。这些都为后人议政提供了大量的案例和依据，人们使用起来就很方便。这些东西要再回过头来看《公羊》和《穀梁》，《公羊》和《穀梁》解经的路数非常接近，和《左传》这些书比起来，《公羊》、《穀梁》大量用历，日月时历，《公羊》、《穀梁》讲《春秋》的时候强调日月时，日就是日期，月就是月份，时就是季节，某一件事情记了时和光记月不记时，日月时全记和光记月不记日都有所区别，在《公羊》看来就是这样。当时古人总结起来就用日月时历，就用这个来做历。比如我对他表示贬斥就不写它具体的日子。《公羊》、《穀梁》大量用这个做褒贬，《左传》是用历史事实，用大量的实际案例，比较起来自然《左传》比较受人欢迎，而这正是从东汉一直到清代晚期左传学一直成为《春秋》学主流的一个原因。

左传学成了《春秋》学的主流，你要说起《春秋》学能够指导政治行为，事实上在后来就必须得把《左传》算进去，把《左传》里的思想算进去。所以《左传》的思想倾向也是很值得研究的一个问题。

《左传》的思想倾向特别是其中的政治思想，应该说属于典型的先秦儒家思想，非常标准，表现在以下几个方面：

第一，《左传》特别重礼治。

《左传》言礼、看礼的地方随处可见。我记得有一个学者作过统计，他说《左传》里提到礼的地方有462处，我也没细致、系统地计算过，就听他说462次，说明《左传》里著述言礼，《左传》的作者在叙述一件事情之后，往往都要加一些非常简要的评论，有的是直接的评论，有的加"君子曰"，反正都是表达他是赞成或反对的意思。这些评论大多归结为"礼也"、"非礼也"。有的事儿记完"礼也"，符合礼，有的是"非礼也"，表达对所述事实的爱憎褒贬。这实际就是给人们一种指导，哪些事该做、可以做，哪些事不该做。像最著名的"初税亩"，《左传》最后评论里就仨字"非礼也"。

在《左传》的作者看来，这个礼是贵族安身立命的根本，同时也是国家存在的一种基础。一定要守礼，循礼而行，这是贵族之所以成为贵族的基础或本质属性。礼的议论非常之多。像晋国有一个贤臣叫叔向，他说"礼，政之舆也，政，身之守也，怠礼失政，失政不立，是以乱也"，意思是说礼好比是个车子，车子上装载着政权，这个礼是就装着政权的车子，失去礼政权就会颠覆。政权是身之守也，贵族安身立命之本，没有了政权一切都无从谈起，这样的议论在《左传》里非常多，而且非常明确。

还有一个特别有名的贤人，《左传》里的人物晏子对礼也有非常好的一些评论和议论。他有一句话，"礼之可以为国久矣"，所谓"为国"就是治理国家，"与天地并"，礼与天地同期长久。他从哪个角度讲这个礼呢？从人际关系、人伦这个角度说，说"君令臣恭"，这个"令"在这里应该讲作"美"、"好"，君好臣才能好，"君令臣恭"；"父慈子孝"，这又是父子的伦理关系；"兄爱弟敬"，兄弟之间的伦理关系，兄爱弟才能敬；"夫和妻柔"，夫妻之间的伦理关系，夫和妻子才能（温）柔；"姑慈妇听"，姑是婆婆，涉及婆媳关系，婆婆慈爱了，妇就是儿媳妇，儿媳妇才能听话，"礼也"，这里强调的是人伦，它既是维护国家政权的根本，也是人伦的根本。礼的主要功能是调节统治阶级内部，各个阶层的关系，礼不是对付民众的，礼不下庶人，那时候确实是这样。简单地说，礼是维护统治秩序的，《左传》对礼这么样提倡，就是这本书被历代统治者、尊崇者最重要的原因，因为礼是维护秩序的。旧时代的国家对礼的重视是看作第一位的，秩序是一定不能乱的，稳定是压倒一切的。

第二，《左传》里的思想倾向比较突出的地方是对民的重视，重民，这也很突出，议论很多，对民的作用议论很多，比如说隋国（今天的湖北）有一个大夫叫季梁，他提出这么一段话，提出这么一个命题，他说"民为神之主"，民众是神之主，不要把这个"主"理解为民众是神的主人，他恐怕不是这个意思，这个"主"要我说，从祭祀时神主那个方面去想，比如祭祀立一个牌位，祭祀祖先的牌位，这个牌位过去就叫主。为什么要对这个木牌来行礼呢？因为它是祖先的依附物，好像祖先就在这里，所以我们对它敬礼。民为神之主，我觉得应该这么理解。这个主是指鬼神的态度，依民的状况来决定。民和神两者之间的比较，自古以来的圣王都是先民后神，这也是《左传》里的思想，鬼神是否要保佑统治者并不取决于这个统治者对鬼神怎么样，你对鬼神诚信不诚信，祭祀的物品丰厚不丰厚，不在这个，在什么呢？在于这个统治者对民众如何，对民众怎么样，可见那时候贤哲对民的重视到了非常重视的程度。

《左传》里还记载这么一件事情，文公十三年，有一个国君是邾文公，邾是个小国，在今天的山东，离鲁国不远，邾文公打算迁都，要迁徙，结果就占卜算了一卦，占卜的结果是迁都"利于民而不利于君"，迁都对民众有利，对国君不利，面对这个结果，邾文公坚决表示"迁"。民在这个国家地位非常受重视，他说天之所以为民立君，就是要使民能够得利，只要民能够得利，君主必然也会得到好处，生命长短自有定数，那是另一个问题。所以迁都利民是最大的吉，在邾文公看来这是最大的吉。应该说这种看法是非常理性，非常开明的。

还有一个例子，卫国国君因为无道表现不好，被他的臣民赶出了国门，这是很著名的事儿——"卫人出其君"，当时晋国的国君晋悼公谈到这个事儿，因为他属于外国人，谈论到卫国的事儿，说"卫人出其君，不亦甚乎"，他说卫国人把自己的君主赶出去了，这事儿做得有点过分了吧？结果他这句话被当时的一个贤人作了一番批评，这人是师旷，是个瞎子，是个乐师，师旷有个非常著名的回答，就是"或者其君实甚"，晋悼公是站在国君的立场上，说卫人把他们的国君赶出去了，这事儿做得过分了吧？师旷说这还不一定，说不定是他的国君做得太过分了。正常的君民关系应该是君养民如子，民奉君如父母。应该是这样的关系。老天爷为民立君，绝不是让君主来骑在人民头上作威作福，正因为卫君做得太坏太过分了，才有这样的结果，它并不批评出君的这些卫人，不批评民众。

《左传》之所以这样，是强调重民、爱民，他知道民是国家的根本。作为一个好的统治者，《左传》里这些话，"养民"、"宽民"、"抚民"、"恤民"，"和其民"，"德以治民"，"视民如子，以宽服民"，这一套说法在《左传》里是非常常见的，这和儒家的"敬德保民"思想是完全一致的。一个国君如果"无道于其民"，"民将叛之，无民孰战？"，这是他们非常明确的意识，民众要背叛你了，"无民孰战"，没有民了你凭什么去打仗？说"国之兴也视民如伤，其亡也以民为土芥"，这个国家要兴旺，视民如伤，看待老百姓就像老百姓受伤了一样，就是呵护；"其亡也以民为土芥"，这个国家要败亡了，有什么特征？把老百姓看成土芥。这是《左传》对民的重视，这一点是他的政治思想倾向里非常突出的一点。

第三，值得一提的一点是谈到君臣关系的时候，从《左传》的记事和记事件的态度来看，作者是表彰臣子对君主的忠诚是不遗余力，非常突出，就是表彰忠诚，像鲁国大夫叫叔仲，他是死君命，明明知道进去要死，他说国君命令我去，这叫死君命，义无反顾。还有楚国的一个大夫叫鬻拳的人，这个人兵谏，后来我们说张学良兵谏可能就是从这儿来的，以武力来胁迫国君。这事儿完了之后他自己认为兵谏有罪，就自刖，把自己的腿给刖刑。晋国有个叫荀息的人，他因为跟晋献公事先有个约定，晋献公临死前托孤，说我儿子就托给你了，结果他为了立他这个儿子后来死了，就是要实践他的诺言。齐国有一个大夫叫逢丑父，这个人也很忠诚，齐国的国君在战斗中被追得落荒而逃，马上就要被人逮住的时候，他把自己化装成齐君，然后被人逮走，让他的国君逃走了，这是以身代死。像这类事件《左传》里都是浓墨重彩，写得非常生动，描写非常多，字里行间都流露出敬佩和推崇，这是表彰忠诚。他也特别强调臣子对君主服从，有好多这类的，"弃君之命，独谁受之"，你要是不听君主的命令，哪个国家能接受你？"君天也，天可逃乎"，君就是天，君的命令你要逃的话能逃到天吗？说得更极端了，把君主和天等量齐观了。甚至还有"君要臣死，臣不得不死"，像这样的议论在《左传》里也很多。它也有正面的东西，《左传》里既有表彰忠诚，也强调对君主的服从，所以这应该是"张大君权"的议论，比较强调我们今天讲的为专制统治服务的一面。

可是要看另一面,《左传》的作者还有另一面,在君臣关系的问题上又表现出一种开明的立场,他虽然赞美臣子对君主的绝对服从,也强调君主要以礼来对待臣下,君臣之间要遵循一些道德的原则,比如君令臣恭,所谓"君人执信,臣人执共",做国君的你要执信义,做人要有信,这样做臣子的人才能恭敬,言行要有信,"臣人执共",这样做臣子的人才能恭,"忠信笃敬,上下同之",这是双方面的,"天之道也",他说这是天之道。

《左传》里还有很多地方表现出这样的意思来,君主要听取采纳臣下的意见,臣下对君主的补差(音)、匡救被看作"和而不同",有这样一个说法。《左传》里有这样的原文,"和而不同"现在被说得很滥,很多人一说这个就说中国的传统讲究和而不同,很多人把和而不同理解得有点偏了。

怎么叫和而不同?现在我们很多人讲和而不同的时候是这个意思,不同就是保留矛盾,在有矛盾意见的基础上我们要保留不同的意见,有冲突的我们要存异求同,在矛盾的基础上追求和谐,大约是这么个意思。但看《左传》的原文其实不是这个意思。《左传》的原文是说什么呢?它是把"和"与"同"作为两个选项摆在那儿,一个是"和",另一个是"同",取其一,选和而不是同。所以现代人利用古代遗产不能够脱离了原著的原意。《左传》怎么说呢?就是晏婴的君主齐景公,齐景公有一次和晏婴聊天,两个人在那儿说话,齐景公喜欢一个近臣叫梁丘据,他跟晏婴说这么多人就属梁丘据好,他跟我和。晏子一听就说我不同意,梁丘据不是和你和,而是与你同。齐景公就问他了,难道"和"与"同"还有什么不一样吗?晏子说这有很大区别。什么叫"和"?举个例子,我们做饭烹鱼肉,往往要把各种作料、辅料放在一起,五味杂陈搁在一块儿烧,做出来的鱼肉才好吃,这叫和。还有演奏音乐、乐曲,各种音乐、乐器都发声,而且音量还要互相配合、协调,这样出来的声音才好听,这叫和。

君臣之间也是这样,"君所谓可而有否焉,臣献其否以成其可",就是君主说的意见有好的,也有不好的,有不对的,不对的地方臣指出不对的地方,然后献给好的东西,提出好的意见,这样来互相配合。"君所谓否而有可焉,臣献其可以而去其否",君主有不好的地方,但也有好的地方,臣献其可,把它不好的地方去掉,把好的地方保留,这个否其实应该念 pǐ,这样"政平而不干,民无争心",这样政治就会很清平,很好。但梁丘据和国君之间是什么关系呢?梁丘据和国君是一种同的关系,"君所谓可,据亦曰可",国君说好,这个对,梁丘据也说对;"君所谓否,据亦曰否",国君说这个不对,他也跟着说不对。这就好像"以水济水,谁能食之?"你那儿一过水我还给你加一瓢水,这还是水,谁能吃啊?这与和合做鱼肉完全不一样。"琴瑟之专一,谁能听之?"一个乐队演奏一个乐曲就一个声一个调,这怎么同,这是同,那是和。所谓和而不同是这个意思,我们要这个"和"而不是要那个"同"。显然这种思想它对抑制君主专制往极端的方向发展是有积极作用的,君主专制不能够往极端走。这个思想要再进一步拓展开来就不光是君主的层面,国家执政官也是这样,执政官表现在哪儿?

《左传》有这样的例子,就是《子产不毁于乡校》,大家估计很熟悉。就是郑国有一个乡校,乡校就好像地方的学校,读书人在那儿读书,我们可以这么理解。"郑人游于乡校,论执政",就在乡校里谈论执政,谈论政治,谈论国事。当时有一个大夫叫然明对此不以为然,就跟子产说,子产是最大的官,相当于我们现在的总理,他是郑国的执政官,他就跟子产说,你看乡校那儿尽胡说八道,说什么的都有,造谣生事的也可能。"毁乡校何如?"我们是不是把这个乡校取缔?子产的态度非常的开明,他不赞成毁乡校,他说"夫人朝夕退而游焉",这些人学习之外在那儿互相议论,"以议执政之善否",他们在那儿谈论我们执政的好坏,"其所善者,吾则行之",他们说得对我们就听嘛;"其所恶者,吾则改之",他们讨论的东西,不喜欢的东西我们就改嘛,为什么要毁掉呢?你看多么的开明,甚至在今天都可以被我们作为楷模的。子产进一步说明,他说民众在学校议论执政,也是发泄对执政不满的渠道,这种不满是不能以暴力手段去堵的,就好像"防川",就跟国语里那段意思是一样的,"防民之口甚于防川",他说这就犹如防川,大河河水你不能堵,"大决所犯,伤人必多",要是等到大决口子,伤人必多;"吾不克救也",来不及救了;"不如小决使道",不如早早地疏导,让这个水流出去;"不如吾闻而药之也",不如我们平常把它作为一种药,有什么病就吃这个药,能治好。在这一段说话之后,孔子有一个评论,《左传》引了,"人谓子产不仁,吾不信也"。本来孔子对子产没有多少好感,就这件事儿之后,有人说子产不仁我不信,子产还是仁的,孔子还是给他以充分的肯定。可以看出《左传》在这个问题上的认识,是和孔子前秦儒家是完全合拍的。《左传》的作者并不主张极端的君主专制,这从他对弑君、出君这些事件的态度也可以看出。弑君、出君这种事件在春秋时代是司空见惯的,非常多的。卫国出君那个事儿，师旷就认为责任主要在君主身上，因为这个君主荒淫无道，言外之意对这种君主赶走他也是合理的。所以，我们看出《左传》对师旷的言论是肯定的。

还有一个事儿，晋国的晋灵公被一个大臣赵穿杀死，赵穿是赵盾的属臣。《左传》记这个事儿的时候，开头第一句话说晋灵公不君，就是国君不像个国君，太不像话了，就是他的所作所为不像国君，下面记述了他很多暴政，做了很多坏事，又记赵盾怎么屡次劝谏，后来灵公还派人杀他，也没杀成，赵盾逃走，逃走之后赵盾的下属才把灵公杀死。对这个事情史官的认为责任在赵盾，《春秋》上记载是赵盾杀君主。这个事儿，最后《左传》引了一个孔子评论，孔子只是惋惜赵盾"为法受恶"，为法担了恶名了，他逃走没有来得及逃出国境。孔子说"惜也越境乃免"，赵盾跑得太慢，只要越过了国境就没事了，孔子没强调他弑君之恶，只是惋惜他没有逃出国境。《左传》心目当中的孔子也是认为这样的国君其实该杀，至少对弑君表示理解了。

《左传》里这些思想倾向我们只是抽出这么几点，主要是偏重政治方面的这些思想，实际《左传》里涉及政治的内容非常的丰富。东汉以来，讲《春秋》学就是用《左传》为主，《左传》里这些思想就被人们视为《春秋》的经义。当然也有人对《左传》表示不满，这也不少，大家敢于对《左传》不满，因为《左传》毕竟是个"传"，它不是"经"，所以提出质疑的人也不少。比如说《左传》里说的怪力乱神太多，这不太地道。怪力乱神是子所不语怪力乱神，至少不太纯粹，有这样一些批评，于是在一个时期里头，就开始形成这么一种风气，所谓舍传求经。这大概是从唐朝中后期开始有这么一种风气，对三传都不满意，因为那时候公谷已经很少有人念了，以《左传》为主。《左传》又被有些自认为正统的儒者看来不是很地道，大家就觉得三传都可以抛弃，舍传求经，单纯从《春秋》经文里找经义，当然这样做的结果必然更加随意，更加以臆说为主了。

后来就出现了新的所谓《春秋》传，特别是宋朝人做了很多新的《春秋》传，抛开三传给《春秋》写传。其中最著名的就是胡安国做了一个《春秋传》，这个《春秋传》做得还真没白做，胡安国的《春秋传》后来打元朝以后被官方认可，科举都用，有一段时间非常著名。这个传后来被称为春秋四传，就是加上胡安国的传。胡安国的传是怎么回事？他认为三传有不适合宋朝的情况，尽可能从经文里发掘那些宋朝所需要的东西。比如胡安国提出一个很重要的思想，就是所谓"大复仇"，这本来是《公羊》的一个提法，就是提倡复仇，复九世之仇，九世的仇都可以复。胡安国就强调复仇，为什么？因为胡安国是北宋末、南宋初的人，徽、钦二帝被人掳走了，国覆之仇，所以那个时代他就强调复仇，还强调"华夷之辨"，因为当时少数民族和汉人的矛盾也很严重。这主要是结合当时的时事，但这个没有形成气候，只是在一个阶段被大家认可。

这些个人所作的《春秋传》都没有违背三传的宗旨，所以中国古代儒家经典具有指导意义，庙堂决策，军臣议政，皇族的官僚子弟教育，政策法令制定、实施，都离不开引经据典，都受经典的影响，所以《春秋》学实际渗透到了传统的各个层面，这么说并不为过。中国的传统政治是君主专制的政治，这没有问题。说《春秋》学是专制主义政治的理论根据，是为维护君主专制统治服务也是毫无疑问的，所以孔子成《春秋》，乱臣贼子惧，君主政治最怕的是出现乱臣贼子，所以反正乱臣贼子是《春秋》的第一义。与此同时，《春秋》学也对君主专制起着制衡作用和对冲作用，它时时在提醒着统治者，君主对立面的存在，就是民，就是臣，他给统治者提醒这个，民和臣存在的意义，提醒君主注意这种专制统治存在的前提是什么。所以儒家这种思想和理论总是在专制主义走向极端的时候把它拉回到中庸的轨道上来，从这个角度来说，经学也有它积极的一面。

我们今天研究《春秋》学，研究经学，应该抱着一个什么样的态度？我们是不是要挖掘其中正面的价值，继而为构建现代政治学理论来服务？我们是不是利用《春秋》学当中一些合理的政治智慧、政治价值观来为当今的政治来服务呢？我认为这些东西是要慎行，而且要缓行，现在不是着急做这个工作的时候。因为《春秋》学是一种中国古代的一种政治哲学，适应古代社会的意识形态，它是与专制主义政治相配合的，和今天的社会并不兼容。经学里头确实有好的东西值得我们现在挖掘、继承，但也有不少糟粕应当摒弃，特别是关于政治理论方面的东西。

经学里面我们现在说精华或者糟粕，不管说什么东西，有些东西我们可以继承，但我们要特别地注意，政治理论方面的东西，都应该说是糟粕。我这么看，这些东西并不适合于现代社会，我们研究是一回事，把研究的对象应用于今天的社会这又是一回事，所以我觉得我们现在应该提高警惕，警惕什么呢？警惕那些打着重扬传统文化的旗号来抵制西方进步的思想和理念，这是应该警惕的。

前两天有一次我给南开的同学们讲国学，讲国学的时候我谈过这么一个意思，我说我们提倡国学并不是要用国学去对抗其他民族优秀的文化和学术，说得更明白点儿，就是不是拿国学和西学来抗衡，现在最不可取的就是借国学来抵制西方先进思想。国学里确实有很多好的东西，也有糟粕，也有完全不宜在今天提倡的东西，例如政治上的专制思想，这些东西不利于在今天提倡，我们决不能用国学来抗拒西方思想当中好的东西，民主、平等、自由等不能用国学来抗拒，也不能借口用国学来否定西方某些合理的制度。国学只是一种学术。我当初说这么一个意思，我们研究国学、提倡国学也许能够帮助改变人的性情，有助于培养人的道德，这都是很可能的，但不能指望用国学来治国平天下。

今天我们讲《春秋》，讲经学，《春秋》、经学无疑也是国学当中重要的组成部分，我对南开的同学们讲的这个意思也完全适合于今天讲的经学。我们重视传统、研究传统，但不能指望完全用传统来解决现实的问题，特别是政治的问题。相反我们研究传统是力求要明了我们的过去，明了我们身上背负的历史包袱，避免由于惯性的思维重蹈历史覆辙，为建立全新的民主政治扫清障碍。我想这是我们今天研究《春秋》、研究经学所应该采取的态度。

我今天就讲到这儿，啰啰唆唆说到现在，耽误大家的时间，谢谢各位！

互　　动

问：赵先生您好！您刚才提到东汉贾逵从古文经学里指出汉代刘姓是出于尧后，西汉的时候董仲舒和弟子从经学角度提出汉家尧后这个问题，这个问题已经有两三百年的历史了，老师您怎么看待贾逵提出这命题的意义，从三传《公羊》、《穀梁》、《左传》来说他们的政治主张有什么样的区别？他们的学术分歧到底在哪里？

答：关于《左传》里记载的汉刘氏为尧后这一说其实看一看杨伯峻的《左传注》可以看到，杨伯峻有一段考证，他说不光东汉，早就有这个说法，而且《左传》里不只一处，我指的是《左传》里有一处叫"其处者为刘氏"，就是姓范的士会，晋国的官僚叫士会，从晋国逃秦国，在秦国居留了很长时间，后来回到了晋国，有一部分人留在秦国。《左传》

里加了一句"其处者为刘氏",很多人认为这是后人加进去的。说明他是尧后的例证呢?是因为士会,就是范氏的后人。对于西汉的时候有没有这样的说法,也是谶纬这种记载为多,不是正式的记载,我们今天看到比较可信的史册没有这方面的记载,只有谶纬的记载。

你说三传的区别,三传的思想倾向在有些地方非常明显,有些也有共同之处,比如尊王攘夷这些东西,三传都是一致的,到后来《左传》也是这样,当年的《公羊》也是这样,但也有所侧重,《公羊》有些说法,比如"三科九旨"、"三世说",这些东西被很长一段历史时期的学者看作"非常异义可怪之论",用现在话讲大家认为这好像是有点胡添,瞎编。可是到道光以后,这反而被人重视起来,像刘逢禄、廖平、康有为对这些就特别感兴趣,因为他变法,要建立新的政治学说依据什么呢?他要完全依据传统的那一套不大好用,他又得从传统的思想资料里找东西。我们中国人有这个毛病,新立的一个什么思想不是用自己的创说表达出来,往往都是要借用前人的一些说法,借用前代的一些思想资料,于是他就遍找这些经典和遗产,就发现《公羊》这一部分特别有用,这说来话长,他就看准这个,在这上面发挥。《左传》和《公羊》有些地方的差异非常大,有的地方相同,有的地方差异比较大,不同时期被不同人利用。

主持人: 如果没有问题,我们今天的讲座就到这儿,谢谢赵先生为我们探讨了《春秋》三传在春秋学史当中的作用,让我们对《春秋》这部重要的儒家经典有了更深的了解。让我们一起谢谢赵老师。

《清儒学案》与治学之道

主讲：中国社会科学院　陈祖武研究员
时间：2012年10月27日
地点：北京师范大学英东学术会堂

主持人：非常感谢各位！在这个秋阳的周末，大家放弃了香山的红叶，放弃了种种形式的享受，聚集到京师人文宗教讲堂，来听今天的讲座。大家都有这样一个共同的追求。北京师范大学人文宗教高等研究院也愿意跟大家一起，一步一步地把我们这个社会、这个国家，把每一个人的文化精神家园建设得更加美好。

今天京师人文宗教讲堂是儒学系列第七讲，我们请到的是中国社会科学院学部委员陈祖武老师。社会上很多人知道科学院院士、工程院院士等，院士这个概念是理科、工科范围内的称呼，在人文社会科学领域，就称学部委员。陈祖武老师就是学部委员。除了这一身份，陈老师还有很多身份，他还是中国社会科学院历史研究所前所长，中国史学会副会长，中央文史馆馆员。陈老师著作很多，除了参加《中国史稿》、《中国大百科全书·中国历史》、《中国历史大辞典》、《清代全史》等重点项目的研究、撰稿工作外，又先后出版《清初学术思辨录》、《中国学案史》、《清代文化志》、《清儒学术拾零》、《旷世大儒——顾炎武》、《乾嘉学派研究》、《乾嘉学术编年》、《清代学术源流》等书，在社会上影响广泛。由于对中国传统文化典籍的点校工作贡献颇多，因此，陈老师于1993年获国务院颁发的政府特殊津贴。

陈老师是著名的历史学家，他的学术及历史研究跟我们的儒学关系密切相关。今天陈老师给我们主讲的题目是"《清儒学案》与治学之道"。"学案"是什么？为什么会有"学案"？它跟研究儒学的发展有什么关联？一会儿陈老师的报告将给我们一一揭开。

下面有请陈老师给大家讲"《清儒学案》与治学之道"。

陈祖武：谢谢主持人！谢谢在座的各位！大家放弃了周末的休息，来听我这个读书人的故事，和我一起来讨论学问，我要感谢大家。

时间过得太快，我记得上一次来北京师范大学和大家讨论学问大概是在30年前。1983年，我曾经和北师大历史系的高年级同学一起讨论清代学术史，30年过去了，当年的同学中，现在有一些同学已经脱颖而出。我前段时间参加一个座谈会，有一位年轻人突然跟我打招呼。这位年轻人就是当年和我一起讨论学问的历史系的同学，现在已经做了中国社会科学院近代史研究所的教授兼处长。师大还有一位很优秀的校友陈宝良，也是那时候认识的。

我是一个很保守、很落伍的学者，知识面也很窄。30年前，我来师大讲清代学术史，30年后的今天，我仍然要和大家讨论清代学术史当中的一部基本典籍《清儒学案》。《清儒学案》这部书208卷，我治学起步的时候就读，一直读到现在，几十年过去了，仍没读好。大家在书店可能看到我花了30年的工夫点校过的《清儒学案》，但里面很多方面的知识我只是一知半解，似懂而非懂。

今天在座的各位都是读书人，读书人不讲假话，也不讲空话。我就讲一些实实在在的，讲我读《清儒学案》走过怎样的路、有什么收获，讲我遇到的许多读不懂的东西和问题。今天借这个机会，向各位来报告一下。

先向各位请教《清儒学案》的第一个问题。

徐世昌与《清儒学案》的关系。

一　徐世昌与《清儒学案》的关系

《清儒学案》由徐世昌主持编撰，徐世昌和《清儒学案》是什么关系，这是读《清儒学案》首先要探讨的问题。在座的年长学者大概知道，旧时代出版过一本《四朝学案》（宋、元、明、清），这部《四朝学案》中的《清儒学案》，采用的是道光年间唐鉴编著的《国朝学案小识》。由于《清儒学案》太大，编《四朝学案》的人也不知道如何来处理《清儒学案》。《清儒学案》这本书208卷，因此，过去老一辈人通读过此书的就极少，又因是民国大总统、政客徐世昌主持编撰，所以一谈到《清儒学案》,一些老前辈就觉得徐世昌主持的书靠不住,甚至评价徐世昌说他是"显宦而不解学问"。所以《清儒学案》问世好长一段时间以后,对这本书始终没有公平的评价。还有一些前辈认为这部书是"庞杂无类","几成集锦之类书",把它贬得很低。

关于这本书,究竟是不是这么回事呢?我初读《清儒学案》时,就按照老一辈学者指示的读书路径去读,即首先要知人论世,也就是说,我们读一本书先要了解这本书的作者的生平,了解和这本书有关的学术故实。于是,我花了很多工夫读徐世昌的有关史料,就发现我们老一辈的看法有问题。为什么呢?因为我读过贺培先生编的《水竹邨人年谱》,在这部年谱当中,很详细地记录了徐世昌的一生。年谱详细地记录了从民国十七年开始一直到民国二十七年这十年间,徐世昌先生晚年将主要精力都致力于主持编撰《清儒学案》的事情。徐世昌固然是"显宦",但是他并非不学无术,也是个读书人出身。他是光绪十二年的进士,治明清史的都知道,在明清时代,翰林院不是一般的进士都能进去的。一般来说,一甲三名理所当然要进翰林院,但二甲、三甲的进士当中就有很多人进不去。很有名的龚自珍因为书法不好进不了翰林院,全祖望也进不去,甚至比全祖望还早的大学问家阎若璩也进不了翰林院,所以能进入翰林院的人绝对不是不学无术之辈。至于徐世昌后来走上政治道路,那是时代造成的。民国十一年,徐世昌先生在大总统位置上下野隐居天津以后,一直到1939年过世,他的晚年一直都在致力于《清儒学案》的编撰。在他的年谱里,从民国十七年开始到民国二十八年,他每一年在做什么事都记录得很详细,因此,说徐世昌先生"显宦而不解学问",就值得商榷了。

30多年来通过读《清儒学案》,以及徐世昌先生的有关资料,我想我做的第一桩或许对学术界还算有用的事情,就是对徐世昌先生与《清儒学案》之间的关系做了一些梳理。这是今天要讲的第一个问题,即徐世昌先生不仅主持编撰《清儒学案》,而且自始至终都过问《清儒学案》。从立意到最后编撰完成,徐世昌都有功劳在其间。因此要给徐先生说一些公道话,他对《清儒学案》的主持名副其实。

二 夏孙桐与《清儒学案》的关系

徐世昌先生主持编纂《清儒学案》,不唯出资,而且自始至终都在审稿，至于具体编撰不可能是他。如果现在看《清儒学案》，看不出哪些先生在起作用，但是如果深入进去，看一下和徐世昌往来的人及徐先生的幕府的成员，就知道，《清儒学案》208卷、1169人这么大一部学术史资料长编，之所以能编好，实际上是徐世昌幕府的众多幕宾的功劳。至少从现在掌握的资料看，当初帮徐先生编《清儒学案》的几个主要学者，都是民国初年在清史馆修清史稿的专家。比如夏孙桐、金兆蕃、王式通、朱彭寿、闵尔昌、沈兆奎等。此外，傅增湘、曹秉章、陶洙几位，都是一时之选。徐世昌先生能修成《清儒学案》，和这些先生的功绩是分不开的。

徐世昌在担任大总统期间，在大总统府里结过一个"晚晴簃诗社"，诗社中人多是他当年在翰林院的同事，"晚晴簃诗社"根据徐世昌的建议编了一部《晚晴簃诗汇》200卷，清朝260多年间的诗人的代表作品都收集在里面。今天要研究清代诗学史，恐怕《晚晴簃诗汇》是必须要读的。由于这样的积累及其几个主要幕宾编撰《清史稿》的经历，所以在他下野以后，于1928年（民国十七年）提出修《清儒学案》。当年参加编撰《晚晴簃诗汇》和后来帮徐世昌先生修纂《清儒学案》的班子主要是在北京。当时徐世昌在北京有官邸，他的幕宾主要是在北京官邸里修书，而且当年他利用担任民国大总统的特殊身份，在修《晚晴簃诗汇》时，向全国各地征集了很多书，那些书不仅用在《晚晴簃诗汇》，很多也用在了修纂《清儒学案》当中。当时，修《清儒学案》的几位主要撰稿人中有一位最重要，也是我今天要讲的夏孙桐先生。

在《清儒学案》的结撰过程中，夏孙桐先生很重要，为什么这么说？当年我在读夏孙桐先生所著的《观所尚斋文存》时，看到夏孙桐先生为《清儒学案》拟的一篇凡例，而且还有夏先生就《清儒学案》的编撰给徐世昌的书札，从中可见，夏先生在《清儒学案》的关系非同一般。后来，通过读《观所尚斋文存》再往前深入挖掘，我又读到香港出版的一套关于民国时代文史掌故的书，其中有一篇文章专门讲《清儒学案》的成书过程，而且文章就讲夏孙桐先生是《清儒学案》撰修的实际主持者，并附有徐世昌1934年写给夏孙桐的一通书札。徐世昌在这封信中说"《清儒学案》得公主持，已成十之九"，这句话的分量很重。这就证明，徐先生都承认《清儒学案》是夏孙桐先生代他主持，而且到1934年的时候，《清儒学案》已经完成十分之九。当然，在这之后，夏孙桐也给徐世昌写过一封信，讲到要坚决辞掉这方面的工作。由于徐先生80岁以后，晚年急于成书，希望《清儒学案》加快进度，但夏先生认为不能着急，要一步一步地按部就班来编撰，因此对《清儒学案》的编撰，徐先生和夏先生之间也出现过分歧。徐先生给夏先生的信里面还提出要委托夏先生来写《清儒学案序》，可见夏先生在《清儒学案》中举足轻重的地位。根据《观所尚斋文存》和其他资料，我又发现，我们有一些老前辈，对夏孙桐先生的评价也值得商榷，有位很令人敬重的老前辈这么评价夏孙桐，说夏孙桐拟的《清儒学案凡例》"不当行"。但是我通过把夏孙桐所拟凡例和道光年间唐鉴著的《国朝学案小识》做对比，发现夏孙桐先生的眼界要远远高于唐鉴。当然，若我们把他与作《明儒学案》的黄宗羲和作《宋元学案》的全祖望对比，夏先生的确不如这两位专家。但是夏先生绝不是不当行，他在《清史稿》里修纂过嘉道咸同四朝《传记》和《循吏传》、《艺术传》两个类传，所以他的文史素养比唐鉴要高，说夏先生"不当行"恐怕是欠公正的。把夏先生判断为《清儒学案》的在北京的实际主持者，或许是合适的。

我说了这句公道话以后，没想到夏先生的后人也看到了。大概是2008年，我接到夏先生后人从内蒙古来的一封信，这位先生是内蒙古农业大学的一位老教授。因为当初我不知道夏先生究竟是什么时候过世的，所以我就在文章里实事求是讲不知道夏先生是什么时候过世的，假如有知道的先生请指教。结果夏先生的后人就给我来了这封信，而且把夏先生的过世时间和生平都告诉了我，夏先生比徐世昌晚两年于1941年过世。

说到这里，我也想结合我多年来读书的经历，给在座的年轻人提一个建议。就是希望大家在读书的时候一定要实事求是，知道什么就是知道，不知道就如实地在文章里写清楚，自己不知道就不要去讨论。我因如实地讲不知道夏孙桐先生什么时候去世的，因此后来才能得到他的资料，所以做学问要实事求是，这也是我这一生得到的最宝贵的经验。这是我30多年来读《清儒学案》做的第二桩事情，就是为夏孙桐先生说句公道话。

前面两个问题都是讲我在读书当中的一些心得，接下来，我想跟大家用较多的时间去讨论第三个问题。

三　梁任公先生、钱宾四先生与《清儒学案》之因缘

　　我做学问走过一些弯路，也说过一些错话，经历过一些教训。今天实事求是地告诉大家：做人、做学问就要老老实实，这样才会有善果。

　　在讲梁任公（梁启超）、钱宾四（钱穆）二位先生与《清儒学案》的因缘之前，先讲一句题外话。大约5年前我接到中国人民大学一位年轻同志打来的电话，他说是刚入学的博士，想以《清儒学案》为题做博士论文，问我这样好不好。我说好，你如果深入进去，是非常值得研究的。为什么这么说？因为我做了几十年的研究也没有研究好。实际上《清儒学案》的很多档案，我都没读过。我记得北京师范大学的老校友史树青先生，当年史先生知道我在读《清儒学案》，有一次打电话给我，说他那里有《清儒学案》的一些书札，让我抽时间到他家去看一下。后来我就去了。在史先生家里，我看到了徐世昌修《清儒学案》时来往的很多书信。我曾经建议史先生整理出版，史先生说没钱出版，这件事情就不了了之了。后来听说国家图书馆出版社出版了一些，但我也没有买过一本读。当人大的学生给我打电话时，我就建议他利用出版的这些档案资料做深入研究，5年过去了，我一直希望这个年轻人能继续跟我联系，但是始终没有听见他的声音。

　　当年在史先生家看到的也只是在匆忙之中浏览的一小部分，《清儒学案》还有很多我没读到的东西，如果要深入研究，问题也很多。比如谈《清儒学案》首先值得回答的一个问题：为什么徐世昌在修纂完《晚晴簃诗汇》后紧接着又修纂《清儒学案》？我没有看过档案，有关的书札也没读到，所以就不知道谈题是如何提出的。我现在提一个线索，大概在1923年，梁启超先生给当时商务印书馆的主事张元济先生写过一封信，说我现在正在做《清儒学案》，准备做的第一个学案是戴东原（戴震）的学案，希望能够在我有生之年完成这本书。由于张元济先生人脉很广，而徐世昌及幕宾又在天津、北京，因此修《晚晴簃诗汇》的这批人或许是会知道梁任公先生的这个计划的。现在我们读梁先生的《饮冰室合集》，会看到《戴东原学案》、《顾亭林学案》、《黄梨洲学案》三个学案，还有《清儒学案》的100多页稿子。所以要谈《清儒学案》，梁任公先生是最早提出修纂的学者，是发端人。至于到后来为什么修《清儒学案》变成

徐世昌幕府的主要工作，这个线如何搭上的，还不清楚。因此我今天借这个机会提出这个问题，希望我们治民国学术史的年轻学者可以去研究一下。

年轻学者可以深入去挖掘：第一，梁任公先生的学术群体和徐东海先生的学术群体之间有什么关系？第二，梁先生修纂《清儒学案》的愿望怎么通过徐世昌先生来实现，其中有什么关系？虽然我现在说不清楚，但它们之间肯定有一定关联。哪些人搭起这个桥梁，是不是张元济先生？应该不是，因为如果是张元济先生，那么《清儒学案》的出版商应该是商务印书馆，但徐东海先生没有选择商务印书馆。所以究竟是谁搭的桥，这都得深入去摸索。

这是梁任公先生与《清儒学案》的关系。

接下来我要向各位汇报另外一个，也是我曾经来闹过笑话、至今铭刻在心的问题：钱宾四先生与《清儒学案》的关系。

各位都知道，在梁任公先生之后，《中国近代三百年学术史》研究得最好的是钱宾四先生以及钱先生的弟子余英时先生，这两位先生的研究一直到现在都无人能够超越。余先生的著作很多，从秦汉一直到明清，学问很大，学术上我很敬佩他。

我研究《中国近代三百年学术史》，是从读章太炎、梁任公和钱宾四三位先生的书起步的。这三位先生的著作当中，我下功夫最深的是钱宾四先生的书，直到现在还在读。早年，我读过钱先生20世纪40年代抗战时在四川的省立书馆图书集刊上发过的一篇文章，叫《清儒学案序目》，那篇文章我用手抄过。我开头讲过，我是个思想比较保守的学者，在这里我还要给大家一个建议，就是希望大家不要停下手中的笔，要勤于用笔。现在电脑普及，世界丰富多彩，但是大家在体验外面世界的同时，一定不要放弃手中的笔，一定要认认真真地读书、写笔记。我几十年前手抄的钱先生40年代发表的这篇文章，直到现在我还能说得出这篇文章的大要来，所以动手抄书的印象是非常深刻的。顾炎武有一句名言叫"著书不如抄书"，说的就是这个道理。也就是说，要把书读好，一定要勤动手，认认真真地把文章的精要记录下来，为我所用。

当年钱先生之所以在四川修《清儒学案》，是因为当时民国政府要编纂《四朝学案》，由于徐世昌的《清儒学案》太大，因此就委托钱先生来修清儒学案的简体。钱先生接手这个任务以后，按照自己的学术主张选了

64个人，拟了64个学案，这64个人全都是理学家。每一个学案，钱先生把案主的学术精要都提炼出来。这64个学案，也是今天研究清代理学史离不开的基本资料。钱先生是研究朱子学的大家，不论是《宋元学案》还是《明儒学案》，实际上都是讲理学史的书，因此钱先生写《清儒学案》时，也按照学案体史籍固有的体例去写。

90年代后期北师大的一位老前辈龚书铎先生有一个学术团队，准备写《清代理学史》。记得开题的时候，龚先生把我叫过来讨论。我曾经建议龚先生可以参考钱宾四先生的《清儒学案序目》，龚先生把这篇文章拿给课题组的同志认认真真地都读了。这部《清代理学史》完成了，龚先生也走了。我很佩服写这部书的龚书铎先生。到现在，写《清代理学史》的，据我所知共有三个学术团队，一个是北师大龚先生，其他两位是中国人民大学和湖南大学的中年教授，但是那两位中年教授没有完成。龚先生这部书，实事求是地讲，是按照钱宾四先生《清儒学案序目》的路子走下来的。"饮水不忘挖井人"，所以应该要谈钱先生的功绩。龚先生的书完成后让我写一个序，我比龚先生年轻，没有资格，这也不是中国学人的传统，所以就在这部书的后面写了一个跋。

我们今天要谈清代的理学史，依然离不开钱宾四先生的《清儒学案》。但是当年钱先生在四川写完《清儒学案》的稿子后，民国政府还没来得及出版，抗战就胜利了。抗战胜利后，钱先生几个箱子里的稿子在东归途中因为轮船失事，沉入江中，再也看不到了。只是我不知道这段经历，当年在台湾中研院史语所讲三百年学术史时，我仍对这件历史故实表示怀疑。后来文哲所的钟彩钧先生跟我讲，钱先生在台湾发表过的相关文章，你没读过，你如果仔细看看那些文章，就会知道确有其事。这是我终生难忘的一个教训："知之为知之，不知为不知"，千万不要信口雌黄，这是很不负责的。直到现在这件事情说起来还很难为情，但是如果一个学者能够实事求是，如实地讲真话，即使错了也能得到谅解，把坏事变成好事。

在中国学术史上，学案体史籍的演变是怎样一个过程？现在我就来谈这个问题。

在中国历史编纂学当中，有学案体史籍这么一个分支。今天《宋儒学案》、《明儒学案》、《清儒学案》等流传很广，还有其他若干以学案为题的书。那么什么叫学案？为什么以学案来命名？学案体史籍又是怎样形成的？早先电脑还不流行，我至今也是这方面的文盲。我翻了很多书，翻了80年代末之前的所有工具书，包括台湾、香港的工具书，没有一个词条是解释学案的。总之，过去的工具书没有。因此从80年代初开始摸索研究学案的问题时，可以借鉴的成果不很充分。

我刚进入学案体的研究领域，得益于梁任公先生和陈援庵（陈垣）先生著述的指引。梁先生在《中国近三百年学术史》上专门讲《明儒学案》编纂体例的渊源，陈援庵（陈垣）先生的《中国佛教史籍概论》又发挥了梁先生的主张，把学案体史籍不仅追溯到朱熹的《伊洛渊源录》，而且还追溯到禅宗的灯录体史籍。梁先生和陈先生认为学案来自朱熹的《伊洛渊源录》和禅宗的灯录体史籍，可是《伊洛渊源录》和禅宗的灯录体史籍又是从何而来的？从源流上来梳理，其远源可追溯到先秦诸子，如《庄子·天下》、《荀子·非十二子》、《韩非子·显学》。如果从编纂体例上往前追溯，实际上是从《史记·儒林传》、《汉书·艺文志》、《隋书·经籍志》逐渐演变过来的。因此，学案体史籍就是以选辑入案学者的论学资料为主体，合案主小传总综论为一体的独特的学术史体裁。

至于说学案什么时候出现在中国古代文献学上，我自己所找到的最早的记载是明代后期理学家耿定向（耿天台，1524—1596年）的遗书，这部遗书里面有一篇《陆杨学案》，就是以学案命名，主要讲陆九渊和其弟子杨简的学术生平。学案单独作为书名，我所见到的最早的书是耿定向的弟子刘元卿（1544—1621年）所著的《诸儒学案》。比刘元卿稍晚一点，黄宗羲的老师刘宗周也写过一部《论语学案》，所以黄宗羲后来为什么写《明儒学案》，其中必然有这样一条线索。其实，什么叫学案，直到现在为止我还没有解决好。当年在史语所也有人问到我什么是学案，我当时以为我发现得最早，就说耿天台先生的遗书最早。当时台下有一位教授，也就是现在台湾中研院的院士——黄进兴先生，黄先生告诉我说台师大的一位硕士在80年代就发现了耿天台遗书中的这篇文章。幸好我还没说我是第一个发现的。

学案如何解释？80年代中华书局的副总编辑陈金生老先生在主持点校《宋元学案》的时候，曾对学案下过定义，他认为"案"同"按"，是案断的意思。陈金生老先生主持点校的《宋元学案》，水平很高。因为它比同时代的《明儒学案》点校得好，《明儒学案》失误太多，台湾中研院朱鸿林先生还曾就80年代的这部《明儒学案》专门写了一部书，叫作《明儒学案点校释误》。沿着陈先生的这个思路，大概在90年代初，我在中华书局的《书品》上写过一篇《学案试释》的文章。我认为，学案的"案"，也未必不是断言。有一句学者常说的话叫"案而不断"，即提出问题却不下结论，因此按照陈先生的解释，把学案称为"案断"，恐怕还可以商量。我当时只是试图从学案和禅宗的灯录体史籍的关系上拓宽思路，提出"学术公案"简约说，其实这是轻于立论毫无根据。

吕澂先生在《中国佛学源流略讲》中对禅宗的公案做过解释，认为公案类似于今天的档案、资料。一方面，我根据吕先生的解释，就猜想学案的"案"是否由禅宗的公案演变而来。而耿定向、刘元卿和刘宗周用学案来命名著作的时候，恰好是在明代禅宗盛行时期，那时浙东地区禅学非常盛行，所以他们会不会受到禅宗公案的影响而用禅宗的学术公案来起书名呢？因此我提出学术公案是学案的原始形态，简化以后就成了学案，这是我的主观臆造。但是另外一方面，由陈金生先生的思路扩展下去，我又找到另外一种解释，就是学术定论。明中叶以后，有一部影响深远的书，即王阳明的《朱子晚年定论》，因此学案是不是受王阳明的影响由学术定论演化而来，这是又一种思路。

后来带着这样一个困惑到史所去请教，德高望重的老前辈黄彰健院士跟我说，你讲的陈金生先生的解释还值得商榷，我建议你从案字的本义上再去下功夫。从那边回来后，应师大学报蒋重跃教授之约，我又写了一篇《学案再释》。事实上直到现在，我对学案一词的释义还没有确切的认识。我想现在是不是可以这样认识：所谓学案，就是学术史资料长编。

研究学案史还有很多问题要解决，比如过去谈《宋元学案》的先生都没谈的《宋元学案》的最原始的形态。幸运的是，在语所的图书馆，我看到了他们珍藏的一部《宋元儒学案》这部书稿分行，一为《宋儒学案》，二为《元儒学案》。大概后来由全祖望把它们合而为一，所以研究《宋元学案》，还有很多文章可做。现在回过头去看，我的《中国学案史》写得太糟糕，里面问题很多，如果改称《中国学案源流略讲》最为合适不过。所以在座的年轻人如果有兴趣，可以做深入研究。希望以后能读到年轻学者著的多卷本《中国学案史》，写一本和龚书铎先生的《清代理学史》相媲美的大著作。这些是由钱宾四先生和《清儒学案》的关系引出来的话题。今天讲《清儒学案》，梁任公、钱宾四两位先生是必须要讲的。

我读书30多年来，取得了一些进步，但也走了很多弯路，闹了很多笑话，留下了终生的遗憾和教训。今天的报告也就讲到这里，希望大家多提问题。还是那句话——实事求是，我们一起来讨论问题，我知道的一定会告诉大家，不知道的我会回去看书。我之前讲过，我很保守，很落伍，不会用电脑，不会看短信，所以希望大家有问题给我写信，而且写信能提高我们的文字素养，不仅可以练书法，还可以练习我们的文笔，这是我这几十年的一个切身体会。

我们学历史的眼光要远，尽管国家进步了，但现在社会问题很多。当然首先决策者要正确引导，如果不重视这些问题，很危险！所以今天这个讲座，我希望通过我的读书历程，能够引导年轻学者好好读书，少走弯路，这样国家才会建设得更好。现在年轻人赶上了好时光，更要好好珍惜，好好读书，好好做人。所以，我最后要给各位送年轻朋友八个字"博学于文，行己有耻"，这是《论语》中孔子在不同场合回答弟子问如何做人、如何读书时说的话，顾炎武先生最早把这八个字合在一起，而且将它提高到圣人之道的地位。后来章太炎、梁任公、钱宾四、陈援庵等老前辈都重申这八个字。90年代我们的老前辈王钟翰先生也在提倡这种精神。"文革"三十多年来我们的中华民族始终面临着挑战，今天的社会出现诚信缺失、道德滑坡等问题，我深深地感到，今天的挑战绝不亚于"文革"，要正视这个问题。因此，我最后提出这八个字，希望能够引起大家共鸣。

互　动

问：先生您好，我是北师大历史学院2012级博士生，听您讲座受益匪浅。我读过您的《中国学案史》，但您里面没有提到阮元写的《国史儒林传》，您对《国史儒林传》在清代学案史上的地位有什么样的评价？

答：《国史儒林传》是清代国史馆编的儒林传。《儒林传》的出现比较晚，清代国史馆在嘉庆时才提出修《儒林传》，因为开始的时候国史馆只修王公大臣的列传，直到嘉庆初年才提出修《儒林传》。真正创立《儒林传》的功臣是陈寿祺（阮元实际上是陈寿祺的老师），他大约在嘉庆十四年创编。第二年陈寿祺父亲过世，于是回家守丧，而这一年，阮元恰好从浙江巡抚任上谪官回京，入国史馆修《儒林传》，因为当时阮元名气大，久而久之，《儒林传》的创始人就变成阮元了，但阮元当年也确实写了一传撰稿，而且还拟定了凡例。最后由嘉庆年间发端的《儒林传》变成今天我们能看到的国史馆的《儒林传》，即今天的《清国史儒林传》。这部清代官修的《儒林传》，以理学家为主体，但是也涉及经学家、文字学家、地理学家等各家，这部书主要的内容还保存在《清国史儒林传》中。另外除了《清国史儒林传》，还有民国初年由刘承干先生出钱从清史馆抄出来的《清史列传》，把这两部书比较一下有很多相同之处。《国史儒林传》应该说是我们现在研究清代学术的必读书。

问：陈先生您好，我也是北师大历史系博士生。我看到陆宝千先生在谈到乾嘉学派的考据学的时候，提到一种观点：考证以经世为目的。我在看您《中国学案史》的时候，看到好像你对这方面的问题还没有展开，现在您对这种观点怎么看的？

答：经世为目的还是金石为目的？

问：经世。陆宝千先生在《清代思想史》谈到以经世为目的，是"经世致用"的"经世"。

答：这是个值得讨论的问题，也是如何看待古代经世致用传统在清代的演变的问题，这面临着如何把握清代学问在不同的发展阶段的本质。我个人认为，清代三百年的学问，不能全部用经世来概括，也不能全用考证来涵盖，那都是把历史问题简单化。经世是从孔子以来儒学的一个几千年的好传统，绝对不能丢掉。今天中国的学问很特殊，为什么我很佩服邓小平同志提出的有中国特色社会主义，因为邓公抓住了"中国特色"这四个字。实际上中国的学术也很有中国特色。中国学术为什么讲经世？因为几千年来始终和政治联系在一起。认为学术可以脱离政治，以及认为做学问可不思考政治对学问的影响是不全面的，学术经常和政治联系在一起的，尤其要看到中国的特色。同样，经世传统在清代也有一个变迁过程。明朝末期出现了一个经世致用的高潮，那时候学术思想相对来说比较自由，但是到清朝政府选择朱子学为官方意识形态以后，以顾炎武、王夫之、黄宗羲等为代表的经世致用学问不再是官方倡导的学问，官方提倡的是经史考证之学。政治影响了学术，为什么会出现这种情况？这就是章太炎先生在《訄书》里讲的"多忌，故歌诗文史椠；愚民，故经世先王之志衰"，我是赞成章太炎先生这句话的。而方才那位年轻学者提的钱先生也好，陆先生也好，他们的主张也不能一概而论。清代中叶一直到嘉道之际，学术的主流是考证学，而清末，经世思潮又盛行起来。

问：我可能没表达清楚。我的意思是就这个乾嘉学术的考据学有没有经世的因素或者倾向？

答：我刚才从学术的主流讲了乾嘉时代是考据学问。背后有没有人对现时的问题进行关注？有！因为经世致用是中国文人的优良传统，即使在文字狱的最高压时期，我们的学者尽管可以不谈当代的问题，但是他们还会关注历史上的民生问题，所以经世致用的思想并没有绝迹，但在乾嘉时代不是主流。

问：陈先生您好，我是2012级历史学院的硕士。我最近对清代考据学产生一点兴趣，但我还没有看过你在考据学方面的著作。有这样一个问题，清代的考据学家很大一部分将顾炎武的汉学思想作为考据学的开山鼻祖，顾炎武提出经世致用，反对空谈，但是清代学术到乾嘉时期实际上跟经世致用的初衷是相背离的。是不是与把顾炎武作为他们的开山鼻祖相矛盾呢？梁启超在《中国近代三百年学术史》也提到过顾炎武的经世致用思想，但并没有被以后的考据学家所继承。您是如何看待这一点的？

答：问题提得很好，希望你继续在乾嘉时期考据学风的形成演变上好好下功夫。以顾炎武为清学的开端，这是梁任公先生的主张，而钱宾四先生《中国近三百年学术史》就不主张，钱先生暗暗地驳斥了梁任公先生的说法。梁任公的说法也对，因为顾亭林主张"读九经自考文始，考文自知音始"，这个主张影响整个清代，对乾嘉时期的学术影响尤其大。正是因为有这个话，所以才会有以后惠栋、戴震他们的"由故训以明义理"、"义理存在乎典章制度之中"这一类学术主张。学术发展是按着这条道路发展下来的。但是顾亭林不仅主张在学术方法上"读九经自考文始，考文自知音始"，而且他还追求"学术以明道"。明什么道？明"修己治人之道"、"经世致用之道"，顾炎武思想在他那个时代最精华的部分就是经世致用思想。但是因为康熙中叶以后，尤其是到雍正、乾隆年间大兴文字狱，才把学术界的风气引向了考据之学。所以顾亭林提出的经世致用的思想在乾嘉时期几乎没有呼应，相反他提出的"读九经自考文始，考文自知音始"就从涓涓细流蔚为大观，这就是顾亭林经世致用思想在乾嘉时代的沉寂。但是到了乾嘉以后，经世致用思想再一次被学术界唤起。道光初年，当时在北京学术界开始公祭顾亭林，这才有晚清的经世致用思想的盛行。

问：乾嘉时期清代学术的主流是考据学，您认为这种情况是乾嘉时期的文字高压所造成的。那么乾嘉学派考据学的这种发展是因为文化高压力还是因其本身发展到一定程度的结果?

答: 你这问题提得更好。实际上乾嘉考据学的形成是一个历史合力造成的。为什么我佩服余先生,因为余先生讲学术发展的内在理路,他按照老师钱宾四先生的路子走。钱先生讲"学术流变与时消息",把宋学、清学看作一个完整的体系。余先生就发展了钱先生的这个主张,就变成了很有影响的内在理路说。我很赞成。我认为中国古代的学术,从汉学、宋学到清学有一个内在的发展逻辑。刚才我说的是影响学术发展的外因,这是我们中国的特色,研究学术史绝不能脱离那个时代的经济、政治,但还必须把它与内在理路即内因相结合。为什么会形成乾嘉时期的考据学,除了文化高压,另外一方面原因就是内在理路造成的,即宋学家理气心性的探讨把中国的学问引向明末的空谈。那个时候中国的社会还是小农经济为主的一个极端顽固、陈腐、落后的社会,在这样的社会体制下不可能产生比宋元更高的学术形态。到王阳明心学的出现,学术已经发展到极端,因为他提出"不以孔子之是非为是非",这就更危险了。这句话一出,就把儒家的经典都打倒了,中国社会就大乱了。清初学者把明末的大乱追溯到王阳明身上,有些言过其实,但是王阳明这个学说造成的破坏力量、思想解放的力量却很大。如果一个社会没有一个共同的信仰,非常危险。中国古代社会的共同信仰,如果没有孔孟、没有朱子,像王阳明先生那样走下去,就会大乱。所以从思想上说,明末的大乱也不是没有原因的。当然从经济上是更重要的原因。但是毕竟中国社会接受不了王阳明那样的思想,所以社会秩序平稳以后,就选择了朱子学,而不是阳明学。关于这个问题,梁任公先生说得很好,他说:"凡在社会秩序安宁,物力丰盛的时候,学问都从分析整理一路发展。乾嘉间考证学所以特别流行,也不外这种原则罢了。"

问: 陈先生您好。我是今年刚入学的本科生,也是学历史的。但是我很多书没读过,很多大学问家也不认识,我想陈先生为我们这些学历史的提一些建议。

答: 谢谢你!你是我的半个同乡。你是云南人,对吧?我在云南昆明生活过13年,我的青年时代是在云南度过的,我对昆明的印象很好,昆明是我的第二故乡。听你的讲话感觉很亲切。

历史学是一门讲积累的学问,积累不到一定程度,就不能取得发言权。所以读书人要多积累，尤其是学历史的要多读书。我们一定要用建造金字塔的方式来做学问，绝对不能靠水泥电线杆的形式来打基础。多读书，从什么地方开始，要先从读目录学方面的书开始。既然进了历史系，我建议读姚名达先生的《中国目录学史》作为入门书，另外也可以读范希曾先生修订的张之洞的《书录答问补正》。目录学的书是我们入门的老师，读了这方面的书就知道中国古代的图书是怎么分类的，应该到哪里去找。然后要好好读《四库提要》，这是令我们终身受益的书。要好好积累，不要急，一步一个脚印，循序渐进往前走。积累到60岁了，就会有发言权。这不是谦虚的话，我们做历史的60岁才起步。

问：陈先生您好！我是一位历史老师，我对历史也非常的热爱。现在儿童时期的学习也非常重要，面对全球化步伐的加快，对于自己民族的历史，从小对儿童进行启蒙或者培养兴趣非常重要。借这个机会，请您给予指教。

答：我们是同行。我曾经说过，如果有机会我愿意到中小学跟孩子们一起讨论历史。我对历史的兴趣不仅源于家庭，还有学校教育。那时候刚解放，我们的历史老师穿着长衫，老师上课时经常跟我们讲历史故事。我至今还记得当年的历史老师——谢老师，谢先生给我们讲《烽火戏诸侯》、《杯酒释兵权》，至今印象深刻。如果现在的老师能以故事的形式教学生，效果会更好，能培养学生的兴趣。我们中华民族是热爱历史的民族，中华文明五千年到现在一直绵延不绝，因为我们有体裁完备的史书，任何一个国家也不能跟我们相比。给孩子讲历史，是要"前事不忘后事之师"。我们要把历史的真实状况，如实地告诉孩子，从小让孩子知道，忘记历史是多可怕。

主持人：今天陈祖武老师给我们做了一个非常有特色的报告。除了丰富的讲座内容之外，今天其实陈老师在讲"《清儒学案》的研究与治学之道"。陈老师在学者当中是比较少见的肯授人以渔的，过去的人是"金针不度人"的。陈老师不但"度人金针"，并且肯把自己学习的曲折过程示人，显得非常可贵。至少，我个人也收获颇多。

今天陈老师没有给我们讲《清儒学案》里面的内容，但是他的治学跟学案里面的大家是相通的，比如说，治学的态度要"知之为知之，不知为不知"。而在有的领域，可能也并非像陈先生讲的60岁开始著书一样，黄季刚先生50岁开始著书写东西，这又是一种类型。重要的是，在进入一个课题的时候，尽管可能对这个领域还不完全了解，但是我们仍要不断地去接近。当然，做学问也要有条件，比如说获得金钱的支持。但跟骑自行车到北大图书馆去查资料相比，二者孰能带来更多收获，对我们也是一个启迪。

今天陈老师也教给我们很多具体的学习方法。比如看书札，过去在训诂学史的领域，书札在相当长的一段时间里面并没有获得应有的重视。因为训诂学的发展，就是毛、段、郑等这样的一些著作。其实有很多的重要的观点、观念是在书札当中存在并且形成的，因为有讨论，所以，书札在材料的积累当中是不可漏掉的。还有抄书，明末清初从杨慎开始对抄书有专门的论述，抄书的过程实际是一个学习的方法。今天陈老师给我们做了这样一些阐述和引导。其实"案"，除了"案几"、"盛物"、"按"、"论断"之外，一定意义上还有"引导"的意思。日语里有一个词叫"案内"，就是"引导"的意思。

陈老师提到的陈援庵是陈垣先生，钱宾四是钱穆先生，现在大家都不怎么用字或号称呼前辈学者。但是听了陈老师的讲座感到非常亲切，因为他提到这些人都是跟北京师范大学人文宗教高等研究院有非常密切的关系。陈老师用他自己的经历给我们指引了一条治学之路。我们非常感谢他！也谢谢大家！

清代汉学的学术成就与思想意义

主讲： 中国人民大学　黄爱平教授
时间： 2012年11月17日
地点： 北京师范大学图书馆三层学术报告厅

主持人： 今天非常高兴地请到了中国人民大学清史研究所的黄爱平教授来为我们作讲座，题目是"清代汉学的学术成就与思想意义"。中国人民大学2007年举办了世界汉学大会，很多人当时问：到底什么是汉学？这个问题在中国学术史上有不同的说法。有一个说法是泛指中国文化，与西域文化的番学相对；也有的说与宋学相对，也叫朴学，主要从清代中期以后开始兴盛起来，包括文字、音韵、训诂诸学、目录学、版本学，等等。

为什么汉学到清代能够兴盛起来？对我们今天的学术有什么影响？他们的研究方法有什么特点？哪些值得我们汲取？今天请黄教授为我们对这段历史作一个客观的评价。有请黄教授。

黄爱平： 大家好！非常高兴，也非常荣幸能有机会在这个讲堂上给大家介绍"清代汉学的学术成就与思想意义"，与大家交流。下面我们就进入讲题。

大家知道，汉学有不同的含义，我们今天讲的汉学指的是有清一代最具代表性的学术流派，它占据清代学术的主导地位。中国传统儒学从汉代确立自己的正统地位后，历代经过不同的发展阶段，在宋明时期以理学为主，到了清代则以经学为主。

为什么把清代的学术称为汉学？因为清代学术的学术取向主张回溯和尊崇汉代的经师经说，与宋明理学相对，被称为汉学。同时它还有不同的名称，被称为朴学、考据学、乾嘉学派或乾嘉汉学。称为朴学是指它的学术风格，因为它是以文字音韵、章句训诂、典章制度作为主要研究对象，以朴实的经史考证为研究方法，学风非常朴实、严谨；称为考据学是指它的研究方法，特别重视证据、强调考证，几乎是"无一字无出处，无一字无来历"；还有一个名称叫乾嘉学派或者乾嘉汉学，这主要是就它发展兴盛、繁荣的历史时期来称呼的，因为它在清代的乾隆嘉庆年间发展到最高峰，占据清代前中期学术的主导地位，成为清代最具代表性的学术流派。

学术界对清代汉学的研究比较多，对其中一些问题的关注更是比较集中，如汉学成因、汉学流派、汉学评价及汉学与宋学的关系等。这些问题在清代学术研究中受到的关注比较多，有的争论还比较大。

我们今天的讲题主要涉及其中一个方面，就是关于清代汉学的评价。说到评价，人们常说"盖棺论定"，但实际上，很多人和事，包括历史上的很多问题往往盖棺也不见得论定。因为历史在发展，社会在进步，人的认识也在发生变化，过去否定的我们今天有可能肯定，过去体会不到的我们现在有可能体会到，对清代汉学的研究和评价也是如此。不少问题学术界至今仍在探讨或争论中。

今天的讲题主要想从"清代汉学的学术成就"及"清代汉学的思想意义"两个方面谈一些认识和看法。学术成就以经学、史学作为比较集中的领域来作一些探讨，思想意义主要从汉学家的经世意识和社会关怀、汉学研究内容的思想性和其局限以及汉学研究方法的科学性和进步意义三个方面进行探讨。从学术成就和思想意义两个方面来谈一谈我们对清代汉学的认识和看法，对清代汉学作出比较客观的分析与评价。

下面先来看一下清代汉学的学术成就。

清代汉学最为突出的贡献在于对古代典籍的系统整理及对传统文化的全面总结。汉学兴起以后，学者们普遍重视文字、音韵、训诂、校勘、辑佚、目录、版本的研究，以经学为中心，旁及小学、史学、金石、地理、天文、历算以及诸子百家，对中国两千多年来的文献典籍进行了大规模整理，对中国古代传统文化作了全面总结，使中国传统文化到清代呈现出繁荣发展、多姿多彩的情形。

我们先从经学来看。

清代学术以经学为主，对儒家经典的研究本来就是传统文化的主体。清代学术在明末清初有一个变化：从理学回归经学。经过这个变化后，清代的经学研究到清中期以后进入全盛阶段，取得了非常可观的成绩。大体有以下几个方面：廓清后世对经书的误解和歪曲、钩稽考证汉人经说、撰著新疏新解及汇释群经。清代经学的发展和兴盛主要体现在这四个方面。下面我们逐一进行解读。

1. 廓清后世对经书的误解和歪曲

儒家经籍经过两千多年的流传，其本身的篇章和文字会有一些错乱、讹误的地方，就像抄了很多次的版本一样，每抄或每刻一次可能都会出现一些错误。另外，还有后人有意无意地附会和伪托，特别是在宋代理学兴起后。当时的理学家为了建构理论体系，往往强解经书以就己说，甚至不惜造伪来作为自己的立论根据。这就造成了很多的误解和附会，把经书的原来面貌给淆乱了。这种情形到清代汉学兴起后得到了很大改观，清代学者改变了前代学者，特别是理学家抠书的弊端，以比较客观求实的态度来从事各部经书的研究，在很大程度上廓清了后世人为地或者无意地笼罩在经典研究上的迷雾。我们举一个例子：

《易经》的研究。

《易经》的研究以清初学者胡渭等人为代表，辨明了易图之伪。这个"图"指的是河图、洛书等一批图书。《易经》的河图、洛书怎么来的？《易经》本来是古代的占卜术，相传经过伏羲、文王、周公、孔子四圣，地位非常重要，位居儒家六经之首，内容也非常广泛，历来受到学者重视，疏解也非常多。五代宋初时有一位叫陈抟的华山道士，他对《易经》非常感兴趣，天天钻研，大概从中悟出了什么道道，造出了由黑色和白色圆点排列组成的河图和洛书。造出来后，就根据河图和洛书来解释《易经》。从陈抟开始后，宋代的理学家，如邵雍、周敦颐、程颢、程颐等，都接受了陈抟的说法，又辗转传授、附会增益，造出了先天图、后天图、太极图等，共九幅图，称为"九图"。

"九图"出现后，到了南宋，理学家朱震作了《汉上易传》，把这些图、书附在卷前。朱熹是理学集大成者，是程朱理学最重要的代表人物，他作了《周易本义》和《易学启蒙》，这两部书也都把最早由道士编造出来、经过理学家附会增益的九图放在书前最为醒目的位置，并根据这些图来推揣义理，解释宇宙万物化生之义。从此以后，这些图就附在《易经》中流传开来，并且以图来解意，成为宋代以来易学的主流。后来就越传越神，甚至认为河图、洛书是龙马神龟从河中背负出来的，当年的圣人伏羲等人是看到这个图后才作的《易经》。这个图成为前代圣人作《易经》的根据，《易经》的研究也被弄得越来越乌烟瘴气。

在这个过程中，也有学者对河图、洛书的来历和真伪提出怀疑，如元代的吴澄，明代的归有光，明末清初的黄宗羲、黄宗炎、毛奇龄等。胡渭正是在这样的基础上集前代大成，注了《易图明辨》，对河图、洛书进行系统的考辨，证明它的虚妄、不可信，揭穿它的来历。胡渭认为，从根本上来说，河图、洛书之说站不住脚、不能成立，原因在于如果说儒家经典中的《诗经》、《书经》、《礼》、《春秋》等可以要图的话，《易经》恰恰不需要图。因为六十四卦本身就是图，就是卦，卦象本身就是图。六十四卦由八个经卦两两相叠而成，卦象本身就是由图画而来。从根本上来看是这样的。

胡渭还从源流进行考察，图究竟是怎么来的？河图中有黑点和白点，数从一、二、三、四、五、六、七、八、九、十，总共十个数字，合起来相加是五十五。五十五是怎么来的呢？胡渭进行了考察，发现五十五个数字原来是出自《易传》。《易传》中有这样的说法：系辞当中，天一地二、天三地四、天五地六、天七地八、天九地十……天数二十有五，地数三十，天地之数五十有五。可以说，道士陈抟是根据《易传》的记载把这些数字排列组合而成的。

来历如此，那这个图是什么时候出现的？古代辨伪学史上判定伪书有多种方法，其中得到学者公认并被奉为经典的有八种方法，称为"辨伪八法"。"辨伪八法"的其中之一就是追溯渊源来历。一部书如果在最早的图书目录《汉书·艺文志》及稍后的《隋书·经籍志》中没有记载的话，忽然出现在后代，比如说出现在《宋史·艺文志》中，这样的书如果没有确凿的考古依据或合理的传授源流，十有八九可以断定为伪书。河图、洛书的渊源也正是如此。在《汉书·艺文志》、《隋书·经籍志》及宋代以前的典籍当中，没有任何关于图、书，特别是图的记载和说法，更没有这样的图。可是宋初以后忽然出现了，它怎么来的呢？显然是宋初人编造出来的。

胡渭及前代到明末清初各家考辨的大成对《易经》卷前所附图和书的考辨证据确凿，不可动摇，给我们昭示了学术上的典范意义。第一，经典是可以作为研究对象的；第二，考证方法具有说服力并且可行；第三，考证得出的结论是可信的，经得起检验。同时还有思想上的意义，即还经书以本来面目，把后面人为笼罩在经典研究上的迷雾廓清，动摇理学的理论基础，打破束缚学者的藩篱，解放学者的思想。所以胡渭的考辨得到当时、后世、至今学者的一致认同，也得到学者很高的评价。

清代学者对前代经书做了相当深入的研究，把后世的附会、伪造等分辨清楚，在很大程度上恢复了经书的本来面目，达到了求真、求实的境地。这是清代经学第一方面的成就。

2. 钩稽考证汉人经说

清代的学术以经学为主，经学的研究取向是回溯和尊崇汉代的经师经说。但我们知道，清代距汉代一千多年，汉代的经师经说经过理学阶段之后，散失和亡佚的较多。清代经学兴起后，要恢复和尊崇汉人的经师经说。汉人的经师经说在哪里？怎样才能找到和看到？清代学者在这方面下了很大功夫，使得许多亡佚散失已久的汉代经说得以重现于世。

其中最著名的是惠栋，他是首先打出汉学旗帜的学者，用了很大精力来搜集、钩稽、爬梳汉人的经说，用力最深的就是《周易》。惠栋的著述包括《易汉学》、《易例》、《周易述》，都是专门爬梳、钩稽、搜集汉人对《周易》的解说。惠栋等学者所做的努力，得到当时学者很高的评价。乾嘉时期的大学者钱大昕在惠栋去世后，专门为其作了传记《惠先生栋传》，其中特别表彰惠栋爬梳、搜集、钩稽汉代经师经说的功绩，有这样一句话："汉学之绝者千有五百余年，至是而灿然复章矣。"（《潜研堂集·文集》卷三九）清代学者在这方面的功绩非常巨大。这是清代经学成就的第二个方面。

3. 撰著新疏新解

在清代汉学发展过程中，学风日益由空返实，实事求是成为学者一致遵循的准则。在研究过程中，本着实事求是的态度，清代学术由开始一味尊崇汉代经师经说逐渐察觉到汉人的经说也并不一定全都正确，也有它的问题，也有疏误的地方。所以，有些学者就试图超越汉宋，综括前代，对儒家经典作出新的疏解。

汉学的重要代表人物之一焦循，他用数十年之功钻研《周易》，特地撰写了《易学三书》，包括《易通释》、《易图略》和《易章句》，着眼于经传本身，以旁通、相错、时行三种自己发明的法则贯通于整个《易经》的研究，然后发挥自己的见解，自成一家之说。清代学者对《尚书》、《诗经》、《三礼》、《三传》、《论语》、《孟子》等几乎每部经书都有新疏新解，也都有代表性的人物。

4. 汇释群经

经学研究在清代非常盛行，各部儒家经典学者都孜孜研习，这些心得、体会和见解，有的做成随笔、札记收入自己的文集，有的汇成专书。通释群经的有清初朱彝尊的《经义考》、臧琳的《经义杂记》，乾嘉时期江永的《群经补义》、王引之的《经义述闻》，还有晚清俞樾的《群经平议》等。

清代经学研究成果可以说是蔚为大观。有两位学者花大力气编了两部大丛书，一部叫作《皇清经解》，为乾嘉时期被称为汉学"殿军"的阮元所做。他主持刊刻，收录73家，183种著作，1400百卷。到了晚清，学者王先谦接续阮元的工作，编了另一部《续皇清经解》，收录84家，206种著作，1430卷。两部经解合计157家，389种著作，2830卷。这两部著作总括了有清一代经学研究的精华，是一个非常重要的、反映经学研究成果的汇编，也为我们今天研究清代，乃至中国古代社会政治、经济和文化提供了宝贵的资料。

下面我们来看史学。

清代的经学复兴后，学者们的研究由经及史，用治经的方法来治史，不仅提高了史学的地位，开拓了研究范围，还取得了非常可观的成就，推动了史学的发展。如果简要概括清代学者在史学上的成就，大体上是这样两个方面：对前史所缺各种表、志的补作；对旧史的清理考证。

对前史所缺各种表、志的补作

司马迁和班固分别是通史和断代史的开创者，从题材确立后，纪传、表、志就成为史书中重要的组成部分。有的学者甚至这样认为，读史以表和志为最重要，作史亦以表和志为最难，可见表和志在史书中的地位以及重要性。但由于种种原因，历代纪传体史书中的表和志多有缺略，有些纪传体史书的表和志是不全的，或者没有做。

因此，迫于研究有很多不方便的地方，清代汉学家特别是乾嘉时期的学者特别重视史表、史志的作用，下了很大力气来对历代正史的表和志做了一番全面的拾遗补阙的工作，上至《史记》、《汉书》等前四史，下至《元史》，各种补表、补志，足足有数十种之多。比如说，乾嘉时期汉学家孙星衍做了《史记·天官书补目》，收到《史记两汉书三史补编》中；钱大昭做了《后汉书补表》、《补续汉书艺文志》；洪亮吉做了《十六国疆域志》、《东晋疆域志》、《补三国疆域志》，洪亮吉对地理特别有研究，他对前代史书补的表和志基本上都是疆域地理方面的；钱大昕做了《补元史艺文志》、《元史氏族表》等。可以说，历代正史中所缺略的表和志，清代学者几乎全都做了补作。所以，清末民初大学者梁启超对清代汉学家这方面的功绩特别称赞，认为"凡此皆清儒绝诣，而成绩永不可没者也"。

清代学者补表、补志的成果我们今天大多数都能看到，收录在《二十五史补编》中。补表、补志、拾遗补阙之外，清代学者对历代史籍还做了全面的清理和考证，最有代表性的当属乾嘉时期"考史三大家"的著作，有王鸣盛的《十七史商榷》、钱大昕的《廿二史考异》、赵翼的《廿二史札记》。三书并列，三家并提，被称为乾嘉考据史学的代表作，对历代史书做了全面的清理、考证和纠谬。

以上我们以经学、史学为例，对清代汉学的学术成就做了简要介绍，其他方面有刚才提到的文字、音韵、训诂、目录、版本、校勘、辑佚、辨伪等，各个专门领域清代学者都取得了辉煌的成就，既对古代典籍做了系统整理，而且对中国传统文化做了全面总结。可以说，清代汉学家所做的工作既为后人留下许多可供借鉴的成果，也为今天的研究和批判地继承传统文化遗产提供了便利。郭沫若曾经说过一句话："欲尚论古人或研讨古史，而不从事考据，或利用清儒成绩，是舍路而不由。"这样一个评价对我们了解和认识清代学者，特别是清代汉学家的学术成就是有启发意义的，把清代学者的学术成绩和学术价值揭示出来。

下面我们看清代汉学的思想意义。

刚才讲的主要是清代汉学的学术成就和学术价值，学术界对这个应该没有太大异议，除了一些特殊时期以外，如"十年动乱"期间对传统文化（包括清代学术）几乎全盘否定。改革开放，特别是这些年以来，学术界对清代汉学的学术成就一般来说没有太大异议。但说到清代汉学的思想意义，可能不同的看法就比较多。也就是说，在这个问题上，不少学者是持否定态度的，特别是在以往的研究中，传统的看法是这样的：清代汉学家除了极少数学者（如戴震、焦循等）之外，绝大多数学者只钻故纸堆，为考证而考证，为学问而学问，不讲求经世致用，不关心社会现实，有考据而无经世，有学术而无思想。这种看法几乎成为定论。

汉学家是否关注现实，讲求义理？汉学研究的内容是否蕴含经世意图和思想意义？这是由传统看法而提出来的两个问题。下面我们就对汉学家的作为、研究的内容、研究方法做一个考察,来回答上面的问题。

应该说,任何一个时代的学术界、学者都不是铁板一块,都不是只有一个面貌、一种声音。对清代汉学的这种批评,确实可能有那么一部分学者不讲求经世致用,不关心社会现实,只钻故纸堆,但并不是乾嘉汉学的全部,也不是乾嘉汉学的主流。大多数学者仍然继承了传统儒学,讲求经世的价值取向,关心社会现实,关注国计民生,在他们的研究中也不同程度地表现出经世意识和社会关怀,以及对思想义理的追寻和阐发。为什么这么说?我们下面就来看一下。

我们先来看汉学家的经世意识和社会关怀。

首先汉学家本人有没有经世意识和人文社会关怀?不少汉学家以不同的方式表达出他们对现实的关注,比如乾嘉时期"考史三大家"之一的钱大昕,近年出版了他的全集《嘉定钱大昕全集》。在以往的研究中,钱大昕被认为是乾嘉汉学家中为考证而考证的典型代表。依据是什么呢?钱大昕曾经在自己的画像下题了一段话:"官登四品,不为不达;岁开七秩,不为不年。插架图籍,不为不富;研思经史,不为不勤。因病得闲,因拙得安;亦仕亦隐,天之幸民。"过去的研究者依据这段话,认为这是乾嘉学者既有钱,又有闲,心安理得钻故纸堆的真实写照。

其次,如果钱大昕自题画像这段话可以这么来看的话,那么我们说,这只是钱大昕仕途生涯、学术研究的一个方面,还有另外一个方面,就是关心社会现实生活,讲求传统儒学的经世价值观念。除了自题画像这段话外,他还有很多研究成果,很多序、跋、书、信等,在很多地方都提到"儒者之学,在乎明体以致用"。也就是说,钱大昕非常看重并提倡儒家传统的经世价值观。这段话后面还说到"诗书执礼,皆经世之言也。《论语》二十篇、《孟子》七篇,论政者居其半。当时师弟子所讲求者,无非持身、处世、辞受、取予之节,而性与天道虽大贤犹不得而闻。儒者之务实用而不尚空谈如此"。可以看到,钱大昕还有讲求经世致用,关心社会现实的另外一面。这一面体现在什么地方呢?我们可以举两个例子。

第一,黄河水患的治理。

这是关系到国计民生,历代统治者都要面对的重要问题。钱大昕作为一名学者,对明代以来治河的情形了如指掌,而且对当时治河的情况也提出了自己的看法和批评。看到当时的治河官吏利用治河工程和黄河水患贪赃渎职、中饱私囊,他非常不满地提出批评,引用明末清初三大思想家之一顾炎武（顾炎武特别讲求经世致用，认为做学问就是要为天下苍生，就是要经世致用）的话"明代天启以前，无人不利于河决者"。就是说，明代天启以前，上上下下的官吏都认为黄河决口是一件大好事。为什么？黄河决口就要开工程，一开工程就有经费，国库就得拨款，就有了上下其手、中饱私囊的机会。所以河决对官吏来说是好事，而不是坏事。这是清初顾炎武批评明代治河的一段话。钱大昕引用来后接着说"今之官吏，其好利犹昔也。堤防日增，决溢屡告。竭海内之膏脂，饱若辈之囊橐，赏重罚轻，有损无益，其何能淑载胥及溺，深可虑也"，表达了自己深深的忧虑，对黄河水患发表了自己的看法和意见。

第二，妇女问题。

从宋代理学家倡导"饿死事小，失节事大"以来，随着理学居于官方统治思想的正统地位，经过元明到清，这种理学思想对广大妇女精神的束缚越来越严重和严厉。很多妇女深受这种思想的束缚，贞节牌坊也随之出现，安徽一座连着一座的贞节牌坊就是这么来的。清代很多女性还没出嫁，丈夫就死了，怎么办？仍然嫁到夫家，守节、守制，甚至过继夫家兄弟的孩子作为自己的孩子，然后一边抚养继子，一边侍奉公婆，就这样终其一生。守节三十年以上可立一座牌坊。

这种情况在清代相当普遍。钱大昕对此持反对态度，认为妇女没有必要从一而终，特别不赞成未嫁的女子到夫家为甚至还没见过面的丈夫守节，甚至殉节，说"先王制礼，初不以从一而终之义责之未嫁之女。而后世乃有终其身不嫁者，有就婿之室而事其父母者，甚至有以身殉者，此礼之所无有也"。这是对未嫁之女。那对守寡的妇女呢？理学家认为寡妇再嫁是失节，娶寡妇的男人也失节。但钱大昕认为，"去而更嫁，不谓之失节。夫妇之道，以义相合，义合则留，义不合则去"。

如果一个不关心社会现实、不关注国计民生的学者，他会对这些社会现实发出自己的声音，提出自己的看法吗？显然这不是一个只钻故纸堆，只做考证的学者所能做到的。所以，钱大昕还有关注现实和社会的一面，还有经世关怀的思想，并不是一个只钻故纸堆的学者。

我们再看两位非常著名的乾嘉学者，王念孙和王引之。这两位学者是汉学大家戴震的嫡传弟子，继承了戴震的音韵训诂之学，在文字、音韵、训诂、校勘等专门学科领域作出了非常杰出的贡献。他们与戴震及其大弟子段玉裁四人齐名，合称"戴段二王"。学术研究之外，他们还有我们不太熟知和了解的一面，就是关注社会现实，积极参与政事。

王氏父子二人都曾在朝廷为官，勤为政事，在各自的职任上都多有建树。其中王念孙做了一件在当时影响非常大的事情，他第一个挺身而出弹劾大贪官和珅。乾隆去世以后，嘉庆出政，和珅的靠山太上皇虽然已经去世，但余威仍在。这时嘉庆帝亲政下诏求言，王念孙第一个在他的奏书中指名弹劾和珅。第一条叫作"除内奸以肃朝务"，一定要清除掉朝廷的内奸，否则朝廷内外不得安宁。他揭露和珅的种种劣迹，最后和珅伏法，家产充公，人心大快，王念孙也因此受到当时大家的高度赞誉，被誉为"凤鸣朝阳"。王引之作为谏官，也经常向嘉庆帝直言进谏，言人所不敢言，对嘉庆帝触动很大。

汪中也是乾嘉时期的汉学家，特别崇拜明末清初的大思想家顾炎武。因为他认为顾炎武特别讲求经世致用，特别有思想，所以他私淑顾炎武，自认为是顾炎武的私淑弟子，也特别讲求经世之用，关注民生疾苦。汪中自谓："中尝有志于用世，而耻为无用之学，故于古今制度沿革民生利病之事，皆博问而切究之，以待一日之遇。"汪中的文集中，像《哀盐船文》、《女子许嫁而婿死从死及守志议》等，关注下层社会中的船民，关注女性，和钱大昕对妇女的关注有异曲同工之妙，对下层民众的痛苦表示了深切同情，同时为他们呼吁。

洪亮吉也是乾嘉时期著名汉学家。刚才已经看到他在补表、补志方面的成绩，对前代史书做了好几部志。他既是一位有成就的汉学家，同样也是一位有经世致用和社会关怀的学者。他在中国历史上首次关注人口问题，提出"要想办法应对生产资料的增长滞后于人口的增长"，人们褒奖他为"中国的马尔萨斯"。马尔萨斯是英国著名的人口学家，他的人口学理论非常有影响。洪亮吉是中国历史上第一位关注人口问题的学者，被称为"中国的马尔萨斯"，但这种说法其实是有问题的。因为洪亮吉提出人口问题主张比马尔萨斯还要早，所以这句话应该倒过来说，马尔萨斯是"英国的洪亮吉"。这是洪亮吉对人口的关注，确实是社会现实的问题。

洪亮吉还做了一件影响非常大的事情，给嘉庆帝上了一份长奏折，弹劾当时朝廷内外的贪官庸官数十人之多，一一列举他们的劣迹。这一下的打击面太大，如果处理了这些人，朝中可能就会无人。嘉庆帝看到积重难返，最后只好草草了事，反而把洪亮吉发配到新疆伊犁。

以上我们可以看到，汉学家确实有经世关怀，确实讲求经世致用。还有一位是阮元。阮元历官乾嘉道三朝，既在朝廷为官，同时又在学术上非常有建树。影响更大的是，他提倡学术，培养人才，编纂大书。刚才提到的《皇清经解》就是他主持编纂的。阮元被誉为汉学"殿军"，是汉学最后一位总结性的学者。

他也有关注现实和国计民生的一面，其中最突出的就是，他在地方任督抚时严禁鸦片，抵御外侮。道光以后，鸦片问题日益严重，后来爆发了鸦片战争。鸦片战争前，阮元在浙江和广东任督抚时就已出现鸦片问题，他就在当地严禁鸦片，抵御外侮，做了很多工作，很有政绩和建树。

这些汉学家是乾嘉汉学家的主流，他们不仅做学问，同样关注社会现实和国计民生，同样是有血有肉、直面人生的一代学者。所以，从汉学家是否有经世意识和社会关怀这点来看，至少汉学家的主流在这方面的答案是肯定的。从汉学研究内容来看，是否有思想性？是否有经世的追求以及义理的追寻和阐发？汉学家的治学宗旨是由文字、音韵、训诂、考据入手，来寻求经书义理和圣人之道。也就是说，经书义理、圣人之道是汉学家从事研究和考据的根本目的和终极目标。文字、音韵、训诂、考据的研究最终是为了寻求经书的原始含义和真正的圣人之道，在汉学家所从事的研究中，我们可以看到，他们为此所做的努力以及取得的成就。

这里我们就要提到戴震。他是汉学大师，也是汉学最重要的代表人物。戴震运用训诂、考据的形式，在明道的旗帜下批评程朱理学，阐发唯物主义的思想。他最重要的哲学著作，也是他自己最为看重的著述《孟子字义疏证》收在《戴震全书》中。这部书通过对《孟子》书中一些重要的字、词概念进行考证，如"理"、"天道"、"性"、"才"、"道"、"仁义礼智"、"诚"等，来阐发它们的义理思想。如果用今天的哲学范畴来看，在本体论方面，戴震反对理学家"理在气先"的主张，认为"气"是宇宙万物的本源和根本，自然界的发生、发展和变化是由于"气化流行，生生不息"。这种把物质性的"气"看作宇宙万物的本源与理学家把精神性的"理"看作宇宙万物的本源是截然不同的。这是我们今天哲学范畴的本体论。

认识论上，戴震同样主张"朴素唯物主义"的认识论，"血气心知""贵在扩充"，认为人的认识不是上天给予的，而是后天得来的。人通过耳朵、眼睛、嘴、鼻、手、脚等感觉器官接触客观外界，然后产生感知，再经过思考分析，达到对客观事物条理法则的认识，人的认识是通过这样的途径得来的。用戴震自己的话来说,就叫作"耳目鼻口之官接于物,而心通其则"。

在朴素唯物主义认识论的基础上,戴震对理学家的理欲观给予了非常尖锐和严厉的批评。理学家把人性分成"气质之性"和"义理之性",认为前者是产生"人欲"的罪恶渊薮,后者才是符合"天理"的真正"人性",因而主张"存天理,灭人欲"。戴震从根本上反对这种理欲观。在他看来,"欲"乃是人的本性,也就是"血气之自然","圣人之道"就在于"使天下无不达之情,求遂其欲而天下治"。而理学家把"理"、"欲"截然对立起来,不谈、不管、不顾人最基本的生存要求和生活需要,甚至把普通百姓的饥寒号哭和男女哀怨都看作"人欲",要灭之、去之。在戴震看来,理学家的"理"实际上已经成为杀人的借口和工具。所以,他说过一段非常沉痛和深刻的话:"尊者以理责卑,长者以理责幼,贵者以理责贱,虽失,谓之顺;卑者幼者贱者以理争之,虽得,谓之逆。下之人不能以天下之同情、天下所同欲达之于上;上以理责其下,而在下之罪,人人不胜指数。人死于法,犹有怜之者,死于理,其谁怜之!"就像我们刚才提到的,那些受到礼教思想束缚的妇女未嫁到夫家去守节,或者丈夫死了不能再嫁、不敢再嫁,或者自己自愿不自愿的守节、守寡,这样的人可能连同情都得不到,因为这是理所当然你该这么做的。戴震这样的批评是非常严厉和沉痛的。这样的思想学说我们看到的是深刻的理论思考,也是强烈的社会关怀,在清代中叶的学术思想史上写下了非常辉煌的篇章。

我们再举一位学者——凌廷堪。他研究的领域是礼学,努力通过对经书本身、对古代典志的考证研究来探寻真正的圣人之道。他对《仪礼》的研究造诣相当高,运用归纳条理、发明义例的方法撰成《礼经释例》,就是从《仪礼》中所记载的各种节文威仪中梳理出脉络,归纳出条例,一一加以解释。凌廷堪精研"三礼",精通古代典章制度,在此基础上提出自己的思想主张"复礼说",要恢复古代的典章制度,特别是"礼"。他认为,"圣人之道"在"礼",而不在"理",专门写了《复礼》上中下三篇,提倡"复礼说"。理学家的"理"掺杂了佛家的一些杂质,不是真正的圣人之道,所以凌廷堪将理学家所讲的斥为"禅学",不讲"理",连"理"都不提,甚至通过阐释《孟子字义疏证》中的一些字、词来提出自己的思想主张。

《孟子字义疏证》中第一个字讲的就是"理",凌廷堪认为戴震讲这个"理"是不对的,掉进了理学家的陷阱,圣人只讲"礼"。因此,他大声呼吁要回归到古代的典志,要复兴"礼学",以"礼学"代替"理学",这样才能恢复真正的圣人之道。这种以"礼"代"理"的主张得到当时以及后来学者很高的评价,凌廷堪也被推为"一代之礼宗"。在今天的研究中,有的学者甚至认为,凌廷堪这种主张反映了清代中叶学术思想走向的脉络,也体现了清代儒学在思想史上的意义。

我们再举一个例子——阮元。他在研究中对儒家经籍的一些常见字、词概念做了相当深入的考据和训释,通过这种途径来探寻原始儒学的真正含义。比如说"仁",孔子、孟子都讲"仁",儒家学说中"仁"的概念非常重要,如何理解"仁"呢?理学家把"仁"理解成"博爱"、"生生",或者"战胜己私",等等。阮元通过考证恢复到"仁"的原始含义,引述《中庸》:"仁者;人也。"我们看"仁"这个字,二人为"仁","仁"在孔孟那里实际上讲的就是人与人之间的关系。阮元引述《中庸》、《曾子》以及汉代经学家的一些注释来阐发"仁"的原始含义,把《论语》、《孟子》中所有论述和提到"仁"的章节归纳整理出来,共一百多处。他一个地方一个地方地考证,一个字一个字地理解,通过这种考证把所有"仁"字归纳到一起,再结合古代一些经籍的解释最后得出结论:"凡仁,必于身所行者验之而始见,亦必有二人而仁乃见。若一人闭户斋居,瞑目静坐,虽有德理在心,终不得指为圣门所谓之仁矣。"

通过汉学家研究的内容确实可以看到他们对思想义理的追求和阐发,甚至提出自己的思想主张。大家可能会问到或想到,汉学家中还有一些不主张发议论,也不讲义理的学者,他们是不是纯粹地为学问而学问,为考据而考据呢?确实是有不发议论,也不讲义理的汉学家,但是他们也并非完全摒弃义理。这方面有一位特别有代表性的学者——王鸣盛。他是与钱大昕、赵翼齐名的"乾嘉三大史家"之一,在经、史、子、集等各方面都有很高的造诣。在经学研究中,他不主张发议论、讲义理,主张"经以明道,而求道者不必空执义理以求之也。但当正文字,辨音读,释训诂,通传注,则义理自见,而道在其中矣"。这段话被看作汉学家不讲义理、不讲思想的一个最重要的证据。从中也可以看到,汉学家做文字、音韵、训诂、考据等研究,其实还是想要弄清楚在他看来真正的圣人之道,是蕴含在经书当中的圣人之道,而不是通过另外的途径去讲义理。通过刚才举的戴震、凌廷堪、阮元及王鸣盛，我们可以看到，汉学家在研究中对思想义理的追寻和阐发，方式和途径是不完全相同的，大体说来，有以下几种方式和途径：

1. 借助训诂考据的方法，提出自己的思想主张

这种途径以戴震为代表。他通过对《孟子》中重要字、词概念的考证，如"礼"、"道"、"诚"、"仁义礼智"等，来阐发思想主张。这种思想主张是他自己提出来的，并非《孟子》书中或孟子的思想。

2. 根据经籍考证的成果，恢复儒家经说和圣人之道的原始面貌

这种途径以凌廷堪、阮元为代表。凌廷堪研究《三礼》，归纳《仪礼》中的义理和脉络，在此基础上提出自己的"复礼之说"，要恢复古代的礼乐制度，摒弃理学家所讲的"理学"，认为"礼学"才是真正的圣人之道，是原始的儒家经说本来的含义。阮元考证"仁"字，不同意理学家的解释，根据先秦时期典籍的解释及自己的考证，把《论语》和《孟子》中所有讲到"仁"的章节一一列举，得出对"仁"的理解，认为这才是儒家经说原始的含义。

3. 专注文字音韵训诂，扫清理解经书义理的障碍，彰显圣人之道

这种途径以王鸣盛为代表。通过文字音韵训诂的研究，把理解经书义理的障碍统统扫除掉，使圣人之道彰显出来，便于人们的理解。

三种途径的最终目的是追寻经书的义理，寻求圣人之道，提出自己的见解，取代理学的思想体系或道统的传承。只是由于汉学家个人的学历、实践、兴趣、观念不同，所以采取的途径、方式和方法也不同，在思想理论上的造诣程度也有深浅差异。清代汉学家的研究并非不讲义理，也不是完全没有思想，他们的义理思想隐藏在考据之后，或体现在考据之中，这样的途径、方式和方法同样反映出这些学者在理论探索方面所做的工作和付出的努力。

所以，清代汉学家也致力于寻求义理，也在努力阐发圣人之道，只是求道的途径与理学家不同，所讲的义理也与理学不同。汉学家讲的是他们的义理，这些义理有的是自己的思想主张，如戴震；有的是考证出来的儒家经典中的原始含义；有的只专注于文字音韵训诂，帮助人们扫清理解经书义理的障碍，让经书义理得到彰显。汉学家所采取的途径、所做的工作以及对义理这个终极目标的追寻，实际上连清代汉学的对立面宋学、理学家也感觉到，也察觉到了。理学家方东树专门写了一部书《汉学商兑》，对汉学有很多批评和指责，甚至是谩骂，其中有这样一段话："今汉学宗旨必谓经义不外于小学，第当专治小学，不当空言义理，以此欲驾过宋儒而蔑之，超接道统，故谓由考核以通乎性与天道，由训诂以接夫唐、虞、周、孔正传，此最异端邪说，然亦最浅陋，又多矛盾也。"这是理学家对汉学家的批评。如果抛开门户之见，从理学家所讲的这段话里也可以看到，汉学家的研究内容、终极目标确实有对经书义理和圣人之道的追寻和阐发。

但是也应当看到，汉学家对思想义理的阐发是有局限性的。

第一种途径的理论、思想义理比较强，但通过训诂考据的方法提出的反而是自己的思想主张。戴震提出的是戴震的义理，后人也称为"戴氏义理"。书名叫《孟子字义疏证》，但通过对《孟子》中字、词概念的考证，所阐发的并非是孟子的思想，而是戴震自己的思想。

第二种途径在相当程度上恢复了儒家经说的原始面貌和圣人之道的原始含义，但所得到的成果相对来说是零散的，无法成为一个体系，就好像散落一地的珍珠，无法用一条线将其贯穿起来，形成一个有系统的思想体系。换句话说，是一点一点、一字一句地考证，不是一个整体。

第三种途径，王鸣盛认为，只要搞清楚文字音韵训诂即可，圣人之道自在其中。但文字音韵训诂与经书的义理思想并不完全等同，弄明白一个字或一句话，并不能够就完全理解义理和圣人之道。不少汉学家的研究基本上属于专注于文字音韵训诂的方式。这种做法虽然没有完全摒弃义理，终极目标也是寻求和阐发义理，但实际做起来，不少学者把重点放在文字音韵训诂本身，对义理思想的阐发比较少。

清代学术在各个专门学科领域，文字、音韵、训诂、校勘、考据、目录、版本、天文、地理等方面都取得了辉煌的成就，与乾嘉学术、乾嘉汉学在学术上所取得的辉煌成就相比而言，汉学家在哲学思维、理论思辨上的发明和创造相对来说比较逊色，甚至被他们在学术上的成就与贡献所掩盖。这种状况与汉学宗旨本身学术取向的局限性有关，"言言有据，字字有考"限制了他们的视野，限制了他们在理论上的造诣。所以我们说，汉学研究的内容确实有思想性，也注重这方面的阐发，但有着与生俱来的局限性，也就是"言言有据，字字有考"。学术研究的目的是回归古代原始儒学，追求经典的本来面目

最后，我们谈谈汉学研究方法的科学性和进步意义。

在思维方式和研究方法上，汉学所表现出来的科学性和进步性意义更为重大。清代汉学是继宋明理学后产生发展起来的学派，与理学相比，最大的区别和特征是思维方式和研究方法的变化。变化体现在由主观思辨转向客观考证，强调由文字音韵训诂入手来整理和研究古代典籍，来认识、理解经典的含义与真正的圣人之道，扫除后世儒家经籍流传过程中有意或无意的讹误，甚至是歪曲，要认识、理解它的原始面貌与本来的含义，这就是汉学家特别强调的"实事求是"。凌廷堪特别讲到一段话，"实事在前，吾所谓是者，人不能强辞而非之也；吾所谓非者，人不能强辞而是之也；如六书、九数及典章制度之学是也。虚理在前，吾所谓是者，人既可别持一说以为非；吾所谓非者，人亦可别持一说以为是也；如义理之学是也"。这段话反映出汉学家在思维方式和研究方法上变化的科学性。所以，从汉学的研究方法来看，思维方式是客观的，研究方法是讲求实证的，治学态度是严谨的，学术精神是理性的。清代汉学之所以能在学术上取得如此成就，具有长远的学术价值与意义，与其在研究方法和思维方式上的科学性与进步性是分不开的。

任何一代的学术都有长有短、有利有弊，今天探讨前代学术，研究前代历史，分析其中的利弊得失，探讨其中的长短优劣，为今天的学术发展与文化建设提供参考和借鉴，这是今天从事学术研究和历史研究的价值与意义所在。

今天的讲题《清代汉学的学术成就与思想意义》就到这里，谢谢大家！

互　　动

问：请问，河图、洛书表达了一定的思想意义，还是毫无意义？

答：刚才在讲清代学者的学术成就中，河图、洛书作为一个例子来说明清代学者廓清了经典研究上后人加上的迷雾。从清代学者的研究来说，它的研究是有意义的；从河图、洛书本身来说，它们之所以能够造出来，在某种程度上符合古人对天、地，以及彼此关系的认识和看法。造出来后，后来的学者才陆续附会出其他几幅图，再后来的理学家把它附在《周易》的卷首，根据这个图来解释《周易》。

我觉得，造出来某种程度上符合古人对《易经》及宇宙万物的认识，造出来后，理学家接受、传授并附会增益，抬高其地位，利用图、书来说解《易经》。它在宋代易学发展过程中也有其独特的作用，形成了宋代解易的流派，以图、书为主的流派。我认为，历史上出现的这些人、事和现象都有其合理性与思想意义。到后来，越传越神，越来越多的附会、误解和歪曲后，就需要后来的学者起而纠谬，恢复它的原始面貌。

问：刚才您讲到，戴震的认识论属于唯物主义，主张一切认识是从外界学习得来的。但就我所知，中国的传统儒学主张"天命人"，主张人的认识是与生俱来的。您能简单比较一下吗？

答：戴震认为人的认识是后天得来的，是通过耳目口鼻等感觉器官接触客观外界，然后经过自己的思考分析，得出对事物的看法，也就是认识。这是一种具有朴素唯物主义的认识论。中国古代认识论很多主张人的认识是上天赋予的。这两种认识论比较起来的话，戴震的认识论非常具有进步意义，也符合人们认识的具体情形。人的认识确实是这样的，首先接触客观外界，然后通过思考分析才能得出真正的认识。过去我们特别强调实践，认为"实践出真知"，我们今天理解的"实践"就是对客观外界的了解、接触及实地考察等。戴震在18世纪能够把认识是学习得来的这种过程阐述清楚，这是很了不起的。

问：清代汉学家通过考据、辨伪、文字音韵训诂等研究，对思想解放起到了一定作用，这种启蒙作用是有意还是无意的？如果确实有启蒙作用的话，它的作用是什么？另外，您怎么看待康有为《孔子改制考》和《新学伪经考》的地位和意义？

答：儒学在汉代被确立为正统学术后，经过长时间的发展，宋明时期发展成为理学，明代中后期以后心学盛行，特别是王阳明的心学，学者们不读书，不讲求经世致用，不关注国计民生，一味地空谈心性，这是明末学术界的状况。明末也是社会、政治、边疆等危机最严重的时期，这种情况下，学术思想应该为解决社会危机提供方法和途径，但这时的学术界都空言心性，对现实的社会危机提不出任何解决办法，甚至加速了社会危机，明王朝大厦将倾。

后来，经历过明亡剧变的清初学者反思明亡原因，对晚明的学风有很严厉和沉痛的批评。清代学者的考证、辨伪，对理学给人们在思想上造成的束缚是有廓清之功的。当一种学术走向下坡路时，用一种什么学术来取代它？当时没有新的东西，学者们只能回到古代，回到古代需要打破现有的束缚。清代学者主要通过考证、辨伪等方式来挣脱理学的束缚。刚才讲到胡渭考辨《周易》，还有与胡渭同时齐名的阎若璩考辨《古文尚书》，他们的考辨把理学家组成理学思想体系的一些重要概念抽掉了。正如清末民初梁启超所说，那些重要的概念和部分是理学家建立理论体系的依据，依据不存在了，理学家建立的理论可信度就大打折扣。

所以，在这个意义上，清代学者的考辨为当时学者挣脱理学束缚、解放思想起到了促进作用。也有学者把明末清初学术风气的变化看作是一种启蒙，认为它对近代思想具有启蒙意义，这是一种观点。是否具有启蒙意义，特别是近代启蒙意义，我们还可以再讨论。

晚清时期康有为的《孔子改制考》、《新学伪经考》等也属于考证、辨伪的著作，但康有为所做的考证、辨伪，以及他的学术主张和汉学是不同的，他依据的是今文经学，是乱世中应变的一种哲学。今文经学在晚清由学术走上政治舞台后，康有为借助今文经学来为自己的变法和改革主张寻求思想、理论和经典的依据。《孔子改制考》和《新学伪经考》提出了在当时可以说是石破天惊的主张，这些主张为政治变革提供了依据，但在学理上是站不住脚的。也就是说，他的结论是不太可信的。康有为的书，以及他所做的研究更多的是政治上的意义，学术上的意义和价值相对要小一些，与汉学家从文字、音韵、训诂、考据出发，寻求经书的原义或圣人之道的原始面貌不一样，更多的是出于政治上的考虑，变法改革的需要。

问：宋明理学统治中国数百年，到了清代，中国一大批顶尖学者都从事文字、音韵、训诂、考据之学，如戴震、段玉裁、王念孙、王引之等，除了学术发展的自然规律之外，有没有清代文字狱的原因？或者说政府对知识分子采取高压政策，引导他们都钻故纸堆，有没有这方面的原因？

答：这个问题涉及清代学术、清代汉学研究当中很重要的，也是争论比较多的问题，即汉学的成因。

汉学为什么会出现？是不是因为清代统治者所实行的高压政策？如禁书、文字狱等。20世纪初以来，从梁启超开始，很多学者把清代汉学产生的原因归结于清王朝统治者所采取的高压政策，最典型的表现就是禁书、文字狱，迫使当时的顶尖学者不敢或不能去做与国计民生、现实社会相关联的学问，而不得已去钻故纸堆，由此而出现"为考证而考证，为学问而学问"的清代汉学。过去一般是这样的看法。

刚才我们讲到，清代汉学家确实有一定的思想意义，汉学家本身并不都是只钻故纸堆的学者，汉学研究内容有思想义理的追寻和阐发，汉学研究方法有科学性和进步性。是否有一些学者受清王朝高压政策的影响去钻故纸堆？近些年来，学者们的研究在原来的基础上又多有不同的看法和意见。有刚才说到的"政治高压说"，还有的学者从经济的发展来解读汉学成因，也就是说，有了经济基础才能有学者去从事学术研究，即通常所说的"乱世出思想，盛世出学术"。一个朝代或国家盛世的时候，才会有一批学人、士子去从事学术研究，国家也才能拿出人力、财力和物力做一些大规模的文化工程。政治、经济以外，还有学术自身的发展，这就是内在的理路。中国的传统学术经过理学，特别是晚明的心学之后，要回到朴实的考经证史途径，学术内在的理路有这样的要求。

综合起来，清代汉学的产生和出现不是偶然的，既非某一方面的因素所造成，不能把它完全归结于统治者的高压政策或经济的发展，而是政治、经济等外在因素与学术自身内在的发展相结合，在这种综合因素影响下而出现的。清代统治者，特别是到了乾隆时期，一方面是大型的文化工程，整理历代图书典籍，总结传统文化；另一方面也禁书、搞文字狱。我认为这种影响是其中的一方面，也是统治者文化政策的一方面。统治者的高压政策一方面有高压，另一方面还有引导。可能限制这方面，但会提倡另一方面，提倡大规模整理古代典籍和编纂图书。这些文化举措集中了很多学人士子，集中了一代精英，《四库全书》几乎把当时一流的学者大家都集中到四库馆里，100多人从事典籍的编纂工作，对一代学术风气的发展起到了带动和引导的作用。梁启超说四库馆是汉学家的大本营。

清代汉学家确实有高压政策的影响，但这只是其中一方面，不足以成为解释某一种学术产生、兴盛的原因，至于影响到什么程度，我们可以再做具体分析。有的人认为影响很严重，几乎就是唯一原因，后来反过来说根本没关系，那也不对，应该综合、全面地看待和分析。

问： 老师您好，听了您的讲座我很受启发。西方是否有类似于中国的考据？它们在方法、目的和意义上有何异同？中国的考据方法对世界其他民族各自学术经典的研究有何意义？

答： 这个问题涉及中外比较。说实在的，我对国外的学术研究不是特别了解，但是我想，各个国家、民族的学术发展或思想建树虽然不同，不过有一些基本方法和途径是有相通之处的，只是说在各自国家、民族的学术发展过程中占据的地位或起到的作用不完全相同。就考据这种比较科学、合理的方法，各国的学术在发展过程中多多少少会使用到，但在本国学术发展史上的作用和地位是不相同的。

考据这种方法在中国很早就有了，但发展成为考据学是在清代，考据方法从先秦一直到宋明，宋代学者讲理学，但也有学者讲考据，只是说他们的考据被理学的思想体系所掩盖。就像清代的汉学，为什么过去对它的思想意义否定比较多？一个可以与高压政策、文字狱和禁书等联系在一起，同时它的学术成就光芒过大，将这方面给掩盖了。作为一种研究方法，它的科学性、合理性是共通的，只是说具体情况有所不同。在中国，考据、考据学在清代尤为突出，并取得了杰出的成就。

主持人：我们今天的讲座就到这里，让我们用掌声感谢黄教授的精彩演讲，也谢谢各位听众。

道学系列

中国传统文化中的道教

主讲：中国社会科学院　王卡研究员
时间：2012年2月25日
地点：北京师范大学英东学术会堂

主持人：各位老师，各位同学，各位朋友早上好！非常欢迎大家光临北京师范大学人文宗教讲堂，今天这一讲是今年第一次，所以非常欢迎各位的到来。在座有很多朋友是经常光临我们讲堂的老朋友，也一定有新朋友，新老朋友在年后第一次相聚非常高兴。可能很多新朋友不太了解我们的讲堂，我们人文宗教高等研究院的人文宗教讲堂分儒、道、佛、中医四个系列，每个系列分别有十讲，今天是道学系列第五讲。非常荣幸，我们今天请到了中国社会科学院世界宗教研究所道教研究室的主任，研究员王卡先生，他今天演讲的题目是中国传统文化中的道教。

大家都很熟悉，在传统文化中道教扮演了非常重要的角色，或者说它是传统文化最重要的组成部分之一，它不仅在传统文化的构建中起到了非常关键的作用，同时它对我们古代和现当代人的生活都有非常关键的影响。作为中国传统文化的核心之一的道教文化，在我们传统文化中占有什么样的地位？它对今天的生活到底有哪些方面的影响？下面我们请王先生给我们作详细介绍。有请！

王卡：今天我要讲的题目是《中国传统文化中的道教》，因为事先并不知道大讲堂以前老师讲的题目是什么样的，所以商量了一下，今天就定了这么一个题目。今天我准备讲三个问题，第一，天道信仰是中国传统文化的核心。第二，道教信仰的历史和内容。第三，道教在现代社会中的意义。重点还是就第三点发表点我对道教的看法。

第一，天道信仰是中国传统文化的核心

2500年前，中华文明的发展就像希腊、印度等人类文明区那样，在学术文化上进入了实现哲学突破的轴心时期。在这个时期，道家先师老子以其深刻的智慧，发现在纷纭复杂、变动不息的事物和现象背后，存在着一个稳定的支配事物发展变化的自然法则，并倡导人们以这个法则来作为观察世界、认识真理和治国修身的指导原则。老子把这个普遍法则命名为"道"。后来庄子又将中国的学术文化概括为"内圣外王之道"。"道"，这一具有重大意义理念的提出，是道家先师对中华民族精神文明发展的巨大贡献。

20世纪我国近代著名哲学家金岳霖先生写过一本书叫作《论道》，其中讲到世界上每一个大的文明区都有自己的中坚思想。每个文明的中坚思想都有它的最崇高的概念，最基本的精神原动力。中国思想中最崇高的概念，似乎是道。它是中国诸子百家各家所想、所欲言之而不能尽的道，也是国人油然而生景仰之心的道，是万事万物不得不由、不得不依、不得不归的道。这是中国思想中最崇高的概念和最基本的原动力。

如同西方文明崇尚理性，印度文明信仰梵天，中华文明则以尊道贵德作为一贯的传统。老子说："是以万物莫不尊道而贵德，道之尊，德之贵，夫莫之命而常自然。"自从老庄之后这两千多年来，构成中国文化主干的儒释道三教，无不以道设教。儒家学者自称道学家，中国佛教僧人自称道人，道教的信徒自称道士。尽管儒释道三教对他们所说的道有不同的解释，含义不尽相同，但是都提倡觉悟和实践道的法则。所谓修道、行道、传道，都是以道作为最高的目标。包括中国历代的志士仁人和下层民众，也以"替天行道"作为追求社会正义，反抗腐败暴政的主要旗号。所以可以说，道是中华民族文化认同的核心理念。中国人的价值观念、人格理想、思维方法、审美情趣以及民间习俗，无不深受道的教化和影响。所以鲁迅先生说："中国的根柢全在道教。"英国学者李约瑟在他的著作《中国古代科技史》中也说："中国人如果没有道，就像大树没有根一样。"

我说这些，意思是开宗明义要表达道教祖师老子和庄子，他们对中国文化最大的贡献是什么？就是提出了道这个概念，作为中华民族文化认同的一个核心理念，中国各行各业共同信仰的一种最高的哲理范畴。

宗教信仰是人类各种文明共有的社会现象。20世纪研究人类文明史的许多西方著名学者，从20世纪写《历史研究》的汤因比，一直到21世纪还活跃地写《文明的冲突与世界秩序的重建》的亨廷顿，他们都是以宗教信仰作为划分人类文明区的基本标志，并且认为宗教信仰是一个民族国家文化认同的核心要素。亨廷顿说："宗教和民族主义有着紧密的联系，这是一个普遍的现象。信仰宗教的人更容易具有民族主义的色彩。"从20世纪70年代以来，全世界正在经历一次宗教文化的复兴。正像亨廷顿所说的那样："当前我们正在经历一场世界性的宗教复兴，这不应该被忽视。宗教的重要性几乎在世界各地都在上升，它被作为说明民族同一性的理由，或者使权利要求合法化的工具。"这是我们讲宗教在一个民族、文明和文化中的重要作用，可以说是识别一个民族文化的传统，或界定一个文明的最核心的理念和要素。

但是反观中国，在20世纪多数时间内，中国思想界被来自欧陆启蒙运动所带来的左翼唯理主义文化所笼罩，掀起了一波又一波讨伐中国文化的浪潮。我把它称为20世纪中华思想界的迷雾。几乎每一次以争取"自由进步"为口号的思想启蒙运动，都把抨击中国传统文化作为其理论的开篇导言。从20年代的"五四"运动到80年代的河殇派，莫不如此。首当其冲的批判对象，当然是中国的儒家学说以及相关的礼法制度，佛道二教以及各种民间信仰也不能幸免。"神化封建专制"、"轻视科学技术"，"落后保守、愚昧迷信"，这些都是自以为代表了现代性的左翼文人学者和主流媒体反复宣讲的话语。这种宰制性的舆论批判，加上单向激进的社会变革，导致以天道信仰和宗法伦理为核心价值的中国文化几乎遭到颠覆性的破灭。这是20世纪的情况。以至于当我们需要借助文化传统来增强民族自豪感和凝聚力的时候，只能夸耀我们有5000年的悠久文明，还有夸耀一些习俗层面的文化特色，比如说戏剧文化、武功文化、饮食文化，等等。但是这种丧失了核心精神价值，只剩下一些历史故事、文物古董和特产风俗的文明，不可能赢得人家的真正尊重。

在近现代西方启蒙思潮的冲击中，尽管儒家学说是遭受左翼文人批判的主要对象，但中国传统宗教的命运更惨。因为在中国传统社会中，儒家官僚阶层一直肩负着政治和道德教化的主角，而佛道二教只能扮演敦人伦、助王化的配角。儒家学者历来不太看重佛教，更看不起道教。我说这个话，是以对明清时期学术史的研究作为支撑的。到了近代社会转型时期，这种自恃担当着道义主体的儒家思维定式，又遗传给了曾经受过儒学教育的一些西方化知识分子和文化精英。这在20世纪20年代都可以看到有不少这样的人。在他们看来，儒学至少还算是世俗化的政治伦理学说，而中国的本土宗教尤其是道教，只不过是一些下层愚民的巫术迷信，甚至不能称为宗教，或者应该称为"野蛮宗教"。孙中山先生在一次演讲中就曾经说过：宗教有"文明的宗教"和"野蛮的宗教"。文明的宗教当然是指基督宗教了，野蛮的宗教就是中国的民间宗教和道教。近代中国某些史学家的著作中鼓吹：中国传统文化的一个优点就是没有宗教，中国从来没有像其他文明那样陷入过宗教迷狂，这要归因于儒家思想对外来宗教（佛教）的解毒作用。这是范文澜先生说过的话。一直到20世纪80年代，还有学者在激烈辩称中国没有宗教，至少是没有真正的宗教精神。我在20世纪80年代读研究生的时候，这种论调因为"河殇派"的影响还非常盛行。那时候李泽厚先生有两个学生和到我们社科院研究生院来的刘晓波辩论，辩论的主题就是中国没有宗教。记得当时他们斗得很厉害，是一场比较热闹的辩论。尽管他们这些人也知道中国有和尚、有道士的事实，但是在他们的唯理主义的视野中，典型的宗教形式只能是闪族源头的具有普世性或信奉独神的犹太教、基督教和伊斯兰教。他们把这个称为高级宗教，而其他的信仰形式则是低级的原始宗教和巫术迷信。由此可见，中国的宗教在20世纪，尤其是中国的道教在近现代，不仅受到来自西方唯理主义无神论思想的挑战，而且受到西方普世性独神论宗教信仰的挑战。这些强势的、外来的、排他性的独神信仰和无神论的意识形态，极大地压缩了道教和中国其他本土宗教生存的空间，导致中国人对自身文化传统认同的弱化。

　　事实上，近代中国在面临民族危亡、外来文化入侵时出现的问题，不是我们没有宗教，而是我们的天道信仰不够强烈。中国人对自身文化传统的情感和忠诚过分虚弱。当中国的传统宗教被贬低为没有根本信仰、缺乏超越精神的原始教派时，它就失去了担当价值建构和伦理基础的地位，并且失去了向现代性转换的可能，只能沦为边缘化的异端信仰的活化石。道教在20世纪的一段时间就是这样的处境。在我们的天道信仰几乎被彻底革除之后，拿什么来重构自己的文化价值。难道我们真的甘心全盘西化，变成黄皮白心的香蕉人吗？因此，恢复我们的天道信仰，培护这个民族文化的根基，传续中华文明的道统，不仅是道教信徒，也是所有现代的中国人，无论他是政治家、企业家、文化人还是普罗大众，都责无旁贷的使命。对儒教、道教以及中国本土宗教传统价值的重新认识，是恢复天道信仰的一个重要方面。

我这里主要是发表一些个人对中国文化在 20 世纪遭遇的一点意见和看法，可能有一点与流行的说法不太一样。但是总的意思就是呼吁大家看到一个国家、一个民族或一个文明区域，它基于某种核心理念所产生的宗教文化对这个国家民族认同的重要性；以及各个非西方文明在走向现代化的转型过程中，自己本土文化传统遭遇的这种失落状况。这不光是中国自己，还有像俄罗斯等其他非西方文明国家，也一直面临着这样的问题。

第二，道教信仰历史和内容

前面讲座中，有我的同事和道教界的领袖，他们来都讲了关于道教形成历史的知识性问题。可能大家都听过了，在书店里也有很多关于道教知识普及读本。如果只是想简单了解一下道教中的相关基本知识，大家就可以去买书来看。咱们大讲堂对此啰唆太多也没有用，我只是简单概括介绍一下。

1. 道家和道教这两者有什么联系和区别

一直以来，在中国近代以前，道家和道教在古人的书中是不分的。习惯上就把道家称作道教，或者把道教也称作道家。但是在近代，特别是 20 世纪一些专业学者的研究中，试图将道家和道教分开，把这两者严格地区别开。中国传统的知识分子，特别是儒家知识分子，对道教一直是看不起的。他们有一个基本观点，对儒家以外的中国学术著作，只承认《老子》和《庄子》具有经典意义。因为老庄是读书人都读的。中国古代经典除了儒家的四书五经或十三经之外，能列入经典的就是老庄。所以读书人一般都会了解一些老庄的东西。但是他们有一个基本的看法，认为道家是比较高尚的。在南北朝时期的一些佛教论著里也提到这一点，认为老庄是可以和儒家周、孔的学说比一比的。最了不起的评价说周、孔是圣人，老、庄是大贤人。到了唐朝道教非常兴盛的时候，就说老、庄够得上经典，水平很高，所以读书人必须读的。一直到现在研究中国传统哲学的人，都要研究老庄的思想。但是道教就不是那么回事了。他们认为东汉张天师出来以后，道教都是一些巫术迷信。所以中国古代知识分子就有这种倾向，道家和道教是要严格分开的。但是一直出于儒家对怪力乱神的反感，儒家有唯理主义的倾向，所以对除老庄之外的现实中的道教是比较贬低的。除了个别朝代的皇帝比较推崇以外，大部分知识分子看不起道教，认为它达不到我们所说的作为一个文明和民族文化核心价值观组成部分的水平。

在近代，宗教在中国的名声更不好了。当初我读研究生的时候，我们班同学也有研究道教的。他出去和人家开联谊会，大家一块儿跳舞，有女同学问他：你研究什么的？他都不敢说自己是研究宗教的，更不敢说自己是研究道教的，觉得丢人。在近代出于宗教是不好的，哲学才是好的这样一个来自西方的理念，和我们原来儒家的观念结合在一起，就产生了老庄的道家是哲学，道教是宗教这么一个看法。总体来看，道教是道家思想哲学那个高尚东西的退化，这是一个普遍的看法。

道家这个词产生时间很早了。据胡适先生研究《史记·陈丞相世家》，里面写了西汉初的著名丞相陈平曾说过："我多阴谋，非道家之所为。"这是"道家"这个词最早见于文献。先秦有老庄，没有道家这个概念。道家学说总的来说，大要是以道作为天地万物的生成本源，主张尊道贵德，效法自然，以清静无为的法则治国修身，所以称为道家。我们近现代学者所说的道教，则是指东汉以来的宗教社团。在道教经书里面，"道教"是什么意思？道教就是道的教诫和说教，不是西方的 religen，而是 teaching 的意思。所以道教经书上来第一句多是"道言"，就像佛教经书中上来就是佛在说什么。道教的信徒奉持太上大道或者元始天尊、玉皇等神灵作为神主，但是以奉道守戒为本，行善积功为要，企图通过修炼形神而得道成仙，并且能够做到济世度人。这是道教特殊的信仰，其他国家的宗教少有这个（活人能成仙不死）。道教追求的现世目标可以概括为八个字：天下太平，人成仙寿。一个是追求国家社会安定，另一个是说个人长生不死。长生不死当然也有各种各样的解释，最初是讲人的肉身飞升不死，后来受佛教影响又说是法身（精神）不死。总之是要追求政治上的稳定有序，个人身心的健康长寿。这个是中国的儒教、道教，后来也包括佛教的基本信仰和所追求的现世目标。

这种宗教性的道教，它也编撰了很多经书，就是《道藏》。现在知道编入《道藏》的经书有 1476 种，没编入《道藏》的大概是这个的四五倍。道教崇奉神仙、真人和神灵，并且建立了教团，称官设职、聚众授徒。有宗派传承，有修炼的法术，有宗教的仪式活动，有宫观道院。而且它渗透到中国社会的各个方面，渗透到老百姓的普通习俗中。比如说人都是要死的，在 1949 年以前的中国（主要是汉族地区），只要老百姓家里死了人，几乎必然有道士来做法事。所以，道教被看作一种宗教性的社团。这种道教虽然和前面讲的老庄思想不完全是一回事，老庄思想被看成有社团的宗教的前身。但是道教人士并不这么认为，他们认为黄帝、老子都是道教的始祖。

道家和道教根本的共同点在于，道教是神化老子作为教主，用《道德经》教化道众，它的教义和修持法术基本承袭了老庄的思想作为教义核心。这个思想就是关于道生万物、气化宇宙的世界观，我们叫作宇宙生成论；对立天人合一的辩证法；因循清虚无为、斋心静观的治国修身法则。大要是以黄老学说为本的，然后结合了神仙家的养生术、民间信仰的巫术鬼神崇拜、儒家的宗教伦理、佛教的明心见性的心性修炼方法和因果报应思想，全部都加了起来。还有阴阳家的占卜术数等。这些都被用来构造道教的神学信仰。所以历代都认为，道教虽源出于老子，但是教义杂而多端。"杂而多端"是近代人对它的贬义。如果褒它的话就说包罗百家，贬的话就是杂而多端。总之，中华文化中的东西几乎都被道教熔为一炉了。

2. 道教的衰落

从先秦的道家发展到汉代道教，已经经历了几百年的时间。这是道教的前史。道教发展起来以后，我们大体把道教分为这样几个阶段。第一阶段是它的教派形成和确立的时期，从东汉到魏晋南北朝，大概经历了五六百年。第二阶段是它的兴盛改革时期，隋唐宋元，先后形成了两大道派。从起源时期的汉代天师道，到金元时期新出的全真道，形成了道教两大派别。第三阶段是明清以来，学术界认为这是道教衰落时期。不过我仔细研究以后，认为一直到明代道教还不能说是衰落，主要衰落是在清朝中后期。标志性的事件是清朝乾隆十二年，因为有儒家官僚上奏，说张天师没什么功劳，凭什么和儒家的官员都一起立在朝堂上，享受那么高的爵位？因为张天师在元明清三代，最低爵位是二品（持金印），最高的时候达到了一品（持玉印）。给这么高的荣誉，又没有什么人功劳，所以儒家官僚就鼓动清朝乾隆皇帝把张天师降级。开始是说要剥夺世袭爵位，后来改为降级。降级的结果是降成五品，相当于州府官的品级，而二品或一品就跟大臣平级了，比朝廷三院、六部的一些尚书、侍郎还高。虽然只是一个虚衔，国家不给俸禄的，毕竟也荣耀。所以天师降级显示道教受到了打击。早在明清时，儒家官僚就是这样对待天师（当时称大真人）的。所以张天师在乾隆十二年降为五品（持铜印），后来虽然一度恢复，但是到乾隆皇帝儿子嘉庆皇帝的时候，又找了一个茬。那时候北京有一个大光明殿，是张天师和他的家人到北京来住的地方，就是今天北京故宫外面的大光明殿，现在还处在废弃状态。这个殿的主要功能，是在宫廷里要举行仪式活动的时候，从这里找道士进去作法事。在雍正当皇帝的时候，允许张天师为大光明殿补充人员，一个是在龙虎山找一些小道童来，另外在苏州杭州这一带买一些小道童，到这里来充当做法事的人员，或者是进宫里去念经。另外清朝皇帝特别喜欢拜斗。因为明清的时候天花是致人死亡的主要疾病，从明朝开始就在宫中举行拜斗仪式，据说这种仪式对治疗天花这种疾病是有效的。所以清代也经常在宫廷里面举行拜斗仪式，从苏杭买来一些小道童作法事。而且古代传统皇帝每年都要祭天，这时候也有道士穿道袍在里面举行仪式奏乐活动。到乾隆皇帝的时候，把在天坛祭天奏乐的道士也赶走了。到嘉庆皇帝的时候又找茬，说天师府在苏杭为光明殿买道童是违法，把当时的张天师给抓起来了。抓起来以后审了一阵子又给放回去了，但因此取消了张天师的待遇。所谓待遇，原来是每隔三年张天师可以进京朝觐，皇帝会接见和赐宴，每次还会赏一些东西，表示皇帝对宗教领袖的恩宠。清朝一共赐封了三位道教的真人，与赐封禅宗和尚的称号一样，要有相关的封赠礼仪。朝觐、设宴和赏赐东西，都是属于皇帝对宗教领袖的一种礼节。嘉庆皇帝把张真人的这种待遇取消了。取消待遇以后，后代张天师的传授就变成了私家行为，国家没有正式礼仪了。嘉庆皇帝死了以后，道光皇帝登基。按照以前的国家礼节，皇上和皇太后大寿以及新皇帝登基的大典，张天师也有机会到京来表示祝贺，能够被皇上接见，但是，这次道光皇帝也给取消了。本来张家还想趁着新皇登基这个机会恢复礼遇，但皇上没有答允。大概是道光十几年的时候又正式下诏，取消宫中钦安殿、大光明殿的和尚、道士念经和举行法事活动，从明朝到清朝历经几百年的礼斗会也取消了。两宫（一个是夏宫即今天的故宫，另一个是冬宫即圆明园）中的道士都被赶出来了。以前宫中的道士，大光明殿住的是龙虎山张家的道士，钦安殿里是由太监们扮演的道士，把这个全取消了，人员全被赶出来了。从此，自张天师以下的道教人员，完全从国家官僚体系中脱离了。虽然张天师仍然是清朝道教的领袖，但他的地位从此再没有恢复过。一直到清末民初的时候，张天师还是希望能够恢复朝觐礼节。据说慈禧太后七十大寿的时候，张天师也是托人到北京来走路子，希望能够把祝寿的这种礼节恢复起来，但是一直没有被恢复。所以大约在清朝中后期（乾隆晚年到嘉庆、道光年间），以张天师政治地位的衰落，道士撤出国家礼仪和官僚体系为标志，道教是真正地衰落了。

明清以来，中国传统社会已经进入晚期，儒释道三教都逐渐陷入停滞僵化状态。在明朝和清前期雍正皇帝的时候，道教还有一定的地位，但在教义上已没有大的创新。虽然也有一些小道派兴起，但是道教的政治影响力已经完全丧失了。文化上它还有一定影响，一直到20世纪初道教还有一部分信众。清末民初，根据白云观的登记记录，道教还有一百多个派别。1957年成立中国道教协会时，据老道长们回忆，1949年前道教主要的宫观，包括全真道的大丛林，以及正一道家族控制的子孙庙，大概有一万多个。常驻宫观的道士，除了少部分正一道士外，主要是全真道的出家职业道士，大概还有四五万人。

3. 道教衰落的原因

道教衰落的原因，除了皇上不再喜欢它，儒家官员在政治上对它排挤外，受西方文化影响也很大。张天师在道光初年被赶出宫廷后，再想恢复朝廷礼遇几乎不可能。因为很快于1840年爆发中英鸦片战争，清朝从此陷入了多事之秋，哪还有工夫管宗教的事。清朝前期对佛、道二教的管制都非常严格，但是恰恰那时候国家对佛、道教还有一些扶植，对教门领袖还有些礼遇。到了清朝后期，特别是鸦片战争以后，基本上对宗教放任不管了，道教的政治影响力反而下降。

这个时期西方文化对中国本土宗教的影响，主要有两点。首先是西方宗教在中国的传播，其次是西方世俗化意识形态的传播，比如说科学无神论思想的影响。我认为科学主义对道教的影响极大。我们翻看张天师和道教历史，张天师受宠幸是从北宋开始的，一直到元明清。除了它在政治上对统治者的合法性制造一些谶言舆论之外，统治者喜欢它的主要的原因就是求雨消灾，举行水旱祈祷仪式。冬天雪下大了要找张天师，夏天雨大了要找张天师；浙江每年有潮患淹了杭城，也要找张天师作法投符平水患，或者要他祈雨抗旱灾。因为张天师作的这个法事，在我们现在看来是没有用的迷信活动，但是在没有科学手段的古代却有其意义。自然灾害是除了政治动乱以外威胁政权的主要因素，皇上拿自然灾害也没有好办法。中国古代年年都要修河，有一些水利工程建设。中央集权政府合理存在的一个主要理由，就是需要办河务修水利。但是光有水利工程也不行，遇到一些人抗不了的灾害，就需要有人帮助抚平老百姓的恐惧心理，所以做一些法事活动也仍然是必要的。皇上再厉害，拿自然灾害也没有办法。张天师自宋朝以来就一直传说平灾有效，应该说有效的时候占多数。为什么呢？中国的旱灾再厉害，连续旱几年的也少。就是这么一个季风型气候，早不下雨晚要下，等到一场大旱一百多天以后，张天师一作法，正好雨就来了，所以大部分时候应该说他还是灵验的。历史上得宠的一些天师，基本都因他作法灵验。遭到乾隆皇帝贬职的天师，除了有儒家官僚上奏说坏话以外，确实也有这一任天师求雨失败不灵的原因。所以在科学不发达的时候，道教消灾法术很重要。但是在西方科学进来以后，张天师的消灾功能就降低了。这也是道教政治上衰落的重要原因之一，当然也不完全是这个原因。

总之，在近代特别是清末民国时期，道教陷入严重衰落的状态。虽然也有一些全国性的组织，像民国的时候成立中华道教会，道教界的一些领袖也是希望做一些现代性改变，希望能够使自己恢复。比如他们也参加现代性的宗教慈善救济活动，响应政府要宗教办教育的号召，道教的一些领袖也自己出钱，宫观出土地办一些现代学校。当然因为道教人才、财力远比不上佛教和受西方支持的基督教，所以这方面效果也不明显。但是道教还是希望做一些振兴的举动，总体来说成效不大。20世纪前半叶，是道教在中国历史上最衰败的时期。中华人民共和国成立以后，道教领袖没有参加第一届全国政治协商会议，但仍被承认为合法的五大宗教之一。据说有中央首长为此出了一些力。这使道教没有遭遇像儒家那样彻底覆灭的命运，终于为今天的复兴留下一点基础。这是道教比儒家幸运的地方。

4. 道教的现状

1957年召开的第一届全国道教代表会议，成立了中国道教协会。经过"文革"浩劫冲击以后，道教又得到恢复。这是大家都清楚的历史。特别是中共十一届三中全会以后，落实宗教信仰自由政策，使道教恢复了活动。现在我们知道的道教现状，有人统计过国家重点宫观有1000多座，职业道士也数以万计，但是它的信众很难统计。因为中国宗教和西方宗教不一样，信众是不稳定的，能够计算的只能是出家住观的职业道士，这在西方属于神职人员。至于居士和信徒有多少，这个不好算。以前每年统计到几个大宫观，以及武当山、茅山、崂山等地去朝香的香客有多少，计算大概有几百万。也有学界同事在南方做过抽样调查，说道教信徒大概有1000多万。应该说这在国内各大宗教中，信徒还是最少的。当然，在中国历史上道教一直比较弱。虽然儒释道三教都是中国传统文化的主流，但是道教和儒教没法比，因为整个官僚阶层和读书人都是儒教的，和佛教也没法比，在最好的时候唐朝也不到佛教人数的1/20。最后一次有记载的佛道教人数统计，是在清康熙五年。当时可以核定的道教信徒人数和寺庙数，大概只有佛教的七分之一。历史上它一直比较弱，但是仍然是中国主要的宗教之一。

现在国际上学术界对道教有两个概念。一是从明朝开始朱元璋写过一篇圣旨，说道教现在有全真和正一两派。这就为道教限定了范围，只有全真道和正一道，就是张天师和王重阳创立的这两派算是道教，这就大大缩小了道教范围。实际上在中国还有很多以修身养性、奉持道的团体，但是他们不奉张天师和王重阳祖师。我个人把它们看成民间宗教，实际上也可以用一个广义的大道教概念。这些教派稍微有所不同，他们叫这个道那个道，这个堂那个堂，现在都通称民间宗教。但是它仍然是信仰中国传统文化，从中国传统文化土壤中出来的。这部分教团现在很难合法化，但是它们在中国农村地区信仰的人很多。据估计，民间信仰这部分的人数至少是正统道教两大派信徒的十倍以上。在有些省像福建省的三一教，比当地信奉道教的人多得多，更别说到国外去的华人教团。在马来西亚的道教协会没有几个宫观，但是中国本土文化产生的类似道教的民间信仰团体很多。比如他们的真空道就有几百个堂，超过当地的道教。还有个德教的人数、建筑物更多。这部分教团要算上的话，道教的人数应该增加十倍。我们把这个称为大道教。

现在我们综观道教发展的历史和现状，它的教义信仰、修持方术、制度仪轨都具有浓厚的中国文化特点。道教的思想教义融合了自然法则和神的法则，融合了一元论的宇宙观与多神信仰。最高的理念"道"是一元化的统一概念，但礼拜的神灵是多位格的。道教是有神论的多神信仰，但是中国人说的"神"和西方人说的GOD不尽相同。当初《圣经》翻译成中文的时候没有办法区别开，才借用儒家经典中"上帝"这样的名词，指称西方宗教中的至上神。中国人最高的理念是道，神只不过是道的一些人格化身而已，所以会出现多神信仰。但是中国的神不具有西方那种绝对至上意义的概念。西方是独神论，上帝就是最高理念。中国道教具有一元论宇宙观和多神信仰，同时它出世精神和在世功德融合，这是中国哲学天人合一，内圣与外王结合的传统。道教的修炼方术讲究的是性命双修。所谓的性命双修，就是炼形养身保养身体和心性的修养并重。在道教的修炼方术中，巫术性的道法和科学技术混融不分。所以道教的方技和道法与世界上其他宗教相比，对本国的古代科技有更大的推动和促进作用。道教与技术走得很近，影响非常大。而且道家和道教对中国文化有全面深刻的影响，道教的神仙信仰和崇尚自然无为的思想对中国文学艺术、浪漫主义和自然主义的审美观影响最大。道教的俗神信仰和敬神祭祀活动，与中国普通老百姓的日常活动、文化娱乐相关。例如北京白云观每年的庙会，就是典型的民众文化活动。

　　道教的服药和炼丹术，对中国古代的化学和药物学发展贡献最大。大家可以看看李约瑟的《中国古代科技史》，就可以看出来了。除了历法、数学方面儒家占了上风以外，剩下的中国古代科技的实用技术，主要是由道士发展的。去年他们攻击李一道长的时候，我就说过用科学主义打道教是完全不对的。西方宗教在中世纪是科学的敌人，而中国的道教在中世纪是技术发明之母。中国的很多科技都是由道士创造的。道教的一些养身方术，身体锻炼的方术，像行气、房中术、存神、内丹这些方术，与中国的传统医学、人体科学都有密切的关系。这也是到现在为止道教还应该开发的重要资源。

　　这是我们讲的道教从发展到衰落，特别是近现代的命运，以及曾经对中国文化做的重要贡献的主要方面。中国文学艺术受道家思想影响，中国人民生活民俗受道教仪式活动影响，中国古代很多科学技术，从化学冶炼到中医药和道教的关系很密切。历史上很多著名的中医，从葛洪、陶弘景到孙思邈，包括华佗，他们最初都是道士，后来道教也把他们供在自己的庙里。所以中国医药学很多著名的经典，都是由道士创作的。连《黄帝内经》也是明显的从思想到技术受到道教影响。中国医药学从理论到实践，都与道教有密不可分的关系。

第三，道教对现代社会的意义

　　道教从诞生到今天已经走过近两千年的历程。从以前讲的古代道教的前身，就是神仙家的方士来说，已经有2500年历史了。它对中国古代传统和思想文化的影响，刚才我们大概介绍了一下。到了经济发达、政治民主、科技昌明、文化多元化发展的现代化社会中，古老的道家思想和道教还有什么意义呢？还能否长期存在下去并对人们的现实生活有影响吗？答案当然是肯定的。这里我从现代道家思想和社会两个方面来讲一下。

道教思想在现代社会中的意义

道教老庄思想对文化的永恒意义，一方面在于它对人类文明社会负面的影响有清醒的认识和批评。我们知道人类文明的发展，特别是近现代人类文明的发展，是一种创造性的破坏过程。在这个过程中，人们每取得一点技术上进步，往往要付出意想不到的代价，出现所谓文明异化的弊端。文明异化的弊端之一，就是对人与自然和谐关系的破坏。表现为人类为了自己的物质利益无止境地向大自然索取，污染破坏自然环境。人类凭借科技的力量，在部分超越了自然界对人的束缚之后，不再能正确认识人和自然的和谐共生统一的关系，误以为自己就是天地万物的主人，可以战胜和支配自然，将人类赖以生存的自然环境看作无限榨取和勒索的对象。因此我们现在提倡讲环保思想。现在很多学者讲道家的现代意义的时候，首先讲到的就是道家提倡人与自然和谐，认识到人与自然的共生关系。这种思想理念在现代社会里可以促进我们改变对人与自然关系的看法，特别是认识到西方近代发展方式的破坏性。所以西方当代的环保运动者对道家思想很感兴趣，研究的人也不少。

另一方面现代化对人文环境的破坏更是惊人。老子和庄子都以其过人的智慧看到了文明发展造成的影响，主要的恶果"人为物役"。人类被自己所创造的知识、财富和权势所迷惑和役使，贪图名利和物质享受的欲望无限膨胀，丧失了内心的和平与纯朴。为了谋取金钱、名誉、权力和色欲，而不择手段地争夺欺诈。世界上还有很多当前的意识形态专家，被自我偏见和独断式思维所束缚，自以为垄断了真理和正义的发明权，固执偏见小智，诓惑人心，以至于人们无法相互理解。所以道家主张清心寡欲，主张无为不争，这些思想就是要让人不为物役，不做固执偏见小智的知性奴隶和消费色情的感性奴隶。这个思想在现代社会还有它的价值。人们把道家思想看作治疗世人热衷追求名利弊病的一剂清凉药。中国古代道家一直就起到这个作用。儒家讲"达则兼济天下，穷则独善其身"。这个说得好听，实际意思是说得意了就信儒家，学而优则仕，人生混得好就当官，就是儒家信徒；人生混得不好被排挤罢官下来了，就变成道家信徒或佛家信徒。道家在那时就安慰了一些官僚的心灵，在现代还可能是这样了。

道家的思维方法在现代有更重要的意义。以前有很多人研究过道家的思维方式，首先在于它反思和通观事物。道家在认知论上强调反思和通观。所谓反思和通观，就是看待事物不仅要看到事物的正面，还要看到它的反面和背面，这是认知的辩证法。人见其有利，我亦见其有弊。人都注目于有用的东西，道家强调无用之用，无为之为，叫作反观。能从正反两方面看问题，才不至于只见有利而盲动。这是道家思想在现代社会中的一个重要作用。

除了这些抽象的哲学理论上的信仰之外，我们看到道家在历史上还发挥了一个重要作用，它对于平衡外来文化，接引和转化外来文化是有一定价值的。中国历史上最大的外来文化进入中国，并且与中国文化融合的事件，就是所谓佛教的传入和中国化。现在研究佛教的学者都肯定一个基本事实，道家文化特别是老庄思想和道教方术仪式，在接引佛教传入中国，并且使佛教转化为中国式佛教，佛教中国化的过程中，发挥了比儒教更重要的作用。尽管儒家一直讲"中体西用"比较厉害，但是道家在这方面真正起到了更大作用。比如说道家老庄思想与佛教结合以后，产生了一种心性论，为儒释道三教融合找到了关键的思想契合点。佛教思想到中国来要融入中国文化，它的本体论和起源论，就是关于世界怎么来的，世界的本质是什么。在这方面佛教与中国传统思想观念完全不同。佛教讲缘起性空，诸法悉空、无自性，这套东西与中国思想是无法融合的。中国儒道两家的宇宙论，讲的都是太极或元气生成天地万物，这个与佛教的说法无法融合。但是最终儒、道学说，特别是老庄学说创造了一套关于心性论的思想，避开缘起论的困难，为佛教中国化产生了重要的理论上的契合点。中国化佛教最大的宗派是禅宗。禅宗的基本理论是讲明心见性，这是在道家老庄思想影响下产生的。它不同于先秦儒家的人性论。所谓凡圣性相平等，人人皆有佛性；人心本净、触世而染，除情去欲，清除污染，恢复本性，最终见性成佛（或成圣、成道）。这套理论是基于大乘佛学和老庄思想建立起来的。当然佛教更多的思想也被道教拿来，特别是因果报应思想。明心见性的这套理论，禅宗和道家是一样的，它是大乘佛学和老庄玄学结合的产物，双方都贡献了很多东西。道家作为外来文化的接引者，佛教最初来的时候也是把自己伪装成黄老，依附于道教方术，后来独立发展起来了。心性论的创立和发展者，多数还是熟悉大乘佛学和老庄玄学的中国僧人。总之道家思想在这方面比儒学做的事情要多。

当今中国正在第二次接引外来异质文化，就是近现代西方文化的进入。我们说外来文化大规模进入，因为它是异质文化的进入，完全不是一个根上生出来的。源于另外一种异质文明的文化进入，所带来的对一国本土文化的冲击和变异是很大的，甚至有可能是颠覆性的。现在西方文化远比汉唐佛教传入时的影响大得多，如何在吸收融合西方文化的同时，保持自身传统文化的主体性，这是近代以来一直困扰中国学者的问题。在这方面道家有什么作用呢？我个人谈一点粗浅看法。

比如说自由主义是近代西方思想和价值观体系中的核心理念，如果我们能够在道家思想中找到与西方自由观契合的理念，这对中西思想的融合将大有裨益。就像我们找到心性论这一理论，对于接引佛教中国化的意义。当然佛教中国化有很多原因，有政治原因、社会原因，但是思想上找到一个契合点很重要。我个人最近二十多年一直对西方新自由主义学者哈耶克的著作有一些兴趣，我读到他的名著《自由宪章》里面讲到"自由、理性与传统"这一节时，了解到西方在近现代实际上存在两种自由主义的传统和理论体系。一种是经验主义的，所谓英美的盎格鲁自由观；另一种是唯理主义的，欧洲大陆以法德为主的自由观。这是两种自由主义的思想体系。因此我有一种感觉，20世纪中国与西方学术思想的交流中，存在着一个重要的偏差。这种偏差就是用儒家理学来融摄欧洲大陆左派唯理主义的自由观。这两个独断式的思想体系（特别是明清时期的儒家更有一种独断式唯理论的气质），将我们引入了张扬理性的道德理想主义歧途，启蒙时代的法国人害苦了近现代的中国人。实际上中西思想的契合点，应该是从承认人类知识和理性有限度的这样一个认识论前提出发，将老庄思想与英美经验论融合起来，在理性不及的场域，寻找普世信仰和自由主义价值观存在的依据。从康德、休谟、亚当·斯密为原点，直到哈耶克的经验论的自由主义传统，以及基督教中的近现代新自由主义神学，沿着这条理路和道家思想结合，似乎是重新诠释道教义理的一个恰当的路径。应该沿着这条理路去寻找中国传统文化向现代性转型的答案。当然这只是我个人的看法。总之，我个人认为道家思想在中西文化融合中，应该是有它的重要独特的方面。20世纪很多中国知识分子在引进西方文化的时候，无论是引进自由主义还是社会主义，基本上是儒家学者居多。有一些学者反儒反得很厉害，但是可以看出他们在认识论上的那种独断式思维实际上还是儒家的。像李大钊这些人，表面上看他对儒学批得很厉害，实际上他的思维方式还是儒家的，然后他再去和西方欧陆的那种唯理主义的自由观结合。这是我个人的看法，仅供参考。

所以我们说，道教作为一个植根于中华文明土壤，迄今为止仍然以华人为主要信众的宗教，在现代社会中也有重要的价值。如前所述，自从老子提出以道为宇宙的普遍法则以来，天道信仰已经成为中华民族认同的核心理念和价值观的基础。道教只是建立在这种理论基础上的宗教形式之一，奉道守戒是其立教之本。近代某些中国学者所谓中国人缺乏宗教精神的话语，是完全不符合历史事实的谬论。今天我们生活在一个经济全球化的信息社会中。在此社会里，东方与西方、传统与现代冲突的新形式，表现为普世主义和原教旨主义之间的斗争。原教旨主义当然不是我们所诉求的，但是西方的普世主义可能暗含着将某种强势信仰和价值观普遍化，企图贬低和替代其他民族文化传统的意味，也是我们所不能接受的。任何民族都必须有自己的主体信仰，才能立足于这个多元文化竞争的世界。回顾历史和现实，宗教从来都不是孤立存在的，它总是与政治、经济和社会问题交织在一起，与价值观和民族认同密切相关。虽然现代的普世价值强调政教分离，保护个人信教自由，多元文化和谐并存，这是现代社会的主流意识。但是在现实世界中，民族国家中的宗教信仰存在生态平衡的问题也不可忽视。任何国家都不可能轻易放弃历史形成的信仰传统，而要给予本土原生宗教更多的关注。特定的宗教与特定社会有更相适应的关系，对特定社会的政治、经济和文化有重要影响，对促进特定社会的和谐稳定有积极作用，这是不容忽视的现实。

在中国历史上，以天道信仰为核心理念的儒教和道教，都曾起到平衡本土与外来文化关系，巩固中国传统价值观的作用。比如儒家所说的中体西用，用夏变夷的观点，在今天仍然值得思考。近年来中国宗教学界提出"多元一体，扶本化外"的主张，是具有现实意义的文化建设战略。接触实际的人大概都知道，现在外来宗教的渗透绝不是一个小问题，它直接关系到民族认同和凝聚力的问题。我个人认为，中国文化的现代化进程应该秉持的是开放的文化本位主义立场。不是消解自身的传统信仰去迎合外来价值观，而是要与其他宗教平等竞争，在竞争中展示自身传统特性，汲取别人的长处发展自己，保持以中华民族传统信仰为本位的宗教生态平衡。这是道教在现实政治中的一个重要意义。

当然在现实中道教还有一个重要意义，现在很多实际工作部门都已经注意到并且操作了。就是道教作为以华人信仰为主体的宗教，它的信徒在中国台湾、中国香港、东南亚国家和全世界的华侨中都有非常重要的影响。道教信徒对中国文化的亲近感，远远超过其他任何非中国本土文化产生的宗教信徒。这是毫无疑问的，在全世界都可以看到。这是历史留给我们国家的一种资源，它在外交、统战、募捐救灾等方面的工作中，都是我们可以依靠并且靠得住的现实力量。道教信徒是当然的亲华派，在任何地方都是这样。例如在中国台湾可以看到，道教信徒百分之百是蓝党，佛教徒大约一半对一半，基督教徒则多为绿党。当然我这样说并没有具体统计，只是从新闻报道中看到的印象。但是宗教信仰是一种具有强烈情感因素的意识形态，它会影响信众的民族认同和政治选择偏好，这也是事实。

最后我们讲，在人类文明社会交往的历史上，商品贸易和宗教传播无时不相伴相随。丝绸之路上走来了佛教僧侣，海上舶来了西方的传教士，而现在中国的华商和华侨们带出去了中国的寺观庙堂。现在国外的道观，主要是华侨、华裔道教信徒和民间宗教信徒带出去的，他们在西方建了一些本土本乡信仰的庙堂。这些庙堂过去是香港台湾的道教组织多一些，现在也有大陆的道教界人士过去开一些庙堂。这都对西方民众了解中国文化传统大有裨益，提高了中国传统文化在非中国文化圈的影响力和可见度。历史和现实都告诉我们，一个只会输出商品、劳务和资本，而不懂得传扬其信仰和价值观的国家，不可能展示其文明传统的独特性，塑造鲜明的国家形象和文化特征，从而赢得其他民族的尊重，伸张自己的影响力。独特的天道信仰也是一种竞争力和软实力，这是现代中国商人企业在大规模输出制造品和劳务的时候，理应具有的文化战略意识。

这方面也有很多华人学者，或者在国外的一些华裔做了很多工作。除了建寺庙以外，他们还有做养生咨询之类的机构。包括教太极拳的，静坐修炼等养生活动，在西方都相当多了。而且已经有不少白种人、非中国血统的人也接受了道教文化。有些人还成为道教信徒，穿上道士的服装。这说明道教虽然看起来很土，但它因为具有中国文化的特色和魅力，所以在现代多元文化的竞争中，不见得就会输给西方宗教。道教有它自己的吸引力，随着中国经济的发展正在走向世界。

我就讲到这里吧，大家提点意见。

主持人： 王卡研究员从三个方面就中国传统文化中的道教给我们展开了比较详细的论述。

第一方面，王先生从天道信仰是中国传统文化的核心角度来阐释，在中国传统文化中，天道信仰扮演了怎样的角色。在这个问题上，我觉得对我个人启发意义最大的是，他认为中国人对我们自己的传统文化核心价值理念忠诚度好像有点问题，我不知道我是不是理解的正确，特别是在西学东渐以来的近四百年，尤其是最近一百多年这一点显得尤其突出。在当今时代，太多的中国人的思想都被西方的思想文化格式化了。在这样的情况下，我们如何重建我们自己的核心价值理念体系，重拾我们传统文化对核心价值理念的信念非常重要。

第二方面，道教文化历史方面，王先生大概给我们梳理了一下，从汉代到近现代道教发展的历史。关于这部分，我特别推荐大家可以参看王先生主编的一本书《中国道教基础知识》。这本书详细梳理了中国道教的历史与宗派，道教的经典与教义，道教修炼与方术，道教斋醮与科仪，道教的圣迹与宫观，道教的信仰与传统文化，道教与民间的其他宗教。这本书比较全面的涉及了中国道教的方方面面，非常全面，可以作为这一部分非常好的补充。

第三方面，道教在现代社会中的意义，是今天王先生重点和我们讨论的。首先从思想意义来说，无论是现代科技对自然环境的破坏，还是现代化对人文环境的破坏，其实有很多时候可能需要我们从新的角度，从我们传统的道教，道学中汲取一些有用的营养对现实做一些矫正。其次他也谈到关于道家的思维方式和思维习惯在现代的意义，同时他也谈到了道教在接引和平衡外来文化的过程中，以佛学传入和西学东渐作为典型例子，道教起到了平衡者和接引者的重要作用。同时他也谈到了中国传统文化的现代性，更多的可以从道教中寻觅，我们可以从道教中找到很多现代的基因。

最后他谈到我们在今天更多要坚持一种文化本位主义立场，特别在现代社会，我们如何把道教及其信徒作为一个中国现代化或者中国走向世界的重要资源，尤其是在中华文化走向世界这样一个大的背景下，我们如何来宣扬我们的传统文化，传播我们的传统文化，这个传统文化当然也包括作为道教核心理念的天道信仰。他谈到天道信仰对我们现代社会独特的现代价值，在文化走出去的战略中，我们应该更多让外界了解道教的这种天道信仰。

我想今天的讲座对我们每个人都会有很多的启发。今天我们有比较多的时间，可以留给各位与王卡先生交流，每位可以提一到两个问题。希望提问题的老师和同学言简意赅，直接提出问题，如果需要和王先生讨论问题，也希望大家的语言稍微简练一点。

互　动

问：中国的天道思想至少还能往前推一千年，或者几千年。《周易》这一块，讲座里疏忽了，别的方面讲得很详细，但是《周易》没有提。《周易》的第一卦讲，"天行健，君子以自强不息"。天行健是什么意思呢？天道或者自然规律是毫无错误非常准确地运行着，在一万年以前是这样运行，一万年以后还是这样运行，这就是天道思想的源头。道家一直承认三部经典，第一部就是《周易》，第二部是《老子》，第三部是《庄子》。所以，我觉得应该对《周易》再深入地讨论研究。我是提出一个建议，道教的源头还要往前，因为时间顺序有一个谁传承谁的问题。

答：首先我同意这位先生提到《易传》对中国文化传统天道信仰、天道观的形成有很大影响。特别是魏晋南北朝以后，易老庄被称为"三玄"，对中国传统文化和天道观影响最大的就是这三部经典。不过您说的《易传》比老子要晚，"天行健"这都是《易传》上的话。在《易经》里还没有完全建立天道信仰和宇宙万物产生的本体和本源是道的思想，《易传》比老子稍微晚点。但是也不矛盾，台湾陈鼓应先生就一直认为《周易》是道家的，但是儒家学者不肯这样讲。在一个研讨会上，饶宗颐教授就反驳他，说你把《易传》给我们拿走了，儒家还剩什么呢？不同意，认为这个产权是儒家的。但不管怎么说，天道信仰是儒、道两家的。道家提出道的概念，儒家还是信天，这是儒道两家说的。道家讲道是万物本源，儒家是讲天和天理，但有时候他也说天道。所以，合儒道两家的主体来说，中国人的核心思想就是信天道。

问：我觉得研究宗教可能有两种姿态，一种是相信它去研究，另一种是不相信它去研究。我的问题是，您觉得这两种研究方式对探索宗教最奥秘的部分是否有影响？因为我个人觉得，如果不信它的话，只能在知识和思想上做一个好的研究。但是你不可能在最深奥的地方对它有所理解。您怎么看这个问题？

答：您谈到了在宗教的科学研究上的中立性问题。一直在宗教研究中，宗教界人士和学者间存在争议，这不光是道教，也包括佛教学者和佛教界。他们认为如果你不信教，你的研究怎么能够深入呢？我个人是这样看的，科学研究和人文学者研究还是要保持一种中立性，这种中立性可能对研究一些具体问题会造成一定障碍，不能处境化。比如说炼丹，如果你自己不打坐不修炼，你怎么知道道士说的是对是错呢？像这样具体的研究中，确实存在没有实践的人和实践过的人有不同的感受。在这方面，我们作为宗教研究者，应该把这部分让出来，让宗教界的学者们去谈他们的感受。但是我们做科学研究必须保持中立性，对研究的客体可以有一定的情感，有一定的同情理解，但是你对研究问题的真假和评价，必须保持中立性，才能够有客观评价，尽量把这种评价保留在文化、历史、文献真伪这一类问题上，可以有客观判断。至于人家要修炼，比如炼了内丹以后肚子里有没有法轮，有没有玄珠，这个让他们自己去说。比如有些道教方术能治什么病，这些具体的问题就是各有各的看法。他可以提出实践中的作用，你也可以提出你的一些看法，但是不急于批评。比如人家说辟谷术能治愈糖尿病，这种话你就不要抱着一个没有实践过的人的立场，非要说那不行。据说方舟子就坚决否定人家这个，我是不否定这个的，没有实践过的东西不说。但是对于一些可以客观判断的，把研究保持在这个范围内。

主持人：我觉得刚才这位朋友提到的问题是一个非常有意思的问题，也是我觉得非常困惑的问题。作为一个研究者如果你不深入其中，你怎么能够体会到怎么能够研究透呢？但是从另外一个角度说，如果你要是身在其中，你又怎么能够看得清楚？这可能是两难的问题。我觉得王先生这个回答很好，两种类型的研究加在一块是不是可以得到一个问题的全部。

问：三教合一这种主张是道教学者首先提出来的，但是我们也知道儒家内部和佛教很多学者也有这种主张，那么据您研究，道教学者所主张的三教合一，与儒家和佛家主张的三教合一有什么不同的特点？

答：三教合一这种主张最早是道教学者提出的。现在比较可靠的材料证明，南北朝晚期就已经有了，唐朝就已经有明确的文献记载，宋元以后成为中国思想界比较主流的说法。那么三教学者主张的三教合一有什么区别？主要表现在，第一，道教的态度最积极，除了是首先提出以外，特别是宋元以后的道士对三教合一说得特别多，说得特别透彻，特别主张三教合一。这原因很多，因为道教势力弱小，在主张三教合一的时候，往往是最弱小的主张最积极。佛教也有说三教合一的，但是说得少些。儒家是最傲慢的，儒家在宋元的理学家，比如说朱熹这些学者，讲道教和佛教（与儒教）是一个道理。但是明清时候的儒家基本不承认这一点。直到清末有一本《续通鉴》上讲到宗教，说中国自古以来信的是圣教（儒教），没有宗教。儒家的思想中没有宗教平等观念，它认为儒家是老大，是圣教，佛、道那两个东西是异端，根本没有资格和我们排在一块。但是这个异端有好多老百姓都信，而且流传时间很久了，也没有大害，还有点敦人伦、助王化的作用，所以可以宽容。只有个别的儒家统治者，以儒学为主的统治者，像朱元璋和雍正皇帝，强调三教合一，是出于某种统治上的策略。但是儒家官僚，特别是科举出身的儒家官僚，特别是明清时期的儒家官僚，都瞧不上佛、道，觉得怎么能和儒家圣教放在一块呢。从南北朝之前到东晋时，经常出现一个争执，就是如何给圣人评级。他们认为孔子是圣人，孟子是亚圣，曾子偶尔也评成圣，但是老子最多是一个贤人，大贤而已，最多就是评个大贤。《汉书·古今人表》中，班固给老子的评价就是这个，老子是大贤而已。一直到唐朝皇上扶持道教以后，（对老子的评价）才好点。所以，三教合一的态度，道教最积极，佛教次之，儒家在少数时候有少数学者说这个，大多数儒家学者是不屑与佛、道为伍的。

　　第二个不同，当然各家还有一个不同，三教合一以谁为主的问题。道家当然说是以老子为主，佛教说以释迦牟尼为主，儒家肯定是周孔在上。我们看全真教道士的说法，肯定说老君是第一的，孔子是老子的学生了，佛教是老子化胡才出来的。结论当然是道教第一，老子为主。但是看佛教，在少林寺刚进去地方有一个三圣图，那里面是释迦牟尼在中间，孔子和老子在旁边陪着。清朝还出过一个案子，有些和尚或者在野的和尚建了很多三教寺，三教寺中的塑像是释迦牟尼在中间，两边是孔子和老子。后来让地方官僚告发到皇帝那儿，说这是对圣教的大侮辱，要查处。这个三教案在乾隆皇帝时追查了很多年，一直追查到嘉庆皇帝时，抓起来以后那是要严惩的。当然在国家建的寺庙中，肯定是孔夫子在中间。基本上明清时读书人的眼里，"三教合一"只是嘴上说的，实际在画像、塑像时不可能把孔子和那两个摆在一块，谁要这么摆了就犯了大忌。所以三教合一的各自态度，都是以自己为主去合人家，这是一个区别。但是大家都共同同意的一点，是三教合一合在心性，三教的共同点是讲心性，都是性命之学。再一个是合在中，三教都强调中和概念。这方面在理论上差异不大，但是态度上差别就大了，肯定都是自己的宗派排在最上面。

　　问：现在提文化传承创新和文化自觉的时候，三教合一会走什么样的趋势？现在提文化传承创新，三教都有一个发展的趋势。那么在这个趋势中，道教会处在什么样的状态中？

答： 三教里面，可惜儒家已经没了，除了少数大学里搞中国哲学的老师以外，基本上没有真正的儒家了。儒家破败灭亡的原因，是中国科举制度消失了，中国的旧官僚体制消失了，学而优则仕的儒家不存在了。中国的教育从内容到目的完全变了，中国又没有西方的宗教课，没有维护文化传统教育的课程，所以儒家不可救药地完了。再加上儒家以前是搞相礼的，所谓相礼就是帮君主做祭祀仪式。中国古代证明政权合法性的基本形式，就是所谓的祭祀制度，这也在袁世凯以后基本崩溃。所以体制化的儒家已经完全没有了，它要在中国未来文化复兴中起到什么作用很难。中国化的佛教和道教可能会起一点作用。道教现在首先应该提出一个维护中国文化传统主体性和纯洁性的文化本位主义。这不一定拘泥在拜太上老君，但一定要坚持。道家作为仍然存在的一支中国传统文化的载体，应该赋予自己一个使命，反拨20世纪中国学术文化上盲目西化的这种潮流，自觉维护中华民族文化传统的主体性和纯洁性。当然维护传统文化并不是拒绝外来的东西，要想维护自己的主体性，也需要自己向现代性转化。但是无论怎么转化，作为一个中国人或者研究中国传统文化的人，应该有两个最基本的念想，就是中国文化的传统不能断绝，中华民族生存的空间不能缩小，这是作为一个中国人最起码对自己的要求。当然道教徒还有组织，在这方面应该有所作为。当然这是我个人的意见。道教怎么复兴怎么发展，因为刚刚才开头，这几年才刚刚开始活跃，脸上的气色才刚刚有点生光，之前都是服装邋遢，精神面貌不整，是要完了要死了的样子。这几年稍微好一点，刚开始有点活气了，还需要政府和各方面扶持才能够让它慢慢恢复元气。

问： 比如说道化成仙，和印度教强调的梵有什么关系？印度教的信仰是梵天、是湿婆，印度教和道教之间的区别是什么？

答： 您提的这个问题，关于印度教，因为我不是专门研究南亚宗教的，只是一般的了解。我还是有一个看法，印度教和中国的道教存在很大的相似性。有几个方面。印度的多神信仰和道教一样。我们刚才说道教是一元化的宇宙观和多神信仰统一的，神不是最高的概念。印度教的最高概念是梵天。梵天是真正体现统一性和根源性的至上概念，但是梵天有很多化身。神的非独一性和非至上性，这一点与道教有点相同，多神信仰也是一样的，多神就是被看作最高理念的化身。

另外一点，很多人都注意到印度宗教密教的法术和中国道教的关系，也有一些学者研究。有一种说法，印度很多宗教，特别是佛教后期的密教，还有商羯罗时代兴起的印度教，受到道教的影响。也有的说是中国宋元以后的道教法术，受到印度密教或者是佛教真言宗的影响。这些都是学术问题可以研究。确实我个人认为印度宗教和道教存在相当大的相似性。当然我不是具体研究这个的，你提的这个具体在哪些方面相同，还有它们两者之间是不是有关系。现在证实确有些关系。比如在加尔各答，他们发现有印度密教的经典，说可能是唐朝道士带过去的经典。但是这个经典我没有看到过，就我的一个老师（黄心川）发表的文章这样说过。

问：王老师，您觉得对宗教应该抱以什么样的态度？宗教大多数都有一些唯心论，很有神秘色彩，对宗教是否可以只理解为一种文化？

答：态度是个人的，应该抱一个尊重的态度。刚才我们讲，宗教是任何一个文明最核心的文化要素。西方学者研究文明发展史的，基本都是以宗教来确定一个文明的特质，来界定一个文明。比如基督教文明、伊斯兰文明、儒教文明等。只要看看亨廷顿的书就知道。宗教是无神论还是有神论的？不一定。佛教有人说是无神论，宗教和无神论或有神论无关。宗教是唯心主义还是唯物主义，根本不涉及这个问题。宗教的重要性，除了它是界定文明的核心要素之外，另外，像一位西方学者所说的，一个社会的法律和政治体制，如果没有道德的支撑是不行的，而人们的道德价值观没有信仰是支撑不了的。没有信仰就没有道德，没有道德就不会有法制和政治的稳定。当然信仰是多方面的，无神论也是一种信仰，宗教也是一种信仰。世俗化时代，也不是说人们就没有信仰就没有道德，但是人类大多数，以及大多数人类在大多数时候都是信仰宗教的。宗教有它特别的社会功用，最要紧的社会功用就是两点，第一，它是道德的支撑，任何宗教都有道义观念，道义观念就是用来支持道德伦理的。因为道德伦理不像科学可以用证据让人们相信的，道德伦理就是靠社会舆论、习惯和信仰来支撑的。不这样做要遭报应，要坏事，这种信念决定和支撑了道德，而道德又是法律制度和社会制度的支撑，这是宗教的一个重要功用。第二，宗教是民族认同的一个重要因素，不同宗教信仰的人，对不同文明的忠诚度就是不一样。一种原生的宗教信仰，对那个文明或者那个民族的人有吸引力是毫无疑问的，这一点应该认识到。当然这也有害处，也不都是好处。（害处就是宗教信仰有排他性，可能导致文明冲突。）有好处有害处，认识到这一点的重要性，趋利避害就可以了。

问：您对信仰这个词怎么理解？一般人们说起道家都会联想到八卦，据您的研究，八卦到底是伏羲氏画的，还是上个时期的人们留下来的，还是其他东西演变过来的？

答：信仰是什么？信仰就是对某种思想体系无条件的忠诚，无论那种思想体系是否被证明合理还是不合理的，是有效还是无效的，对自己是有利还是无利的，都无条件忠诚于那个思想而不放弃，这就是信仰。

至于道教和八卦的关系，虽然《周易》原来是儒家经典，但是《周易》和《易传》里面的思想和老庄思想契合度很高。而且我们知道，道士对占卜这个方术从事的比较多，对占卜性的工具书《周易》他们也很感兴趣。汉代儒家易学的象数学，在南北朝就开始被道士应用，有用来算命的，也有用来构建自己的修炼方术的。所以，易学对道教渗透很大。大概从五代到北宋时，象数易学完全进入道教的修炼和理论体系，形成所谓的先天易学。我们看八卦有先天和后天的，先天八卦是宋元道士创造的，后天的文王卦是从儒家传统易学过来的，但是人们经常分不清它。先天、后天都搅在一块了，需要仔细分析一下。一般来说，道家先天卦系统更符合自然规则，也就是我们说的数学规律。儒家的后天卦更符合伦理，儒家讲乾坤象征父亲母亲，六卦代表长男长女、中男中女、少男少女。这纯粹是伦理学上的解释。而道家先天卦图与二进制的数学有关。所以，道家和儒家后来都有这个易学。但是到现代没有儒家了，基本上儒家的易学符号和一些理论都落在道家身上了。特别是阴阳鱼太极图，那是理学家在明朝时创造的，但是现在大家都把它当成道教符号了。当就当了，反正现在儒家也没有了，没有人来争知识产权。应该说道家和易学关系很密切，但是他和儒家易学有点区别。

问：方术是道教很独特的一个系统，它与道教思想内核有什么必然联系，还是仅增强道教神秘性色彩的？您对方术怎么看？

答：我写过一篇文章，怎么看待道教方术，今天我也没有时间详细解释了。我认为道教方术在历史上有负面作用，也有正面的作用，正面的作用大于负面的作用。所谓正面的作用，第一是保留了中国上古时代的一些民间文化和巫术。中国最古的萨满式的巫术被道教保存了一大部分，如果没有道教很多现在就看不见了。中国历史上儒家的巫术文化虽有文献记载，但有些方术究竟是怎么回事已经不清楚了。道教典籍保留了汉民族远古巫术文化的许多细节，也保留了很多从西域传进中国来的民族文化。很多方术是南北朝隋唐时从西域传过来的，融合到道教中。包括佛教也是保留了一些。

第二，很多方术，特别是养生方术，促进了中国古代科学技术的发展。炼丹，吃了金丹是要死的，但是道士采草药、石药来炼制服食，那是实实在在的科学实验。比如说金丹对人体有毒，怎么清理硫化汞和铅的毒性，道士不炼丹谁知道。比如化学方面，道士有时候炼金银，就是给铜上面涂一层等离子体的东西，因此发明了镀金术这种技术，还有在液体中熔化金属的技术，这些技术都是实实在在的。医药方面更实在了，说是采药炼丹以后吃了长生，尽管不能长生，但是绝对治病。他不做这个活，这种药能有吗？他不到山里去采药，能认识那些药物功能吗？这就是对科学技术有巨大推动，还有很多例子。那么在今天，它仍然能给我们提供一种资源。我们知道文化的发展需要有后备库。就像袁隆平发展了高产稻，但是原来的低产的野稻还应该保留着，将来高产稻出了问题，还有原生稻的基因库可备用。文化也有基因库的问题，为什么我们现在要保留很多已经过时没有人欣赏的文化遗产，要花钱把它留住，就是文化也需要一个基因库。道教方术是我们中华民族文化一个大的基因库。有些方术现在不合适了，不合适不在外面做就行了，但是要让它有传人，一直保持着，说不定哪天它又有用了。像辟谷术，头几年骂的时候说得那么厉害，现在美国科学家就已经证实了，辟谷术有可能治愈糖尿病，现代医学也有相关的对比实验。这些传统文化的东西，应该从保护文化基因的角度对道教方术保留，只要是不害人的，害人的当然要去掉，不害人的东西能保留的尽量保留。一个国家的文化丰富就是因为积淀和遗存多，基因库中的文化遗产多了才丰富。你把它弄得都一样了，都成新的了，野生稻没有了，以后高产稻出问题，到哪里去从头寻找新的路。这些都是应该保留的，作为文化基因库里面的一个东西。对道教方术只要不害人的，应该让它继续保留。当然推广不推广是另外一回事，推广不推广是市场选择和社会需求选择的。

主持人：最后一个问题给我自己，刚才王先生回答这位朋友提问时，您提到儒家从制度层面上，制度化的儒家随着时代发展衰败甚至消亡，这个比较好理解。佛教现在有那么多的寺庙，有越来越多的僧众信徒；道家也有很多居士和道观，这个队伍非常庞大，他们的传承都没有问题。随着科举制度发生根本的改变，原先很方便的儒学思想体系传承，到现在新的教育体制和新的人才选拔制度，和原来传统儒家这一套没有太多制度关系了。随之带来的问题，一是这种局面要不要改变？怎么改变？二是我们现在或者将来的中华文化的传统核心还能够是儒家的核心吗？因为我们一直认为，儒家思想是我们文化的主体部分。

答： 对儒家我还是很惋惜的，毕竟儒家文化是我们中国文化的主体主干，它的消亡特别是制度式儒家消亡是很可惜的。我们一直说，中华文明最悠久、连续不断传承，不说5000年，至少有3000年连续传承。但是我们真的不敢说民国以后我们文化传统还在。我不承认我们现在的文化和以前没有断，现在基本处在断裂的状况，最大的问题就是儒家的衰亡，随同儒家的一系列文明制度都失去了。

虽然我个人研究道家，认为它应该对保持中国文化的主体性作出一点贡献，但是真正能作出大贡献的还是儒家。儒家的认同度在中国人，尤其是中国知识分子中的认同度要高得多。但是它现在没有一个实体了，这个需要国家有关文化部门认真思考是不是把儒教作为一种宗教，当它在政治上没有传承可能性的时候，作为一种宗教组织传承下来。既然民间宗教国家现在都能够默认，为什么儒教不能被认可呢。其实孔教在中国香港、在印尼、在新加坡都有。近代康有为他们这些民族志士，当时说要抵抗外来侵略，保护中华文明的一个基本口号就是保种保教。他们要保的教就是孔教儒教。后来康有为创的孔教在大陆没有存在下去，因为1949年没有承认它。但民国的时候，很多政府官员填写履历表时宗教信仰都是填的儒教，不愿意填道教。这还是中国传统知识分子的心理，觉得道教水平低一些，接近巫术，填儒教还是欣然接受。所以儒教是否被承认为宗教，当然这需要很多部门来统一研究，这属于一种文化战略思考了。我个人认为要想在宗教方面实现中国文化本位主体性的目标，防止我们被什么十字架征服，还是儒教最有力量。儒教本身也有战斗力，就看现在几位儒学学者出来说话底气都不一样。他们一出来说话，战斗力和意志力明显比佛教、道教都强。这是我的观点，能不能做是有关部门的事。

《道德经》的精神——节制与宽容

主讲：北京大学　王博教授
时间：2012年3月10日
地点：北京师范大学英东学术会堂

主持人：各位老师、各位同学、各位朋友上午好！欢迎大家光临京师人文宗教讲堂。今天是道学系列第六讲，非常欢迎北京大学哲学系的王博教授来做今天的主讲。

王老师是北京大学哲学系主任，同时兼任北京大学道学研究中心主任，北京大学儒学研究院副院长，还有其他社会兼职。多年来，王老师一直从事哲学研究，他曾两度任哈佛—燕京访问学者。

今天王老师为大家带来的讲座的题目是"《道德经》的精神——节制与宽容"。下面欢迎王老师为大家演讲。

王博：我今天讲的题目是关于一本书，通过一本书去了解一个人、理解一个传统，这本书就是《道德经》，这个人是老子，这个传统其实就是道家传统。我对"道学"这个词觉得有一点点不安，所以我们去年把北京大学道学研究中心改名为道家研究中心。

中国有三个最主要的精神传统，儒家、道家和佛家。三个传统各有千秋，我有时候会用山来做比喻，比较形象。儒家比较像泰山，道家像华山，佛家像嵩山。

大家知道，这三座山的形状不一样，泰山如坐，像各位一样，但不是歪歪斜斜地坐着，是很端正地坐着。

华山如立，像我现在一样。我记得大概1995年左右去爬华山，20个小时之内把华山都爬遍了，那真是累得一塌糊涂，因为中间没有时间睡觉。华山给我的感觉是有一点冷峻，有点清高，但是透过冷峻和清高，其实我们还可以看到另外的一些东西，一会儿讲《道德经》的时候会提到。

嵩山如卧，我们每天都需要卧着，我们睡觉的时候是卧着的。我第一次看见嵩山的时候其实有点失望，原来中岳嵩山这样不起眼，不是很高，像卧佛一样，不过后来一想，这可能真的是作为中岳的一个很重要的理由，其实最重要的东西往往就是这个样子。华山给人感觉很冷峻、很清高，很难和人如此亲近。一个人如此端庄地坐着，也很难给人亲近的感觉。嵩山很亲切，很容易爬上去，很容易下来，觉得离它比较近。嵩山的精神某种意义上会让我想到佛教对世界的理解，以及佛教教义所呈现出来的那种爱和慈悲的情怀。

历史上关于这三个不同的传统还有不同的比喻，比如有人把儒家比作五谷杂粮，把道家比喻成金银，把佛教比喻成珠宝。我不知道各位喜欢什么，有人说我喜欢珠宝，有人说我喜欢金银，可是这得有个前提，就是你已经不缺五谷杂粮了，肚子已经饱了才可能需要那些东西，所以做这个比喻的时候，表面上看是把佛教和道家看得很高，其实这个比喻背后说的是儒家是最重要的东西，它和我们生活最贴近。

我在这里不谈三教的高低，我的意思是我们有了这样的三个传统，我今天讲其中的道家由老子和《道德经》所开创，并且这个传统到今天还活着。我刚才跟朱老师提到过，我们北大去年刚刚设立了一个讲座，叫"严复讲座"，严复讲座的支持者是严复先生的孙女辜严倬云女士，严复先生翻译了大量西学著作，他最喜欢的就是道家，《道德经》和《庄子》，为什么？因为他认为在这里可以找到跟西方自由和民主的价值最相契合的东西。他说在道家的无为和自然概念里可以找到民主的原则。能不能找到这个东西我们可以另说，但是可以看到在这里道家是活着的，而且是在现代的世界仍然活着。正因为如此，我今天特别想把这个渗透在《道德经》，渗透在老子里最核心的价值给大家做一个介绍，当然这个介绍仅仅只是从我自己的角度。我分几个部分，第一部分简单介绍一下这个人，然后是这本书以及这本书最主要的内容。我自己的理解是，我们看一本书或者看一个人，最重要的是看其大者。孟子说"先立乎其大者，则其小者不能夺也"，换句话说，我们要从大处着眼。

《道德经》这本书最主要的关怀是什么？这就是大处着眼。如果我们想知道《道德经》里面句子的含义，没有把它安放在某一个背景里面，经常会得到不准确的理解。我们经常会听到说断章取义，其实很多时候是因为我们把它跟这个物体、背景之间做了一个切割。我想特别提到汉代人的一个说法，汉代人说《道德经》是"君人南面之术"，君就是君子的君，其实君人和南面是一个意思，什么意思？统治的意思。我们讲君临天下，这就是君。南面都是长者或者天子，他们一定是面朝南的，南面而治，南面是君，北面是臣。"君人南面之术"其实就是统治人的意思，统治的方法。我想向大家传递一个信息，《道德经》最初并不是给一般人看的，是给国君、天子和皇帝看的，和庶民、百姓、吾辈其实没有太多关系，因此以前有老师说其实《道德经》今天应该属于中央党校必读，政治学习应该学。

历史上很多皇帝非常喜欢读老子，不只喜欢读，他们亲自去注释老子，据我所知，至少有五位皇帝亲自注释过老子。第一个是梁武帝，是个很好读书的皇帝。第二个是唐玄宗，这是一个很会谈恋爱的皇帝。第三个是宋徽宗，这是个很会写诗、写词、画画的皇帝。第四个皇帝是那个土包子上来的朱元璋，很可爱，他注释的《道德经》现在我们还可以看到，里面有很多很土的话，像赵本山一样，但是很可爱，有一种很亲切、泥土的味道。第五个是清世宗。我相信汉朝的文帝和景帝一定读过，因为他们治国平天下最基本的理据就是道家、就是老子。不仅他们读过，伟大领袖毛主席也读过，毛主席是一个特别喜欢读古书的人，毛主席读《老子》跟一般人理解不一样，毛主席说《老子》是一部兵书，人和人就是不一样，搞阶级斗争的毛泽东看什么都是阶级斗争，看《红楼梦》都是阶级斗争，看《老子》当然也是阶级斗争，他把《老子》读成一部兵法，所以我们中国不仅有《孙子兵法》，还有《老子兵法》，这不仅是毛主席读出来的，历史上唐代有一个叫王真的人，他也把《道德经》读成兵书。各位如果看"文革"时期的学术杂志，就会看到有人写文章说《道德经》是部兵书，这就是响应毛主席的号召。

我不知道邓小平有没有读过老子，但是邓小平就是老子，他治国平天下那一套，差不多就是老子。老子的书最初其实是专写给国君们的，是以"治国平天下"为最主要关怀的书，这本书跟《论语》不一样，各位可以做一个比较，《论语》这本书是给所有人读的，尤其是给我们这样的人读的，尤其像我们北师大。《论语》第一句是"学而时习之，不亦说乎？有朋自远方来，不亦乐乎？人不知而不愠，不亦君子乎？"所有人都可以读，包括农民，我自己就是农民出身，我一直生活在农村，后来靠读书出来，慢慢走入一个更大的世界。《论语》以后会成为更高的一本书，并不是偶然的，因为它的读者群要远远超过《道德经》。讲道理的话，有时候需要一定的历练，才可以体会到其中的味道。

打个比方，像《道德经》开篇第一章，前面两句话"道可道，非常道；名可名，非常名"，不是一般人搞不明白，学者有时候也搞不明白，给人一种很深奥的感觉。"道可道，非常道"，这个世界上最深刻的东西永远不是用语言可以表达出来的，永远不是用文字可以写出来的，可是这样的东西有时候不是老百姓的主要关怀，"学而时习之"可以成为我们最主要的关怀。所以有时候比较起来，就更可以看到《道德经》的主要关怀是不一样的。《论语》这本书可以成为我们个人修身、个人安身立命的一部经典，可以成为一部非常重要的伦理经典，甚至包括教育的经典，当然同时也可以成为政治经典。但是《道德经》未必，它不一定有这么大的普遍的适用性。

这是我一开始给《道德经》先有的定位，为什么有这样的定位？因为当一会儿提到节制和宽容的时候，这个主题主要是给政治家们定的，同时也是让我们每个人可以去体会和受用的，可是首先是给那些政治家们、那些有权力的人们用的，最需要节制的是他们，当然我们也需要节制和宽容。

为什么《道德经》的主要关怀是这样的东西？这必须提到一个人，这个人就是神龙见首不见尾的老子。就好比说《论语》为什么是这样一本书，就不得不提到孔子和他的那帮弟子们。老子是什么人呢？我不知道各位对老子有什么印象，我们有时候问民间一位老太太，问老子是谁，她可能会说是不是太上老君，这是她印象当中的老子形象。不过如果问另外一个人，比如有一次十多年前我在哈佛大学游泳馆游泳的时候，遇到一个老外打招呼，他说你是中国人吗？我说是，我在这里做访问学者。他说他很喜欢老子，他们有一个读书小组，每个月聚一次就是读老子，在他心目中老子是什么呢？老子就是很老的大师，他觉得是一个智者，给你讲道理，他们通过洋文去揣摩。我们通过汉字都揣摩不清楚，他们还通过洋文，他说没关系，揣摩本身就很好。如果问朱熹老子是什么人，朱熹可能会说老子就是一个老奸巨猾的老狐狸，都不一样。

老子有两个身份，史官和隐士。隐士是中国古代一种很重要的生活方式，历代都有隐士，包括现在。我先从史官说起，而且必须要从史官说起，为什么？因为这个对老子，对《道德经》里面所阐述的身份非常重要，史官是一种什么身份？他是体制内的一分子，我们经常讲体制内、体制外，什么是体制内？就是在这个权力圈子之内或者认同这种机制的，老子给人的印象是贵族，他属于官二代、官三代，一般是世袭的，尤其像史官，不仅需要学统，关键是需要血统。史官是过去最大的知识分子，但又不是一般的知识分子，属于体制内的，享有很高权力的知识分子。所以老子是在权力世界中间的，这跟我们的印象很不一样，大家都认为老子是神仙，好像是闲云野鹤这样的感觉。不，老子首先是一个在权力世界中浸泡了很久的一个人，泡了多久？我估计少说也有几十年，20年？30年？这就注定他对权力系统非常了解。

你也可以和孔子做个比较，孔子的一生是怎样的一生？我们会说孔子的一生是奋斗的一生，是不断追逐理想、追逐梦的一生。不过现在有些人从某个角度看，孔子的一生是跑官的一生。可是孔子跑官跑了几十年，只做了三年，孔子一直想进入权力世界，但是他始终跟权力之间有隔阂、有距离，不得其门而入，孔子想进入这个世界，不惜去见南子。这对一个八尺男儿来说，一定不好受，尤其是对孔子来说。他想进入权力世界，想借助权力世界实现自己的理想，我们完全可以理解。

但是老子不一样，老子先天就拥有权力，你看这个世界是多么不平等。所以你可以比较，这两个人是非常不一样的。孔子是学而优则仕，老子那边是老子不学也可以仕。

史官是干什么的？有三种最主要的职责。第一个职责是负责观察和提供关于天道的知识。什么是天道？天道就是日月星辰运行的法则和规律，这个时候他相当于现在的紫金山天文台台长，不过他跟紫金山天文台台长最大的差别在什么地方呢？他们的心不一样，紫金山天文台台长对天空完全没有敬意，对他来说，星辰就跟石头一样，只是大一点而已。老子对天空是充满敬意的，那个天空不是自然的，实际上代表了某种天意。当然我知道老子对那个天意有一点净化，他变得比较理性。那种敬畏感我们也可以看得非常清楚，所以看老子的书的时候，会看他经常讲天道。当他讲天道的时候，那是一种天然的权威。

史官的第二个职责就是负责记录并保存历史。历史是什么？千万不要把历史看作过去发生的事情，千万不要把历史仅仅看作一本流水账。历史是我们价值和秩序的根据，历史是合法性的来源，历史是天道在时间中的呈现，这是历史。所以大家看我们的权力，一般有权力的人最重视历史。一般人为生计去奔忙的时候完全不考虑历史，有一天你突然飞黄腾达了，你就开始注意历史了，就开始要把过去做得不好的事情屏蔽起来，要把以前做得好的事情放大，那时候就发现历史如此重要。不仅是历史，还包括我们的家谱，比如姓王，说你是从哪儿来的，一般人对王莽的印象不好，说我一定不是从王莽来的。我一直说家谱靠不住，当然最靠不住的还不是家谱，最靠不住的是自传，自传是一个最不靠谱的东西。其实，最不靠谱的还不是自传，而是正史。很简单，因为正史都是胜利者书写的，任何正史都是后朝对前朝的修饰，因此在这个朝代最后一个君主都是混蛋，他必须是混蛋，如果他不是混蛋，取代他就没有合法性。历史不仅是某种发生的东西，更重要的一点是它可以提供很多价值，还给我们提供很多人内心的某种观念。

史官的第三个职责是天子的顾问，天子的政治顾问。这个顾问跟现在的顾问不一样，我们很多顾问是挂名的，顾而不问，甚至不顾不问。但是那个顾问是很直接的，天子有什么事可以把老子请过去，老子也会给天子提供实际的，从具体事物到很抽象的理念性的东西的指导和顾问。这一点很重要，为什么？因为这一点保证老子可以和现实的政治世界保持一种最直接的联系。换句话说，他不像是书斋里的知识分子。现在的大学和实际的政治世界其实已经保持了相当的距离，为什么？因为大学学者没有进入到权力世界，也没有进入商业世界，甚至更没有进入老百姓的世界，我们自己把自己封闭起来，在那里说黑话，黑话就是别人听不懂的话，我们就叫学术语言，做着自己以为是这个世界上最伟大的事情。但是我觉得这可能是一种误解，是一种异化。哲学是什么？哲学实际上一定是一个很当下的东西。老子通过观察天道，跟天发生关系；通过记录历史，跟过去的所谓圣王的谱系发生关系；通过实际的天子顾问，跟现实的政治世界发生关系。所以你看到的是一个立体的心灵，他跟我们一般人不一样，不要以为老子天生有智慧，老子仅仅是个人才，他不是个天才。庄子是天才，他没有那么多经历也有很多感受，但是老子是人才，他经历了很多才有感受。我们呢？我们经历了也会有感受。

正是因为史官这样的经历，老子的主要关怀才能够寄托在政治世界，特别是权力世界。老子是什么人呢？老子是世事洞明、人情练达的人。其实老子不姓老，他姓李，他为什么不叫李子，而叫老子呢？这也是个问题。老子之所以叫老子，是因为他实在是太老到了、太老练了，他实在是一个老奸巨猾、老谋深算的老狐狸。我们看老子的时候，会带有一种敬意和恐惧，敬意是他为什么对世界和历史会有如此有穿透力的理解。恐惧是什么？太难看透了。最美的、最有益的生活是什么？就是陶渊明讲的一种状态，不求甚解。其实不求甚解是最美的，不求甚解可以给你留下很多想象的空间，可以让你自己保留一片很美好的自留地。你如果真的参透了这个世界会很可怕的，老子他看透了，所以我们对他充满敬意，有时候又有一点恐惧。

抛开这些东西不说，老子真的是很老到的一个人。老子还是一个熟透了的人，老子是个河南人，老家在河南鹿邑，其实庄子也是河南人。道家里的智慧是庄，而且不只庄（装），是老庄（装），由老子和庄子开创的，很高明，所以有个地方叫"高老庄"（开玩笑）。我觉得娶媳妇就要娶村姑，不要像牛魔王一样娶公主，她生气了就拿铁扇扇你，你看村里的村姑，那个小芳真的很好。

言归正传，回到老子。老子史官的经历带给他一种历练，带给他对这个世界的一种穿透力。可是对老子来说，能够点化他这样经历的其实是隐士，隐士是什么人？隐士就是那种想藏猫猫的人，要把自己藏起来的人，这是我们小时候经常玩的游戏，当然最坏的就是人家藏起来之后，他走了，不去找人家。其实人的心理就是这样的，你藏起来，基本上是希望人家找到。老子是真藏起来，他真的不是为了别人找到。《史记》里记载"老子居周久之"，因为老子在中央政府做事，在中南海办公，他的级别大概相当于正部级干部。"老子居周久之，见周之衰，乃遂西去"，他觉得周王朝已经就这样了，他太失望了，于是主动辞官。其实这很不容易，因为权力是鸦片，是毒品，一旦获得了，很难主动放弃，大家看历代掌握权力的人那么多，主动放弃的有几个？很少很少，老子算是很重要的一个例外。

权力，大家都喜欢，这不能怪他们，这是人性，是最基本的人性。所以想放弃不是件很容易的事情。但是老子放弃了。关于老子有一个传说，他西去，出函谷关，踏流沙，到了印度，收了一个学生叫释迦牟尼。这是后来的道士们编的。《老子化胡记》，老子化胡，于是以后就有了胡说，胡说是从老子化胡开始的。

我经常想起徐志摩很著名的诗《再别康桥》，"轻轻的我走了，正如我轻轻的来，我轻轻的招手，作别西天的云彩"，我说的是老子，一片云彩跟着老子从东边到西边，有圣人来了，一看是老子，在人和神之间。放弃权力世界让老子获得了另外一个视角，就是站在外面看里面。换句话说，有时候在权力中心里看不清楚，你去什么地方？去景山，尤其是去崇祯皇帝上吊的那棵树，那是外面的世界，然后看里面。"不识庐山真面目，只缘身在此山中"，这个道理我们经常讲。但是反过来说，如果你连山都没进过，你根本就不了解那个山。但是有人说"不识庐山真面目，只缘身在此山中"，我在外面指给你看庐山，这是胡扯，隔靴搔痒。我以前有一个学生没有结过婚，就给人家做婚姻顾问，这不是胡扯嘛。连婚都没结过，做什么婚姻顾问，纯粹是坑人。可是坑人的很多，在边上说这种闲话的人太多了。真正有智慧的人是什么人？"入乎其内，出乎其外。"光在里面容易发懵，因为里面太热了，可是光在外面，你根本就找不到北。进去然后又出来了，这时候这个世界就会豁然开朗起来，突然之间你明白了。老子就是这样的一个人，因此他对权力世界有自己的一种很独特的感悟，而这种感悟就集中在这本书里，这本书就是《道德经》。

我们看《道德经》这本书，它的主语经常用"天子"、"侯王"、"王"这样的词来说，这些人就是老子要特别去对话的对象，老子就希望他们能够听到这样的道理。而这一切的一切其实是跟老子本身特殊的经历有关系。这是我讲的第一个问题，关于《道德经》这本书最主要的关怀，包括这个人，以及它们之间的关系。

第二个问题，我想讲一个字，"柔" 我为什么要讲这个字呢？因为在我看来，这个字是《道德经》五千多个字的灵魂。吕不韦曾经编了一本书叫《吕氏春秋》，有一篇叫《不二篇》，我们平时讲二，他这是讲不二。为什么会有《不二篇》呢？因为是用一个字来概括一个传统，这是很了不起的一项工作。毛泽东思想的核心，用一个字来说，是什么？"斗"。现在的核心，"和"。我当然不是说"斗"就不好，"和"就好，我们只是说概括、提炼一个字。

《吕氏春秋·不二篇》里说"孔子贵仁"。孔子是儒家，用一个字来概括，就是"仁"字，"仁"是非常深厚的一种情感。中国特色的社会主义文化价值如果不把这个字概括进去，显然是不到位的。"老聃贵柔"，老聃就是老子，用"仁"字来讲孔子，用另外一个字来讲老子，就是"柔"。吕不韦真的很懂得老子的心，我觉得这可能跟他在权力世界的经历有关系，也许有了这种经历的人才更容易去品味另外一个有此经历的人的心情。比如我20年前的博士学位论文就是关于老子的，其实现在回过头来想，我那时候别说触摸到老子的心，连老子的脑袋都没摸到，最多是点皮毛。现在我觉得用二三十年的时间勉强触摸到一点他所讲的道理，我真的觉得吕不韦的概括太好了。整个《道德经》里讲的最重要的道理就是"柔"，所有的道、德、无为、自然等各种各样的东西不过就是一个"柔"字。

我自己曾经用七个字概括《道德经》最主要的精神，"老道、柔道、下水道"。"老道"讲的是他那种成熟，我想多说两句，老子像秋天，孔子讲的道理让我感觉像春天。儒家像春天，很温暖的感觉。老子不一样，老子有一点凉飕飕的味道，有点像今天的天气。孔子的一些想法经常会让我想起自己的年轻时代，充满理想、充满热情。他们就像是七剑下天山，总想着去拯救这个世界，整天想着出去游行、闹革命。但是老子不一样，老子让我看到了那种很现实的、很理性的一种计算和考虑。我在看老子这本书的时候，看不到任何的情感，这点很恐惧，当你看一个人的时候，看不到情感，没有血，没有气，没有哀，没有乐，这是人吗？这不是人。可是他是人，他把自己装成不是人，"老庄"就是"老装"，就是要装，不能流露出情感。可是孔子是一个充满了喜怒哀乐的人，孔子高兴就高兴，遇到学生不好，就朽木不可雕也，孔子是一个很可爱的人，让我们想起一个很鲜活的生命，可是老子不一样，这就是幼稚和成熟的区别。人什么时候情感最丰富？托儿所、幼儿园，真的是这样子。人在什么时候情感最不丰富？进入权力世界，你看开会的时候，大家都面无表情，基本都是这样子，为什么没有表情？你的表情会害了你，你的情感会害了你。

一个年轻人和一个成熟的人相比，也许我们可以用两个字来描述，年轻人比较刚，血气方刚，成熟的人会比较柔，会打太极拳。我刚刚早来了几分钟，在楼下看到那个园子里有人在打太极拳，虽然是年轻人，但是一看就是老气横秋。年轻人一般玩篮球、踢足球，充满青春活力。一刚一柔，平时说小伙子头上长角、脚上长刺，青春痘，很多年轻人被青春痘困扰，我年轻时也这样，但是我很好，大部分都长在背上，我真的很感谢我的背，替我背了很多东西。现在我如果再长青春痘，我真的希望它能够多留两天，因为它让我觉得青春还在。一个人年纪大了，当青春不再的时候，连痘都不长了，还指望他能够刺头吗？还有很多棱角吗？所以年轻时是那样的冲劲十足，后来变得很阴柔。你看很多年轻夫妻，吵架吵得厉害，但到中老年的时候变得相敬如宾，为什么？不为什么，因为老了。石头也是，经过多年的风沙之后，变成圆的，棱角全部没有了。这是年轻和成熟很重要的不同。其实权力世界是一个最容易让人成熟的地方，也因此最容易让人接触到"道"。

《老子》充满了对柔的赞美，同时对刚的一种批评、一种贬义。老子的道理是跟他的老师学的，他的老师已经很老了，教他的时候就是把嘴巴张开，牙齿都没有了，这是一个老掉牙的老师，可是舌头还在，于是老子就悟出一个道理，这个道理就是八个字，"舌柔长存，齿坚易折"。

我们没有老掉舌头的，只有老掉牙的。老子说"刚"意味着什么？"刚"意味着死亡，"柔"意味着生存，特别对一个掌握权力的人来说，你想死亡还是想生存。老子曾经讲过这样的话，"坚强者死之徒，柔弱者生之徒"。老子其实颠覆了很多东西，老子还说过"正言若反"，我们有时候说一些话，好像是很正确、很规矩的话，比如我们要坚强、要勇敢等等，但老子带你突然之间看到另外一个世界，比如"坚强者死之徒"，还有另一句话"勇于敢则杀"，勇敢就是死或者勇敢就是找死。往往这时候就不知所措了，我该勇敢还是不勇敢，这是个问题。当然在极端的情况下会成为一个问题，尤其是在权力世界。

我经常想起这个世界上的男性和女性，三八节刚过，其实这个世界需要过节的不是女性，而是男性，因为他们在这个世界上的时间比女性少得多，平均寿命要少五年，所以以后应该给男人多过一点节，因为他们本来活得就短，他们过的节就少。为什么男人要比女人少活五年？不要谈别的，就拿老子来说很清楚，老子已经告诉你"坚强者死之徒，柔弱者生之徒"，这个世界上最智慧的生物是女人，她们曾经统治过这个世界，母系社会，后来觉得太累了，于是就把它转给了贪婪又愚蠢的男人。然后男人很开心地把它接了过来，跟女人说"天塌下来有我顶着，你放心"。女性很温柔很示弱，说"你是家里的顶梁柱，当家的"等，其实这只是需要的时候才说的。她让你坚强，"男儿有泪不轻弹"，还说"爱拼才会赢"，可是你知道吗？就是这种温柔把你早几年送去了八宝山。

老子举了很多例子，"人之生也柔弱，其死也坚强"，人活着的时候都是柔软的，你就是再不锻炼也没什么事，死了之后变成僵尸，坚强了吧。什么最坚强？僵尸。所以人死亡的过程就是从柔软变坚强的过程。"草木之生也柔脆，其死也枯槁"，草也是一样的，小草活着的时候很柔软，死了之后一折就断了，活着的时候不怕踩。所以柔弱胜刚强。我们不要误解，不要以为老子说这个世界上柔弱的一方会战胜强大的一方，不，老子是说当我们面对这个世界的时候，柔弱的姿态会胜过刚强的姿态。真的如此，我们的确有不同的姿态去面对这个世界，当遇到同样一件事情的时候会做出不同的选择，可以是很冲动的选择，也有一种是很智慧、很柔弱的选择。可是在老子这个老狐狸看来，他的答案很清楚，柔弱胜过刚强，所以形容的比喻是水，"天下莫柔弱于水，而攻坚强者莫之能胜，以其无以易之也"。我们经常讲水和石头，水滴石穿，水滴厉害还是石头厉害？大部分人会认为石头厉害，如果拿武器的话，拿石头，可是这个世界上最厉害的武器其实是水。所以对付一个人最厉害的武器不是对他咆哮，是温柔一刀。

"柔"是老子时时刻刻去讲的一个道理，特别是在跟"刚"相对的意义上。

"勇于敢则杀，勇于不敢则活"，我特别佩服的是后面这句话"勇于不敢则活"，我第一次体会到原来不敢也是需要勇气的。很多人经常说"敢"需要很大的勇气，但是"不敢"需要更大的勇气。我自己有亲身体会，1986年我本科毕业，那年我们踢足球，我们班几个同学跟另外一个班的同学冲突起来了，我这个人天生不喜欢打仗，当时我很犹豫，我要不要参加这个战斗，参加吧，我不喜欢，怕被人打；不参加吧，他们一定会骂我。后来我犹豫再三，还是没有参加。当时没有读《老子》，如果我用老子的思想武装了自己，我会更强大，"勇于不敢"最后"活"。我还是强调，这个话主要还是讲给我们的权力听的。我想把讲给权力听的内容，集中通过三宝"慈、俭、不争"来概括。

这就是**第三个问题**，我具体通过老子的三宝来给各位讲一下**老子思想的节制与宽容精神**，这个精神不过就是"柔"字的具体化，特别是在权力世界中的具体化。如果能够拥有并且保持老子讲的三宝，君主的统治就可以长治久安，就不用维稳。这三宝就是"慈、俭、不敢为天下先"。这三宝是一气之所化，这个气就是"柔"，"柔"这个字就化成这三大法宝。

第一宝，我先从"慈"说起，"慈"让人想起仁慈、慈悲，不过在讲老子这个"慈"的时候，先让我们忘掉仁慈和慈悲，因为仁慈容易让我们想起儒家，而慈悲会更容易想起佛教。那么老子的这个"慈"是什么呢？

在我看来最好就是透过现在熟悉的字眼"宽容"来理解，"慈"就是

"宽容"。汉语里"宽容"这两个字构成一个词最早见于《庄子·天下篇》，在什么样的语境中提到宽容？就是在讲老子思想的时候提到了"宽容"。"常宽容于物，不削于人"，这个"削"就是剥削的削，我们有时候经常说"我把你削了"，老子从来不削人。我用这个词来讲老子的思想是恰如其分的，这是庄子对老子思想的概括。如果想宽容，就必须要知道一点爱，你知道爱之后就更知道宽容了。爱是什么？爱是儒家最重要的精神，孔子的那个字"仁"，仁者爱人，所以儒家哲学在某种意义上可以把它称为爱的哲学。爱的哲学是推己及人的哲学。关于爱有三句话，各位可以去了解，"己欲立而立人，己欲达而达人"；"己所不欲，勿施于人"。我请各位注意的是，三句话里面共同分享的一个结构，第一个字都是"己"，最后一个字都是"人"，从这里面可以得到一个爱的结构，这个爱的结构就是"推己及人"，如果再加上四个字"将心比心"，这可以看作是无私的表现。

　　最近到了龙年后，不仅龙回来了，有一位久违的先生也回来了，他叫雷锋，雷锋同志回来了。雷锋同志就是无私的、充满爱心的人。爱的最大特点是从自己出发，不管是推己及人，还是将心比心，它的起点是自己，落在什么地方？落在别人的生命之中，我喜欢立就帮你立，我想要达就帮你达，我自己不喜欢的也不要强加给你，这是我爱的情怀。但是问题就出来了，什么问题呢？因为这样一种爱的结构，它的合理性取决于一个前提，什么前提？人都是一样的，人同此心，心同此理。只有在这个前提之下，它才是合理的，只有在这个前提下，别人才可以从你的爱中获得温暖。但是这个世界远比我们想象得复杂。我们都知道《庄子》中脍炙人口的对话，"子非鱼，安知鱼之乐？"，你不是鱼，你怎么知道鱼是快乐的？你不是我，你怎么知道我是快乐的？像这样的问题，直接戳中了爱的要害，在庄子看来，爱是不可能的。很多人觉得很灰心，我们爱得死去活来的，最后你告诉我爱是不可能的，但是这种不可能是哲学意义上的不可能，是在最后的思辨和追问中间的一种不可能。你在现实世界爱得死去活来，是因为你又要爱，但是爱是不可能的，所以你就死去活来。如果爱是可能的，那就像喝白开水一样，不会痛苦，也不会快乐。但痛苦总多于快乐，那才是真正爱的味道。

　　爱是从自己出发的，然后加到别人那里。可是宽容不一样，宽容是从别人出发的。爱的前提是有我，有己，但是宽容的前提是无我，无己。老子的书，有很多地方是批评"仁"的，这个"仁"是仁义的仁。"天地不仁，以万物为刍狗。圣人不仁，以百姓为刍狗"，"大道废，有仁义，绝仁弃义"，很多人觉得奇怪，我们都认为"仁义"是百分之百的美德，老子却把它丢掉一边去，这是什么意思？老子就是有意思，老子在这个地方指出了仁义里边包含的一个最大的问题，什么问题呢？因为仁义有可能变成一种自私的意志的表达，而且仁义有可能变成专制或者暴政的工具，这是在爱的名义下，我把我的意志强加给你，你爱人家无所谓，可是最后你祸害了一个人。如果是一个易怒的天子呢？祸害的就不是一个人，几百万、几千万、几个亿。老子已经充分看到了爱里面隐藏的可能问题。

北宋时有一个大儒张载，他说了四句非常著名的话，"为天地立心，为生民立命，为往圣继绝学，为万世开太平"，到现在看，在天地和生命之间立一个心、立一个命，这是多么伟大的事情。可是如果以老子的角度来看，问题在哪里？谁来为天地立心？谁来为生民立命？为万世开太平，现在看也不可能。所以这里面有一个很大的问题，当你从自己出发的时候，即便是出自我们自己的善良愿望和意志，结果仍然可能是悲剧。所以这个时候让我们看看老子站在宽容的角度去爱一个人。天地和圣人什么样子？各位如果有机会去读《老子》的第四十九章，这是我非常喜欢，也让我非常感动的一章，这种感动跟张载能够带给我的感动、跟孔子的儒家给我们的感动不一样。他说"圣人恒无心，以百姓心为心"，圣人永远没有自己的心，以百姓心为心，百姓的心就是我的心，这就是宽容。

我们在现实世界中看到的经常是另外一个图景，"圣人恒有心，以己心为百姓心"，其实道家理想的君主是什么样的呢？不折腾，其实最不会思考的君主是最好的君主，他一乱思考，百姓就遭殃。《老子》充满了对人本身的反省。读《老子》是对所有自恋的人巨大的冲击，如果你把自己太当回事的话，读《老子》可以帮你治病，"自知者明"这是老子说的，你要知道自己是谁，自己能知道什么。各位如果读《老子》，你会知道原来无知是最大的智慧，老子说"知不知，尚矣"，知道自己不知道是最高的境界，"不知知，病也"，明明不知道，却以为自己知道了，有病。我们这个世界上很多人都有病，包括我自己在内。但是如果知道自己有病的话，问题还不大。如果你真的掌握了最高权力，你有病，这个风险就很大。这是一个很大的问题。"知不知，尚矣；不知知，病也"，知道自己不知道，你要有自知之明，如果有这样的前提，你就会避免一种狂热，避免一种太多的信心，什么信心？你把自己的意志强加给别人，你以己度人，你不要很自信满满地说"他就喜欢这个"、"他就需要这个"，他需要什么他会来说，他会来表达，但是你要给他表达的机会，而不是你说出来的。也许有时候我们经常做别人的代表，就像我们开代表大会。我现在是北大哲学系的主任，每当我说我代表哲学系的时候，我其实心里很不安，非常不安，我知道我代表不了这个系，但是我没有办法，我又只能是哲学系的代表。一个是从自己出发的思路，一个是从对方出发的思路。所以"圣人恒无心，以百姓心为心"这是从百姓的思路出发。

"善者吾善之，不善者吾亦善之"，善者就是好人，好人我要对他好，不善者就是不好的人，我对他也好，有人说你是不是笨蛋？老子也许没有看过《农夫与蛇》的故事，他更没有听过那个歌，"朋友来了有美酒，如果是敌人来了，迎接他的有猎枪"。他没有斗争经验？不，他有太丰富的斗争经验。他有他的理解，他有他的觉悟，他是通过他的智慧得出来的。"善者吾善之，不善者吾亦善之"，必须把这个和前面的联系起来，"圣人恒无心，以百姓心为心"，这个善是谁的善？这个不善是谁的不善？各位，你跟我站在一起，你就是善的吗？你站在另外一个队伍，就是不善的吗？我们知道在"文化大革命"那个疯狂的年代，在以阶级斗争为纲的年代，整个世界分化成两个阵营，不能有第三个阵营，没有骑墙的，就是中农也要弄个上中农还是下中农。凡是敌人反对的我们都拥护，凡是敌人拥护的我们就反对，很二。那时候的善和不善是谁分的？不是这个世界，要知道善和不善并不属于这个世界，善和不善属于谁？善和不善很多时候属于权力，而且是短暂的权力，善和不善往往属于自己褊狭的内心。各位千万不要误会，好像这个世界没有好坏是非善恶，我不是这个意思，我只是想各位来分析一下，很多善恶美丑是非不是来自这个世界，而是来自我们的一种偏见，这种偏见要把社会分类，这是善的，这是恶的，这是美的，这是丑的，这是是的，这是非的，很容易分类，政治就是分类，但是这个世界本不是这样。宽容是什么？宽容就是给这个世界更多人最大的空间。不仅仅是有权力的人才有空间，所有人都有空间。

爱很大的问题在什么地方？爱很大的问题是我没有给你足够的空间，在爱的名义下控制你，我为什么每天给你打N个电话，我为什么每天要向你汇报跟谁在一起？爱，我爱你才在乎你，不爱你才不在乎你，因为爱本身就有很多强迫的专制在里面。我们需要重新思考、考虑。所以庄子说

"与其相濡以沫，不如相忘于江湖"，我们在江湖中自由自在地游泳。如果我们的权力足够智慧，我们要给所有的百姓提供一个江湖，一个自由游泳的空间。

宽容就是要求权力自宫，就是要练葵花宝典，"若练神功、必先自宫。若不自宫，亦能成功"，很多人没有看到后面的字，就要哭了。对权力来说，必先自宫。我很高兴看到这次汪洋说改革首先要改我们的权力，这句话讲得非常好，这是智慧，是长治久安之道。不是说把权力攥得越死就越好，不是总让百姓有压迫感。所以权力要自宫，就是必须要节制，这样才能给百姓更大的空间。老子很重要的一个观念是"无为"，很多人对"无为"有误解，认为无为就是什么都不干。尤其是翻译成英文之后就成了"Doing nothing"或者"Non-doing"。在我看来"无为"就不要翻译了，用拼音，然后加注释。"无为"就是权力的自我节制，老子是最早系统论述权力自我节制的人。《老子》第三十三章说过一句话，可以让我们很多领导刻骨铭心，"胜人者有力，自胜者强"，权力要想欺负老百姓，那太容易了，靠力量就可以了。"自胜者强"，自我战胜，什么是自我战胜？像汪洋讲的改革就是自我战胜。在自己头上动土，这才叫自我战胜，这才是真正的强者。所以真正的强者不是欺负弱小的人，真正的强者是自己约束自己。

看看历史上那些完全不给百姓空间的人，他们的下场是什么？我只举一个例子，秦始皇，他拥有空前绝后的权力。秦始皇那时候很牛，把所有的诸侯国全都统一了，他很享受，可是这个享受太短命了。庞大的秦帝国仅仅维持了15年，公元前221年统一，前206年就倒塌了。导火索是什么？导火索是两个民工，陈胜和吴广。可是现在想想两个民工为什么造反？很简单，秦朝的法律，误工按秦律，斩，所以摆在他们面前只有两条路，一个是去找死，另一个是过把瘾再死，他们选择了后者，没想到他们过瘾不要紧，一过瘾把强大的秦帝国给过死了。法律是什么？法律就是权力留给百姓的空间，这就是法律。

我以前读《老子》的时候不懂一句话，"法令滋彰，盗贼多有"，后来我懂了，很多盗贼其实是法律制造出来的，不是吗？有时候我们看到很多弱小的人被绳之以法的时候，比如拆迁，这个地方好好的，非得要拆，我不让拆，于是就反抗，就说是暴力抗法，于是就是罪犯，这就是法律制造的。

现在税收变成三千五百元，以前是一千五百元，现在很多人呼吁五千元或八千元。在北京一千五百元、三千元怎么活？税是法律留给百姓的空间，留给那些企业家的发展空间。

到底是杀鸡取卵还是放水养鱼？在这个越来越国际化的时代，这个问题变得更清楚。换句话说，如果这个地方没有好环境，没关系，我可以走，我可以去另外一个地方发展，我带走我的财富，但是带走的并不仅仅是财富，还有人心。所以一个宽容的环境越来越重要，环境靠什么缔造？靠权力跟百姓之间的契约，这个契约是什么？就是法律。我相信如果老子现在还在的话，他一定是特别主张法制的，我们中国一直缺乏这样的契约精神，我跟你签一个契约，哪怕我吃亏了，我认，为什么？我认这个契约，但是这个契约需要我们大家一起来建立。这就是宽容。宽容是什么？宽容就是权力自我节制后给百姓的空间，这个空间在《老子》里有一个现成的词叫"自然"。我们经常讲《老子》里的四个字，"道法自然"，"道法自然"最主要的意思就是给百姓更多的空间，少管、少干涉。也许这样才会有和谐社会，一个权力的自我节制和给百姓更大的空间，离不开法律，离不开契约，因为这是根本的保障，不是靠某个人、某个组织来保障，不是给出一个担保，不是靠一种公证，而是靠真正的法律。这是第一宝"慈"。

第二宝"俭"。我来到这个讲堂觉得非常好，我在北大很少遇到这样好的讲堂，但是不觉得奢侈。这个"俭"跟节俭和奢侈没有关系，我们可以理解成收敛的"敛"。其实做官的最需要收敛，掌握权力最需要收敛，所以收敛是老子讲道家时研究出的一个非常重要的内涵。和"收敛"相对的是什么？"张扬"。什么叫"张扬"？我算比较高的，我觉得还不够高，然后我踮起脚，这叫张扬。我已经够胖了，可是我觉得我需要占据更大的空间，我就把脚岔开，这叫张扬。老子曾经就把我刚才做的这两个动作提到了，叫"企者不立"，跷着脚就叫企，跷着脚是站不久的。"跨者不行"，这样空间占足够大了，怎么走路呢？不能走路。所以老子有时候用很形象的语言给我们讲很严肃又很深刻的道理。其实老子是一个很幽默的人，经常是冷幽默，他不像我们有时候讲的还带情绪，他不带任何情绪。

一个人越是想自我表现，越想显摆，搞不好就会丢脸，"自是者不彰"，自以为是的人的眼界会越来越窄，因为他看不到别人，更看不到这个世界。所以一定要收敛，权力要收敛。中国人的传统其实对权力是尊重的、是敬畏的，我们经常把权力看成这个世界上最伟大的东西。

但智者怎么看呢？老子说"域中有四大"，这世界上有四个最伟大的东西，道大、天大、地大、王亦大，王是谁？是天子。

王要认准自己的位置，最需要摆正位置的是天子、是皇帝，因为天子、皇帝是世界的老大。老子说，"人法地，地法天，天法道，道法自然"，既肯定了这个王很重要、很大，又同时肯定在王之外还有地，地之外有天，天之外还有道。所以我们经常说一个人要知道天高地厚，对我们这些小民来说，知道天高地厚太容易了，可是对皇帝来说，要知道天高地厚是很困难的事情。我记得卓别林在演电影《大独裁者》时的一个画面，一个房间里面，桌子上摆了一个地球仪，希特勒这么一转，传递了什么信息？小小的环球被我玩弄于股掌之间，可是谁能够玩得转地球？谁也玩不转。一个人真以为自己能玩转地球，他一定是疯了，他是病人，我们应该同情他。所以我们要知道天高地厚，我们不要不把他们太当回事。

我们来看看"王"字，上面是天，下面是地，中间是人，看这个"王"字写得很标准，中间的人一定要比天地短很多，你见过写这个字的时候，中间的横比上下还要长的人吗？如果见过的话，他就是疯子。不仅要知道天高地厚，还要知道天外有天，那个天叫"道"，这是最最根本的知识。

我们说老子是道家，道家里面很重要的是道。"道"是什么？"道"很简单，就是一条路。现在有各种各样的道，有高速公路，有国道，有省道，还有乡间小道。老子告诉我们的是什么？是王道，是王应该走的道，可是它又不仅仅是王道，它可以是天道，可以是地道，是我们万物都会遵循的道，这个道的内涵是什么？如果用最简单的话来说《老子》里面的道是一条路，是一条有无之间的路，从有到无，又从无到有。老子发现一个道理，这个道理无处不在，什么道理？"有则无，无则有。"《老子》第二章里面说"有无相生"，这个道理太大了，很多人都不懂这个道理。我们有时候为了得到有，就直接奔着有去了，结果到了之后发现什么都没有，很吃亏。可是有人说我就想得到有，但是我不往那个地方去，我往另外一个地方去，往无那个地方去，结果他得到了那个东西。

比如《红楼梦》，描述了三角恋爱，宝钗、黛玉和宝玉，黛玉喜欢宝玉，宝钗也喜欢宝玉。黛玉喜欢宝玉所有人都知道，宝钗喜欢宝玉所有人都不知道。最后宝钗成功了，为什么？因为黛玉喜欢宝玉，想嫁给他，天天就和宝玉纠缠、厮混在一起。可是宝钗知道，如果要想得到宝玉，最重要的不是宝玉，而是宝玉的妈和自己的妈。宝钗就是一个得道高人，真正的道家。曹雪芹说宝钗是"山中高士晶莹雪"。宝钗知道两点之间直线最短，所以数学家在老子面前是被嘲笑的。

所以当你发现这么一个路的时候，你就知道你应该收敛，收敛的目的是什么？是为了得到更大的世界。千万不要认为"收敛"完全是替老百姓考虑，替这个世界考虑，不，收敛是同时替百姓和自己考虑，尤其是替自己考虑，替权力考虑。所以老子是真正的权力老师，是帝王术，它对百姓同样也是有益的。

这个道是从无到有，节制是为了长治久安，这就是无和有。给百姓更大的空间是为了给自己空间。中国有句俗话，"光脚的不怕穿鞋的"，网上还有很多很精彩的话，有人说"走别人的路，让别人无路可走"，其实当你让别人无路可走的时候，你自己也无路可走。当你把所有人都赶出教室，觉得自己独享多好，但是你不知道那时你不是有了更大的空间，而是什么都没有了。你想得到更大的，结果你得到的更小。《老子》第36章，"将欲歙之，必固张之；将欲弱之，必固强之；将欲废之，必固兴之；将欲取之，必固与之"。我们要把一个东西合上，就打开、张开。反之亦然。收敛的目的其实是为了放开，老子讲三宝，"俭故能广"，一个人只有收敛了，他才能得到更广阔的世界。"慈"，宽容了才会变得更有信心，这时候你根本就不用担心任何东西。

第三宝，"不敢为天下先"，有人说中国人落后，中国科学不发达，没有创造性的东西，就跟这句话有关。"不敢为天下先"是针对什么人讲的？是针对那些为天下先的人讲的，我们的领导，我们的天子、国君，他们就是为天下先者。他们要以什么姿态面对这个世界，面对百姓，面对人民？"不敢为天下先"其实就是示弱。我特别想跟各位强调一下，前面讲老子的"柔"、"柔弱"，千万不要把它看成真的柔弱，老子讲的"弱"是"示弱"，从某种意义上说，《道德经》的智慧就是强者示弱的智慧，这就是装、伪装，就是必须要虚伪、必须要伪装，这并不是坏东西，虚伪和伪装是建立和谐社会的最重要基础，尤其是掌握权力的人，必须要装，而且必须要实实在在地装，高尚地装，你必须知道装就是你的生活方式。比如"不敢为天下先"这样一种生活态度。

我想起了 2500 年前那个伟大的山东人和伟大的河南人之间的对话。孔子从曲阜到洛阳，去拜访老子。见面之后，先请教一些关于礼的知识，走的时候老子送了几句话："良贾深藏若虚，君子盛德容貌若愚"，一个有智慧的商人就是良贾，不是炫耀我有钱，我有钱可以让鬼推磨，这样的人，他的失败是早晚的，因为他不会藏。"君子盛德容貌若愚"，君子有很伟大的德行，可是容貌看起来像傻子一样。我最喜欢的就是"若"字，若就是"示弱"，这就是装，可是这种装是我们喜欢的。如果你是那个良贾，你应该这样装；如果你是君子，你应该这样装；如果你是百姓的话，你也希望他能够这样装，这是对所有人都有利的事情。当装变成一种自觉性的行为时，这种装就会被某种形式固定下来，比如法律，这种方式非常好。换句话说，这个世界上你不是老大，千万不要以老大的身份出现，所以不敢为天下先，这是你在了解了天高地厚那个道理后，很自觉的一种认知。老子说"不敢为天下先，故能成器长"，只有具备了这种智慧，才会成为一个比较好的领导。

　　这就是老子三宝，"慈、俭、不敢为天下先"。很多人对老子、对道家的传统有误解。我今天在很短的时间里所做的工作，在某种意义上讲是想澄清一些误解，我想跟各位朋友说，老子提出的是一些很伟大的思考，这种思考到今天仍然有它的意义。我不认为 2500 年前的世界和现在这个世界之间没有关系，我甚至认为从最根本上来说，我们有掌握权力的，也有没有掌握权力的，在北京既有中南海，也有中关村，这两个世界怎样相互面对？这个问题到现在为止，我仍然认为解决得不够好。这也正是最近我们看到包括"两会"、包括一些很重要的人物纷纷在讲政治体制改革的一个非常重要的理由。在这个改革里，我们不仅有西方的资源，马克思的资源，儒家的资源，其实我们还有老子的资源。而且我个人认为，老子的资源会是一个非常非常好的资源。当严复在《道德经》中发现民主和自由时，我相信严复也抱着一个同样的想法，他觉得我们可以从自己的本土资源里发展出具有现代性的价值，只不过需要一个转换，而这个转换很重要的关键就是我今天在演讲中特别强调的，需要一种精神，这种精神不仅是法律，这种精神背后往往是很丰富和系统的东西。

　　谢谢大家！

互　动

问：有人说，老子不是最早的哲学家，先有孔子的学说，那时候仁义道德有五霸霸主的概念，老子应该算是秦朝的史官，到了战国时期，伦理道德已经形成了，是老子对孔子的仁义道德的一种批判，他认为司马迁总结的那些东西，是学者为了显示老子比孔子高明，所以说不成立，您怎么看这个？

问：老师我想请教一下《道德经》中的"道德"和社会上的"道德"有什么区别？刚才听您说"不敢为天下先"，这和改革是不是有矛盾的地方？您怎么看改革和不敢为天下先的关系？刚才您讲孔子比较幼稚，老子比较成熟，您有什么根据吗？

答：我以倒叙的方式来回答。

孔子比较幼稚，老子比较成熟，我不知道各位喜欢幼稚的人还是很成熟的人。其实我自己比较喜欢幼稚一点的，我不喜欢特别世故、老道的人。我这个比喻其实没有任何褒贬的含义在里面。我个人认为，在孔子那儿看到的是一种理想和信念，我一直说孔子和儒家像春天，春天是一个充满希望的世界，开那么多花。秋天多无聊，多少花都白开了，春华秋实，我们现在讲起来很轻松，但是有多少花没有实。而且春天具有一种精神，那种青春的跃动精神，这种跃动里包含着一种对世界的塑造。

我也反省自己20年前的想法，很多人都反省，阮籍、陶渊明、章太炎、梁启超等很多人都在秋天去反省春天。换句话说，年轻时我们的梦和理想有很多非常美好的东西，但为什么在开始的设计和最后的结果之间会有如此大的落差？以爱为例，爱为什么会制造那么多悲剧？道家对这方面有太多的讨论，所以这时候我们其实需要春天和秋天的反观、互观、互相的思考。通过春天去思考秋天，可以让春天多一点味道，而不仅仅是毛头小伙子，用春天去思考秋天也给秋天注入一点理想的气息，或者说激活那个理想，让我们知道我们曾经热过，而不仅仅像现在这样凉快、这样老练，我们可以想笑就笑，想哭就哭，当然这是一个比喻。所以我那个话里面既有严肃的部分，也有一点点比喻性的调侃，也包含了我对儒家和道家的理解和理性的认知。

倒数第二个问题，不敢为天下先和改革是两回事，做人和做事，我以前看《红楼梦》时看到一个评点和批注，里面提到做人要老诚，做文要狡猾，做人和做事是不一样的，写文章要狡猾，白开水一样的文章太无聊了，韩寒的文章不管谁写的，有的文字还是不错的。白开水的文章像政府文件，这不行。可是做人不一样，做人要诚实一点，要实在一点。所以"不敢为天下先"是一种姿态，一种态度，权力以什么姿态来面对百姓、面对世界？改革正是落实这个姿态，是把"不敢为天下先"的姿态以某种方式体现出来，所以这是完全统一的。

倒数第三个问题讲了道德，这是经常会引起误解的问题。韩愈之前做过一篇文章《原道》，开头提的就是这个问题，道德谁都说，老子也说，但是说得和孔子完全不一样。"道与德为虚位，仁与义为定名"，儒家的道德是仁义，加上礼智信，就是仁义礼智信。在道家看来，道德跟儒家讲的道德完全不一样。在道家看来，我们现在一般人讲的道德叫"无德"。所以《老子》第38章说"上德不德，下德不失德"，"下德"指的就是仁义礼，"上德"指自己的东西。老子的道德是什么样的道德？前面讲"道"是有无之间的路，一个很冷的东西，一个法则，不是仁，不是充满爱的东西。老子讲"德"是12个字，"生而不有，为而不恃，长而不宰"。"生而不有"是创造而不占有，孩子是我生出来的，可是不能因为他是我生出来的、我养大的，就说你是我的，所以你要听我的，你得听老子的。"为而不恃"，成功而不居功，成功了，但是你不能老挂在嘴边，你不能老是说，张三你记得，那一年要是没有我，你早就去八宝山了。"长而不宰"，领导而不主宰，领导是可以的，但是千万不要把领导当主宰，你没有这个权力。这个道德和那个道德是完全不一样的。

最后一个问题，孔子和老子的问题，这是一个非常流行的观点，现在西方很多人都会有这个观点，这个观点不新鲜，最早见于《史记·老子韩非列传》，里面有三个人，老聃、老莱子和太史儋。秦跟秦帝国没关系，秦指的是战国时候的秦国。这是学术史上一个大公案，当然这对老子天下第一是个挑战。老子到底是不是第一个哲学家？其实我个人有时候不愿意纠缠于这样的一些问题，因为在我看来，最重要的是讲了一些什么道理，这个道理是否伟大。但是如果非要我去阐述那个问题，打个比方，一本书就是一个过程，现在的书跟以前的书不一样，现在的书有的人电脑上一拼就出来了，而且一出来就是定型的，北京师范大学出版社出的。以前的书要写在竹简上、帛书上，流传下来很复杂，今天揣了一本竹简去了，改天过河的时候丢两片，就少了。有的人有一天很无聊，觉得读着很有意思，就加两片，所以那个时候的书是液态的书，而不是固态的。书的形成过程是有生命力的，到什么时候书可以确定了呢？汉代。老子书里边往后说的人有理由，往前说的人也有理由。就好比同一个长江，在重庆看，在南京看，在上海看，在武汉看，都是不一样的，上海人说这是长江，重庆人说这是长江，完全不一样。其实书有时候也是这个道理。谢谢各位。

大道清虚

主讲：北京大学　王宗昱教授
时间：2012年10月13日
地点：北京师范大学英东学术会堂

主持人：各位朋友上午好！欢迎大家光临京师人文宗教大讲堂。今天是京师人文宗教讲堂道学系列讲座的第七讲，非常荣幸地邀请到了北京大学哲学与宗教学系的王宗昱教授来给大家作演讲嘉宾，大家掌声欢迎。王教授多年来从事道教与中国哲学史的研究，著述非常多。今天我们有幸请他来跟大家分享他几十年的研究成果，应该说这是一个非常好的机会。可能我们很多同学已经知道我们道教系列已经有若干嘉宾作了六次系列讲座。更确切地来说分别从不同角度对道教、对道学进行了研究，进行了阐述。今天我们请王先生从他的视角出发与大家分享他对道教的研究心得。再一次欢迎他！

王教授：我们的题目最后取的是"大道清虚"，可能最后有我们的听众问我到底什么是"清"，所以我刚才在车上自己就自问自答。"学然后知困，教然后知不足"啊！其实我们对于什么是道教或者说对于什么是道家，还不是很清楚，或者说还是很不清楚的。当然这是我们研究得不够。我们对道教和道家的关系、对道教的研究，起步很晚发展很慢，在最近的十年才有了迅速的发展。发展很慢会带来不清楚，其实发展得很快也会带来不清楚。我们在学术的发展过程当中，我们在重新反省以前得出来的认识，或者说我们在重新调整我们众多的新加入的从业者的口径。所以我们说以前是不很清楚、现在是很不清楚，特别是我们的研究队伍有很多爱好者加入以后，我们可能是更不清楚了。不是嫌弃这些爱好者，我想可能在座也有很多新加入的爱好者，而是因为以前的道教以信仰者为主体，研究者很少，信仰者很多。现在的研究队伍比以前增加了很多，所以我们说这是我们和历史上对道家的认识非常不同的地方。

说到我自己，我这个题目并非经过很慎重考虑，有一点商业广告的意味。我自己的研究应该说是受一个外国人的影响，很不好意思啦。这个外国人，他在法国毕业以后去台湾做了七八年道士，他在帮助和引导我研究道教时，他特别要求我从道家与儒教的关系、道教与儒教的区别上来认识道教。我也是顺着这样一条路，看到了站在儒家的立场对道教批评的时候，他们很不高兴道家的"清"。我们知道，在30年前，我们的研究学者非常看重汉代初年的黄老之学，非常看重"萧规曹随"时候的"衣裳垂而天下治"。在战乱之后需要休养生息的时候，黄老之学成为统治者或者是成为司马迁父子推崇的治国方略。可是我们很多的学者，没有注意到东汉的班固开始写《汉书·艺文志》的时候就对道家提出了批评。这个批评虽然非常的简洁，但对于研究者有很多潜在的空间去大做文章了。在司马谈那里，他说道家"事少而功多"，兼综各家的功能。班固也是继承了一部分司马炎对道家的称赞，但是他对道家的批评是"绝去礼学，兼弃仁义，曰独任清虚可以为治"。所谓"绝去礼学"，这个"礼"就是我们说的礼乐制度的"礼"。"兼弃仁义"大家都知道。班固的这样一个归纳，并没有违背老子《道德经》里面的话。《道德经》里说"失道而后德，失德而后仁，失仁而后义"，还有"夫礼者，忠信之薄，而乱之首"。说当天下人都讲仁义时，忠信就已经非常少了，这个社会就开始乱了。老子《道德经》的话，直到今天还有值得我们反复咀嚼的必要。班固可能觉得儒家太啰唆，太繁文缛节，又觉得道家走向了另一个极端，太没有礼节而粗俗。这是一个站在道家外而言的，或者是因为受到了儒家洗脑的结果。当然，我对这方面的研究还不够。北师大在对班固的研究方面有良好的传统，尤其以章太炎后学为突出代表。我讲的"大道清虚"就来自班固，针对儒家讲的。所谓清虚，可能真正到了道家里面，到了道教里面，可能没有这个词。道教的确在很多的地方用到了"清"。我们到白云观去，它的最高的殿堂叫"三清殿"：玉清、上清、太清。我们到了《封神演义》里面，有一个章节：老子一气化三清。"清虚"这个词，它当然用到了，我现在背不来了，不过不是一个那么重要的概念。后面我还会告诉你，它还会用到了"清真"、"清约"这样的词。这是到了南北朝的时候，北方的道教，他们说自己是"清真"，可是"清真"这个词在道教里面并不是常用的。公元400多年，南方的道门他们用"清约"，也是只有他用，别的道士并不用。"清真"源自《世说新语》，意思是说一个人生活很简朴。"清约",从《后汉书》到《旧唐书》里都有这个词,是讲一个官僚廉洁、简朴。"清真"、"清约"都是儒家官场中的词语,被道家的一些上层道士采用。这些道士都不是山沟里的道士,而是上层的道士。上层的道士是坐而论道的,是靠这个吃饭的。我们说道家讲究"清虚"、"清真"、"清约",反对儒家的礼。很多著名道士的著作中反对儒家繁文缛节,比如遗问,"遗"就是送礼。道家非常反对遗问庆吊,就是我们今天所说的红白喜事。我第一次接触道教时,恰恰让我看到了儒家和道家在对待丧礼上的不同。这个"礼"就集中地表现在了丧礼上。当然我研究得不够,道教在其他礼节方面是不是也很反对儒家呢?我读的书并不多,到底魏晋玄学时代,那些放荡不羁人士对于儒家的"礼"有哪些大不敬呢?这也是非常值得研究的。就丧礼而言,儒家的葬礼非常隆重,道教是怎样表现"清"的?这是非常值得研究的。丧服、丧礼,这方面研究有北师大出身的彭林老师,他对儒家礼节的研究做得非常精到。道教恰恰反对儒家的丧礼,认为儒家丧礼是传染疾病的机会,并针对此创造出了很多法术,比如给神写信。站在儒家的立场上看,这是非常大逆不道的。道家的做法,受到了儒家的批评。北朝的大儒家颜之推在《颜氏家训》里就用批评的口吻描述道教的丧葬:"偏傍之书,死有归杀,子孙逃窜,莫肯在家,画瓦书符,作诸厌胜。丧出之日,门前燃火,户外列灰。被送家鬼,章断注连。凡如此比,不近有情,乃儒雅之罪人,弹议所当加也。""偏傍"是指歪门邪道,不一定指道教。"子孙逃窜,莫肯在家",他们是逃一种"杀"。对这种"杀",我没有研究,不知道这种杀到现在是不是还有。"门前燃火,户外列灰"的做法实际上起到了消毒杀菌的作用,预防疾病传播,是有医学意义的。在2007年还是2009年的《万象》杂志上专门有一篇文章讨论这个"杀"。要在地上撒上柴灰来看有没有"杀"回来,如果有杀回来,地上会有痕迹。其实我对于《颜氏家训》里"户外列灰"没有自己的确切理解。以前我认为"户外列灰"是在门口撒石灰。因为这个问题在50年代研究中国医学史的人说这是中国古代的预防医学,是杀病毒的做法。2007年这个材料,这是王利器先生没有解到的。

我们看到儒家和道家对于死人、对于丧礼有这样不同的态度。那么道家的这个态度是从哪里来的呢?是自己有的吗?我们研究道教的人自己有个矛盾,我们今天知道道教教团的产生是在公元142年,可能今天道教协会的道长们也是这样讲的。第三代天师被曹操招安了,死在公元216年,前面两代天师我们不能确定。我们后来用公元142年也是根据道门自己的神话传说。我们对道教如何传来的，我们自己还是一笔糊涂账。人们会问你们中国的本土宗教怎么产生得这么晚呢？这让我们在世界上太没面子了。其实道家在公元142年以前是中国本土文化的综合，而且在后面又不断地改造自己吸收外来文化才形成今天这个样子，这说来话长了。那么道教对于祖先这个态度，其实在我们汉朝里，至少东汉的墓葬里出土的一些文字可以看到，人"生属长安，死属泰山"。还有一种说法说"生死异路"。"生死异路"是一种"解注"文里的说法，就是说你死了就不要来找我了。什么叫"解注"呢？在隋代的医书里说"注"病有二十多种，由一个人传染到另一个人身上，又叫"灌"。也就是说"注"病是传染病，这样的传染病是由死人带来的，或有一种是由死人带来的。这种死人带来的病有不同的说法，叫"注易"或"注连"，还有其他的别名，其中一种别名叫"传尸"。在唐代的医书里说"传尸"病是临尸哭泣造成的，就是守丧期间传染的这种病。所以我们说汉代墓葬的习俗影响到唐代的医书里面，我们对于死人和疾病的关系是有一个认识的。由死人和疾病的关系我们产生了一些处理死人的方法。这些方法有的可能是技术的方法，有的可能是巫术的方法，或者是比比画画的仪式的方法。这种仪式的方法是颜之推先生批评的、怒不可遏地加以批判的文化。所以我们说儒家是建立在对死人崇拜的基础上的宗教。这样的死人崇拜的基础上的宗教太多了太多了。耶稣教也是死人崇拜呀。我们到了那么多的庙上看到那么多的真身不腐的，还有舍利，都是这样的一个崇拜。可是为什么对死人会有这样两种截然不同的态度呢？这个任务应该交给人类学家去研究，人类学家会告诉我们，在土人那里，活人对死人最初的感情是什么，可能是恐惧。那后来怎么会变成了一个我们去瞻仰遗容的尊敬的感情了呢？这当然是因为人类太聪明了，在上面叠加了那么多的东西。这叠加的东西是要花钱的。宗教学家说，这叫宗教的变形。这个东西我是没有研究的，我就不说了。可是儒家敬天法祖。诸侯以下他们没有敬天的权利，只有法祖的权利。所以我们《仪礼》里记载的儒教其实是一个拜祖宗的宗教。拜祖宗是宗教吗？祖宗，死去的祖宗是神吗？宗教是要拜神的。我现在自己的学力没有能力把祖先崇拜看成拜神的。如果我把拜祖看成拜神，那是我的强词夺理。但是道教是不拜祖先的，它是拜神的。我们退一步说，他们两家的"崇拜对象"不一样。前面我们说他们对于祖先的态度不一样，现在我们来看他们对待崇拜对象的方式也不一样，他们对崇拜对象的理解也不一样。儒家的崇拜对象是他的祖先，是胎生肉人，和他一样的人。他想象他的祖先到了另一个世界像他在这里一样生活，所以他有了那么多的陪葬品。一直到今天我们到墓地里去看，我们会给祖先吃东西，我们会在骨灰盒旁边放一个他喜欢的东西。我们都是在推己及人。可是道教崇拜的对象和自己不一样，道教崇拜的对象不是胎生肉人，道教崇拜的对象是气化的。我们知道《封神演义》老子一气化三清。这个老子一气化三清的逻辑可能是在公元142年那时有的，就是老子一气化三官，天地水三官。我们认为老子是一个人不是一个神。老子他如何变成了神，是几乎整个中国的学者没有能力去研究的或者整个东亚的文化没有能力去研究的课题。这样一个课题在我们现在的道教史的书里有了。公元165年有《老子铭》，这个碑一直得不到儒家的看重，一直到南宋，才把这个碑记录下来，我们今天才知道了它的文字。那个时候老子已经成为神了。"老子者，道也。"生在混沌之前，比混沌还早。后来的道教就继续了这个神话。后来老子由混沌变成了三股气，这三股气就化成了天地水，天地水由三股气统领。这是他的最早的一个神学，最早的一个神谱。在公元142年，应该说在陕西汉中割据一方的张鲁，或者说可能是他的父亲和祖父，用老子这样一个神话包装了自己当地的宗教，创立了五斗米道，也就是后来的天师道，也就是后来的正一道，也就是后来的道教。他们的崇拜对象是气化的，不是胎生肉人，所以他们没有那么多的繁文缛节。大道清虚，我们首先来看他们如何对待自己的崇拜对象，如何对待自己惧怕的神。这是第一点。

刚才我说到了"清"，除了"清虚"以外还有"清真"、"清约"。"清真"、"清约"是我们续写"清虚"教义的第二个部分。北方讲"清真"，南方讲"清约"。他们怎么会讨论到这个问题的呢？北魏太武帝时，北方有一个叫寇谦之的道士，他要出来当老大，后来就被称为寇天师。在以前都是称为张天师的，只有张家才有资格称天师的。他的这样一个做法，开了犯上作乱的传统，所以后来的很多高道都被称为天师。一直到了丘处机都有被称为天师的记录。那么寇天师他出来清整道教。他其中有句话，说你们有些基层的道士胡乱收钱，说你们这样的做法叫"浊乱清真"。他这个时候用到了"清真"这两个字。在南方，到了公元400多年时，刘宋时代有个叫陆修静的道士，他写了《陆先生道门科略》。他也希望整理南方道门的风气，他提出的说法叫"清约"，他的"清约"有八个字:"神不饮食,师不受钱。"可是"清约"其实还有很多别的内容。我扩大了"清约"的内容。在《陆先生道门科略》里,他就讲到了我们要重申我们的教门制度。我们的教门有哪些制度呢?第一是"三会日"。正月七日、七月七日、十月五日这三天,每一个信道的家庭派一个人到道长家里来聚会。第二个制度是"宅录制度"。你们来参加三会的时候要带着宅录,就是户口本。他说我们天师治理民户"犹阳官郡县治理民户"。公安局派出所说自己是阳官,他们没说自己是阴官。可是唐代留下来的材料就说自己道门是阴官。他们为什么称自己是阴官,我真的不知道,留下来的材料太少,我不能胡解这个阴官。也就是说他们有另一套的户籍制度。这个"宅录制度"就表明道教是一个政教合一的制度。它把老百姓的行政的民户的组织抓在了手里,这是行政的。所以你那一天来你要报告你家里的户口的变动,所有的户口变动都要报告。这个户口是天神保护你的一个根据,天神要向你家里派保安,那保安是气化的,你看不见的,罩着你们家。就好像孙悟空画的那个圈,外面的邪鬼进不来了,道气保护着你们。第三个就是"厨会制度"。你们办喜事,生男孩了,生女孩了,都要请人吃饭。它似乎也重男轻女,我们一定不要想这是受到了儒家的影响。我们今天重男轻女,大家都知道是儒家的,但是世界上都是重男轻女的呀。你看克林顿总统干了那么多坏事,还到处露脸呢,就因为我们这个世界是重男轻女的嘛,可是他们不是儒家呀,所以我们不要想他们是受到了儒家的影响。重男轻女大概从土人那时就开始了,父系社会的问题。生男孩要设"上厨",生女孩要设"中厨"。我看不懂。"上"肯定是高啦。男孩设上厨十人,女孩设中厨五人。我推荐大家一本书,这本书的作者是一百多年前和马克思、韦伯并列为社会学三大家的法国人,叫涂尔干,他写的一本书叫《宗教生活的基本形式》。他会告诉你图腾崇拜时的会餐有着什么样的意义,他也分析了一些和神有关的意义。其实他很不喜欢神,他说你不要和我谈灵魂的问题,不要和我谈神的问题,我只讨论人是如何结成契约的,如何建立联系的。而"厨会"就是一个建立契约建立联系的方式。我们的丧礼也是这么一个功能呀。我们的丧礼上服的五服也是一个人的社会关系,我们非要说它是家庭关系。其实人所有的关系都是在出生以后建立起来的。我们一定要信仰它是父母给你的。这是一种契约,这是一种约定,我们要把它变成一种信仰。变成一种信仰了,我们就不容易理解它。当然,这一百多年来的文化,以弗洛伊德为代表的,以法国的启蒙为代表的，以北京大学吴虞为代表的新文化运动，就是在打破我们旧的信仰，把它变成了洪水猛兽，我们希望还是信仰点好。我不是一个学者，作为一个公民，发表自己的一点感受。这是第三个制度。第四个制度就是它的"受箓"的制度。只要你是一个信道的人，你从七岁开始就可以得到"箓"。我们从前面"三会日"、"宅录"、"厨会"制度，我们看到这是一个信教的群体，至少是一个小范围内的全家的、全社区的信教，不是一个个人信的。如果你是一个信道的家庭，你七岁就可以得到箓。这个"箓"是神的名单。你得到了这个箓就会告诉你这些神就保护你，你七岁的时候受到的最基本的箓是九个神又叫九官箓。这九个神保护你不要摔成脑震荡，过马路不会被车撞着。因为你还没有有意识地与他交流，只是单纯地受他保护。当你到了十八岁以后，你就可以有意识地支配这些箓上的神为你工作。当你成为社区的一个神职人员—— 一个道士的时候，你在成为道士以前，可能只能称为箓生，你是一个道士的时候，你的箓上神的多少，代表你的服务的能力的大小，就是你的学位，就是你能支配的神的多少。因为它是全民的，是伴随你一生的，所以到了一定的时候您必须结了婚以后才会升新的箓，所以在道教里面有结婚仪式。房中术可能也和这个有关系，但是它究竟如何，我不知道。在道教里面有两本书叫《过度仪》，就是你的结婚仪式叫过渡仪，这个过渡是你从低阶向高阶的过渡。这个过渡仪式是结婚仪式。在结婚之前你只有七十五将军箓。你是男生，你是仙箓。你是女生，你是灵箓。你们结婚了，就自动成为一百五十将军箓。宗教和人的性生活和人们的婚姻生活到底是什么关系呢？我们今天有了新的婚姻文化，有了新的两性文化，所以我们对过去的文化我们不了解了，可能永远认识不到了。北京大学的李零老师对这个有些研究，中央统战部的朱越利老师有一些研究，但是他们已经不能透过这些记录来看出当时的婚姻文化、社区文化。这是它的受箓制度。

　　我们说到了四个制度。第五个制度是上章制度。这个"上章"就是给神写信，就是和神沟通的行为。但是这个上章不是每个人都可以做的，是由道士来替你做的。其实我自己有一些疑问，如果这个道士自己他要请人做事，他可以自己给神写信吗？说为什么大部分人和神的沟通需要一个媒介？人如何学会了向一个莫须有的东西述说自己的想法？人什么时候有了这样一种行为？至于在这个行为上建立起来的那些组织上的东西，那些东西都是财政上的，都是要花钱的。人为什么要向一个莫须有的东西来讲自己的东西？为什么需要一个媒介？是不是因为你自己讲就神经病，需要一个媒介就保证你不发疯不打砸抢？所以我们就需要有敬老院，有医院，让你在契约的制度下吃药。其实吃的那些药比封建时代吃的那些药毒害更大。这是它的上章制度。当然它的上章制度是非常非常值得研究的文化。因为只有很少的人有资格上章，其他大部分的人都要体力劳动。现在越来越多的人不体力劳动了，我们要念书了，要通过文字来传承文化。所以我们说这样的一个上章制度非常值得研究。可是这样一个上章制度在儒家那里和道教那里，它有什么区别，它们之间在起源上有什么联系，我不知道。我们应该开发出新的产业。最近我在阳光卫视看到他们在泰国还是老挝的采风，他们拿出当地巫师的文字我一看，可能八成儿和我们道教有关系。其实我们也不要说他们和道教有关系，我们只是说那里的文化用道教来包装自己，边远的文化用中央的文化来抬高自己，或者是和当地的土豪劣绅黏在一起。也就是说，它并不是不要礼，它要自己的一套礼。只要是一个政教合一的宗教和文化，它就肯定有自己的礼。因为人类文明的过程就是一个礼化的过程。这是我们如何来看我们的道教。其实它和儒教一样，不断在繁文缛节自己，特别是它的上章。为什么它要繁文缛节自己？因为和上章在一起的有很多很多重要的因素，一个重要的因素就是它的财务因素。我刚才说到"三会日"来这里干什么？一个是要交户口，还一个是要交会费，就是财务。您每年交的会费叫命信，此外还有很多信物要交给教会。交给教会的那些信物就是你请道士给你上章的时候要交的章信。所以道教的财务一个是命信，另一个是章信。台湾有一个道教学术网站可以检索，有一本书叫《赤松子章历》，它的第一卷就列了一个长长的章信的条目，说你请我做什么事上什么章，需要交哪些信物。你需要交多少米、多少油，一领席子，多少丝，还可以交马料，还可以交木炭，还可以交瓦。其实这些东西都可以折成钱。为什么呢？北方的寇谦之说我们有一个财务制度，每一级教会收到的章信，自己留三分之一，三分之二上交，一直交到最高一级的教会。所以我们说它有一个很强的财务制度，它把人的生老病死抓在手里，因为上章要解决很多很多的问题。这样一套上章的制度，我们在"文化大革命"里听京剧《海港》说共产党来了我们生老病死有依靠。你看了《赤松子章历》以后，你也会觉得生老病死有依靠，因为它有厨会，有它的宅录。从马丁·路德宗教改革开始，或者说从金元时代北方的社会旧的结构遭到了破坏开始，教会和政治之间的联系就慢慢慢慢脱离了。政治的、经济的、军事的组织越来越多地取代旧的教会的功能，给宗教留下来的地盘越来越少。所以我们说宗教怎么解决这问题，宗教不是解决神的问题吗？一个老百姓如果连饭都吃不饱，他怎么会去解决神的问题呢？我们今天对宗教的认识其实可能是片面的。

这样一个道教的组织，在公元142年建立时，它偏在汉中或者是四川的北部，它崇拜的最高的神是老子。你说老子怎么那么伟大？怎么那么早就传到了那儿？可能就是这些上章驱邪的东西是它的本土文化，而老子就像传来的马列主义一样，用马列主义把他们包装了一样。并不是说那么早我们的老子就传到了那里，而是那里的上层道士为了提升自己，为了使自己international，说我们要学习《老子》。《老子》五千文是他们的必读书，老子是他们的最高神，可是剩下的都是他们自己的。所以我们看到我们那么多的文化都不是马克思的，那贪污腐败、走后门等不都是我们儒家的东西嘛。我想四川北部、陕西南部的道教文化也是这样产生的。这样的道教文化在儒家的官方正史里记载很少，大家可以去看书，我背不下来了。《三官手书》，就是说上章制度是有的，写给天地水三官，要交米，犯了错误要修路。在香港还有社区劳动，怎么那么像基督教呢。这样一个宗教，它慢慢慢慢扩张，有两条路。一条路是顺着长江南下，一条路就是借着公元215年被曹操招安的机会向华北地区黄河以北扩散。在扩散的过程中，他们要总结自己的历史。所以我们今天对道教早期的描述是根据公元142年以后到300—400年道教重构自己历史的记录来描述道教早期历史的，所以你不要当真。他们描述张道陵和太上老君建立一个约。他们说太上老君传给他一套制度，上章的制度、宅录的制度。老君传给他的教会制度，这个教会制度是二十四治，这二十四个治就是教会的二十四个区。书店里有一本非常有名的民间学者写的天师二十四治研究。他给出了一张地图，这二十四治有二十二个治在今天的四川境内。有一个治在洛阳附近，有一个治在今天的汉中市叫阳平关。今天这个地名还在，而且还有一些建筑，当然是翻建的假古董了。二十四治，它最高的大本营是阳平治。阳平治是张天师所在的地方。当然公元215年以后曹操招安了他，与他结了儿女亲家。这是最早的道教的形态，这样一个形态在传出来以后有了很大的变化。到了公元395年前后，在南方的道教受到了佛教的很大影响，有了一次新的宗教运动。这样一个宗教运动极大地吸收了南方的神仙文化，改造成了我们今天理解的道教的面目，认为道教就是求神仙的。可是刘宋时代，陆修静追溯天师道最初的教义，在《陆先生道门科略》里说你按照太上老君的做法"上德神仙，中德倍寿，下德延年"，他只在这个地方说到了神仙，大部分的东西都是社区里的东西。神仙对于教门里的人来说，也是少数上层道民的一个奢望，不是下层道民能够追求的东西。下层道民追求的东西更多的是请道士为自己家里解决生产生活的问题。

那么为什么在南方发生了这样大的一个变化呢？五斗米道从北方传到南方以后，王羲之的家庭信了道。王羲之的家庭在东晋时是权臣，所以道教在南方成了上层社会的时髦。当然我这样一个说法其实是很不负责任的。在学术界曾经有人研究，不仅仅是王家到了南方以后掌握了权力信道教，而且南方本土的士族像陆家呀，陆修静这样的氏族他们为什么也要信道？学术界在30—40年前曾有一个说法，就是他们要在幻想中建立一个自己说了算的天地。虽然在朝廷上我们得向你服软，可是我们还有洞天福地呢，回家折腾去。可是现在这样的说法不太流行了，或者说这样的研究进行不下去了。但是我们看东晋有一位学者，他叫葛洪。他就写了《抱朴子内篇》、《抱朴子外篇》。他的《抱朴子内篇》，就是一个追求神仙的文化。当然我们说神仙由来已久了，在秦始皇以前就有了。在1979年，顾颉刚先生写了一篇很重要的文章，就是用《庄子》和《楚辞》来研究蓬莱和昆仑两个神话系统。那么这两个神话系统，一个是关于蓬莱海上三山的神话，另一个是昆仑山上的神话。一直到现在我没有领会顾颉刚先生到底要说什么，但是他给了我们一个很强烈的区分。他跟别人看的可能不一样，因为在《战国策》里面，我们会看到北方的方士们给诸侯进献不死之药。还有日本的学者认为神仙的信仰是不是和齐鲁地方对山的信仰有关系。这些都是我们的猜测。还有人认为神仙的信仰可能和萨满教有关。当然我们都是拿一些零碎的材料去凑。我们对于战国时期的神仙的研究是非常不成形的。可能在文学家的研究那里比较多一些，当然也有一些偏听偏信，因为司马相如写的赋都是看皇帝的脸色。文学是一种想象嘛。可是我们看葛洪的《抱朴子内篇》时，它有仙药篇，有金丹篇。我们就会看到他们在神仙的信仰的过程中，他们在对南方的矿物和植物认识的积累上形成了一个面目全新的神仙文化，而这个神仙文化是在汉中四川那里应该说是没有的。我们今天看到的神仙的传说是后来贴上去的。

当然，我们也会看到挂名葛洪写的《神仙传》和前面挂名刘向写的《列仙传》可能有非常大的时代的不同。但是我们说东晋395年前后，这样一个新的道教运动，它留给后人的一个很重要的遗产是神仙文化。我们不介绍更多道教的东西，我们就先看它的"清虚"，看它的社团是怎么组织的，看它留给我们后人的神仙文化。这样一个神仙文化，一个是表现在个人的修炼上，还有一个是表现在对外界事物的认识和利用或者说控制上。那么我们看看它本身的修炼，还是以魏晋时期的修炼为主体吧，然后再看它后面的发展。这样一个修仙可以分为两方面。第一个方面就是单纯的静修，"不假外物"。这种静修其实也是有时代性，这样一个静修可能会追寻得比较早，这样一个静修可以追寻到战国时期的稷下黄老学。我们还说不清楚。我们说他是道家，因为他说了道，他说"道是气"。可是我们不知道他这里的道家和老子《道德经》到底是什么关系。说真的，我们对老子《道德经》其实也说不清楚。《道德经》里没有时间，没有地点，没有人物，它是一个人写的吗？其实我们都在假设。一直到了宋代后还看到很多秘传的小教派。战国时这种秘传的小群体很多的。历史就是一个任后人打扮的小姑娘。所以我们对稷下黄老学的研究还是很不够的。稷下黄老学他怎么来用这个道呢，这个气呢？他认为这个"精气"是宇宙间一切有生命活动的物体的根据。他说："下生五谷，上为列星。流于天地之间，谓之鬼神。藏于胸中，谓之圣人。"我们的动物、植物乃至日月星辰都是靠了气才可以有生命活动。人有聪明才智，可以成为圣人，就是因为气。天地间有那些奇怪的现象，比如冬天下雹子，夏天下雪，就是因为气。《周易》后来说："鬼神者，二气之良能也。"这和后来的道教没有那么重要的关系。重要的在哪儿？你可以扫除你的杂念，让精气再到你的身体里面。这样一个可以通过静修得到气的学说是从黄老学那里确立下来的。这样的精气学说后来发展很多了。发展到了白娘子，发展到了《西游记》里的那些精怪，发展到了《吕氏春秋》里的那些飞禽走兽，我们只说道教。道教就是通过这样一个静修来和精气、来和道沟通。这样一个静修在南北朝时有一个《老子西升经》，在唐代的司马承祯的《坐忘论》里都循着这样一个单纯静修的传统。在中国哲学史里，他们叫虚壹而静。这样一种虚壹而静很单纯，太累了，所以到汉代末年，就有人发明，去观想，去内视。想象天上的气到自己的身体里来，在自己身体里的各个部位变成一个形象化的神。这个神是相应身体器官、身体部位的功能的基础。如果这个神跑了，你那个地方就麻木不仁了。所以您哪，第一你要多跟它沟通，犯神经病似地自言自语，防止他跑喽。第二个呢，你要能召回他来。在我们的东汉末年的《太平经》里他们就有这样的办法。这样的办法，那个时候还很简单，就是存思五脏神。金木水火土五行之精，到了身体里来有了心肝脾肺肾五脏之神。按照五方的颜色把它画出来。有形象，手里拿着器具，可能是兵器还是什么。到了东晋的末年，他们就有了一个非常大的体内神系统。那么，他们给这种方法取了一个新的名字叫"存思"或"思存"。在那个时候产生了非常多的经典，我们会看到他们有很多手续和这些神进行沟通。这些手续有咽唾沫，有叩牙齿，有念咒语。有很多的念咒语，所以我们要研究那个时期的道教文学就要研究他们的咒语。这个咒语很多的是歌颂他们的神的，最后可能有一句祈祷的词，七言的居多。那一部分的道教文学如果真研究了，可能对中国古代的文体的不同时代的发展，——对不起，我是在胡说八道，完全是在忽悠大家，但是我们研究得非常不够。

这样一个存思到了唐朝的时候就慢慢地衰落了，代之而起的是内丹。内丹吸收了存思一些手续：调息、咽津、叩齿，但是内丹用了外丹的语言，所以它叫内丹。但是因为这里有很多亲身实践的经验在里面，所以我们对它的研究不够。我推荐大家一本书，这本书的作者是王沐。现在这本书这两年又重印了。这本书叫《悟真篇浅解》。因为它是内丹的 NO.1 的经典。它用的语言是外丹的语言，可是它里面有很多的手续值得看。这是我们说的道教修仙的静修的方面。

第二个方面修仙的方法就是服食。

服食用葛洪的话最好解释，"假外物以自坚固"。这样的服食又可以分为两种：金丹和金丹以外的其他仙药。为什么要把金丹提炼出来呢？金丹在化学史上有重要地位。曾经一度被外国人称作 alchemy。他们认为和他们的炼金术很像。金丹能不能看作是最早道家的一部分呢？其实也是有商量的。关于金丹的最权威的经典是《周易参同契》。其中"参"是"三"的意思。"参"指的是哪三呢？就是易学、黄老和炉火。炉火就是烧金丹的过程，黄老就是成仙的愿望，周易就是炼丹的原理。所以《周易参同契》告诉我们黄老和炉火可能本来不是一回事，但人们看到铅在烧炼的过程中可以反复还原，看到了通过它也可以保持自己的肉体不变。这样一个金丹，对于它的追求，可能今天我们没有那么重要。因为我们有了那么强大的哈药六厂。他们比过去那些术士强多了。那些术士们鬼鬼祟祟的、遮遮掩掩的，但他们是有信仰的。所以葛洪后来一定要到南方来做官,就是要到南方寻找朱砂和水银,所以他们是有信仰的。对于我们来说,我们是看金丹在历史上积累下来了什么。对于这样一个金丹的研究,应该说很少很少有人来研究。因为对于这样一个金丹的研究,它不会提升一个大学的名气。在北京大学化学系的赵匡华先生研究金丹特别有名气。如果你在看赵匡华的著作时,先看看他的家世,看看什么样的家里出来的人才能有研究这个的功夫。那么化学史研究什么呢?第一,化学史研究我们人类在什么历史阶段对哪些矿物的化学性质有了认识。第二,我们在什么时候能用人工的方法造出化合物来。当然只能造出化合物了,不是单质了。所以这样的研究在化学系中占非常小的部分。十多年前,我们系有个本科生想找我给她写推荐信,她想申请研究基金。她去化学系参加项目,我就去听她的开题报告。她按照南北朝时期留下来的方子去模拟那个过程,我忘记了她的实验过程,我就把我自己看到的经验告诉你们。我们过去的镀金镀银法就是这样做的。把金子的粉末放在溶液里,拿刷子刷在物体表面,然后溶液蒸发了,就镀上金、镀上银了。这是中国的炼金术,道士们发明的工艺。当然这不是化学史了,这是工艺史了。

　　在炼外丹的过程中,主要用水银和铅,主要是这两种物质的化学反应。但是古人他拿到的是化合物、混合物。在这个过程当中,对相应的矿物甚至植物会产生一些信仰,发生一些认识。他们会把越来越多的东西混进来,当然他们有主要的。在汉代时,就有8种主要的矿物。这8种矿物里面有曾青(黄铜矿)、雄黄、雌黄。雄黄里面有砷。还有砒霜,有磁铁,就是磁石。那么除了这些矿物呢,可能还有植物和动物。我们后来在宋代保留的外丹的书里面,看到他们放一些浆果,不知道为什么。而且他们会拿铲子炒呀炒,炒到拉黏儿了,火候就到了。这是非常简单啦,没有《周易参同契》那么复杂。《周易参同契》对于操作的过程描绘也非常简单。《周易参同契》其实是文学作品,没有那么强的指导手册的意义。

　　刚才说的只是它的原料,炼制的方法有火法烧炼和水法。所谓"火法"就是要准备炉灶,用烧炼的办法进行的过程。所谓"水法"就是溶解法。当然对于"水法",我不能说出什么来,我不懂了。在道教的早期经典中有《三十六水法》。《周易参同契》讲火法炼金丹的过程。在我们前辈的学者里,袁翰青先生他在道教的经典里拿出很多词汇。比如说"点","点豆腐"的"点"。他说道教里用到的"点",是在道教烧炼的过程中积累下的词汇。火法炼丹,它也会积累一些词汇。我们现在说的

"火候"、"文火"、"武火"应该说是从《周易参同契》那儿来的，或者说《周易参同契》为代表的炼丹语言积累下来的。因为所谓的"火候"这个"候"就是"气候"的"候"。炉火和气候相联系，就是《周易参同契》为代表的著作中这一套原理积累下来的。"文火"、"武火"也是这样。"武火"就是大家都知道就是强火。"文火"就是弱火。《周易参同契》就是运用一年当中阴阳二气消长的过程来相应地控制火候。从冬至开始的阶段是阳气上升的过程，用"文火"。从夏至到冬至是阴气上升的阶段，用"武火"。所谓"气"是节气。所谓"候"，历法当中五日为一"候"，一年有七十二"候"。那么这一套语言是易学在西汉把六十四卦、二十四节气、十二音律和天干地支配起来，成为一个宇宙学的解释系统以后才有的。当然除了易学以外还有类似的解释系统我们不知道的。这要看李零先生的《中国方术考》了。我们说到的是受到了官方的承认，成为官学的易学理论体系。

那么，金丹的重要性在哪里呢？它以这些道士为代表的中国人对矿物和对自然界的认识积累下来了非常丰富的知识。在唐朝时总结了一本书叫《石药尔雅》。《石药尔雅》对矿物的特性、外形进行了描述。《石药尔雅》与《石药》的别名放在一起的，是一本工具书。他们是秘传的，用隐语的，所以要把它积累下来，是一本字典。这本书很遗憾，只有在道藏里有，好像保存下来的只有道藏这个版本。到了内丹取代了外丹以后，《石药尔雅》的流传就有了限制。除了金丹以外，他们还服用各种仙药，仙药的范围非常非常宽。大家可以去看葛洪的《抱朴子内篇》。他有《仙药》一篇。他说，"仙药之上者，朱砂"。我们现在说的丹霞地貌是出朱砂的。我们前年有四个丹霞地貌申请世界文化遗产了。当然我们不希望我们的道长都去丹霞山了。那么，他说最上的是丹砂，第二是黄金，第三是白银，第四是芝，灵芝的芝，第五是五玉，第六是云母，第七是明珠，第八是雄黄，第九是太乙禹余粮，后面还有很多了。有些东西很怪，比如说五芝。什么是五芝？有石芝，有木芝，有草芝，有肉芝。肉芝是什么？千年的龟，千年的蝙蝠，都是肉芝。南方有些餐馆里吃的山瑞，是葛洪说的肉芝。其实我是非常感兴趣他说的石芝。这个石芝就是各种奇奇怪怪的石头。中国人可能跟外国人认识自然的方式不太一样，现在中国好像也开始向西方人那样认识了。《国家地理杂志》也做一些介绍，但介绍外国人探险的比较多。大概四五年前，我们的鉴宝节目有人拿出一个镁矿结晶体，当时说这个值30万。我说中国人现在有了自然地理的概念了。以前我们都看台北故宫博物院的东坡肉的石头，那个东西也是唐宋以后的烹饪文化给我们的新概念。葛洪认为什么样的石头好？透过石头能看到人影的好。有的可能有黑光的，白的要像切的肥肉一样。"白者如截肪，黑者如泽漆，青者如翠羽，黄者如紫金。"这种石头好。当然我们没有见过这种石头。在哈佛大学有一个小小的自然历史博物馆。它在橱窗里放了一些石头，我就拍了照片。有的像果冻，有的像巧克力，有的呢，它是一个空壳，打开来看，是一个毛茸茸的小的白东西。我就联想，葛洪说有一种石头打开以后像石脑，我不知道他有没有真见过，还是他从师傅那传下来的，当然我也不知道展览馆里的是不是那种东西。但是，在魏晋时代，的确有一些名士，他们对这种石药已经昏了头的迷信。我们今天说吃摇头丸，他们吃完了，不是摇头呀，是全身发热，要用冷水洗。葛洪说吃了这个以后要迎着风走，在寒风里走，因为太热。他们吃的这个药叫五石散，也叫寒食散，因为要用冷水洗，要在冷风里走。五石散里有砷，其实是有毒的。吃完后要行散，要走路。有人说散步是从这里来的。如果真是这样的话，那我们说精神病和人类文明到底有什么关系？我们通过石药可以看到以这些道士为代表的古代人类在科学的前沿为我们做探索。香港的饶宗颐先生写过一篇文章。大概意思是从《太清金液神丹经》看南方地域，他要从这些药物的产地看南洋和中国大陆交通。前面我说到的袁翰青先生用的《南部新书》还有《岭外代答》这两部笔记来看这些外丹药物的产地。他的研究是一个非常传统的旧学的研究，虽然他是一个留洋的人。赵匡华先生，"文革"以后更全球化了，他的操作的模式，他的研究团队更摩登一些。赵匡华退休以后，我不知道北京大学有没有新的人员研究。

那么这样一个神仙的修炼，我们前面说的是它的操作的技术方面，但是它有非常强的信仰，这种信仰投射出来，它的静修的方面，他们已经在身体里建造了一个非常庞大的体内神的系统。比如东晋末年造出来的一个《大洞真经》，这样神仙的经典里，他们会想象，神在他们身体里面，上丹田里面坐着三个神，每个神手里拿着一个重要经典，就像我们"文化大革命"时拿的老三篇一样，叫上清三奇。这是他们最推崇的经典。他们不但在自己的身体内部，他们在外界，在天界建立了更庞大的神仙系统。因为这个神仙系统是支撑他们信仰的最牢固支柱，是他们向往的地方，是他们的彼岸世界。所以一直到今天这个神仙系统还是最高级别的。

这个最高级别的神仙系统是天界的系统，就是他们三清天的结构。这个三清天，从上而下，玉清，上清，太清。直到今天，我们看白云观的最高的殿堂，比较大型的道观的最高的殿堂，是三清神的崇拜。那么这个三清神就取代了早期道教三官的崇拜。我们说三官的信仰还是一个民众的道家的信仰。在我们道教书里会有民间道教和神仙道教的区分。所谓神仙道教，就是东晋末年以后新造出来的一个更理论化更神仙化的体系。那么这样一个信仰，在三清天有非常非常复杂的结构。由于时间关系，我们就不说它了。那么这样一个神仙系统，它仍然坚持着神是气化的这样一个教义。我这样说，也是为了我教学的需要。我这样认为，在南北朝时期，仙和神是不一样的。仙是人修成的，神是气化的。所以早期的神仙系统不是单纯的三清天系统，三清天都是神，那么再下来是仙的系统。有一本书叫《真灵位业图》，《真灵位业图》说到"业"就已经佛教化了。它是一个七级的结构，这样一个七级的结构，从第四级开始或者第五级开始就已经是地仙了。我说它是第三级或第四级，其实我是研究得不够的。因为在早期的神仙结构，有一个三级四级的穿插的阶段，不同教派有不同看法。但是太上老君在第四级里面，所以我们说东晋末年的宗教运动其实是对前面的扬弃。我们看到后起的宗教运动要盖过前面的宗教形态，所以我们看到太上老君这些神就被降为了低级，就是仙的形态。

《真灵位业图》还有一个值得注意的地方。它的第七级都是鬼，这些鬼都是帝王将相，都是儒家拜的对象。那就是说，到了南北朝末期的时候，上层道教已经跟官方达成了妥协，道教得到了官方的承认。因为刘宋皇帝不是世家大族出身，他要借助道家抬高自己的地位。到了唐代，皇室要用老子来抬高自己的出身。当它跟官方达成妥协时，它吸收了官方崇拜的死人，而非神仙。我刚才说到的三清天、三清神是道教一直到今天都是最权威的神仙系统。可是我想告诉你，这个神仙系统是少数的知识分子道士，上层道士，不劳动的道士。当然他们今天有很大市场。我们应该写出教材来交给讲养生的访谈节目去讲这样的文化。因为我们今天没有那么多劳动了嘛，我们必须用发展体育运动的方式让自己运动，以前我们劳动和体育运动是一体的。可是这样一个神仙，一直到一百年以前都不是广大民众享用的。广大的民众是需要一个媒介去跟外界沟通。当然可能老百姓一直都是很弱的。一直到今天我们都需要一个庞大的经费养一个媒介和外界沟通，我们都需要一个庞大的公务员消费去养着他们作为我们的一个外壳。可是这样一个现状，到唐代的时候开始发生变化。也就是说，个人性的和神仙沟通开始成为可能。这是我这样一个假设。我这样一个假设的依据就是从唐代以后我们有一个新的造神运动。所以在道教的历史上或我们本土宗教的历史上，在公元142年以前，我们有一个造神运动。这个造神运动被五斗米道上章用的一千二百种神吸收了，被三清神或者是《真灵位业图》代表了。这是第二个造神运动。第三个造神运动，时间拉得很长，因为我研究得不够，大家去看北大的赵世瑜老师和北师大历史系的老师的著作，他们对民间的宗教研究非常权威。大家去看看。唐代以后，我们这种造神运动最有代表的是八仙。我们在古董市场或鉴宝节目上见到的八仙都是我们日用行常能消费的神仙系统。以前的神仙系统都是有魏晋风度的人消费的。可是我们看，唐代以后，我们的门神，我们用秦叔宝代替了以前的神荼郁垒。我们用赵云取代了前面的门神，还有各地的地方化的门神。这些都是在民间蓬勃发展的造神运动。这样的造神运动，它究竟怎样在民间存活的呢？可能会回到我们前面说到的不给神吃东西。道教我们说不给神吃东西，因为他的神崇拜对象不是胎生肉。可是道教后来给神吃东西了。大概在赵匡胤那时产生了一个经典，造出来一个新的神。我忘了这个神的名字。这个神夜里下降到凡间，到了一个人家里。这个人惊醒了，醒了以后非常高兴。说我给你弄点吃的去，这个神说你就给我弄点素的就行了。道教什么时候开始吃东西了，我不知道，重要的是，他给神吃的是素食。今天我们到民间看到，拜祖宗给吃的是荤食的，可是给某些神吃的是素食的。这样一个素食祭祀的传统一直到今天都在顽强地存活着。它受什么影响，是受佛教的影响吗？不一定，摩尼教"吃菜事魔"，也是素食。我们说在这个过程当中，搅进来的宗教因素可能会很多。可是我们看到它一直存活着一个和官方宗教不同的崇拜方式。这种崇拜方式你叫它什么教都可以。这是我们说它的素食。

我们说他们神的时候。我们来看，它是一个广大老百姓可能会享受到的。蓝采和本来是个提篮子拾柴火的人。他唱的歌谣是："踏踏歌，篮采禾，世界能几何！红颜一春树，流年一掷梭。"讲的不是道教，是佛教呢。春天花开了就完了，流年像梭子，一扔这一生就过去了。弹指一挥间。劝诫世人不要留恋尘世的荣华富贵。它用这样的方式在传播一个对人世的认识。没有那么多的我们老师的概念的分析，一定要把这四句话写成20万字的书申请教授。它会讲一个铁棒磨成针的故事。我们来看任何一个人是不是都可以见神仙。吕洞宾是一个"回道人",给你讲一些道理,给你做一些事。过两天你说见到一个人姓回,对我帮助可大了。别人说,那是吕洞宾来点化你来了,你还发蒙呀。进一步演变,我们在人生当中,我们会见到一个贵人,是我们人生当中的贵人。我们会把人生当中接触到的帮助,从人和神的沟通上照搬到人和人的关系上。也就是说,我们通过和神打交道学会了人和人打交道。当然我讲得太简单,因为我的口才不够,大家如果去看彭林先生翻译的《仪礼》,我们就会看到人如何用和神打交道来收拾别人。中国的礼是收拾人的,不是收拾神的。对你有礼貌其实是堵你的嘴的,收拾你的。第一步就是让您感到非常的忘乎所以。这样一个神仙,这样一个运动,也许又有了新的。一百年前我们有了新的,我们现在的动画片都在向我们介绍新的神。我们有牛顿,有爱因斯坦。我们终于有一天见到了霍金,我们才能想象牛顿当年可能也是那么糟糕。

那么在这样一个修仙过程中,他们对矿物有一个认识。他们在认识矿物的过程中,他们到哪儿去找呀?就是我们说的道教洞天福地的观念。道教有十大洞天,三十六小洞天,七十二福地。他们为什么是三十六,是七十二?这是一个关于十二的倍数文化的传统。李零先生的书里面有十二文化的传统,但他没有专门研究这个。有一位 80 年代从美国回到大陆的杨希枚教授的论文集里有一篇专门讨论十二的倍数的文化的文章。这样一个洞天福地首先是一个和人间不一样的地方。我非常希望做文学研究的人能够把《桃花源记》和洞天福地的信仰联系起来。对不对是次要的,我们先发表篇文章嘛,每年都要检查我们的学术成果嘛。这样一个洞天福地,我们说,到了 20 世纪,我们读了宗教学家伊利亚的《神圣与世俗》。他告诉我们人把自己生存的空间通过宗教的方式整理得可以安居了。所以他的第一章叫神圣空间,第二章叫神圣时间。特别是他的神圣空间对我们理解洞天福地特别有帮助。在中国,对于我们自然环境的认识,可以说儒家好像没有多少贡献。因为我们好像不知道有多大比例的自然环境是用儒家的观念改造的。可是佛教和道教对我们认识地理、整理地理作出了非常重要的贡献。我们用神话传说美化了解释了我们生存的环境。所以我们说道教的洞天福地的观念非常的伟大。

互　动

问：老师您好！我想问您怎样去定义道教的信徒。我为什么问这样一个问题呢？因为在这个课题上我研究的是道教的教徒，然后我就不太清楚怎样去定义道教的教徒。因为有一部分人是比较崇拜道教思想的，也有按照道教的思想去践行一些事情，但是他们不去拜神，没有什么仪式。那么我们去定义一个信徒的话需要哪些必要条件呢？

答：我们这个社会面临着一个新旧文化交叉。一方面，一百年以前我们都是被教团管着的，可是我们今天教团没有那么强的能力了。另一方面，现在人的流动比较大，教团没有那么强的权力。那么如何去定义一个信仰者呢？我想我们要放得开一些。我的确有一些很好的研究好的同行，他们道教的知识比我多，有时候在他们面前我都张不开嘴。那么有一些学者，他们成长的经历跟这30年道教宗教丰富的过程是完全一致的。那些年轻道士都是他们的学生。还有一些学者研究这个是喜欢这个，如四川大学的詹石窗老师，他自己有道名，他自己也认为是一个有道教信仰的学者。当然很难得。但是你真的要看一个有道教信仰的学者要到台湾去看，台湾有一个李丰楙教授，他和那个本土文化就是血肉相连的。而大陆的读书人和我们的母体文化已经有点说不上血肉相连了。所以我们现在的信仰是没有一个教义没有一个教团没有一个戒律约束着的。当然我们说这是社会发展的一个新现象，我们不能再倒退回去，我们应该承认这样一个现象。我和您一样有着困惑。这就是刚才我们带来的一个问题。我们经常看到很多的人找到我们学校来说他对道教有什么什么认识，有什么什么理解，有什么什么发现。那我心里说他就是神经病。但我不能拿到课堂上来说他是神经病。因为我们要承认这样的个人通神现象的合法性。因为宗教是自由的。所以你如何定义他是一个道教的信徒还是佛教的信徒，他自己说了算。因为道教在两千年的发展中，它的发展，其实更多的是，不同地方的地方文化用道教的语言包装了自己。我们不要说道教对谁发生了影响，而是要说哪些地方的宗教吸收了道教。这样落实到一个人身上，你也可以说他原来的知识系统里面吸收了某些道教的因素，他愿意说自己是道教的信徒。

问：谢谢老师的回答，我觉得您大部分回答了我的问题。那么我还想接着问您一个问题。您认为您是一个道教信徒吗？如果是，为什么？

答：我不是一个道教信徒，所以我就不说为什么了。但是我还是非常希望回答您为什么不是一个道教信徒。我说我不是一个道教信徒，因为我要尊重道教，我要尊重很多自称为道教信徒的尊严，因为我是北大的教授。我说我是一个道教的信徒，我对人家是不尊重。或者，自私地说，我说自己不是一个道教信徒说话更方便。当然，我要尊重他们。我想可能我自己也有一些对道教的认识。那可能我年轻的时候和我年老的时候认识不一样。也许有一天我病入膏肓了，那个时候我也许去拜一个和尚或一个道士，那个时候说我是一个道教的信徒还有意义吗？那个意义就是李一的。李一在他的庙旁边和一个医院挂钩做些慈善工作，我觉得非常好。至于那些病人是道教信徒和佛教信徒已经不重要了，因为那就是一个临终关怀、终极关怀。什么叫宗教，宗教就是终极关怀，终极关怀就是最大公约数了，说你是哪个教的信徒有什么用。我说得漂亮一点，我不说自己是道教信徒是对我更方便。我说得尊严一点，我希望我的话能被更多的新一代的年轻人接受。我们应该看到世界向前发展的空间，可能会出现什么样的信仰宗教的形式，出现什么样的旧宗教新的生存的形态。至于那些旧的形态，作为职业来讲不是我擅长的，那交给道士们去做。我就不班门弄斧说自己不擅长的事了。

问：请问王教授，北方的道教叫清真，这和伊斯兰教有什么关系？

答：这个清真和伊斯兰教一点关系都没有。因为那个时候伊斯兰教还没有来。对不起，我对伊斯兰教，对穆斯林没有研究，都是耳朵听来的，我没有研究，我不敢说。它什么时候来的我不太清楚。您去看相关的研究，至于说他们如何用这个"清真"当然是更值得研究了。

问：我看到一个问题，特别感兴趣——道教的元素对现在社会有什么启迪？

答：其实说启迪，我是没有可能的了。我的洋老师跟我说过，为什么我们要研究它呢？因为它哪天可能还有用。他给了我一个信念。我觉得我们说的静修，可以成为我们现在社会改造利用的遗产。因为这种东西就是一个不劳动的一部分人他们的一种精神消费形式。因为我们今天读书，特别是进入21世纪以来，读书意味着什么？读书意味着我给你们盖个戳，你们去找工作。是就业的一个证明，还有我们申请职称的证明。我现在看我们的图书馆气死了，一百本的书没见得有一本有用。我们写的书同行不愿意看，外行看不懂。我们的文化被糟蹋成这样。其实，在旧社会，我们的文化是奢侈品，是那有钱人家的人不愿意吃喝嫖赌，装模作样念书的。今天的教育变成了一种产业，变成了一个工厂，变成了一个流水线。可是我们今天的教育还没有上升到这个程度。可是，我们现在很多的老师还想当个奢侈品。他把学问当成了个人的事情。今天不是。我们千千万万的人放下了锄头，我们过上了魏晋名士的生活。我们读书成为一种生活方式，成为一种消费方式。我们当然要看魏晋名士他们是如何消费自己的文化的，他们如何把读书当成了一种生活方式。我只能这样大而无当地告诉你。我们整个的人类社会不断地在文字文化里生产出工具来，生产出money来。如果还仅仅在地里用锄头，可能解决不了这个问题。当然我不是鄙视劳动。对不起，我回答不了这个问题，那句话是骗您来的。

问：王老师，我问一个小一点的问题。我现在在代课，我现在比较忧愁，在教育方面是无为而治好还是靠规章制度好？因为我喜欢无为而治的思想，但对管理班级来讲到底什么比较好。

答：我在40年前的这个月就当老师了，第一个星期就被学生打了，不知道是无为而治好还是怎么好。其实我也遇到这个问题。教育的问题不是一个两个老师讨论的问题，其实是一个整个社会的问题。教育从来就是一个全社会的问题。我们刚才说到了全民的道教，其实它就是有它的一个全社区的民俗在约束着他，而我们的教育没有。我们的教育有很多很多我们摆脱不了的东西。所以，我回答不了你的问题。可是我想用你的例子来回答前面一个同学的问题。他说他是一个道教信徒，他有这样一个问题来请教我。我在想他是不是一个道教信徒，因为他用道教的书来编织他的这样的问题。

问：王老师您好！刚才您提到人通过宗教的方式把人的生存环境整理得可以居住。我装修房子时总是觉得不太好，我在想有一个信仰，有一个宗教来继续整理我的房子。可是我还是不知道我怎么去把我的生存环境整理得更好？所以我想和您探讨一下。

答：这个问题应该和莫言同志来探讨。因为莫言同志希望用这750万元在北京买房子。他用Nobel，nobel这个词原文是高贵的意思是吧。用一个高贵的，一个远来和尚会念经的750万元来整理他可居住的space。开玩笑，其实我回答不了您的问题。您问的时候我自己就犯嘀咕，别人说的话能用到你身上吗？所以我们的学者是闭门造车，越看越觉得自己说的对，一拿到太阳底下去就不灵。其实我们念书人认识的世界是很小的。我可能偶尔有一句提示您去认识什么问题，也许就是我的功劳。所以说"佛向心中作，莫去身外求"。如果您真是得到了什么东西，是您自己得到的，我呢，只是喊了一声。但是真的用宗教的形式用超越的力量来整理自己生存的环境，那也许是我们的环境受到破坏的时候我们需要它，我们觉得那个道理对。真的落实到您的身上，你先要吃饭，你要先当蚁族呀。也许我们过的地下通道那还卧着很多人。没有关系呀，这个过去在北京叫倒卧。倒卧是指死了的人，过去宣武门墙根那儿都是。冬天嘛，卧着卧着半夜就死了，当然他们没有一个神圣的东西去改造他的生存环境的一个例子给我们作证明了。所以我们说出来的东西永远都是有限的，我们认识到的东西都是我们造出来的。因为康德说了，我们认识到的东西都是我们的眼耳鼻舌身臆造出来的。佛教也这样说了，所以认识对象是自己建立的。你在我的认识对象之外，所以我解决不了您的问题。可能你已经有了751万块钱，你可以拿那1万块钱买个观音菩萨放客厅里，这样你就和我合拍了。

问：王教授谢谢您！首先今天获益匪浅。刚才您说到现在搞学问的人大都是闭门造车，那么道教在它的演变过程中对我们的有利，不管一件事还是一个道理，您认为哪一点对我们的教育更大一些。

答：谢谢您！其实我说不出来。道教讲究清静自然。可是我，至少我走过来的路是一个挣扎的、奋斗的、努力的、要房子要车、要吃要喝的历史。我不能骗您说那东西对您有利，因为我不是这样活过来的。所以我说我们就是在闭门造车。我造的车我自己都不坐。所以其实我们，人类，说到底就是各自在做游戏。这样一个游戏如何整合起来？我的游戏对你有用，你的游戏对我有用。这就回到了最早的交换。但是我们学术有一个目标，这个目标仅仅是大家在小圈子里的一个约定。我们会有一个项目，这个项目要解决一个什么问题。这一段热点问题是什么，我们要在这个方面去努力。但是真的，我说一句推卸责任的话，在"文化大革命"结束之前，我们是政教合一的社会。我们是在教宣教。我们要学习元旦社论，我们要学习毛主席最新指示。我们要学习中央文件。在这方面，北京大学哲学系做得最好，出了很多靠政治吃饭的。那是因为我们的学校就是要宣传一个官方意识形态。但是改革开放以后，这个旧局面打破了。虽然我们永远也打不破。北京大学的孔庆东教授就是不应该骂人。北京大学的孔庆东教授骂人后，北京大学没有一个人站出来对孔庆东表示不满，这就是我们教育的悲哀。这种大的原则还在，这种大的原则是作为一个社会的约定来约束大家的。如果我们堕落到在课堂上宣传这样的约定，那我们太悲哀了。除了这个约定以外，我们大家来自五湖四海，我们有各自的文化背景，我们甚至不能说我们课上一定要说普通话。我现在跟学生说，因为我背不了新的课，我记不住，我不能复述，所以我只好让学生在课上读。我说你们就读普通话，包括北京人，你不能说北京话，要说普通话。你们将来要 international，脱离地方话就是 international。我并没有强行推广普通话的意思。也就是说，我们的课堂不是把一种教义推行给大家。而我们的研究也不能把它夸大成教义性的东西，我们的研究只是在某一点上某一个问题上取得的一点突破，或者是提出了一个新的假设。当我面对千千万万念书人、千千万万学者的时候，我的一个假设，我怎么可能说只有它是真的呢？我如果说它是真的，我首先就剥夺了其他的同行的权利。所以我非常反对我们的某些学者说自己喜欢道教，说自己喜欢佛教。我说我自己喜欢道教是因为我要靠它吃饭，我要尊重它，如此而已。其实心里面我可能很看不起它。因为我的生活的历程跟他们完全不一样。有时候我会给他们出主意，我也会跟他们吵架，我是哀其不幸，怒其不争。那这是个人问题。所以我在道教协会上会说一些他们不爱听的话，但我认为这是对他们好。可是我不能把这些话拿到课堂上对我的听众说，那是不负责任的，那是剥夺了你们思考的空间和余地的。所以我想不出来道教有哪些东西对您有利。

道教养生

主讲：中国道教学院　孟至岭道长
时间：2012年12月22日
地点：北京师范大学英东学术会堂

主持人：今天讲座由孟道长给我们主讲"道教养生"。孟道长现在在中国道教学院执教，既给校内的学生上课，又给社会民众讲课，全国各地也都有他的身影。他曾经于20世纪80年代常住北京白云观，90年代初的时候离京赴各地参学访道，所以道长的经历非常丰富，他的学养不仅仅止于理论。下面请孟道长给我们讲"道教养生"。

孟至岭：大家可能会从社会上某些养生课程那里，或从道观里，从道观里的道人那里，听到过一些道教养生的知识。但据我这多年来所知道的情况，大家所了解的往往不是真正的道教养生，起码不是道教养生的主要内容。因为，那些所谓的道教养生课程和养生知识，只不过是把道教高层次的养生概念拿来生搬硬套，用于非常肤浅的健身方面。今天我要向大家介绍的是，道教养生最根本最核心部分的基本概况——修道功夫的基本构架。当然，不可能涉及具体的方法。

我本人在2006年之前，一直在山里过着独居的生活，躬行道家传统的修道之法。道教关于养生的经典统称为"丹经"，这类经典很多。在我进山以前，有些丹经的章节甚至背诵得很熟，但经过在山里若干年实践之后，就逐渐感觉到，丹经都在"绕圈子"，没有得到"法诀"的人仅凭对丹经文字的理解去做功夫，肯定有太多错误。我们今天不讲丹经里面所说的具体方法，但是不离开丹经的理论。当然更主要的是从实践的角度，把多年来的实践体验，从实践中得到的认识，和大家共同分享。

一 关于道教养生中的"养生"和"养生主"

大家在提到道教养生时，首先会想到"祛病"、"健身"、"健康长寿"等方面的功夫，以为这就是道教养生。其实不然，这些并不是道教养生的主要部分，而只是附属部分，也就是健身、养身部分。如"吐纳"、"导引"、"服气"、静养功、太极拳，等等。道教最根本的养生，其养生的主观目的不是"养身体"，而是养身体中无形的"本然之性"也就是无形的"本我"，只是在客观上，确实又对形体健康起到了无比积极的作用。

"养生"一词，最早大概见于《管子》，但《管子》所说的养生和道教养生（道家养生）是不同的概念。具有道教养生意义的"养生"一词，最早是由庄子提出来的。《庄子》"内七篇"中有一篇《养生主》，是道家学说中论术道家养生最究竟的专著，只不过今天的人们对其中"养生"一词的理解，已经不是庄子的原意。在这篇专著中，庄子明确指出所"养"的不是"生"，而是"生主"。那么，"生"和"生主"是什么意思呢？

所谓"生"，是指人的形体生命。也就是人从胎儿降生为婴儿之后，这个有形的血肉之躯在世间经历"生、老、病、死"的全过程。这是"生"的概念。

所谓"生主"，顾名思义，就是形体生命的"主人"、"主宰者"。它不是有形的，不是血肉之躯，而是无形的"元始真性"、"本然之性"、"本然之我"，或叫"道性"、"真性"、"真我"、"本我"，等等，名称虽多，其实就是自身之"道"，是人的"灵性"。这个灵性主宰着人的有形身体，是形体生命的"主人"，所以叫"生主"。

很显然，这个"真我"不是我们相互看到、相互认识、相互称名的"形体之我"，而是父母未生我身之先的"本然之我"。实际上，任何人都存在着有形的"形体之我"和无形的"本然之我"两个部分。"形体之我"的"我"，常常被称为"假我"（庄子称之为"我"），也就是人的身体，是父母给的，由父精母血交合凝结而成；"本然之我"的"我"，常常被称之为"真我"（庄子称之为"吾"），也就是人的灵性，是最原始的真性，这不是父母给的，而是未有生身之前就存在的，是人的"本来"。那么，人的"灵性"是从哪儿来的呢？我上次讲过，"大道寓于万物之中"，这是"道"和万物之间的基本关系。道在物中为"物性"，在人中为"人性"，在天为"天道"，统称为"道性"。"道性"是人和天地万物的"本来面目"，都是纯粹的灵性，所以人和天地万物都有灵性。

显然，"道性"虽无形，却是人和万物的"本相"，或叫"实相"，超然于物质世界之外，却又主宰着物质世界。而在以西方哲学逻辑思维和认识方法为标准的学界却很难承认这一点，甚至被认为是荒诞的无稽之谈，而全盘否定。其实，这恰恰是中国传统哲学和西方哲学在认识方法上最根本的冲突之处。

中国传统哲学的认识方法是"形而上者谓之道，形而下者谓之器"。一切无形（无物）世界都是"道"的范畴，一切有形（万物）世界都是"器"的范畴。"道"和"器"是这样分类的：眼能看到的叫作"色"，耳能听到的叫作"声"，传统上往往将此二者合称为"声色"以泛指万物，当然严格讲还有鼻能闻到的叫作"味"，体肤能感受到的叫作"触"。这一切看得见、听得到、闻得到、感触得到的，都是"器"的范畴，是整个有形的物质世界，叫作"形而下者谓之器"，也叫"万物"。然而，在有形的物质世界之外，还存在另一个无形的、超然于万物之上的无物世界，这个世界清虚无形，"心"不能辨，"感官"不能知，这是"道"的范畴，叫"形而上者谓之道"。

"道"是人和天地万物的根本和主宰，但这个"主宰"的存在形式不是在天地之外，而是在人和天地万物之中。所以，人与天地万物，都具备有形的形体（器）和无形的灵性（道）两个部分。也就是说，人与天地万物不仅仅只具备了有形的形体，而更重要的是都具备了无形的灵性，所以人和天地万物才都有灵。天有道性，所以天就有灵；万物有道性，所以万物就有灵；人有道性，所以人就有灵。父母所给的有形身躯和本然的无形灵性合而为一，才是一个活生生完整的人。如果只有父母所给的血肉之躯而没有本然的灵性，那么这血肉之躯就仅仅是一坨会动的肉而已。这是道教养生乃至整个道家学说最重要的理论基础。

为了强调"形上之道"的绝对主宰性和绝对重要性，有必要再说一下"形上之道"和"形下之器"在中国传统文化中的定位问题。在中国传统文化体系中，"形上之道"是根本，是一切有形世界的主宰，"形下之器"是末端，是有形世界，是有生有灭、不能长久的万物。在中国文化史上，没有哪个时期的民族思想和典籍文献不尊崇"形上之道"，更没有哪个时期否定"形上之道"。上自帝王公卿、文达贤士，下至庶民百姓、野客山夫，无不认识到天地有灵，万物有灵，人有灵，无不认识到"灵"是人和天地万物的根本和主宰。又因天地之间万物之中人类的灵性最大，故有"人为万物之灵"之说。所以，不重视或否定作为根本部分的"形上之道"，就无以通达中国传统文化之要旨，就无法正确理解道教养生和道家文化。

下面我们再回到庄子的《养生主》。综上所述我们可以认识到，作为"假我"的血肉之躯只是个"载体"，这个"载体"就是"生"的范畴；而无形的"真我"才是被承载的"主人"，这"主人"就是"生主"的范畴。所以，"养生主"这个标题应当读作"养——'生主'"。

那么道教养生也应该叫"养生主"，而不应叫"养生"。但后来，这意义完全不同的两个概念逐渐被人们所混淆，统统叫作"养生"了。不过，既然已经大家都叫"养生"了，那我们今天也就"入乡随俗"吧。

二　道教养生的分类

明白了"养生"和"养生主"的区别，就很容易对道教养生进行分类了。我把道教养生分为两大类：把"养'生主'"意义的养生，也就是养"本我"、养"灵性"的养生，叫作"修道养生"；把"养'生'"意义的养生，也就是养"假我"养成"形体"的养生，叫作"健身养生"。

"修道养生"是道教养生中最根本的部分，传统上叫作"修道"或"内丹功"，其总体构架是"性命双修"。这里的"性"和"命"，是指我们本然的"真性"和"真命"，都是无形的，是"道"的范畴。修"性"的部分叫"性功"，修"命"的部分叫"命功"。显然，"内丹功"就包括"性功"和"命功"两个部分。"性功"是修复、完善、返还"真性"的功夫。这种功夫能使心性逐渐清澈洞明，智慧逐渐圆融朗照，终能复明我性，进而通达天地万物，明了自然之道，此即老子所说的"明道"。"命功"是修复、完善、返还"真命"的功夫。这种功夫能逆转人身生理之机，逆返阴阳造化之功，是"世外清虚之法"。这一部分暂不多讲，将在后面重点讲述，下面先主要讲一讲健身养生。

健身养生，是道教养生的附属部分，包括导引、吐纳、服气、静养功、太极拳，等等。

"健身养生"是最根本、最彻底的形体健康方面的养生。它是以人与天地万物的自然关系为原理，将人体的自然之性能和天地万物的自然之性能进行和谐作用的功夫。通过自己的"神"和"意"作主导，运化体内的先天元气和后天呼吸之气，来调和体内的阴阳平衡，最终能使自身的机理和生理遵循着它的先天自然规律而运行，从而使有形的身躯气血通畅，脏腑清宁，四体灵健，百脉调泰，从根本上达到祛病延年、固命长寿的作用，是健康长寿的上乘功夫。但习此功夫，须有明师传授和引导，不然可能会出些负面问题。

显然，"健身养生"绝不同于体育运动方面的锻炼，也不同于"外家拳"方面的健身。体育运动和外家拳，所锻炼的仅仅是筋骨肉体，而吐纳、导引、服气、静养功、太极拳等，所养的是对筋骨肉体起着根本作用的"先天内气"。形体之躯的根本，不是这形体的本身，而是体内的先天之气。如五脏：心的根本是心气，肝的根本是肝气，脾的根本是脾气，肺的根本是肺气，肾的根本是肾气等，维持形体功能的能量总是来源于先天之气。先天之气维持形体功能正常运行的"介质"，传统上叫做"气血"。

道教"健身养生"，是以"醒动"先天之内气为目的，使已经不能畅通的先天真气，顺着它原来的路线逐渐畅通，进而使"气血"正常运行，最终使失去正常的形体功能重新恢复正常。下面，就以大家较为熟知的太极拳为例来说一说"健身养生"的要点。

在道教健身养生的方法之中，太极拳处于最低层次。我们不妨就以这低层次的太极拳为例，来说明不唯上乘的"修道养生"，即使是附属部分的"健身养生"也不是着重于形体，不是简单的形体运动，而是以"养"无形之"内气"为主。

太极拳又称"内家拳"，从形式上看，太极拳似乎是形体方面的运动，但是真正的太极拳是以"神"、"意"为主，引导、把握内在气机的运行，以"气动"而引领形体运动。看似肢体在动，实际上肢体不是"主动"，而是"从动"。打个比方，当摇晃一棵小树的树干时，整个树冠就会跟着飘柔地摆动。往往人们习惯关注的"动"就是这树冠的摆动，但这只是"从动"，而它的"主动"是下面的树干，这是人们容易忽略的。所以，真正的太极高手，他所体现的真正意义上的太极运动绝不是形体的动作，而是体内的"气"在动。如果只是以肢体的运动来带动身体的远动，那就不是真正的太极拳了。所以，太极拳运动最根本的是"气动"，只有先天的内气达到运行自如，才能称得上真正的太极拳运动。

太极拳有"三乘之法"：初乘在于"形"，中乘在于"腰"，上乘在于"气"。具体地说，是三个层次：第一个层次是肢体方面的一招一式的动作，也就是套路，为"初乘之法"，这是太极拳的初步基础。第二个层次是以腰动带动肢体运动，腰动为"主动"，肢体运动为"从动"，这是太极拳和其他拳类在形体方面的重要区别之一，太极拳能"四两拨千斤"主要靠的这个优势。所以，打太极拳如果腰不会转动，那他打一辈子太极拳也难以入门，只能停留在基础阶段。第三个层次是最高层次，以"气动"带动腰动，气动为"主动"，腰动为"从动"；然后再以腰动带动肢体运动，也就是以腰动为"主动"，肢体动为"从动"。很明显，在这一层次腰既是从动，又是主动：之于气，腰是从动；之于肢体，腰是主动。

另外，统领"三乘之法"的是"神"，实际上，"神"是"气"的"主人"，也就是说，"神"才是太极运动的真正"主人"，是太极运动最上乘的"主宰"者。

这"三乘"之中，中乘的"腰动"具有"枢机"之功，起着"统一内外"的作用，即："外统形体，内醒真气"。也就是说，在外统肢体的同时，腰（与"神"、"意"相配合）的运动可以醒动内在的真气。如果只是肢体的运动，是很难醒动内在真气的。一旦内气被醒动到运行自如的程度，那么，内气就会"反客为主"，来主导形体的运动，这时，一切形体的运动总是服从于内气的运动而运动，于是，一切套路模式和动作标准就全都不重要了，形体的随便运动都是上乘的太极运动，都是上乘的健身养生。

以上所讲的是以养"气"为主要方法的一类养生，这一类养生对于健身而言，是最上乘的方法，但它还不是道教养生的根本部分，道教养生的根本部分，是下面要讲的"修道养生"。

三　"修道养生"概况

"修道养生"包括"心性"和"气质"两方面的功夫。心性方面的功夫叫"性功"，可益神明，开智慧，明天道，通万物；气质方面的功夫叫"命功",可使"精"、"气"由亏而盈,由浊而清,由后天而返先天,固命延龄。

(一)"明道"的境界和基本原理

上一次我在这里讲《老庄修身治国之道》时,曾讲过《庄子·养生主》"庖丁解牛"中的句子:

"彼节者有间而刀刃者无厚,以无厚入有间,恢恢乎其于游刃必有余地矣。"

牛刀的寓意:有形的牛刀喻指"有",比喻的是有形的人身;刀刃的"无厚"喻指"无",是锐利的"利器"所在,比喻的是人的虚无境界。牛刀的寓意告诉我们:人不仅具有有形之身躯,更重要的是具有无形之境界。牛骨的寓意:有形的牛骨坚实有碍,喻指"有",比喻的是身外之万物;但骨节再严密,却总有空虚的缝隙,庄子称之为"有间",是进刀的无碍之处,这"有间"比喻的是物的虚无之处,是物中之"无",是物的最根本之处,也叫"中"或"中窍"。牛骨的寓意告诉我们:万物不仅具有有形的实物,更重要的是具有无形的虚无之处。这句话总的是要告诉我们:之于人应对万物而言,万物皆有虚无之处,是万物清虚无碍之境地;人人皆有元始之道性,是人的虚无境界。以人的虚无境界去应对物的虚无之处,则物我无伤,物我无碍,至正至和,无为无事。

人若能明此虚无之处,即是"明物"的境界,自然可辨"物境空明处"。人人皆有虚无境界,万物皆有虚无之处,都是"道"的范畴,是"道性"。

庄子特别强调"无用之用方为大用",意思是说:常人只看到形体方面的应用,认为这才是"有用",而很少有人知道"无形"方面的"无用之用",这才是真正的"大用"。怎么理解这无形的"大用"呢?刀是有形之物,人身也是有形之物,但对于刀而言,刀的"利器"是刀刃,所以真正起着"大用"的"利器"是无形的刀刃,而不是有形的刀身;对于人而言,人的"利器"是无形的"道性",所以真正起着"大用"的"利器"也是无形的"本然之性",是一种虚无的境界,而不是有形的人身。这种境界,在《庄子》中时常出现,比如《逍遥游》最后一节庄子与惠施关于大樗的一番辩论,其辩论的核心焦点就是"有形之小利"和"无形之大用"。惠施总是把对大樗的认识局限于有形的"大本臃肿不中绳墨"、"小枝曲卷不中规矩"上，所以断言"无用"。这是因为惠施不通"道"，所以，纵然学问大到成为一家学派之宗师，能耐大到官居一国之宰相，然而却不明大道之境，不识自然之法，不辨万物之性理，不晓人与万物的无形之"大用"，因此在庄子看来，惠施不过是一个具有"大学问"、"大官位"、"大聪明"、"大辩才"的糊涂虫而已。

人生之中，如果不识无形之"大用"，就只会追逐有形的万物，总以我身碰万物，那么就会物我两碍、物我两伤，这叫"物我有碍"，所以人生又苦又累；如果能认识无形之"大用"，就能恬淡有形之相，不去以我身追逐万物，而是以我之虚无境界来应化物的虚无之处，以自我之"道性"来照应天地万物之"道性"，那么就会"物我无碍"、"物我无伤"，人与万物必定和谐，所以人生自在。

天地万物的虚无之处和人的虚无境界都是"道"，一个是物的"物中之道"，另一个是人的"自身之道"。道教的"修道养生"，最根本的是修"自身之道"，铸就自身的虚无境界，了明自我之"道性"，然后知天地万物之"道性"，就是"证神通"、"明天道"，叫做"得道"。这样，即能如老子所言："不出户，知天下；不窥牖，见天道"，又能如庄子所言："天地与我并生"、"万物与我为一"、"与天地精神相往来"。

以上所说的，是明道的境界。凡夫要想达到明道的境界，必须通过长期修持功夫来完成，这就是"修道养生"。

（二）万物"落后天"和"返先天"的基本原理

道学中有一重要原理："大道动，生万物；万物静，返先天。"这"生万物"和"返先天"的中枢之机就是太极，即阴阳的动、静法则。

"道生一，一生二，二生三，三生万物"，是"大道动，生万物"的"动"的过程。

"道"是"无极"，"无极"动则生"太极"。在道书上，往往用一个圆圈来表示"无极"，但"无极"没有极，不应有任何形迹，更不会有边际，所以无极绝不可能是这个"圆圈"，但没有这个圆圈就是一张白纸，不能让人理解，所以只能用这"空无一物"的"圆圈"来表示，意思就是"什么都没有"，是一片清虚的"道"。

一提到太极，人们往往就想到现在常见的"阴阳鱼"太极图。其实最初的"太极"图形，是在"无极"那个"圈"中间点上一个点来表示，意思是从原来的"无"开始有了最初的"一点"，也就是最初的"极"，叫"太极"。"太"是大的意思，但"大"都有相对性，都不是"绝对大"，而唯一没有相对性的"大"就是"太"，如"太初"、"太虚"、"太始"、"太昊"、"太微"、"太极"等。"太"，具有绝对大的意义。

"无极"动而生"太极"。"太极"动而成"混沌"之气，即"道生一气"。"混沌"再动则分离为"清"、"浊"二气，"清"气上升，"浊"气下降，就形成了阴阳，即"一气生阴阳"。阴阳再动，就产生了天地万物。所以，阴阳不动，则万物不生；阴阳一动，则万物生。天地是一对阴阳，所以天地生万物。而万物又各自具备阴阳，如人有男女之分，物有雌雄之别，等等。

我们现在通常所见到的"阴阳鱼"太极图，用"鱼眼"表示"阴中之阳"和"阳中之阴"，是"阴中有阳，阳中有阴"的意思。如人分男女，男女各自身上又分阴阳，如"前后"、"左右"、"上下"、"内外"、"动静"、"寒热"、"虚实"、"神气"、"魂魄"、"脏腑"，等等。阳中有阴，阴中有阳，永远分下去，无尽无休。

"人法地，地法天，天法道，道法自然"，是"万物静，返先天"的"静"的过程。

把以上的过程反过来，就是万物静则自身阴阳平衡，阴阳平衡之后继续静则返归混沌，混沌再静则恢复清虚状态而复归无极。这就是"万物静返先天"的过程。

（三）"道"的降落

刚才说过，"道"寓于人和万物之中体现为"道性"，实际上，之于人就是"真我"。与"真我"相对应的是"假我"，假我是指有形的身躯。当父母未生我身之前，作为"真我"的这个"道"是静的，当这个"道"一动，即标志着由先天向后天而"动"，叫"降落"。无形的"真我"和有形的"假我"结合的时候，是在婴儿降生的那一刻，"真我"进入婴儿之"窍"便一分为二，于是"道"生出"性"和"命"（如图1）。

"性"是"灵性"，是形体生命的"主人"，人的感觉、认识、思维、聪明、智辨、情志等方面均来源于此。"命"是肉体活动的"动力能源"，

```
        道
 (动)降 ↙  ↘ 降(动)
    性      命
```

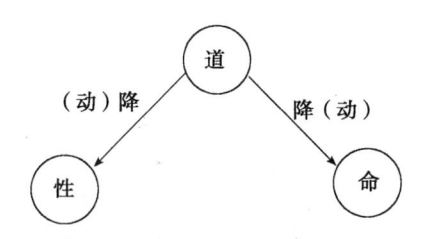

图1　先天大道降落

命的主体是"气",就是"元气",一切脏腑、血肉、筋骨、毛发、四肢百骸的功能、运动、力量等,均来源于此。换言之,"气"是形体功能的根本所在和形体运动动力的源头。

(四)"性命"由先天降落为后天的过程

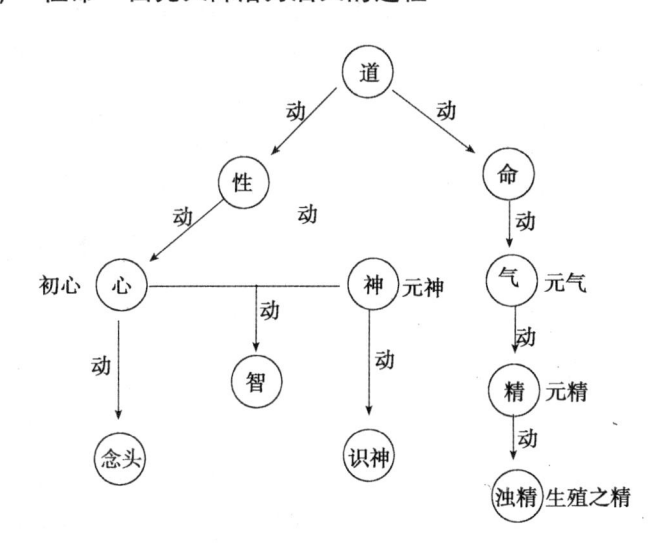

```
          道
       动↙  ↘动
      性        命
   动↙  ↘动    ↓动
  心     神 元神  气 元气
初心     ↓动    ↓动
  ↓动    识神   精 元精
  念头          ↓动
    →智         浊精 生殖之精
```

图2　先天性命降落后天

1. "性"由先天降落为后天

请看"先天性命降落后天图","性"动,则一分为二,生出"心"和"神"。"神"是指"元神",元神是产生灵聪的地方,但没有思维;"心"是指元始之心,叫"初心",初心空灵无物,洁净无念,所以又叫"无为之心"。

"元神"再动,生出"识神"。实际上是"元神"被"心"所用,产生了"识神"。识神是应用之神,主要体现在人的"智聪"、"精明"等方面。

"心"再"动",就是"念头",但这"念头"并没有灵性,不是"聪明"的范畴。那么人的聪明是从哪里来的呢?是从"神"而来。刚才说过,"神"被"心"所用就是"智",这个"智"实际上是"心"和"神"二者的"结合体"。

由上可知,神和心的关系是:心中的"念头"可以是善的,也可以是恶的,所以说"善恶由心起"。"善恶"这个概念可以代表人的一切行为。但为善、作恶能否成功,主要取决于"神"所提供的"聪明"——这便是"心"、"神"、"行为"三者之间的关系。具体说来是这样的:"念头"一起(即心动),"神"就随之而动。当"神"被"心"所用之后,从"神"的角度而言,神就成了具有念头的神,这神就可以认识和分辨万事万物了,就叫"识神";从"心"的角度而言,心就成了具有聪明的心,心中的聪明就叫"智",这心就可以利用"智"去聪明的做事。所以我们大致上可以这样认为:"识神"基本上就是"智"。

"神"没被"心"所用之前的那个最原始的灵性之光,叫"慧"。"慧"直接来源于最初的"真性",所以又叫"性光"或"慧光"。但经过长期的世间演变,人们就把"智"和"慧"两个不同概念的名词合在一起,组成了一个新的名词叫"智慧"了。

2. "命"由先天降落为后天

如图2"先天性命降落后天图","命"的根本部分是决定着我们形体功能正常运行的"元气",是属于"本我"的一部分。"元气"对形体所发生的最重要作用,体现在形体结构系统上。就人的生与死而言,最重要的形体结构系统是生理结构系统。"道"主宰形体的生灭,是以阴阳的"造化功能"来宰控万物的阴阳交合系统。人的出生,就意味着死亡的开始。死亡的过程,就是"命"从先天不断降落为后天,不断损失的过程,直到损耗殆尽,形体结构系统便没有了"动力来源",不能继续正常运转,那么形体生命自然结束。

"命"最根本的体现是"气",就是体内不断运行的先天元气。为了区别先天气和后天气,古时道书上用这个"炁"字来表示先天的元气,用这个"气"字来表示后天的呼吸之气。但后来大概为了省事,很多道书都用"气"代替"炁"了。所以现在一般不再区分,不论先天后天,都用这个"气"字了。我们现在谈"性命",所提到的"气"即是"元气"。元气是人体生命活动最根本的能量,如果把身体比作汽车,那么元气就是汽油。

如图3"先天性命降落后天图","命"由先天降落为后天的过程是：

真命 ⟶ 气（元气）⟶ 精(元精) ⟶ 浊精（生殖之精）

图3　先天性命降落后天

"命"先降落为"气"，即"元气"；元气再降落，就成为"精"，即"元精"。"元精"再降落，就成为"浊精"。"元精"和"元气"都是无形的，都属于先天；"浊精"是有形的，属于后天，是可以生儿育女的生殖之精。所以，"元精"降为"浊精"的环节，就是先天降落为后天，无形降落为有形的环节，这一环节相当于先天和后天的"分界线"。先天元精一旦降落为后天浊精，即成为"身外之物"而永远失去。

"命"由先天到后天的降落过程，是损气耗精的过程，是一个由生到死的路子。正常的人，都是经过这个过程走完自己一生的。下面假设一个图，作个形象的比喻，来解释这个过程。

图4　先天命降落过程形象

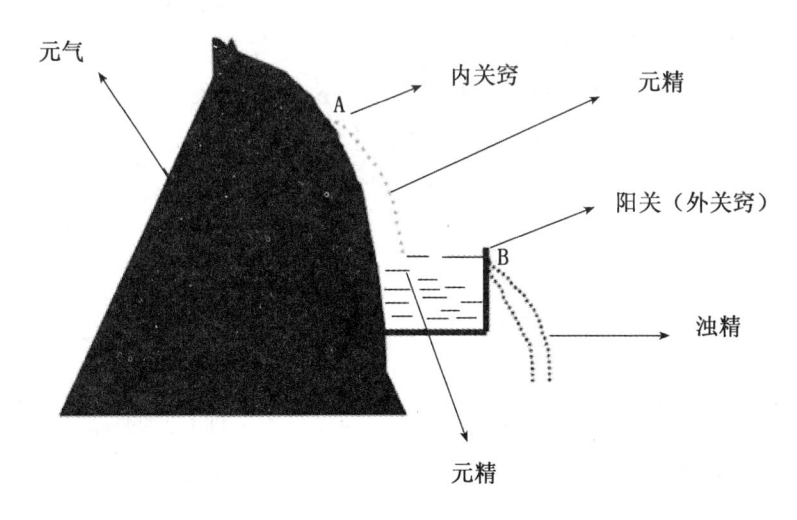

请看图4"先天命降落过程形象图"。我们不妨作个假设：身体好比一座山，山体之内有饱满的储水，山体上某个地方开了一个小口子"A"，

一股泉水从 A 流了出来，泉水下方有一个蓄水池，蓄水池的上端有个出水孔"B"，池水蓄满时候，水就要从 B 溢出来。

山体之内的储水所比喻的是"元气"，从山上 A 口流出的水所比喻的是"元精"；A 和 B 都是"关窍"，A 叫作"内关窍"B 叫作"阳关"或"外关窍"；从蓄水池 B 孔溢出来的水所比喻的是"浊精"，蓄水池所比喻的实际上是"蓄精池"。

先天的"元气"、"元精"都是无形的，降落为后天的"浊精"就是有形了。很显然，"阳关"之处是先天和后天的分界线，也是生理方面身内与身外相通的关窍，所以叫"阳关"。十几岁以前的少年儿童不生浊精，是处于先天状态，当生理发育成熟，开始产生浊精，生理现象从此开始。

有了生理现象，就会产生生理方面的感受和欲望，每个具有正常生理功能的人都会自然产生。这种感受和欲望，既是修道的顽固障碍，更是修道的"本钱"。

《伍柳仙宗》说："盖情者，乃修慧命下手一着之天机。若无此情，万不能成佛果。譬如农家无种，欲望收成，岂不愚乎？今之禅僧，不得成佛者，实不知此情之过耳！""伍柳"是两个人——伍冲虚和柳华阳。伍冲虚是道教全真派龙门七祖王常月之弟子，柳华阳原为禅僧，遇伍冲虚即皈依道门，伍冲虚授其内丹法诀，其内丹遂有大成。后来，师徒合著了《伍柳仙宗》，上面就是柳华阳的一段话。这段话什么意思呢？是说修道功夫下手最机密的地方是在生理方面的一个"情"字，如果没有这个"情"，断不可能修成正果，就好比种地没有种子，岂能有望收成？一些打坐的修行人之所以不能成正果，都是因为不懂此"情"，所以更不会正确运用此"情"。

这"情"是先天种子，是先天阳气的发生，是先天之"情"，但它能产生后天生理方面的性欲之"情"。所以"情"有先天、后天之分。先天之情是先天阳气的发生，没有欲望；后天之情是后天生理方面的"情欲"。

有些虔诚的修行人，在不打坐的时候，这种情欲还比较淡，可是一旦打坐，情欲就会越来越浓，就以为自己是不是有了淫心邪念？于是就自责。其实这情欲的源头是身内所固有的先天之气，如果没有这种情欲，就说明生理方面有问题，这种人若想修道，必须首先治疗生理方面的问题，使这欲望恢复正常，然后再用功夫化掉这欲望。所以，没有这种"情"

就等于没有修道的"本钱"。

《性命法诀明指》说："用铅不用铅，须向铅上作。又到用铅时，用铅还是错。""铅"，是先天精气，是情欲产生的"动力"，在这里主要是指阳气的发作，发作之后，不久就会有情欲产生。实际上在以上四句中，更重要的是强调如何对待这阳气发作和情欲产生的问题。这四句大概的意思是：打坐时，在虚极之中只等这阳气的发作，可是一旦阳气发作，继而会产生情欲，这时如果任其产生并顺于情欲，肯定是错误的。

那么，怎样才能不使情欲产生呢？当先天阳气发作之时，其势头首先作用于生理部位，但尚没有情欲产生，还处于先天状态，这时必须速用"逆转造化"方面的功夫进行"采药"，使阳气回返，不使其落为后天，这就是"命功"的"下手功夫"。如果这时不能马上运用功夫"下手采药"使之逆返，那么很快将有情欲产生，这就标志着先天阳气已经落入后天，化为"废物"而损失了。

佛教在修行方面也有类似的认识。如六祖慧能大师说："淫性即佛性"，《坛经》又说，"淫性本是净性因，除淫即是净性身"。龙牙禅师："人情浓厚道情微，道用人情世岂知空有人情无道用，人情能得几多时。"都是强调如何对待先天"情"和后天"情"的问题。

再看图4"先天命降落过程形象图"。当"元气"最初降落为"元精"的时候，"内关窍"（A口）先开，这时身体的外表并没有什么变化，自己也没有什么感觉。等到精满，"阳关"B就会被冲开，这时，生理现象出现。按照《黄帝内经》或各丹经所说，男子16（虚）岁、女子14（虚）岁，生理现象出现，精满自溢，先天无形的"元精"化为后天有形的"浊精"，损耗开始；男子64（虚）岁、女子48（虚）岁生理现象结束，这标志着机能老化，气已亏虚，不再生精，"内关窍"自然封闭。此时，所剩之余"精"只减不生，以此来维持有限的生命，直到死亡。所以，女子到了五十多岁，男子到了六十多岁之后，若是没有人为的刺激，理论上就不再自然产生情欲。所以重视养生的人，很讲究天然之性，惜精贵生。

（五）"性命"由后天返还为先天

"性功"的究竟，是完善"真性"；"命功"的究竟，是完善"真命"。真性与真命合而为一，即返回到了人的最元始最本来的先天大道。

这整个过程合起来,道教称为"性命双修",也叫"内丹功"。

刚才说过,道学中有一重要原理:"大道动,生万物;万物静,返先天。""性命"由先天降落为后天的过程,是"大道动生万物"的过程,整个过程以"动"为总法则;而"性命"由后天返还为先天的过程,则是"万物静返先天"的过程,整个过程以"静"为总法则。

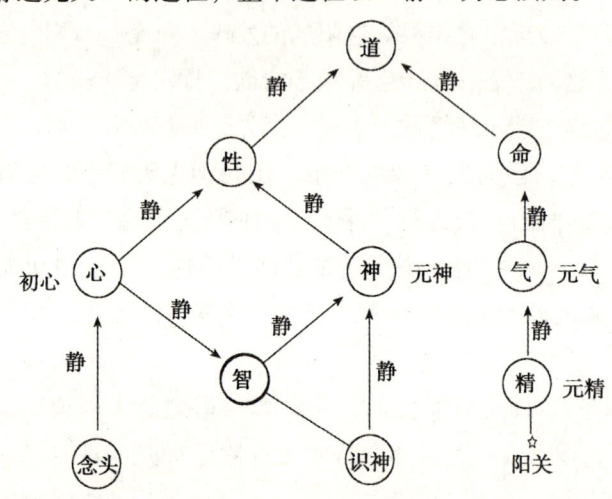

图5 性命返先天图

1. "性"由后天返为先天

（1）基本过程

通常,把阴阳"动生万物"的功能叫"造化"之功。之于人的"本性"而言,如果以降落后天的过程为"顺造化",那么,返先天的过程就是"逆造化"。这个"逆造化"的过程如何来实现呢？根据"万物静,返先天"的原理,"性命"由后天返先天的过程,是以"静"为根本法则。所以"逆造化"的总法则就是"静"（如图5"性命返先天图"）。

念头停止,标志着心静;心静,则心不役神;神不为心所役则神安,神安则静;心神俱静,则复归本然之真性,即返归先天。这个过程说起来似乎很简单,但在修道途中却是一个漫长的过程。

首先,调和身中阴阳平衡。"阴阳鱼"太极图所呈现的阴阳是绝对平衡状态,但这只是瞬间状态,并不是常态,它大部分时间阴阳是不平衡的。当达到绝对平衡状态时,叫做"氤氲"。"氤氲"是什么呢？是"阴阳交合"达到最和谐的状态,也称"阴阳交泰"。儒家讲"致中和,天地位焉,万物育焉",老子说"冲气以为和",实际上就是"至和"的状态。

阴阳平衡就能"至和",阴阳失衡就不能"至和"。天地阴阳平衡时,则天地至和,就能"天地位焉,万物育焉";身内阴阳平衡时,则身内"至和",就能"五脏清凉,六腑调泰"。

如图5"性命返先天图",调和阴阳平衡最根本的法则就是一个"静"字,静的基本方法就是"收心"、"止念",先从心上止住念头,使心归清静,这叫"收心止念",而后神安,归于静。通过心、神皆静的方式,使我们身内阴阳渐归平衡。

其次,进入混沌。体内阴阳平衡之后,继续以"静"的方式,打破阴阳的"两仪"状态,使阴阳混而为一,于是进入"混沌"境界,这就返归到了太极。这是一个有趣的现象,当太极"一点"动时,便由混沌分离出了阴阳。当阴阳静,就又进入混沌而复归太极。

最后,复归无极而返还先天。进入混沌状态,仍以"静"的形式,使太极"最初一点"化尽,于是复归无极而重现清虚。所以老子说:"孰能浊以静之徐清?"意思是说,常人都是在"浊"的状态,谁能在"浊"的状态用"静"的方法,渐渐回归到"清"的状态?

因此大道的动静原理还可以这样说:"阴阳动,生万物;阴阳静,返先天",或"太极动,生万物;太极静,返无极"。这身中的太极阴阳,便是自身统御、主宰自身"落后天"和"返先天"的枢机。

"静"是法则,"清"是效果,所以,"清静"是修道返先天的唯一途径。但真正的清静绝不是只有打坐时才清静,也不是闲时清静而忙时不清静,而是行住坐卧、时时刻刻,心都能保持清静状态,叫"常清常静",是"清静"的常态。常态化的"清静"是返先天的根本保障。

(2)收心是基础

收心方能恬淡,是"静"的前提,静是清的前提,因此,常收心则是"常清常静"的前提。所以,"收心"是"入静"的一大"关口",是逆造化返先天的"入门"条件,是修道者重要的基本功夫。

"好动",是人心的重要特点之一。人心对于身外的万事万物总是向往,具有很浓的欲望,浓到一定程度就会浮躁。这个特点,主要表现为"心不在心中",或"心不在身中"。大家可曾想过,一天当中,有多少时间你是"心在心中"或"心在身中"?比如现在,你们当中凡是注意听我讲话的,你的"心"都在我这里;如果这时候,你突然想到,家里的煤气灶没关闭,那么你的心又在家里了;你也可能会想起你刚才在来的时候路上所发生的稀奇事,那么你的心又跑到了路上;在你认真工作的时候,你的心又在工作的事务上……总之,你的"心"基本上都在身外不停地"遨游"。这么说吧,假设你突然感觉身上哪儿疼、痒、不舒服等,这时你的心是在自己身上的,除此以外,基本上你的心都没在自己身上,更没在心上。那么,晚上睡觉的时候这心是否就在心上或身上了呢?未必!人在晚上睡觉时,心也未必全都回到了自己身上,而是很多时候是游于身外的,所以有"梦"。下面不妨说一说睡眠方面的问题。

当你晚上入睡之前,可能习惯看书、想问题等,看着、想着就入睡了。其实这个时候,你的"心"一直在你所看的书上,或在你所想的问题上,而没有在你身中或心中。这时,你身体的各个"部件"大都休息了,而你的"心"并没有"归家"休息,而是仍然"在外游荡"。多数的"游荡"并没留下什么记忆,但有时这"游荡"却留有记忆,这"记忆"就是梦。所以,即使你上床休息了,而"心"也未必"回家"休息,这是不符合养生之道的。

那么,怎样才能做到让心"回家"休息呢?有一个很简单的方法:上床之前的一段时间,心情尽量避免有大的波动,重要的是上床之后入睡前不要"看",也不要"想",尤其重要的是入睡的那一刻,"心"一定要在自己"心中"。如果在入睡的那一刻你的心守着身体的某一部位,比如把手搭在脐部,然后就只想着脐内,就是保持只"知"脐内,这样心就会安安静静地守在身中休息了。这样睡眠的效果,要远远强于"心游于身外"式的睡眠。相反,如果在入睡的那一刻心没在身中,那么你似乎"形式"上"睡着"了,其实心并没睡。这种睡眠怎能有良好的效果呢?

现在把话题再回来。怎样才能收心呢?刚才所说的"知",是一个重要的验证标准。心中的"知"在什么地方,"心"就肯定在那个地方。如果能够达到"不知身外"而"只知身内",就叫"忘物"、"忘他",这就是初步的收心。这时,"神"就不那么时刻被"心"所用,"神"就可以稍得安宁了。

然而心是好动的,当"心"收回以后,往往马上又"跑"了。这时,"知"到了哪里,说明"心"就在哪里。如果把"心"收回之后不再"外跑",让"心"静静地在自己"心中"或"身中"一动不动,也就是"只知身内"而"不知身外",那么这对一般人而言最多只能坚持三分钟。

不过，练收心不是一朝一夕，一蹴而就的事，每天必须经历这样的过程：心"跑"了就再收回来，收回来可能又要"跑"，又跑了又收回来……总是这样反反复复，只要有信心和毅力，心终能被降伏。任何一个在"心性"功夫上有成就的人，都必是经过长时期的艰难过程，方能达到真正意义上的"收心止念"。这时，"心"随便都可以安静而不动念头，就基本具备"常清常静"的条件了。功夫到此，不但能"忘他"、"忘物"，而且可以"忘我"、"忘心"。这时，"神"就能很少被"心"所用而常常得到安宁了。

能常常"收心"的人，心就能宁静，也很干净，很纯朴，很少有多余的念头，不论对待大事、小事、急事、闲事，都很实在，都是本能使然，不会附加过多考虑，不会想到许许多多多余的念头。

"心"能宁静，即能彰显"本心"，彰显"本能"，彰显"本应如此"的本来智慧。虽然别人感受不到这种人有多么"聪明"，但实际上这种人没有妄用"小聪明"的习惯，一旦有需要用智慧的时候，往往会显示出惊人的"大智慧"。即使是不专门从事养生的世间普通人，也是完全合乎这个道理。

20世纪90年代初，我经常去一些偏远落后的山区，那里很多地方不通公路，更没有像样的交通设施和先进的生产工具，人们的一切活动都像是"原始"状态。但那里的老百姓淳朴得心无杂念。有一次我挎包上的小锁坏了，就到处去买锁，寨子的小商店都不卖锁，甚至那里的小孩子都不懂什么是锁，因为他们根本就不锁门。我问他们为什么不锁门，他们反而问我为什么要锁门。他们的心纯朴得简单洁净，长期不生多余念头。但你能说他们不聪明吗？有一次，只有二十几个农民，不需要任何起重方面的专业设备，竟然把一个一吨多重的大香炉，从一个近乎90度的悬崖上，很轻松地弄上去了。这个悬崖是一个光秃秃的整体巨大岩石，上面没有生长一草一木，只有一条人工开凿的不足一米宽的石磴台阶路，石磴边有一条用于攀登的大铁链。如果不是亲眼所见，很难想象他们只用一些简单的木棒和绳子就那么巧妙地把大香炉弄上去了。这绝不是仅仅凭一些力气就可以做得到的，他们所凭的是一种本能的智慧。这本能的智慧就来源于他们本能的淳朴，来源于他们本能的、不附加任何多余念头的、洁净的心。

当"用心"太多，也就是念头太多时，"神"就会很累，精神就会疲惫，甚至愚钝。这时的"智"叫"巧智"，实际上是些小聪明，并非本能的智慧，因此老子说"绝圣弃智"。"弃智"，是由"心"返归"元神"的一个重要环节。

当"收心"的功夫达到了一定程度，心就能常静，神就不轻易被心所用，则智不生、识神灭，而"元神"得安，神安，就能得养，神得养，自然清明，神清明就能智慧明。所以道书常说："静能生慧"。

心常清静，神常安养，人就容易进入"寂静"状态，道书上叫"入静"。若能长期"入静"，则不但能"忘我"、"忘心"，而且容易进入"忘忘"的境界。在这种"忘忘"的境界中，就容易"入定"了。"入定"经久，"心"和"神"就有可能融化为一，而返归"真性"了，这就是"返璞归真"。

从以上过程可以认识到，"静"在返先天的过程中起着多么重要的作用！庄子曾这样强调"静"的重要性："人莫鉴于流水，而鉴于止水，唯止能止众止。"大概意思是：不要在流动的水中照影子，要在静止的水中照，只有水静止，影子才能静止清晰。这水所比喻的是心，影子所比喻的是万事万物。意思是说，万事万物原本都是静的，因为心是动的，所以心中的万事万物都是纷乱飘荡的，所以心就不能清晰。要想万事万物在心中是清晰的，就必须让心静如"止水"，心如果能静如止水，那么所有的万事万物在心中都是静止的（"唯止能止众止"），是清晰的。

（3）降心化性是过程

何谓"降心化性"？"降心化性"就是化掉"秉性"，见到"本性"，这是一个长期的过程。

常人的特点是惯于用心、用智，总以为自己有用不完的聪明。而实际上，这就像"井底之蛙"以为自己能通晓井中世界就是很"聪明"一样，根本认识不到这种"聪明"是多么局限！更不知自己的"聪明"所产生的局限性的认识是多么可怜！但人类的特点就是这样惯于用心、用智、用聪明，并自以为是。所以久之便积习成痼而成"秉性"，更执"秉性"误当本性，于是从心理到行为就越来越远离根本，远离天然，违背天理，违背天道。这远离根本，远离天然的"心念"、"我执"和"巧智"积累多了，便在心上形成一种顽固不化的"尘垢"，这些"尘垢"遮蔽了本然的"本性"，使"本性"不再发光。

所谓"降心"，是把好动之心降伏，使其不再妄生念头，不再妄生新的"尘垢"，而后归"静"，实际上是"收心"的另一种形式。所谓"化性"，是将有生以来所积累的一切"非我本然所有"的"秉性"和"尘垢"渐渐清除，以露出原本的"本性"。

"本性"好比玻璃，原本是"透明"的，但"心"总是习惯把各种"装饰品"作为华丽宝物，一层又一层"装饰"到玻璃上，于是玻璃就被遮蔽了，失去了原有的透明之功能。这些华丽的"装饰品"就是"秉性"和"尘垢"。"化性"的过程，首先要从心灵深处认识到这些华丽的"装饰品"不是宝物，更不是玻璃的"本然"，而是不应该有的障碍和累赘，所以一定要毫不留恋地清除掉，只有清除掉这些所谓的华丽宝物，才能重新露出玻璃的本来面目，恢复玻璃本来的"透明"功能。

所以"化性"是把心里认为是华丽、宝贵的东西都全都看破、放下，以达到心性空灵的状态，恢复本性的光明朗照功能。庄子把这个过程叫"缮性"，这是一个漫长的过程。当完成了这个过程，我们的本性就会重新放射出本来的"性光"，这就是"明道"，人的最大智慧就在这儿。

2. "命"由后天返归先天

"命"由后天返先天的功夫叫"命功"。命功是使形体生命活动最根本的精华和能量由后天返先天的功夫，这种功夫是从生理入手，阻止先天的元精不使其落为后天，然后再将先天的元精化为先天的元气，最后将先天元气返归"真命"状态，遂与"真性"相合（请看"先天命降落过程形象图"）。

这个过程，仍然遵循"万物静，返先天"的原理，以"静"为根本法则。其实，命功的每一个环节，无一不是依赖"心"的"寂静"来完成的。

第一步，断浊精而养元精，不使"元精"降为"浊精"。那就须要"储精池"常常保持"不满"状态。怎样才能保持不满？以具有"返还"方法的打坐功夫，用"太阳"（也叫"真火"）照耀"蓄池"，使池中物不断蒸发而回升，所以经言："净扫迷云无点翳，一轮光满太虚空"（这些都是隐语）。真正修道之人必须是"专业"的，一天到晚以做功实践"法诀"为要务，再没有什么事情比做功更重要的了。如果有事耽搁，那么一天至少也要做四次功，是在子、卯、午、酉四个时间段，这是做功时间和次数的最低限度了。这是因为，尤其是年轻人，精气旺盛，生精较快，数小时内"精"就会"满"，"满"则易"溢"，即使不溢也会产生生理方面的欲望，欲望产生之后，则欲火烧身，心中难耐，这时即使没有浊精遗出体外，也标志着元精已然落入后天而成为浊精，只是另有蓄存浊精的地方而已，这是常人的生理规律。所以，要想避免先天落入后天，只有在"未满"之前，或未产生欲望之前，赶紧做功夫用法子使元精"升发"返回，并以此控制欲望的产生，以不使元精降为浊精。

所以，对于"专业"修道的人来说，昼夜十二时辰的大多时间基本上都在做功夫，如果有特殊情况，那么也决不可以少于"子、卯、午、酉"这四次。"子、卯、午、酉"呈一个正"十"字形，把一天二十四小时（十二时辰）平均分成四个时间段，每段六小时。假设每段时间做功两三个小时，还剩三个多小时的间隔，这三个小时大概还不至于"满而溢"。实际上这个过程，也是渐补以往"亏损"的过程，以使"精满气足"利于回返。

当然，以"子、卯、午、酉"四个时辰作为做功的基本时间段，还有另外的意义，就是利用天地阴阳的自然消长与人身阴阳的天然关系，使功夫更能融化于天地自然之中，有时会有事半功倍的效果。

在心性功夫的配合下，心无杂念，清静无物，常以"太阳"静照"蓄精池"，并使身心达到寂静状态。在这种状态之下，元精不断"凝聚"、"升温"、"蒸发"，这时先天阳气容易发作。当先天阳气突然发作，就叫做"药生"，或叫"阳生"、"阳气发作"、"先天气发作"，等等。"药生"之时，来势迅猛，身体的生理部位随之迅速反应，犹如阴阳欲交之势，但这时毫无情欲产生，说明阳气仍为先天状态。但此时若不及时下手，稍刻情欲就要产生。一旦情欲出现，就标志着已然落入后天而永远失去。所以，在"药生"之时，情欲产生之前，须立刻应用"采药"之法进行"采药"，直到"来势"退却、生理部位复原，同时，将"药"运到"炉"中用"火"进行烹炼、温养，使尚未降落为浊精的元精返回，然后复归寂静。

天长日久，"精"越聚越集中，越聚越足，时刻存在"满而溢"的危险，功夫稍有懈怠，就可能前功尽弃。所以"丹经"中常有"防危险"的提醒。因此，做功者总是辛勤专注，心无别念，事无旁骛，多数时间都是在不间断地做功："入静—阳生—采药—归炉—烹炼—温养—复归寂静—阳生—采药……"如此不断返复，久之身中先天精足。功夫至此，"阳关"会渐渐重新封闭，其表现形式为生理现象消失，情欲不生，在男子叫做"闭阳关"，在女子叫做"斩赤龙"，实际上这时的生理功能已然返回到了青春期之前的状态了，就像儿童，没有生理欲望的困扰，叫"身心清凉"。而常人一旦情欲产生，身内就会如火燃烧，以致心中难耐，叫"欲火灼身"或"邪火烧身"。

第二步，元精返归元气而复命。

闭阳关、斩赤龙，标志着正式进入"逆造化"的功夫。这时，随时随地都可以运转功夫，运转先天灵机，化元精而返归元气。久之，元精渐尽，元气渐盈，生理欲望基本不生，即使功夫稍有耽搁，也不至于精满而溢。这时，在当初青春期身体所发生的形体变化，也渐渐复原如初。直至元精化尽，元气俱足，"蓄精池"和"内关窍"都结束了它的功能作用，这时，"内关窍"自然封闭，生理欲望彻底消失，叫"断欲"。这标志着"炼精"的过程结束，就要变换一个"炼"的地方，谓之"移炉换鼎"。

这个过程之中，体内清气渐长，浊气渐消，形体渐柔，脚步渐轻，心渐清，神渐明，先天智慧增益，道境景象频现。这时方知，无形有形，虚实变化，皆以神通，神仙之事真实不诬。

第三步，炼气化神，性命归一。

这一步实际是在完成以上功夫之后，"性"、"命"融化为一而合炼，这是具有真实意义的"性命双修"。这个过程完成之后，就可以出神入化，集有形、无形、虚、实于一身，灵通无碍，变化无穷。这时，再继续进行最后一步"炼神还虚"，即成真人。在此就不作详说了。

（六）道与寿的关系

性明为"道"，命明为"寿"。"道"在性功上明，"寿"在命功上得。所以，修性不修命，会有明道的可能，但身体不一定长寿。修命不修性，虽在命功方面有所得，可以长寿，但永远不知"道"在哪里，其境界与凡夫终究无异。所以祖师言："只修命，不修性，此是修行第一病。"意思是说，修道都如果最终不能明道，那么即使能活200岁，终究也是个鬼，证明这不是真正的修道，所以是"第一病"。如果既修性又修命，就叫"性命双修"。如果双修成功，则既能明道，又能长寿，道书上叫做"形神俱妙，与道合真"。

我早年曾见到过很多打坐功夫很好的老道长，其中有人能连续坐多日不动，与其接触会明显感觉他人品修养十分令人崇敬，但其境界并不觉得与常人有什么不同，没有智慧境界方面的过人之处。这就是因为他一辈子都是在打坐修"命功",而没有得到口传的法诀,不知"复性明道"之法,所以虽然打坐功夫很了得,但终久与道无缘。自古以来打坐修道的,实际上大多数是只修的命功而没有性功方面的真传。

世间人向往道教养生,实际上其愿望只是想改善一下身体状况,希望身体更加健康。如果是这样,那么,最多只需要简单借鉴一点命功方面的功夫就足够了。

四 丹经的特点

下面谈一谈道教"丹经"的一些特点。

自古修道,其根本法诀全靠口传,不记文字,从来都是"秘传"的形式,至今仍然如此,主要是因为法诀绝对不可传与非人。自古以来,就有人把修身证道的体验和认识用文字写出来,以冀引导开示后来者。后人把这些书叫"丹经"。最有名的丹经是问世于汉代号称"万古丹经王"的《周易参同契》。但由于"绝密"的原因,于是就以演说《周易》的形式,用尽了"隐语"来"绕圈子",即使有人稍能看懂,全书也找不到切实可行的具体方法。自《参同契》以后,又陆续有不少"丹经"问世流传,并且,似乎越来越显得通俗明白,尤其是分别问世于清初和民初的《伍柳仙宗》和《性命法诀明指》,似乎把内丹方法倾囊献出,说得更加明白。其实这更是"绕圈子",说得越明白的地方越是"绕圈子",这就是丹经的传统特点。可以这样说:丹经的"绕圈子"是绝对的,直说法诀是绝对不可能的。不得法诀的人,把丹经研究得越明白,谬误就会越多,离真法诀就会越远,所以丹经说:"读破丹经千万卷,不遇明师亦枉然。"得到法诀的人再读丹经,会恍然尽知其意,所以丹经上还说:"得诀归来好看书。"因此又可以说:自古及今的所有证道者,没有一个是依照丹经所写的方法成就的,也没有一个不是得到法诀而后才成就的。

所以丹经中还这样说:"经能度人,经能误人;被度者九牛一毛,被误者不计其数。"为什么会这样说?因为,(1)丹经是写给"局内人"看的,不是写给"局外人"看的。(2)"丹经"多为隐语,很难从文字的本意上读懂其意,不得诀者自以为读懂了的,其实可能会谬之千里。(3)即使能懂其意,但其意皆为说理或是作者的修道体验,不可能有那个口传的"千古秘诀"在里面,而这个口传的法诀才是唯一的根本方法,所以，即使读懂其意，反而会被"其意"绕懵，更何况太多的地方是故意让"局外人"进入自以为"看明白"的"糊涂圈子"里。

打个比方，比如有的丹经在讲"火候"时，竟然列出一十八般"火候"。乍看，似乎觉得"太好了！写得如此详细明白！"岂不知这是典型的故意"绕圈子"。且不说十八般火候详细得让人几乎无法区别，更无法应用，单说最基本的"文火"、"武火"、"不文不武"这"三般火候"，也很难让做功夫的人把握得恰到好处，更不用说即使把握得好，也终是强用意念的"有为"之法，终不是正途。所以看似分划得非常详细明白，但实际上是"不看还明白，一看必糊涂"，用起来更是困顿无穷。所以有"经能度人，经能误人；被度者九牛一毛，被误者不计其数"之说。

那么，既然这么"误人"，为什么还这么写？因为，丹经是证道成功的真人所写的实证体会，其中的"理"能让"局内人"心明意朗，能起到非常重要的开示作用，虽然其中的"方法"不能让人达到一定的功夫高度，但在补亏、养气、炼气方面还是可以让人尝到初步"甜头"，能因此更加促使坚定信念，发大愿、立大志，于是抱志参访，苦寻真师，以期得到法诀。

实际上，得到法诀之后，基本用不着再看丹经了。早年的时候，有些丹经的章节我都能背熟。但是后来有了方法，丹经就再也不需用了。北宋张紫阳真人在《悟真篇》说，"万卷丹经语总同，金丹只此是根宗"。是说万卷丹经，看似内容不一样，其实所说的"理"都是一样的，只是用了不同的文字来表述。这些理虽然不离开法诀，但又不是真正的法诀。所谓"法诀"，就是千古不传的秘诀，自古至今一直口口相传，不记文字，绝对不可能写在文字上。所以，一直流传着这么一句话形容丹经："最后一句不可说。"

古来修道者多，而证道者少，是因为大多数人一辈子都访不到真师，得不到法诀，所以只能做些"命功"，虽能活百岁，但最终不能证道。谁能得到法诀，谁就能立竿见影，马上走入证道。有一句话说得好，"得之最难，行之最易"。访到法诀的人再读丹经，会恍然尽知其意，因为丹经上所有的方法，都不出这口传的法诀之外。

那么，这个法诀到底是什么呢？其实，都说这是"法诀"，但却没有任何"方法"可言。那么没有任何方法可言为什么还叫"法诀"呢？是这样的：大家可以想一下初出生的婴儿，或在母腹中的胎儿，他的眼睛、舌头、心思、肌体动作的用力情况等，都总是处于最原始、最天然的状态，没加任何人为的做作，更不是什么"方法"。可是如果让我们成年人学他们的"状态"，那他们的这些状态就是"方法"了。但他的那个状态又确实不是方法，如果硬说是方法，那就是没有添加任何人为做作的"天然法"、"自然法"、"无为法"。

这说明了什么？这说明，在我们成年人的世界里，我们太多的"方法"、"思维"、"行为"，都早已远远地偏离了自己的"天然"，偏离了万事万物的"天然"。当这种"偏离"积久成癖之后，如果再回头体验原本的"天然"，就会反而觉得"天然"是这么陌生，体验起来似乎觉得是一种复杂的"技术"和"方法"。其实这是个"技术"和"方法"原本不是什么技术和方法，这"不是方法的方法"，就是天然法、自然法、无为法，所以更准确地说应该叫"不法之法"。

比如："忘物"、"忘我"、"忘心"，虽然是"忘"，其实这"忘"也是法子，真正的"忘"，应该是把这"忘"也要"忘"掉，所以叫"忘忘"。"忘忘"之后就根本不存在"忘"这个概念，这就是无心、无为的状态，是最原始的自然状态。初出婴儿和胎儿随时都是这状态，根本没用什么法子，也不存在什么"忘"与"不忘"，而对成年人来讲要体验这种状态就十分困难，就觉得那是很复杂很难以实行的法子。

所以说，作为"无为法"的"法诀"，是最原始的"本能法则"，是"自然法则"，是"不法之法"，是"无为法"。只是人们已经远离了这种"自然"，使这种"自然"成了"陌生"，所以才把这种"自然"当法子了。远离了"本来"，远离了"自然"的方法，都叫"有为法"。下面再用撒网来形象地比喻一下"无为法"和"有为法"的区别。

我们借用丹经"绕圈子"的写作思路来写撒网的方法。首先说理："网有网纲，有目，渔网的边缘下面还有一圈用来兜鱼的回兜。撒网的时候要撒得开，要撒得圆，这时下面的一圈回兜也全都张开了。收网的时候，鱼进到回兜里就出不去了。"然后再用"绕圈子"的形式告诉你具体方法："找若干人和若干条小船，把人分散在各船上，小船在水面上围成一个大圆圈，所有的人同时扯着网的边缘把网张开，并且一定要扯圆，然后喊'一、二、三'，所有的人同时放手，渔网落入水中。然后再活动网身，让网充分合拢，大家再一齐起网。"甚至还可以写得更详细，圈子绕得更大。不过，以上的叙述从理论到方法并没有说错，但这个方法远远偏离了"基本方法",实在太复杂,太麻烦,很难奏效。这个撒网的方法所比喻的是"有为法"。而"基本方法"所比喻的就是口口相传的"无为法"。这"基本方法"是什么呢?就是直接告诉你简单的方法:"只需要一个人,先把网纲执于一只手中,再双手托网,然后转身,用力把网撒出去,手中只留钢绳,然后只需轻轻拉这钢绳,其他的什么都不用管了。"这个"基本方法"是最根本,最简单的方法,是根据渔网结构的"本来"原理而总结的"本来"方法,是简单易行的"无为法"。这个方法就叫"一窍管百窍",那若干人和若干条船共同合作的所有程序,全都包括在这极其简单的"一撒一收"之中。所有的"有为法"都是复杂的,因为人为的因素太重;所有的"无为法"都是简单的,因为遵循天然,没有人为做作。"无为法"能包括所有的"有为法"。所以有这样的千古名言流传至今:"天然简单,人事复杂","大道至简至易"。

再比如"采药"。是说在没有心念或没有人为刺激的情况下,入静后突然阳气发生,而"外肾举"(或叫"阳举"),这个时候就要"采药",然后"搬运"归"炉"、烹炼、温养等,并且还要特别注意"文火"、"武火"的变化和"神"、"意"的运用等。这个过程"技术"性太强,操作起来十分麻烦,很难把握,并且弄不好还会有负面作用,甚至会有危险。但是如果用口传的法诀就简单易行多了,可以简单到"不调息自调息","不采药自采药","不搬运自搬运","不烹炼自烹炼",并且决不需要用心用意,"文火"、"武火"也会自然调节,整个过程会在"寂静"的状态之下正确无误地运行,这就是"无为法"。可以说,得到这法诀之后,修道便是"质"的"突变",功夫会立刻进入"无为"状态,并且做功再也没有滞碍。这时才明白:当没有得到法诀的时候,是"人做功夫",得诀之后,则是"功夫做人";没有得到法诀的时候,是"人修道",得诀之后,则是"道修人";为了得到法诀,总是"徒弟访真师",而真正传授法诀,则是"真师访徒弟"。

真正的法诀需要真师传授,访道实际上就是访真师。在访师过程中,可能会遇到很多真师,但可能是自身方面的"标准"或"火候"还不够等原因,所以会"当面错过",或者最多不过得到些指点开示而已。但可能在你这若干年的访道期间,有的真师一直在关注你,一旦你的"火候"达到"标准"了,自然会有师父来传授法诀。凡是得法诀的人,最终都是早已被师父"盯"上了的徒弟。得到法诀以后,就不是"人修道",而是"道修人"了。这时，不可妄念，不可妄行，不可妄言，不可停止，更不可倒退，各种魔障俱增，须频频应对。尤其是做功夫，再也不是坐在那里等待功夫的"发作"，而是功夫不时"来袭"，催促你做功夫，不论这时在做什么，必须马上放下，就地而坐，进入功夫境界。如若不然，她会化为"邪火"，在你身上乱"烧"一气，甚至会带来各种各样的严重后果。

五　精气神的保养

关于精、气、神之于人，有这么一个关系：精满不思欲，气满不思食，神满不思睡。

"神"是全身的主人，如果神不足，或者耗神过度，眼睛就会呆滞无光。眼睛多看、久看容易伤神，所以"收神"是养神的最重要方法。其次，"心"是"神"的居所，用心太过也容易伤神。所以养神的主要法则是，尽可能地少用眼睛少用心。只有养足神，才能精神饱满，才不易瞌睡，所以"神满不思睡"。

"精"是人身之精华，是一身的"润泽"之源。如果精不足，或者损精过度，形体就会感觉干涩僵硬。肾为精之舍，所以伤"精"过度，就会肾虚。精的损耗，主要是生理方面，耗泄精则损元精。其次是耳朵听的过度，也容易伤精。所以，养精的方法是少听，但更重要的是节欲、淡情、守精、惜精。有这样一个规律，越是精亏，越容易产生欲望；儿童精最足，却一点不思欲。所以，"精满不思欲"。

"气"是一身的"能量"，如果气不足，或伤气过度，人就会气虚，身上没有气力，身体虚弱，正气衰而邪气盛，百病来侵。伤精过度和说话太多都能造成伤气，这两种情况都会让我们身体感到气虚无力。所以，养气最重要的一是"惜精"，二是少语。宫观和寺院都戒多言，戒聊天。如果气足，则体内充实，不觉饥饿，所以"气满不思食"。

六　谈谈呼吸方面的调养

大家是否注意过婴儿是怎么呼吸的？你看婴儿躺着时候，肚脐部位在动，那是在用腹部（实际是丹田）呼吸，这是最原始、最天然、最正确的呼吸。而成年人怎样呼吸？全都是齐乳的部位在动，那是在用胸部呼吸，是错误的呼吸方法。这种错误的呼吸方法，是随着精、气、神的不断损耗，先天不能保持，渐渐落入后天，以致呼吸越来越不能守"宗"而远离丹田所导致的。

当我们在爬山的时候，越走越累，越累呼吸之气就越往上移，气越上移脚底就越空，就会走路"无根"，等到气顶嗓门的时候，就喘不过气了，必须停下来休息。但如果能把呼吸之气沉到丹田，那叫"气归宗"，马上就会脚下生根，呼吸稳定而生气力。

很显然，气往上移，是错误的；气往下沉，是正确的。如果能把气息调到丹田去，重新回到婴儿时的呼吸方法，这就叫"归宗"，会觉得浑身充满力气，走路也少觉累。这样有助于健康长寿，祛病延年。

道教养生中有调息环节，是一套很好的呼吸方法。可在静坐之时练习，主要把握以下五个标准。

（1）深。我们的呼吸之气原本是到"丹田"的，这叫"深"。但随着年龄的增长，就慢慢地上移到了胸部，这是"浅"。要慢慢练习让气息重新达到丹田。

（2）长。是指一次呼吸的时值，越长越好。练习时可以逐渐延长。山中功夫过硬的人，每次呼吸能达一分钟以上。当然，功夫更深者，会自然逐渐延长，五分钟、十分钟……直到很长很长，甚至可能消失，这就叫"胎息"。

（3）细。让鼻孔的呼吸气息越来越细，最好呼出的气息碰到皮肤上感觉只是一个小小的点。如果气呼出来的气是散开的一片，这叫粗。

（4）匀。呼吸不能时长时短，时强时弱，时粗时细，而是长短、强弱、粗细要保持均匀不变。

（5）绵。绵是不间断的意思。常人的呼吸是：每一呼或每一吸，总是中段强而两端弱，呼与吸或吸与呼相衔接的地方容易"断气"。所以要把每一呼和每一吸尽量保持均匀不变，这样，两端就不至于"断气"了。

今天就讲到这儿。谢谢大家！

互　　动

问：孟道长，您好！我来自大草原。我的问题是，怎样才能访到名师？

答：要是把这个"访"的过程颠倒过来就容易了，那就先了解一下名师怎样访徒弟吧。有这样一句话："真人传道必寻载道之大器。""真人"就是名师，名师要传道，就得找徒弟，这徒弟必是"载道之大器"方可以传授法诀。所以，当自己还没达到"载道之大器"标准的时候，即使遇到名师，他能明辨你，但是你不知道他，所以只是"当面错过"。

我建议你读一读清初康熙年间王常月祖师的《龙门心法》，里面有访师这一节。我当时访师的时候，写了很多诗句，其中有这么一句："访道双膝路。"有些人问我访道过程中做得最多的事情是什么，我说我磕头最多，甚至膝盖当脚走，所以叫"双膝路"。可能世间人对此难以理解，但确实是只有这样，才能更加磨炼志向，才能感格师心。所以，访道的过程，也是磨炼自己心性、坚定自己志向、提升自己境界的过程。在这个过程中，可能半途而废，也可能真的把自己铸成了"载道之大器"，更可能师父一直在关注着你呢！一旦到了"火候"，师徒缘分就到了，也可以说是道缘到了。

问：孟道长，您好！我看到有一张您弹奏古琴的图片。我现在也正在考虑学古琴，希望您能在这方面给我一些建议。

答：古琴自古以来就是一种修身之器，与古琴有关的古文献对古琴都是这么定位的。所以它不是作为乐器流传至今的，这和当今古琴界的主流观念可能不大一样。我当年在山中独居的时候，很多东西都扔了，书也封存了起来，唯独保留着一部《皇经》和一架古琴伴随身边。每天在静坐和干活之余，总是用一个多小时的时间弹一弹古琴，结果越来越感觉到，弹琴具有很好的"收心"、"凝神"作用。我之前学过多种民族乐器，但是后来全都放弃了，唯留古琴。因为那些乐器都没有像古琴那样具有"净化"的作用、"凝神"的作用，只有古琴能让自己的心中如此祥和、宁静，似乎安然于空灵的境地一般。并且在琴的长期伴随过程中，琴辅助我体悟到了超然于形神之外的"大音希声"、"大象无形"。因此，我深信琴能辅助修身，确是修身之器。当然，如果只是以世俗之心去应琴，那么琴也就只能是世俗间的乐器了。

问：孟道长，您好！请问您如何看待佛教中"生死轮回"的问题？您觉得人死会去哪儿呢？

答：刚才分解"性"、"命"时，已经说到了"魂"，就是涉及"生死轮回"的问题，因为时间关系，没能细讲这一部分。所谓"生死轮回"，指的是我们的"本我"，而不是我们的身体。当我们完善"本我"到"返璞归真"的原始的状态时，"本我"就是完全可以独立的"灵性"了，是"真灵不昧"的状态。这时，有形的身体就不重要了，因为这身体就已经不是自己，只是个"房子"的意义了。而"不昧"的"真我"只是这房的主人，可以在房子里，也可以不依赖这房子而在房子外，这种人跳出了阴阳造化之外，没有生死，就不轮回了，所以庄子说，"天地与我同生，万物与我为一，与天地精神相往来"，这实际上是天人合一的意义。

我刚才说了，天的道性是天道，万物的道性是物性，人的道性就是人性，这些道性没有什么区别，是相通的。上一次我还举过一滴水的例子，水所比喻的是我们的"道性"。山上的一滴泉水往下走，在中途，它可能被一匹马喝掉，或者为草木所吸收。但是我们仍然叫马为马，叫草木为草木，而不把它们叫水。这就好比"道"，"道"进入人身之中，进入万物之中，本来都是无形的道性，但我们就从形体方面有了分别。庄子《齐物论》说万物一体，万物没有什么分别，分别是人心造成的，其实意思是说道性都是相同的。这样，马也好，草木也好，当我们不在意于他们的形体，而是找到他们身体中的水（喻指"道性"或"灵性"）的时候，那么我们就找到了人与万物最根本的一面，这是他们共同的本来面目。如果马的一生把自身的"水"损耗得只剩下一部分的时候，那它就不足以满足一匹马的需要，不能再成为牛马的"灵性"了，但还能足够一只羊所用，那么这匹马死后，它的灵性就再也难以进入另一匹新降生的马身上了，可能会进入一只正在降生的羊身上而成为一只羊。如果这马一生"积累"、"储存"，最终远远超过了一匹马的正常"承载量"，甚至足够一个人的正常所需，那么它的灵性就很可能进入一个正在降生的婴儿"窍"中。同样道理，当人的"本我"（灵性）被损耗得不能满足一个正常人所需的时候，那这人就不可能再为人了，也可能只够一匹马所用，那么就可能只有进入马窍中去了。如果我们这一生损耗太多，那么死后，灵魂就会没有归宿，就会成为孤魂野鬼。这是我所理解的"生死轮回"。

谢谢！

主持人：韩非子也讲过养生，他说，"人不食十日则死，大寒之隆，不衣亦死。谓之衣食孰急于人，则是不可一无也，皆养生之具也"。这个养生是大家今天来想听的养生，但是今天孟道长给我们讲的是庄子养性的养生。可能我们还不能这么快从韩非子的养生转化到庄子的养生上来，但是我们至少可以静一下我们的念头，去返璞归真。好比"己欲利而利人"，我们开始追求"利"，结果往往包含有"利人"的因素，要达到孟道长所讲的"以无厚入有间"这样一个结果，还要去努力。

佛学系列

佛教对生活的看法

主讲：黑龙江省佛教协会　静波法师
时间：2012 年 5 月 26 日
地点：北京师范大学英东学术会堂

主持人：今天是北京师范大学人文宗教高等研究院主办的京师人文宗教讲堂佛学系列讲座，我们非常荣幸、非常高兴地邀请到了静波法师来给我们做这一堂讲座。

静波法师是中国佛教协会常务理事、黑龙江省佛教协会会长、哈尔滨极乐寺现任方丈和极乐寺佛学院院长。静波法师在佛学造诣上非常高深，他获得中国佛学院硕士以后，留校任教，曾长期从事教学研究工作，2002 年起出任极乐寺方丈和极乐寺佛学院院长。他曾经在国内外多个城市、国家、地区不同场合给众多的信众和民众讲授过佛经、佛教教义，有很多佛学的论著。我想大家非常期待听到静波法师的开示，下面的时间请静波法师作佛教学术报告。

静波法师：非常感谢人文宗教高等研究院给我这样一个机会和大家去探讨佛教的一些理念问题。我期望人们都能掌握比较对称的信息。我从来没有想到过被别人了解，但是至少你应该了解我在干什么，至少你能通过掌握一些佛教信息来鉴别真伪，尤其在比较复杂的现代社会，这是我的一点点期望。曾经有很多人问过我，说社会上的人都像和尚一样出家了，社会不就灭亡了吗？我告诉他，佛教不提倡大家都出家，更何况无论我们怎么提倡，总有一些人不会出家。佛教是包容的，允许别人选择不同的生活方式。虽然选择了不同的生活方式，但依然可以拥有佛教的幸福。我们现在就从一些佛教理念探讨佛教对生活的看法。

佛教所谓的生活就是世间。如何安立于世间，然后展现和证明自己，这是佛教的基本立足点。如果你脱离了这个世间，就是空中楼阁，空中楼阁这个词来源于佛教，如果是空中楼阁就和我没有关系了，佛教就不能解决人的烦恼、纠结、苦难,那这个宗教就等于死掉了。所以,我们试图在佛经里面找到足够的证据和依据来说明佛法是有生命力和说服力的。

所谓佛法和世间法的关系是什么样的呢?他们是不能分开的。佛教《摩诃般若波罗蜜多心经》告诉我们:"菩萨住二谛中为众生说法,世谛、第一义谛。二谛中众生虽不可得,菩萨行般若波罗蜜以方便力故为众生说法。"(《大品般若经·具足品》)

菩萨是什么意思呢?在利他中完成自利的才叫菩萨;利益众生的是菩萨;不为自己求安乐的,但为众生得离苦的是菩萨。做菩萨很难,首先要"无我"。但是怎样才能"无我",就是在帮助别人的过程中锻炼自我,淡化我执,改变我执,就是这样一个过程。所以,佛法是离不开世间法的。

所谓"菩萨住二谛为众生说法",龙树菩萨在《大智度论》里解释说,为"为执有者说空,为执空者说有"。俗谛说事物是有或者是说这个事物是没有的。什么是俗谛?就是世间人一般的看法,例如一件事是坏还是好,或者这个人是男人还是女人,对此大家有一个基本的定义,这没有错。但是如果你认为它是实在的、不变的,那我们就执着了,我们就苦恼了,我们就轮回了。怎么办呢?佛说你只说"有",这个"有"是假有,不是实在的。它是缘起,由缘聚在一起的,是没有实在性的,并不是没有一个幻化的假象。缘起性空不要执着,性空虽然是性空,但是还有缘起的假象,所以佛教徒面对现实的时候要遵守法律,遵守社会公德,要遵守佛教的基本戒律,如果不能做到这一点,就没有资格称为佛教徒。

现在社会上假和尚、假喇嘛现象直接影响了佛教的尊严、形象,所以我们急于希望大家都能了解一些准确的信息,信息一旦对称,大家就有能力鉴别,这样就防止一些人上当受骗,或许也能使一些弄假之人扪心自问,改变自己。所以,佛教是"不依世俗谛,不得第一义"。这在龙树菩萨《中观论》中也有明确的探讨,他说"诸佛依二谛,为众生说法;不依世俗谛,不得第一义",是说你不依靠世俗谛就没有办法得到真谛,真谛就是不要执着。"不得第一义"则不得涅槃,涅槃是解脱的意思,如果你不能证得事物的真相,你便没有办法得到解脱。很多人并不了解佛教,并不是说他没有这个愿望,也不是说不想了解,但是有时候会道听途说。佛教有的观点可能有一些人不认可、不了解。佛教是无神论的,可能大家听到这个会大吃一惊。因为佛教说我们所处的世俗世界是轮回的世界,什么是轮回呢?天、人、阿修罗、地狱、恶鬼、畜生叫六道轮回,没完没了一词来自佛教,他们不断地转来转去,人可能升天,可能变成狗,可能下地狱,也可能变成其他的一种众生类。它的推动力在哪儿?是自己,自己决定了自己的轮回,不是佛菩萨,也不是哪个人在主宰你,是你自己完成了自己的轮回。佛教徒说我们要走出这个轮回的圈子,怎么办?这就要学佛,学佛才可以,只有学佛才能走出轮回。那么它的主宰是实在吗?不是,虽然我们也讲三皈依——皈依佛、皈依法、皈依僧,但是它直接的目的是要改变我们自己对自己的困惑和束缚,这才可以完成。所以,"不依世俗谛,不得第一义","不得第一义,不得涅槃"就是说没有办法得到解脱。六祖慧能大师在他的《坛经》里面也告诉我们,"佛法在世间,不离世间觉",佛法就在我们的现实人生中,不可以离开它而完成解脱和完成觉悟。所以,佛法和世间法两者间是不可以分割的,紧密相连,不即不离,每个人拥有人生,这是学佛的基本条件。

我们去对动物讲法,那基本是不可能的,为什么?因为动物听不懂我们的语言。虽然佛菩萨,比如说地藏王菩萨说"我不入地狱,谁入地狱",这没有问题,但是他入了地狱以后,一定要变成地狱里的鬼才能度脱他们。佛教中有一个著名的面然大士是观世音菩萨示现的,他要变成鬼的样子才可以和鬼打交道。我们由此引发出,当人必须要说人话,当鬼必须要说鬼话,因为当人说鬼话不行,当鬼说人话不行,这叫契机,然后你才能慢慢让他从他的困扰中走出来。由此,我们可以改变一般人的困惑,这种困惑认为佛法与世间法是矛盾的、对立的。很多人说我烦恼,我妄想多,所以躲起来;或者我念佛,和别人不来往。我觉得这是对佛教的误解。我们要防止另一种误解,即念佛和学佛之人极度把自己混同于完全的世俗人,甚至完全可以胡来胡做的那种人。比如有人经常在我面前提及这样一句话,他说法师啊,"酒肉穿肠过,佛祖心中留"。我说我实在不知道你心中有没有佛,但是你喝酒吃肉这件事,我们分明看到了。所以一个佛教徒一是要给人家信心,不要让人家失望;二是要给人家希望;三是给人欢喜可爱;四是给人方便,方便固然可以,但是不能迷失方向和根本。

佛教中大家都看到这样一个现象——佛菩萨都坐在莲台上,一定要坐在莲台上,为什么这样说?因为莲花下面就是污泥浊水,所以《维摩诘经》里面说,高原陆地不生莲花,高原陆地怎么能生出莲花呢?只有污泥浊水才可能孕育出莲花。这个污泥浊水就是现实的社会。人会有执着,会有贪心,会有贪嗔痴心,会有愚昧,会有怀疑,还有对事物不正确的认识，所有这些叫做五浊恶世。但是就是在这个五浊恶世中才能孕育出莲花，所以佛教是不能脱离现实的，脱离现实就没有希望。一个人逃避现实是可怕的，一个人过分地贪恋于现实也是不可以的，所以不即不离，不是它又不离开它。整个过程是什么样的过程？其实就是一个转化的过程。《楞严经》有一句话，"若能转悟，即同如来"。若能转悟，其实就是《金刚经》告诉我们的"因无所住而生其心"，你不要停下来，为什么不能停下来？是因为你没有办法停下来。我们经常给大家讲一个关于禅师背锅的故事：禅师为了教化别人就用一根绳子把锅背在身上在前面走，走着走着绳子断了，锅掉在地下碎了，但他依然往前走。后面的人喊你的锅掉了，你的锅坏了。禅师无动于衷，而后面的人觉得这是一个聋子，就好心追上去，摇着他的胳膊，对着他的耳朵大声喊叫，说你的锅掉了，你的锅坏了。禅师说我知道，但是我回头的时候它会好吗？如果没有这样的一个情境，怎么去教化别人呢？更多的时候，我们由此会感悟：所有的事情已经过去了，我们纠结它是没有任何意义的；未来的事情还没有出现，去妄想是没有意义的；现在是不会停留的，只有现在努力了，将来才有机会，这就是莲花给我们的启示，就是要从现实生活中锻炼自己。莲花有一个茎一个秆，秆是吸收营养，转化污泥浊水，培养独特的"出淤泥而不染，濯清涟而不妖"的芬芳的莲花，这个就是觉悟，就是解脱，就是自在。当然，达到这个境界比较困难，更多人是沉迷于其中无法出来。因此，这怎么可能说不是实在呢？记得在柏林寺夏令营时有一个静玄法师讲课的时候，就有大学生质问他，你凭什么说美女是不净的呢？当然我们更多人在认识上存在距离，如果我们仔细分析一下，人净吗？不净，但是我们的意愿总是想得很美好，想得很美好的时候，我们就觉得自己活得比较充实，有希望，这样的话才有意义。可能对于这些人，这些提法不一定是准确的，所以佛教讲起立契机，"为执有者说空"，他认为是净的，你认为不净，但其实也没有净和不净，净和不净都是执着的，超越了才解脱，才自在，但超越的目的不是拒绝，而是在现实中怎样反省和锻炼自己，这才有意义。所以，我们要面对现实人生，由此去深刻地面对它、接受它、处理它，然后不要再执着，从而我们就会觉得现实人生不再可怕，因此，我们就会感恩，就会感动，我们也将会随缘努力。佛教讲历事炼心，一点点苦难会葬送我们，会毁了我们，但同时更多的苦难也会造就我们，这不是坏事。一个吃苦的人有承受能力，有消化能力，所以也有成长的能力。而一个不能吃苦的人，他很脆弱，不堪一击。就像很多的家长在家里娇惯自己的独生子女，如果你爱他，这一点问题都没有，但是将来他长大了，请问社会人会娇惯他吗？不可能，我们很多人意识不到这一点，将来他到社会上没有办法生存。所以，我们人类在教育子女的问题上，有时候几乎甚至还不如动物。动物好像无情，其实是让子女独立，这值得我们注意。

佛教有一句话，"巧把尘劳做佛事，竟将东土现西方"，有意义。《无量寿经》里面有定自在王如来和法藏比丘的一段话，也就是我们现在所说的西方极乐世界的阿弥陀佛的一段对话，当时他还没有成佛，他是法藏，定自在王如来给法藏比丘展现了211亿诸佛刹，法藏比丘都不满意，于是他自己通过往返轮回五劫的时间，思考事物的真相。什么样的是真相？没有实在相就是实在相。《金刚经》有这么一个定义，所谓实像，以无相为相故名实相。我们现在看到的都是假象，这个假象迷惑了我们。有这样一个故事，有一个国家，这个国家有国王、宰相、文武百官。宰相是一个有智慧的人，他经常用唱歌来表达说所有的人都是瞎子，包括国王。国王知道他是一个智者，没有跟他去计较。有一天他在王宫做了一个游戏，用一块布把自己的腿和屁股包起来走来走去，大家很诧异，就有人就喊宰相穿了一条裙子，听到这个结果的时候，宰相把这块布解下来缠到自己的头上，这时候有人又喊宰相戴了一顶帽子，听到这个结论的时候，他又把这块布解下来围在自己的脖子上，这时又有人说宰相围了围巾。让我们分析一下，有帽子有裙子有围巾吗？我们说有，但是这个有，是过程的有，事物的真相，裙子、帽子、围巾的真相是那块布，学佛就是通过裙子、帽子和围巾认识到原来千变万化的不过就是一块布而已，这就是要认识到事物的真相。虽然我认识到原来是这块布，但是我依然可以把它做成各种各样的服饰为我所用，这样你就不会执着，你就不会认为这块布只能做裙子、帽子或者围巾，其实还可以做很多的东西，佛法就是圆融的。但是很多人就是在表象上执着了——这个人就是男人，这个人就是女人，这个是好的，这个是坏的。请让我们想一想，如果我们戴着眼镜是红色的，看谁都是红的，如果我们戴绿色的眼镜，看谁都是绿的。这个结果就会引起麻烦，会引起争斗，就会不和谐。

佛教需要完成两点，第一个是换位思考，第二个是包容。我的是红的，人家的是绿色，我为什么不容人呢？无论是家庭还是社会，人与人之间的关系如果这样相处，就会快乐。摘掉眼镜，你会发现其实没有什么颜色,都是我们自己杜撰出来的结果,因此一旦知道没有什么实在性的时候,你还会纠结和苦恼吗?不会的。我们需要完成的就是这样一个内容,但是很多人并没有完成。我们可能也拥有一个幸福的称号,可能我们也了解一些佛教,但是我们几乎不知道我们要干什么。佛陀告诉我们,我们所处的时代是一个末法时代,释迦牟尼佛在降魔成道的时候曾经跟魔王有一段对话:上帝在造人,魔鬼在吃人,有一天魔鬼就找到上帝,同上帝对话,难道你没有看到你造的每一个人都被我吃掉了?上帝含着眼泪,许久才说,我总得有点事干吧。魔鬼想了半天说,我也要有点事干。魔鬼干的事和上帝干的不一样。正是因为这样,这个时代才比较麻烦,麻烦在哪里?大家都在表现,都在说我如何,我认为如何,所以佛陀那个时代,魔王波旬对释迦牟尼说,我现在拿你实在没有办法,怎么办呢?将来你末法的时候,我的魔子魔孙会穿着你的衣服,吃你的饭,拜你的法。由此可见,今天很多人、很多假和尚现象足以引起我们的忧虑,因为他们严重败坏了佛教的形象和尊严,这需要引起我们更多的注意。

在《楞严经》中也有这样的说法,说"末法时代,邪师说法,如恒河沙",假以佛教的招牌和名义,并不是佛教的本身坏,这值得我们注意。特征是什么?在印度有很多外道,有学持狗戒吃粪便的;有持牛戒吃草的;有在荆棘里折磨自己;有在阳光下暴晒自己的;也有的学金鸡独立的;还有的学向日葵,当太阳从东边升起来,他就转来转去转到西边,天天这样周而复始。佛陀就告诉他们,你们如果学牛就成牛,学狗就成狗,你们如果学佛一定会成佛,这是很有意义的。"邪师说法,如恒河沙",原因是什么?人们不自信,人们都很脆弱,所以人们被贪、嗔、痴所蒙蔽,就像算命一样,人们就想要算命。昨天有一个朋友,他带来几个人,他们问我会算卦吗?我说我不会算。他们觉得不会算卦算什么真和尚。真和尚就不应该算卦,在《佛遗教经》里,释迦牟尼佛要涅槃的时候明确告诉他的弟子,不得仰观星宿,占卜吉凶。有人说这是方便啊,可是你的根本在哪里?如果你不知道根本在哪里,这就是借口。很多人不一定会认知到这一点,还有人说我是出于好心的目的,但是我要提醒大家,世界上80%以上的坏事往往都是好心人干的,因为好心没有智慧,就像我1989年春天在北京法源寺,我曾经看到一个蟋蟀从地下钻出来,冒了一个头,我觉得我要帮它,就把它抠出来放在树上,可最后它死掉了,这给我留下极为深刻的印象——不能一厢情愿,一厢情愿的事效果绝对不好。

佛法的标志是什么？标志就是无常、无我和涅槃。涅槃是解脱，不著在这上面才能解脱，但不著在这上面并不意味着不可以面对、不可以接受。不去纠结、不要在意是很难做到的，很多人都是随境所转。比如说释迦牟尼在世的时候，佛陀有一次到恒河边上，有一个婆罗门教徒在那里祈祷，他每天要到恒河水里洗三次，然后再静坐。佛陀问他，你在祈祷什么？他说我在祈祷。佛陀说，我来问你，你能祈祷让石头浮在水面上吗？婆罗门教徒想了想说，我不能。佛陀又问他，我再问你，你能够祈祷让牛沉到水里吗？他想了想说，我也不能。那么你的祈祷还有什么用呢？那你不如遵循事物的规律，让牛就浮在水上，让石头就沉在水底，你不要在意它你就解脱了。春秋的时候有一个杞人忧天的故事，杞国人老担心天会塌下来，几千年过去了，天依然还在，但杞国人早就没有了。现在佛教里面也有很多人在忧郁2012年要如何如何，我想这不是佛教的看法，佛教徒千万不要传播这些，也不应该相信，为什么？佛教说人命无常，生命在呼吸之间，你需要立刻解脱自己的问题，而不是制造这些问题，做好事时天天是解脱，做坏事时，时时都是轮回。很多人会抱着某种侥幸心态，其实我觉得这是一种投机。佛教有一个词叫作"自作自受"，不能去怪别人，只怪我们自己，这个是有道理的。我们经常会做一些好事，也会做一些坏事，有的人做坏事的时候被别人发现了会觉得很委屈，觉得这不公平，而有的人觉得做好人要倒霉的，其实永远不会，关键的问题是我们沉不下心来，耐不住寂寞，心理不平衡，所以我们不愿意做好事，并且给自己找理由，结果这个社会也就很可怕了。

无常、无我和解脱，这是佛说的三法印，不符合这三法印的绝不是佛法，但是我们很多时候看到一些不符合三法印的一些行为和说辞，所以我们要更加注意。我们得出一个结论：末法是人的问题，不是法的问题，是人不相信真理。他不相信吗？他也说相信，但是做不到。很多人说我也懂得这个道理，但是我做不到。所以，佛教说了两个般若，第一个是文字般若，文以载道就是经典，它说明事物无常、无我和解脱的真相；第二个是关照般若，就是实践的般若。在佛教中，文殊菩萨代表智慧和方向，他骑着狮子代表无所畏惧，普贤菩萨骑着大象，大象是脚踏实地的。因此，你知道了方向就要实践。对此，作为当代的佛教徒，我们都有一种责任，即使我们不是佛教徒，我们有一种传播知识文化、告知别人准确信息的责任。只有出家人的责任不行，社会要有互动，你一旦违背常理，就不是真的法，不是真和尚，果真如此，这个空间和整个环境就变得理性而秩序，不然，社会没有办法正常的生存、正常的存在。

我们需要努力，当代佛教应当关注和回应现实生活中人们的浮躁、烦躁、焦躁等许多情绪。我们要面对，要回应，要去化解，甚至践行。佛教有一句话，"不忍众生苦，不忍圣教衰"。他的苦恼和苦闷，你对此不能麻木不仁，你应该站出来。很多人说，站出来不吃亏吗？佛教徒真的不能怕吃亏，怕吃亏就没有机会。因为我帮了他，从世俗谛上说我就有了福报，就有了种子的积累，同时我有了功德，我的智慧在增加，通过我帮助他，我的执着改变了，我认为帮助别人的人恐怕比被帮助的人心里更快乐，所以帮助别人的人会上瘾，菩萨就是真正上瘾了，而我们现在老在琢磨吃亏的问题，所以经常心理不平衡。

佛教讲的三法印可以解决我们的烦恼情绪。"无常"就是变化，事物在不断地变化，我们是路过，你不是主人，是客人。"无我"就是没有主宰性，没有实在性，任何事物都是这样的。涅槃就是解脱，不要执着，比如说一尺的长度，你说是长还是短？那是不确定的，对一丈来说一尺是短的，对一寸来说一尺是长的，它随缘是长的，随缘是短的，你不要纠缠这些，你若纠缠这些你便更加苦闷，你就解脱不了。

三法印是佛教慈悲济世的精神。当我们面对的时候，就是一种修行，就是在利他中完成自利的菩萨行，所谓的菩萨行就是面对现实，完成无我与慈悲。京剧大师梅兰芳有一副对联，"看我非我我看我我也非我，装谁像谁谁装谁谁就像谁"。他会演穆桂英，会演各种各样的角色，大家看到的就是那个角色，是吗？他自己照照镜子，看我非我，我看我，我也非我；装谁是谁，扮演谁就是谁，谁装谁谁就是谁，难道我们不也是这样吗？我们可能是母亲、妻子，可能还是社会的公民，我们是各种各样的角色。会演各种各样的角色，就会活的自在，只会演一种角色或者两种角色，肯定不自在，所以把每一种角色都演好，便结缘、自在了，就会有功德，就会更可爱。只有我们可爱的时候，别人才会爱我们。很多人都知道这个道理，但是做不到，他经常会感到不平衡。我刚出家的时候去看殿，因为那时年龄小，才20多岁，一看就像小孩一样，有人就捉弄我。我就跟人家急，人家说和尚还发脾气吗？当时自己觉得很委屈，现在觉得没必要了。当然这个需要一个过程来完成，你没有这个过程，你今天就会觉得不值。所以，很多人都是在找借口。

无我与慈悲。无我即没有一个自我，我是主宰实在欲的，你不再认为自己是实在的，只是一个过客，那么你就会愿意帮助别人。慈悲就是"不忍众生苦，不忍圣教衰"，慈悲就是慈能与乐，悲能拔苦。正如梁启超先生说，"与人同喜，用人同忧"。现在人性有四大弱点：一是自私，只考虑自己，以自我为中心，不考虑别人，所以路越走越窄。二是欲望太重太多，没有止境，也很苦恼。三是嫉妒，别人优秀了自己不舒服，有的甚至不择手段地去诋毁，这更可怕。四是懒惰，我们因为懒惰所以做不成什么事情，所以需要用无我的精神积极地去付出和奉献才有意义。"般若于空性"，什么是般若呢？文以载道没有实在性，我相信，这就是般若，般若智慧。那么无我是怎样完成的？事物没有真实性的完成，但是需要坚韧与精进。坚韧就是人要坚强，不能太脆弱。苏东坡都说，"古之成大事者，不为有超世之才，亦必有坚韧不拔之志"。苏东坡是佛教徒，他说要百折不挠，要有抵抗力，才能做事。精进就是不浪费生命，把握当下，抓紧时间。

我们可以再从以下几个方面来探讨菩萨行。

一　佛陀示现人间成佛

《梵王经》中记载释迦牟尼佛八千次往返娑婆世界。他之所以来娑婆世界，说明这个世界有最苦的众生，他八千多次不断地往返这个世界，目的就是要帮助那些苦难的众生走出这种束缚、困扰和局限。并且在恶劣的环境中，通过各种不同生命现象的载体随缘结缘，历练自己的心性。如在《佛本生经》的故事中，佛可以是乌鸦，可以是鹿，而且释迦牟尼佛在人间示现八相成道，正是佛陀示以"不依世俗谛，不得第一义"。高原陆地不生莲花，只有污泥浊水才可以孕育莲蓬，人生不如意事十之八九，所以佛教有时候说苦、空、无常、无我。苦，人生是苦，生、老、病、死、爱别离、怨憎会、五阴炽盛、求不得苦，每个人都有。如果我们愿意我们就得相信，就得承认这是事实，但是，苦不可怕，可怕的是我们没有办法。空是什么事都会过去的，什么事都不是实在的；无常是变化的，无我是没有实在性，却可以通过这四点历练自己的身心，而心性的锻炼达到不执着的时候，你才可以抵抗，才可以消化，才可以转移，才可以改变诱惑与困扰，从而改变我们心中的痛苦与压抑。

在此，佛陀为我们做出了最好的榜样，佛陀曾经示现过九种苦难。很多的佛教徒不了解佛陀的经历，他们一直认为去佛门中求发财就发财，想要得到什么就能得到什么。其实不是这样的，人要接受现实，改变自己的内心，这个才是有意义的。释迦牟尼佛有九大经历：（1）孙陀利女恶言嗔佛；（2）旃遮女讥嫌诸净；（3）提婆达多推石害佛；（4）木桩伤佛；（5）释迦族被灭，头痛三日；（6）食马麦；（7）患背痛；（8）苦行六年；（9）空钵而返。

第一，孙陀利女恶言嗔佛。为什么她要骂佛陀？因为她的丈夫跟佛陀出家了，她心里不舒服，所以骂佛陀。佛陀不能骂她，而是默默地在转化她。释迦牟尼佛也曾经被外道骂过，而且被骂了整整一天。释迦牟尼佛就给他讲故事，如果你们家来了一个客人，预备了很多菜，摆在那里客人没有吃，那么这些东西归谁呢？外道说，归我自己。释迦牟尼佛就说，那么今天你跟我吼了半天，道理是一样的。我也没有接受，你自己辛苦半天，你不辛苦吗？

第二，旃遮女讥嫌诸净。外道，什么是外道？心在道外，名曰外道。他的心没有和无常、无我、解脱相应，这样叫做外道。外道的表现形式是各种不同的宗教、各种思想。释迦牟尼佛在世的时候。外道对释迦牟尼佛拥有很多信徒感到不平衡，甚至嫉妒。他雇用了一个妓女，把一个木盆用草绳拴在妓女的肚子上，肚子鼓鼓的，就像怀孕一样。佛陀正在讲法，她就大喊大叫地冲进佛陀的讲法之处，对佛讲你要对我肚子里的孩子负责。所有人都蒙了，佛是这样的人吗？但是这个时候佛一言不发，一句话不说，于是妓女就在里面撒泼打滚。在佛经里有这样的记载，说帝释天变成一只老鼠把绳子咬断了，但是我更相信这样的结果——草绳被折腾来折腾去地弄断了，草绳一断，木盆便掉下来了，在场的人都哄堂大笑。

第三，提婆达多推石害佛。佛陀有一个堂弟叫做提婆达多，他为了篡夺僧团的领导权，在佛陀经过的山地推下巨石，把佛的脚趾砸出了血。而且提婆达多为了获取阿色国王对他的崇拜，极端地提倡酷刑，所以他得到了国王的信任。虽然如此，他终究没有实现他的愿望。在《法华经》里讲，即使是提婆达多这样的人，释迦牟尼佛居然也受记他将来会成为佛，这样的慈悲叫做以德报怨。

第四，木桩伤佛。佛陀曾经走路的时候，被木桩伤了脚。佛陀有过这样的经历，很多人不理解，但是这些经历恰恰成就了佛陀的心性情景，他不在意这些，这才叫做修行。如果人生一帆风顺，怎么可能讲吉祥如意。

第五，释迦族被灭。这是最令人惊骇的事情，整个释迦民族都被毗琉璃王也即波斯匿王的儿子灭掉了。缘起是波斯匿王命迦毗罗卫城的释迦族送一名公主入宫和亲。释迦族违命，把一个婢女以公主的名义下嫁。婢女与波斯匿王生下了王子毗琉璃。毗琉璃王子少年时，到释迦族中聚会，被讥为"婢女之子"，并把他所走过的地方的土都拿掉。这深深地伤害了他，毗琉璃愤怒，誓言报复。20岁时他发动兵变，流放了波斯匿王，自行即位，是为毗琉璃王。毗琉璃王想起旧恨，进兵迦毗罗卫城。释迦牟尼佛力阻三次，最后仍然无法阻挡。释迦族人遭到毗琉璃王残虐屠杀，终于灭亡。释迦牟尼佛曾经因为家族被灭，头疼了三天。

第六，食用马麦。释迦牟尼佛也吃过马吃的麦子。

第七，背疾疼痛。释迦牟尼佛有过疼痛的经历。我们的身体是肉体的，如果有人说有病我不疼了，这是假话。我们疼痛，但是我们可以转移，可以通过意念的方式来改变痛苦。

第八，苦行六年。释迦牟尼佛曾经苦行过六年。佛教提倡中道，不提倡奢靡浪费，也不提倡极端苦行，恰到好处就好。

第九，空钵而返。释迦牟尼佛去托钵乞食的时候，没有人施舍给他食物。

佛陀也曾有过这样的经历。因此，我们社会的人，包括佛教徒，不要纠结于一点点挫折和一点点苦难，那是一种锻炼，我们要学会珍惜，面对、接受、感悟和成长，如明代藕益大师所说："被抑不求申明，抑申明则人我未忘；存入我心怨恨滋生，忍抑为谦抑我何伤。以受抑为行门。"以被压抑来修行，我们人生不如意事十之八九，被压抑怎么样呢？我不求表白，我不求证明什么，如果我被压抑了，我要声明表白和证明，这就证明了我们的执着还很重。我还有执着，还执着自己是实在的，因此怨恨由此而生。所以，要忍耐压抑，要谦卑，不把自己当回事，要无所谓，与我何干，以接受压抑为修行的法门。不然的话，在现实中，大家会遇到各种各样的事情，整天的郁闷，问题得不到解决，反而自己生病，甚至死掉。佛教讲吉祥如意，请大家注意如意的形状，它前面是带钩的，后面的也带钩，这就告诉我们遇到事情的时候要学会拐弯，要学会回头，不要钻牛角尖，回头才吉祥，回头才如意，回头才是灵丹妙药。有人说一味忍让是不是窝囊呢？不是，其实更有力量，你慢慢去回味。原来越证明自己行的人，其实不一定行，所以希腊哲学家说"沉默是金，修辩是银"。

二 近代高僧太虚大师倡导的人间佛教

根据佛教的伦理观，他倡导佛教有三个定位。如果我们进入佛教，首先要皈依三宝，这是你成为佛教徒必须经过的路径和标准。哪三宝呢？佛、法、僧。皈依就是投向依靠，三宝不可以分家。但是现在很多人都分了。皈依佛，佛是什么意思？佛，觉者。经典里告诉我们，如睡梦觉，如莲花开。睡梦中突然醒了，醒了以后发现做的梦境都不是实在的，你便不再纠结了。"梦里冥冥有六趣，觉后空空无大千"，醒了以后就没有什么轮回了，但如果没有醒就会觉得有滋有味，有烦恼有痛苦。所以醒了很重要，如睡梦觉，如莲花开，超越污泥浊水对你的困扰，这就是佛。我们皈依的对象是一个圆满的智慧，不是傻乎乎的，很多人到寺院里烧高香，算命求佛，求来求去越求越苦，我想告诉大家的是佛不是傻子。

我到广州时，在晨报上看到有两个偷东西的人，他们跑到极乐寺去拜佛，希望警察不要抓住他们，请问佛是傻子吗？不是，佛告诉你这是自作自受。佛告诉你不要去做，可是他们经不住诱惑，所以他们做了，做了以后期望佛帮助他们，这怎么可能呢？所以，我们信仰的对象佛、法、僧，为什么叫三宝，因为它们难能可贵。

法的标志，符合三法印，所有的佛经如果不符合三法印便不是佛经，所有的佛经都是围绕着三法印展开的。

僧宝有什么标志吗？

第一个是独身，必须要独身。昨天有人问我，听说你们可以结婚？我说不可能啊。他说，我认识的都结婚了，我说你认识的都是假和尚。他自己挠头，难道都是假的？是，肯定都是假的，而且骗术越来越高明。前两年的时候，我们也在一起聚过，聚会时进来一个女的，进来一看到我，眼神便不是很友好，坐那儿一声不吭。我说你肯定有事，她说你怎么看出来了？我说你的眼神能够看出来。她说的确有事，前两年我到五台山，从碧山寺门口里出来一个出家人，出家人直奔我来，说我在这里等了你三个月。她蒙了，说你等我三个月，等我干吗？出家人说佛让我把这个交给你，一个佛像，一个非常简单的佛像，当时她什么都没有想，就从兜里掏出一万块钱给了他。给完以后，她看着佛像越看越不舒服，感到后悔。所以她现在看到所有的出家人都不顺眼。现在利用佛教敛钱的事太多了，我们要反省，不能被假象所困扰。

东北辽宁有一个地方叫青岩寺供奉歪脖老母，在那里老板是方丈，农民当和尚，整天忽悠，整天以传销的方式，到处以高额广告费的方式聚拢人气，然后给回扣，这就是诈骗。据我所知第一个给歪脖老母贴三遍金的人被枪毙了，原因是他非法集资33亿元，给社会造成了很大的麻烦。第二是搞歪脖老母旅游的人，车翻了，死了十几个人。谁保佑谁？自己保佑自己吧。明白这个道理，我们就要谨言慎行，把握自己的分寸，这才有意义。

所谓僧人，就应该是这样一个定位：独身、住寺院、吃素食、穿僧装，这是佛教的伦理观。倓虚大师是近代人间佛教的倡导者，这个伦理引发了他三个思考：第一个是信仰定位，第二个是寺院定位，第三个是僧伽定位。因为你是佛教徒，你必须要对这个身份负责任。

信仰定位。我们所信仰的对象——佛陀，是觉者，是醒来的、不再执着的、不再和众生计较的人。要追求大道，应该无我，不要执着，因为没有实在性。各有因缘莫羡人，我们经常会比较，比较以后会心理不平衡。但比较可以，要和佛比，不要和人比，更不要和妖魔鬼怪、投机取巧比，否则这就麻烦了。

寺院定位。寺院是出家人所居之地，是弘法和修行的合法平台和空间。我们现在有一种声音——皈依佛、皈依法、不皈依僧，觉得可以毫无疑问地在社会上搞活动，现在法不责众，大家都有这样一种误解。实际上到外面搞活动、去传教是不可以的，而在寺院里传教是受法律保护的，且只有寺院才有资格弘法。通过寺院这个合法的平台可以弘法、立身，当然要把它做得更好。

僧伽定位。也就是佛法赖僧传。有人说这有点反人性，其实我们是自愿的，没有人逼迫我们。因为自愿，你有更多的精力和时间来琢磨佛法，感悟佛法，然后再和大家分享，大家才觉得这才是有权威性的。当然，如果你对这个身份不负责任，副作用便显而易见。我们经常说当真和尚不真的时候，假和尚也就不假了；当假和尚不假的时候，真和尚也很难真了。这既有社会问题，也有我们自身的问题，这两个问题都是需要解决的，在没有解决之前，我们先要管理好自己。

出家人有责任，弘法是家务，传播正知、正见。印光大师曾经引用佛经诉两种罪恶，第一是破见，第二是破戒。破见的罪恶远比破戒还要重，因为你破见了，你的路就走错了，而破戒的人还可以忏悔。但是如果你路走错了，你就再也回不来了。

佛陀在《大般涅槃经》中说，"有所得者，是魔眷属"，什么东西的得到是一个实实在在的得到？什么叫做魔？魔是困扰的，是障碍，是魔的眷属。非我弟子，不是我的徒弟。但是现在面对这种情况，我们很多人都糊涂了。当然佛说我们可以方便，对于这个方面，《维摩诘经》里有这样的定义，就是"先以欲钩牵，渐令入佛道"，我先满足它的愿望，我和他要结缘，然后我才让他走进佛门中去认识佛法，授予佛法。一开始你就给他讲空性，他一下就懵了——我空什么空，我不想空。就像明代的时候有一个故事，有一个老人家天天到庙里祈祷发牢骚，我天天照顾老的，还要照顾小的，孙子也要照顾，我命苦啊，我想上西天，佛你把我接走吧。一个小沙弥经常听到他牢骚，然后就捏着鼻子告诉他，明天下午两点你来吧。他一下就急了，然后说我不能死啊，不可以啊，我还有事要做。所以，人一旦要面对现实的时候，就马上不堪一击了，所以要锻炼自己的心性，如果真的走到一个更好的地方，我们就没有理由贪恋什么。关键的问题是我们对死后的世界并不了解，所以我们经常说好死不如赖活着。

《华严经》有这样的说法，"于诸病苦，为作良医"，各种疾病我给你做良医，我帮你解决；"于失道者，示其正路"，你迷失方向，我告诉你正确的方向；"于暗夜中，为作光明"，在黑暗的夜里，我给你希望，带给你光明；"于贫穷者，为作伏藏"，为贫穷的人解决问题。虽然如此，还要遵守我们国家的法律，遵守我们社会的公德，还要遵守佛教的基本戒律。比如说三皈依，皈依佛、皈依法、皈依僧。在皈依的时候，要皈依佛不再皈依邪魔外道；要皈依法不皈依外道典籍，要皈依佛说的三藏十二部一切经典，要皈依僧不皈依外道徒众，要皈依清静正等正觉这些我皈依的东西。很多人虽然承诺了，但是几乎没有做。所以一个佛教徒一定要明白，皈依佛、皈依法、皈依僧，是你必须要做的功课，这也是戒律。

社会现实中，佛教在引领风气方面，尤其要有所作为，要让别人看到希望。当然社会比较复杂，很多人道德修养不怎么样却还经常说我信佛，这个副作用挺大。有这样一个寓言：狼劝树上的野鸡说，你下来吧，下来吧，这有草。鸡说我不下来，我怕你。狼说你不用怕我，我皈依了，我吃素，我向你发誓，如果我对你有威胁，那我就被老虎吃掉。当然，任何一种众生都经不住饥饿的诱惑，经不住谎言的不断诱惑，于是鸡下来了，鸡一下来狼就把它叼住了。鸡说你不是皈依吃素了吗？狼说你就是我的素。旁边的老虎就跳出来对狼说，为了你的誓言，我也要把你吃掉。我们活在这个社会中，一方面我们要对信仰负责任，另一方面我们不要给这个信仰带来副作用。我信它，我尽可能地完善自我，我尽可能地不让人家失望或者绝望。我觉得如果整个社会的人都这样，这个社会一定会变好。

如果有三个定位，我们就会圆融无碍，如太虚大师所说："仰止唯佛陀，完成在人格；人成即佛成，是名真现实。""仰止唯佛陀，"我们学佛的对象是佛；"完成在人格"，你要完成人格道德修养；"人成即佛成"，做人都没有合格，怎么能成佛呢；"是名真现实"，这就是佛教要面对社会现实，给自己的一个基本定位。

三　内在与外在的关系

人性的浮躁与惰性往往使我们不能坚持和忍耐。唐代沩山灵佑禅师去江西百丈山参学百丈禅师，百丈禅师就告诉他，你去看灶膛里有没有火，灵佑就过去了，拨了几下发现没有火，就告诉百丈禅师没有火。百丈听了以后，亲自走过去，在灶膛里拨了许久，拿出一粒火星给灵佑看，这不是火吗？我们更多的人都停留在事物表象上，耐不住寂寞孤独，就像挖井一样，东一下西一下，挖不出井水。如果朝着一个方向挖下去，总有一天你会把水挖出来。但是更多的时候我们都想投机取巧急功近利，可见我们人性的浮躁。因为缺乏基本的耐心，终究认不清事物的真相。后来灵佑到沩山去住持佛法，他同他的弟子慧寂（师徒二人成立了沩仰宗）有一段关于内在和外在的感悟的对话，这个过程是通过生活中的劳动来完成的。修行一定离不开现实社会，离不开生活。灵佑和慧寂在采茶的过程中，慧寂摇动茶树，茶树发出哗哗的响声，然后他就看看师傅灵佑。灵佑告诉他，你只是了解了外在，而不了解内在，声音响只是外在的东西，我们现在很多人到庙里烧香拜佛念经是外在的东西。他的弟子对此就提出疑问说，"师傅，你以为如何？"于是，灵佑一言不发，不再说一句话。于是他的弟子慧寂就拍着手笑说，师傅，你也只是得到了内在，而没有得到外在。你心里虽然不再执着了，但是你是否要有一个表现形式呢？你没有这种表现形式，请问有用吗？就像"酒肉穿肠过，佛祖心中留"，你要通过一种表现形式给我们看。你说我不着相，不着相我供一尊佛像又有什么关系呢？至少它会提醒我别人的评价和别人的诽谤，佛不在乎，我也可以不在乎，佛有抵抗力，我也有抵抗力。你给它磕头他也不一定高兴，你不给它磕头他也没有什么烦恼，是值得我们反省的，所以内在离不开外在，外在也离不开内在。通过外在改变内在，通过内在的心，我更有能力面对外在。我有抵抗力，跑到山林里，我照样生存，我自己种地自己吃，我在任何恶劣的环境中都可以生存，禅宗是中国独特的佛教宗派，生存能力强。百丈禅师一日不做一日不食，这种担当和负责，这种努力，让我们很感动。

由此可知，内在与外在不可以分割开来，唯心与唯物等诸多二元世界都是相伴缘起的，谁也离不开谁，不能说谁重要，谁不重要。我们经常会说，唯心和唯物或者物质和意识何者第一何者第二，唯心主义认为意识第一性，物质第二性；唯物主义认为物质第一性，意识第二性。但是佛教认为他们之间必须合作，叫做缘起论，它符合"此有故彼有，此无故彼无"的缘起论，在修行的过程中，我们通过对事物的表象，先去接受，然后去透视它内在的理性，从而通过内在理性能够面对外在的表象。这样的话我们就会有抵抗力，就会历事练心，理事圆融。这个修行过程也就像通过泥水转化为莲花，通过莲花而面对泥水一样。正如《维摩经》告诉我们的，"智度菩萨母，方便以为父，一切众导师，无不由是生"。"智度菩萨母"，看到了事物的表象，马上就看到裙子、帽子、围巾就是那块布，这是本质。"方便以为父"，通过裙子、帽子、围巾的各种形式，可以使佛法变得活泼，使一切都通过根本和方便来完成。方便离不开根本，根本离不开方便。如果只认识到事物的真相，那么这个佛教是非常枯燥乏味的，别人不会接受你、理解你。如果只通过外在的方便去给人算命，忙得一塌糊涂，大家觉得你也很可爱，但是你不知道自己在哪里，不知道自己的心清静执着不，那又有什么用？你告诉大家的，无非就是一个热闹，越热闹的地方不一定深刻，不一定能够让大家反省，所以，内在和外在，根本和方便是不可分的。

又如《华严经》告诉我们，"于诸惑业及魔境"，"诸惑业"指各种的迷惑，各种的贪、嗔、痴三业；"魔境"就是障碍和困扰，被各种迷惑所困扰。前两天我到广州讲经的时候，有人说8月15日是世界末日，有人说12月12日是世界末日。我跟他们讲，你把家里的钱和房子都给我吧，反正你要死了，反正你要末日了。他们想想还是舍不得。这有用吗？这是没有意义的。

　　犹如莲花不着水，泥代表有，不执着泥代表不执着空，它超越空有，亦如日月不着空，太阳和月亮停在空中吗？永远不会。所以，我们又何必执着于过去和未来的事呢，当下的事都停留不住。《金刚经》告诉我们过去心不可得，未来心不可得，现在心不可得，这些都是没有实在性的，所以你还执着什么，除非你自己在制造轮回。我有一个佳木斯的信徒，家里有一个保姆，天天找假和尚给他算命，说他犯这个犯那个，每个月800元的工资都给算命的了，整天忧心忡忡，最后实在憋不住了，通过一个途径给我打电话，问我到底犯不犯？我说犯，犯傻。我还有一个信徒，几十个人绕着他念佛，然后一个人围着他转了几圈，告诉他身上有个东西，他只有上半身没有下半身，那人一听马上就晕倒起不来了。信徒的姐姐是极乐寺的护法，给我们打电话，说法师这怎么办。我说你把他拉来，派两个人把他架过来时，他龇牙咧嘴的，说磕不了头了。我说不需要，你坐那儿，我就帮着他分析，一个小时之后，他终于明白了，他是被吓坏的，真是吓坏了，吓得不轻。我们很多人就是这么傻乎乎地上当受骗，所以骗子遇到傻子，他们就合作了。骗子太多了，傻子明显的不够用，这也是事实。如此，谁能脱离现实而寻求佛法的圆满、解脱、自在呢？我们都得面对这种现实，不面对不行，执着现实也不行，通过面对去接受，然后反省事物的真实，一旦你发现原来都不是，那么你就释然了，放松了，你不再纠结了，这本身就是一种解脱。就像《五灯会元》中有这样一个故事，说有个叫拾得的菩萨去见善财童子，他说我一心想要见文殊菩萨。善财童子就告诉他，一念清净心即可以见到，拾得用功完后说我现在已经一念清静心了，善财童子就告诉他，说你已经见到文殊菩萨了。我们现在很多人忽略了一点，佛有三身，哪三身？第一个是法身，"遍以皆处，以法为身"。这个茶杯，这个桌子，这个房间，任何一种生命现象都可以是佛的法身。法身就是"遍以皆处"，就是你在这个社会上感悟到空性，感觉和那个空性完全相印，那就证得法身了。佛经里有一句话，"十方同聚会，个个学无为；此是选佛场，心空及第归"。这就是选佛的地方，你心里不执着，你就成佛了。大家觉得很好，但是更多是着相。第二个是化身所谓化身，佛的化身，就是"三十二相，八十种好"，佛的化身是什么，化身就是80岁，有始有终，化是有始无终，"三十二相，八十种好"，不是佛的真正法身，佛的真正法身是我们一般人所见不到的，化身有始有终，法身是无始无终的。有一年我接受香港凤凰网的采访，说佛经经常会告诉我们，这个佛的寿命是多少，那个佛寿命是多少。这是什么意思呢？佛还有寿命和生死吗？佛的化身是有生死的，佛的法身是没有生死的，我们恰恰要通过这个化身来完成法身。佛的三身缺一不可，为了教化众生，他可以运用化身，"应以何身得度，即现何身而为说法"。但是我们更多的时候都纠结这个相，着相而无相，通过这个相而完成不执着，着这个相是可以的，如果你执着这个相，就会被束缚，出不来。

四　佛教的责任与使命

我们这个时代是末法时代，"邪师说法，如恒河沙"，《佛遗教经》中谈有仰观星宿、占卜吉凶、附体现象、世界末日、通灵神异等种种表现。虽说方便，但不知根本在哪里。北京曾经有一个居士跟我讲，他说我知道我将来去哪里。我说你要去西方吗？他说，"不，我去南方"。我问南方什么佛国啊？他说阿弥陀佛开的分店。哭笑不得。经常有人问我，法师，你看看我将来到哪儿去，我父母走了到哪儿去了。我说我不知道。他说人家都知道，你怎么不知道呢？我说我实在不知道，你让我骗你吗？这还是不现实，他说我们关系还是不亲密啊，否则你一定会告诉我。

在气功盛行的年代，我记得九几年的一个星期日我在法源寺讲课，有一个人被气功迷昏了头来找我。他跑到寺院里问看门的，你这里哪一个高僧大德能看呢？看什么呀？看我是从哪里来的？我是什么变的？看门人说我不知道呀！看门的人哪儿知道啊！看门人说有一个叫做静波的讲经的法师，你去问问他吧。他非常好奇地敲我的门，进来以后，我说你找谁？他说我找静波大师，我说请进，我说我就是静波法师。他说这么年轻，年轻就没有什么本事，有胡子、年龄大一点的比较可靠，实际上这就是错觉。我说你请坐，他很着急地问我，你看我是什么变的，我从哪里来的？我说你不知道吗？他说，我当然不知道，我知道我还问你干什么。我说你不知道就好办了。请坐请坐，他很不安分地坐着，他很着急，我说你前身是驴变的，他非常诧异，说我为什么是驴变的？我说我告诉你啊，前身你在这个寺院里，是拉车的一头毛驴，一直干活，干完活就把你拴到树上，一帮和尚在念经，你支了两个驴耳朵在听，一不小心你今生就变成人了。他很陶醉——我是驴变的。我说你真信了吗？他说那当然了。我说我逗你玩的。他立刻脸红脖子粗地站起来，说你这个和尚骗人。我问，我骗你财还是骗你东西了？那倒没有。我只是想提醒你，以后不要再问这个傻问题，要不然别人不骗你就对不起你了。事情往往都是这样的。

都是方便，却不知根本在哪里？我为什么要这样做呢？就像我们听说练香功的练出什么香味，有什么用呢？去年我接待了一个信徒，说开光的时候他看到天边有彩虹，我说那天你吃饭了吗？他说我吃了。我说那东西对你没什么用，开光是开智慧，是让你心里不要再纠结于一些烦恼的事情，通过外在改变我的内在，这个才是开光，这个才有意义，不然对你没什么价值。尽管没有价值，可很多人都是向外边看，缺少反省。每当法会的时候，经常会看到很多人拿着矿泉水瓶子在太阳下晃啊照啊，非常渴望出现什么。我问他里面有什么，他说里面有观音菩萨，我说你瞎扯，赶紧走吧。我们正常人不会这么干，正常人怎么会这么干呢？

所以，分明是随便的金钱诱惑，有一句话，大家也要了解，"和尚不作怪，没有人来拜"，作怪才有更多的人追寻你，但是飞蛾扑火，结果往往是自取灭亡。或许是与佛法不相关的附佛法外道，现实中的人们有病乱投医；或许是信心不坚定；或许是信息不对称，从而导致了见寺就进，见佛就拜，却不知反省，不知正法，没有安全感，心灵疾病无法释怀。

困扰与死亡，身体烦恼主宰着局限着。佛教讲四魔，死魔、阴魔、烦恼魔、天魔。

第一个魔是"死魔"，人都怕死，死就像电视里换个频道，可能也是好事，可能演得更好也没有关系，换个更好的房子住也没有问题，这是从轮回的角度讲。如果从解脱的角度讲，我们就彻底解脱了，那你怕什么？弗洛伊德说你想长寿，就要不怕死，不怕死的人会长寿，怕死的人会死的更快一些，这是事实，因为免疫力不够，死亡被我们改变了。

第二个魔是"阴魔"，是我们身体对我们的束缚，我们一直觉得这个身体要保养，才会长生不老，这个不现实。《般若波罗蜜多心经》告诉我们"照见五蕴皆空"，它没有主宰性，我们修行得再好，保养得再好，也只是衰老地慢一点，所以，不要执着于它，可能衰老得就会慢一些。有人说学佛之人永远不老，这个话不符合逻辑，不符合无常，不符合无我，不符合解脱，这不可能。

第三个魔是"烦恼魔"，我们被各种不如意的事所困扰，但是不如意的事是心里对现实的期望，我们不是太阳，地球不会围着我们转，即使我们身居高位，或者拥有财富，也不能事事如意。淡化自己的欲望，才能减少烦恼。烦恼是没有实在性的，所以《维摩经》里才告诉我们，"无明实性即佛性，幻化空身即法身"。《文殊般若所问经》中释迦牟尼佛和文殊菩萨有一段对话，问诸佛境界向何处求？文殊菩萨说，向贪嗔痴中求，我们第一不要回避贪嗔痴，要面对它们，第二要分析贪嗔痴到底是什么。原来贪嗔痴是没有固定的，变性的，如此，贪嗔痴的问题解决了，这是有意义的。

第四个魔是"天魔"，天魔就是主宰，比如说春夏秋冬，中国人讲天人合一，它其实就是一种自然规律。中国人古代处决犯人的时候，不在春天，不在夏天，而在秋天，是因为秋天是万物萧飒死亡的季节，这就是一种天人合一的思想理念。现在可以改变，这不是固定的定法，比如说塑料大棚，冬天可以吃新鲜的蔬菜，至于这个蔬菜是否和原生态的一样先另当别论，但至少是可以说不固定的。所以说所谓天魔，我们被这个规律，被某种事物的这种假象所困扰了，便认为走不出来了，这是不对的。就像我们可能对福报的一种困扰，如果给你一个铁手铐，你首先就急了，为什么要抓我，我又没有犯法。但假使给你金手铐，你会自动把手放进去，你经不住这种诱。这就是死亡、身体、烦恼、主宰的局限和困扰。

虽然学佛，我们依然会感觉到苦不堪言，没有耕耘就妄想收获，没有努力改变心，改变自己的执着，然后就想收获，是不行的。且不知自作自受原是自寻烦恼，不能真正的解脱于自在，对此佛教徒应对之于"应无所住而生其心"，不要在乎它，不要纠缠它，不要计较它，然后你就自在了。"若以色见我，以音声求我，是人行邪道，不能见如来。"气功曾经一度盛行，说白了是因为真正的宗教信仰没有被普及，所以气功就开始折腾起来，尤其是我们当中有很多人看不起病，他们就希望通过练气功的方式来改变疾病，问题能不能缓解？能缓解和解决，因为它的意念得到转移了。有一个故事，一个得了大褥疮的人，他背后烂了一个洞，痛得苦不堪言，昼夜都没有办法睡觉，于是他就找人，但谁也治不了这个病，最后通过各种努力，访到了一位名医。名医来了以后，看到这个情况就直皱眉头，他说你这个病看起来非常重，但是我还是有办法，倘若你这个东西长在屁股上，我是半点办法都没有了。病人说赶紧给我治吧，我痛得要死。名医赶紧给他清理伤口上药，开了药后就走掉了。名医走掉以后，病人考虑的不再是后背，而是整天摸自己的屁股，害怕一旦屁股长出东西就要死掉。最后怎么样？有一天突然一摸就长出来了。这是想出来的，人老想会想出事的。这时病人就着急了，赶紧找那个大夫，找来以后，大夫第一句话就问，你的后背怎么样？病人说我的后背好了，但是大夫我的屁股长东西了，我要死了。大夫说没事，你的屁股离心脏远。病人说你骗我。名医说我要真不骗你，你现在就死了。可见人有困扰、痛苦的时候要学会转移，有很多病是闲出来，有点事干就没什么病了。缘是自寻烦恼，不能真正解脱自在，对此佛教徒应对之宜，"应无所住而生其心，若以色见我，以音声求我，是人行邪道，不能见如来"，你想见佛就不要执着外在的声音，甚至想都不可以。这个是要解决心里的烦恼。

那么，"照见五蕴皆空，度一切苦厄"，因为我们执着，这个身体是实在的，如果认为身体是变化的，没有实在性，那么一切苦难都是可以解决的。有佛法一定会有办法，"若能转悟，即同如来"，我们也深知只有理性而没有感性，或者只有感性而没有理性都是不行的。"清官难断家务事"，家不是一个说理的地，能说理为什么清官都断不了呢？为什么这样说，因为家就是要讲感情，讲付出，讲负责，不然这个家就没法维持。拥有了感性，必然要拥有理性，两者永远是矛盾的，永远都是自己同自己在斗争。一方面我们要学佛，另一方面我们经不住诱惑；一方面我们有需求，另一方面我们又觉得佛法在要求我们。佛教不是束缚，佛教是解脱的。那么自己才怎样才能跟自己不断地斗争，对此我们需要有感情，需要广结善缘，人生努力。

第一需要感恩，感恩我们能来这个世界，能和大家结缘要感恩。

第二要包容，要学会换位思考。

第三要学会分享，得到好东西要学会和别人分享。

第四个要结缘，要和大家结缘。

广结善缘的同时需要理性而不要纠结，就像一个人到寺院里捐钱，捐钱后他自己很骄傲，觉得我是功德主了。过去有一个故事，一个功德主拿了100两金子找到庙里的住持说我捐100两金子，住持说你放那儿吧。功德主说这可是100两金子啊，住持说我知道，那你放那儿吧。功德主还是放不下，他认为作为交换而言，你应该特别重视我，夸我两句。难道我们需要100两金子来换几句赞美吗？不是这样的。作为我们来讲，除非你要改变他，要去度他，否则基本的感情还是要说的，如你功德无量啊，你是菩萨等，要结缘。但是到最后，他迷失了方向，他不再是学佛，他只是想买几句赞叹的话，这和佛教的信仰是背道而驰的。

需要理性而不要纠结，既要不执着地面对现实的困扰，同时也需要对众生的喜怒哀乐，从而引导和化导之。那么，如此看似对立，实则统一。曾经有这样一个故事，一个秀才和一个浑人争吵，浑人说三七二十五，秀才说三七二十一，两人争了半天，浑人越吵声音越大，秀才也是脸红脖子粗地跟他争论，于是浑人也不管三七二十一就把秀才揍了一顿。秀才觉得非常委屈，想教育一下他，就把他拉去见县官。去了以后，县官听了两个人的争论后就把秀才拉出去打。秀才觉得特别倒霉，说遇到一个浑人又遇到了一个糊涂的县官。县官说，谁糊涂，你居然和一个三七二十五的人讲理，你才糊涂呢。所以说佛教能离开现实吗？不能离开。佛教就是要解决我们心中的这种纠结。我们老是按照自己的标准来衡量别人，自己喜欢吃辣椒也给别人吃，而别人不吃，于是觉得他不尊重我，不买我的账。其实不是这样，别人和你的因缘不一样。

如果我们有了正知正见的佛法，就可以根本不一样。诚如古人所说，"寻常一样窗前月，才有梅花片不同"，也就是说随缘历练，随缘自在。近代高僧倓虚大师所说，"佛祖家当本地风光，八面玲珑不假色妆；山河应是山河，边疆应是边疆；动物任其孕子，植物随其流香；气候随其寒暑，时间随自短长；家翁主宰无心，家丁服务平常；与之者不知亲疏，受之者不知其详；天然大业最忌装潢，有意求全反致损伤"。"佛祖家当"就是把握当下，"不加色妆"。它是圆融的，不需要装点，该是什么就是什么；"山河就是山河"，至于山叫什么名字，你可以不执着它，但你不能说它没有名字，没有名字不行；"边疆应是边疆，动物随其孕子"，猫生猫，狗生狗，这是正常的自然现象；"植物随其流香"，春种秋收；"气候任其寒暑"，春夏秋冬很正常，"时间随自短长"，随它去；"家翁主宰无心"，作为一家之长，或者是一个公司，或者是一个企业，或者一个单位，领导不要去执着这些事，你是领导但是你不要执着；"家丁服务平常"，下面的人也以平常心来做事；"与之者不知亲疏"，我给予你，我帮助你，不存在亲疏是有缘；"受之者不知其详"，我不用问为什么，其实就是有缘；"天然大业最忌装潢"，天然大业就是随缘不变，最忌装潢，不需要去装饰去粉饰，否则"有意求全反致损伤"，所以，我们要把握现实，去负责，去担当。

通过以上的分析，我们可以得出这样的结论：佛教对现实的互动关系应当是放下，不是放弃；放下执着烦恼，不放弃责任义务；心态要放下，不要纠缠。

随缘不是随便，在一起吃饭，可以一桌两制，大家可以吃素，但是我不可以随缘也吃肉喝酒。圆融不等于圆滑，圆融是包容和智慧，圆滑是投机取巧，这个社会往往投机取巧的事情多一些；负责不是负担，不要把负责任当作负担，由此当我们面对现实之际，我们就可以通过以上调整自己的身心，能去改变的要努力，不能改变的要调整自己，健康快乐，珍惜家庭，惜缘自在，追求事业，积极进取。愚昧无知不是佛教，佛教讲智慧，讲没有主宰；自以为是、贫穷落后、烦烦恼恼、寻找借口都不是佛教，当然别有用心也不是佛教，如此在循序渐进的过程中面对、接受、担当、改变、自在，也就是脱胎换骨、洗心革面、欢喜自在。在现实生活中要学会认错，错了要学会坦然。错就是错，别人不会因为你认错而把你咬死，要学会柔和，柔和不一定是没有原则。水是有原则的，"上善若水"，水随方就圆，它是自在的，即使无论怎么改变，水依然是水。也要学会去沟通，学会放下，学会去感恩，学会生存，学会自在。

弘一大师是弘扬"一"的大师，他一生的感悟可归结于两个"一"，哪两个"一"？第一个"一"是"一事无成人渐老"，弘一大师真的是"一事无成"吗？不是。但是他说自己"一事无成人渐老"，人一点点地变老；第二个"一"是"一钱不值何消说"，我啥都不是，不需要你们说。我们会有这样的感悟吗？不会。我们经常觉得自己了不起，觉得自己好像是谁，苦恼由此而生。2009年第二届世界佛教论坛开会的时候，香港的凤凰网采访过我，他们问学佛需要什么样的条件？我说需要三个条件：第一要正常，该吃饭吃饭，该睡觉睡觉，该工作的时候工作，该负责要负责；第二要正经，道德修养要保证，我们必须可爱别人才爱我们；第三要自在，别把自己当回事，越当回事你会越苦恼。

我们只是这个世界的过客而已。那么，我们还有什么想不开的呢？很多人都死掉了，什么也没有带走，很多人没有死，却还在苦恼。如果你去医院、去火葬场就会明白人生是怎么样的——从哪里来到哪里去，表象上我们出生在医院，结束在火葬场，但这只是表象，更多的事情还是自作自受，是基因和因缘决定了我们现在的痕迹，也因为我们现在的努力决定了我们未来的归宿。我们现在没有时间纠缠过去，妄想未来，必须马上把现在的事情做好。所以，如果我们改变不了别人，我们可以改变自己；如果我们改变不了天气，我们可以改变心情；如果我们改变不了容貌，我们可以改变表情。人生如水，遇到山要学会去拐弯，遇到岸要学会回头。它不变，我们可以自己变。当然，我们也要告诉别人要拐弯、要回头，可是当别人不听劝阻时，那就是别人的事了，因为我们已经努力过。让我们面对现实，使自己变得更加可爱，因为只有当我们可爱的时候，别人才会爱我们，才会接受我们，而这个过程正是佛法的生机，也正是自己修行的证明，因为"人成即佛成，是名真现实"。

龙树菩萨在《中观论·观因缘品第一》说："不生亦不灭，不常亦不断，不一亦不异，不来亦不出。能说是因缘，善灭诸戏论，我稽首礼佛，诸说中第一。"意思是说没有生死，没有常断，没有一异，没有来去。他只是告诉我们没有实在的生，没有实在的死，没有实在的常，没有实在的断，没有实在的一，没有实在的异，没有实在的来，也没有固定的去，能说是因缘？如果说有生死，常断、一异和来去，也是因缘的生，因缘的死，因缘的常，因缘的断，因缘的一，因缘的异，因缘的平等差别，因缘的来和因缘的去，如果你执着你就上当了。"善灭诸戏论，我稽首礼佛，诸说中第一"，这才是最究竟圆满的真理，这才是有意义的，他让我们认识真相，也让我们反省自己，通过认识真相反省自己，让我们逐步地跟真相的距离越来越近。

如果我们说，佛法就像太阳和月亮一样，那么我们的信心就像水一样，如果没有水，天上的太阳、月亮就和你毫无关系，如果你有了这些信心的水，天上的太阳和月亮就会印在你的水里，这个过程就是默契，就是合二为一，就是一种相应。所以我希望它首先是有知识和文化，其次才是信仰，既然是知识和文化，大家可以通过认识它们，掌握这种鉴别真伪的能力，或者从中受益于它，也可以跟别人分享它。

我今天就讲到这里。

互　动

问：我是北师大历史学院的学生。今天听到您的讲座很有启发。我们生活中的很多烦恼来自于我们的太执着，因此我们要破除这种执着。由此，我有一个问题请教您，就是我们要不要执着于破除这种执着？

答：这个问题问得非常好，提婆菩萨的《百论》认为，修行有一个循序渐进的过程，比如说《释舍罪福品》，通过修佛来舍罪，通过修空来舍罪福，但如果你最终只执着于空，依然是错误的，连空也不要执着。龙树的《中观论》中也告诉我们，"大师说空法，为离诸见故，若复见有空"，你如果再执着空，"诸佛所不化"。还有一些佛教经典如《法华经》说，"诸恶莫做，众善奉行，自净其意，是诸佛教"。我不做坏事，做好事，但我心里还不能执着于我没有做坏事，我做了好事，但我还要去做，诸佛教化众生的方法就是这样的。六祖慧能把袈裟拿跑的时候，后边跟着跑得最快的是慧明，因为他是将军，跑得快，但追上的时候，他连袈裟也拿不动了。这时，慧明说我为法来，不为衣来，请你开示我。六祖就开示他，"不思善，不思恶，正名莫使，于么时上作本来面目"，佛法不可以以善来衡量，也不可以以恶来衡量，当下，就是你慧明的本来面目。因此我想我们还是要执着一个实在的主观和实在的客观的主体来认识佛法。比如说有这样一个故事，有一个很有能耐的人要死了，他问谁能解决我的问题？别人说你找佛陀，于是他拿着两束花找到佛陀。佛陀告诉他，你把左手的花放下，你再把右手的花也放下。佛陀说你再放下，那个人说我已经没有了。这时佛陀说，你要"内放六根，外放六尘，中放六时"，清净时是一个缘起的过程，当你不再执着时，就可以了生脱死，但是做到这个很难，所以，你要放下的，还有主观客观，达到完全的空性才是一种自在。不知道我的话你听没听明白？

问：接着刚才那位先生的提问，中国人一般讲择善固执，择善固执和执着之间有什么关系？

答：我不是特别明白什么是"择善固执"，但是我刚才说了，放下不是放弃，执着是因为我们纠结，我虽放下了，不把它当回事，但是我还是要负责任。就像我刚才所引的苏东坡的话，他说"古之成大事者，不唯有超世之才，亦有坚韧不拔之志"，千万不要把这种坚韧不拔之志当成执着，越是放下越能够负责任。我们现在不能放下，所以，这个责任就很难负责地圆满，也许它负责了，但是它并不快乐，并不自在，并没有生命的质量和生活的快乐。一个人专心挣钱，挣来挣去，钱攒了一大堆，可结果却是疾病缠身，或者是没有快乐，或者是为别人攒钱，所以，佛教说放下，绝对不是放弃，是我随缘地放下，随缘地负责任，能负责任的一定要负责任，不可以逃避，即使做不到也一定不要纠缠，这就是圆融自在。我不太清楚你说的意思,不知道是否解决了你的问题。

问：我是在公司里工作的。我想问一下,缘起是怎么开始的?

答：如果有开始就不是缘起,如果有结束也不是缘起。佛教说当机立断,我不执着它,才可以改变这个缘起对我们的束缚。缘起既然没有实在性,那么我们发现任何的第一个事情都是可以重新打乱组合的,但是你面对的缘起也是倏忽之间马上就消失的。所以清代诗人俞樾说:"万人如海浩无边,身作飘摇不系船。相守百年都是梦,偶同一饭莫非缘。"一饭的因缘也要请您珍惜它,有缘要珍惜,没有缘也要珍惜,如果不结缘谁来帮助你,光抱怨没有用,命不好也不是命不好,是我们自己还没有做好,还没有结缘。所以刚才我说了,我们第一要感恩,感恩这个社会,感恩这个环境,因为你的财富是大家帮助你的。第二我们要学会包容,没有人是完美的。第三要学会分享,如果我们工作成功,老板要给大家发工资,尽可能让大家生活得更好,那么我相信这些员工不需要给他讲大道理,他就知道怎样来回报。第四要结缘,不断地结缘,这就是良性的互动,否则就是恶性循环。你天天指责别人,最后却还想生存,还想发财,这不大现实。

问：我是北师大心理学院的学生。我想请教您一个问题,刚才您提到佛陀和本末大端的故事,我们做心理咨询的时候经常会遇到受别人深深伤害的人,他们经常觉得是生活的不公平使他们遇到这样的事,我想请您从佛法角度讲一下,碰到这样的事怎么帮他平复这种被人伤害的感情?

答：我刚才已经告诉过你了,别把自己当回事,因为万物都是变化的,没有实在性,但是只是这么理论的讲,大家肯定不服气,我给你讲两个故事:

第一个是"寒山问拾得"的故事,昔日寒山问拾得说:"世间谤我、欺我、辱我、笑我、轻我、贱我、恶我、骗我,如何处治乎?"拾得云:"只是忍他、让他、由他、避他、耐他、敬他、不要理他、再待几年你且看他。"你不能因为不平衡,就拿别人的错误来伤害自己,我觉得这是最愚昧无知的表现。

第二个故事。清代有一高僧,是宝华山律宗的住持,叫见月老人,著有《一梦漫言》。他因为没有钱,曾经去受戒。受戒的时候因为没有钱,拿不了戒费,所以,入坛引礼师就让他往后排,只要来一个人就让他往后走,他自己就这样一直默默地往后走,实在没有地方了他就住在地上,没有床了他就住在地上。别人看着不平衡,就愤愤不平。他说我做游戏想。

做游戏想会受伤吗？不会。我们经常会不平衡，所以受伤了。所以最后他有一首诗："一梦南柯数十秋，艰危历尽事方休。尔今问我南游迹，仍把梦中境界酬。"这就是一个梦幻的故事而已，何必纠缠于它？因此你就释然了，解脱了，别人也就不好意思再赶尽杀绝。如果不讲话反而更有力量，但是讲得越多，最后就像祥林嫂一样，大家往往谁都不爱听了。

问：法师讲得非常好。我有一个问题，末法时期魔比较多，现在有没有真正的气功师？没有功夫也可以通灵？妖魔鬼怪附在他身上，是不是所有的气功师都是这样？有的说观世音菩萨再世，烧小房子什么的就是超度身上的灵性。我们年岁大了，身上总会有病，都为求病好，就信这些，但是我们现在真假难辨，有什么办法？好比气功师画一个符就说是宇宙的能量或者太阳的能量，但是否是魔的能量，我们也分不清。可是就是有人拿这张符，说哪儿疼放哪儿就能好，还有的人说观世音菩萨再来，说让他念的都是观世音菩萨的咒语，一天让你念多少遍，这个我们也真假难辨，请大师给我们解释。

答：我们不能完全、轻易、草率地否定气功完全不存在，但是我们要注意一点，我们生命的目的和信仰的归宿是什么？我们需要给自己一个定位。如果你就信气功，认为能活几百年，其实我现在看不到一个能活几百年的，但是我们究竟要怎么做，给自己定位。但是这样的人太多了，为此我回到极乐寺，搞了三个改革：

第一个改革，我把狐仙堂拆了。为什么拆了？因为那里供着烧鸡、二锅头和茅台。这样的现象我研究了好几天，我发现没有狐仙在享用，只看到人在吃喝。我发现这个借口太可怕，所以就把它拆了。拆了以后别人恫吓我，给我写信，给我打电话，说我只能活三个月，但是我非常欣慰地告诉大家，十年了，我依然还活着。所以，你要有抵抗力，不能别人说是什么就是什么。

第二个改革，我们庙里有烧纸的炉子，每天要烧很多替身、大宝、纸钱。有一次我听到一个老人家在那里烧小人，说老头子啊，你活着的时候就风流，死后我给你烧几个三陪小姐。还有一个老板在我寺院里一次性烧了40吨纸，到处都是纸灰，非常的恐怖，这已经不是简单的外道了，这和佛教毫无关系。所以我要告诉大家，我们老祖宗在祭祀的时候，最初是用人来祭祀的，后来用俑来祭祀，兵马俑就是用来祭祀的。再后来用三头猪、牛、羊。到唐景宗年间，有一个姓李的老板制造了我们现在所用的黄表纸,最初这个纸卖不出去,突然间他灵机一动,派人告诉别人,说我们的先人在九泉之下花这种钱,结果这种纸被疯抢一空,于是延续到今天。我想说人口越来越多,资源越来越少,环境越来越污染,我们还用这种方式吗?佛教徒说要上极乐世界,极乐世界绝对不花这种钱,只有下地狱做鬼才花这种钱,难道我们还要烧这种纸吗?不可以。

第三个改革,我们要让出家人过有尊严的生活,出家人一定要会念经。为此,我对寺里的僧人,一个一个考,不会没关系,我给你机会,三个月、六个月,有一个人居然花了五年才会把上殿的功课背会。我想这就是尊严。

首先要问我们究竟要干什么?所谓烧小房子的说法,只要佛经上没有,我们就不要信,不要传播,佛经里有的,我们才要信,才要传播。所以在《维摩经》和《华严经》中都不止一次地提学佛要"四依来学":

第一要"依法不依人"。"依法"是以佛所说的标准为标准,佛没有说的,不能杜撰。我爱我的师傅,但我更爱真理。"不依人",因为人是有缺陷的,我们没有任何理由替代佛祖。我如果是出家人,前面一定有佛才有法,才有出家人,我今天把佛法都扔了,而去搞个人崇拜,绝对不是佛法。《大般涅槃经》有一句话,"有所得者,是魔眷属,非我弟子","人到无求品自高",而恰恰我们很多人不自信,有病才去寻找一些解决的方法。李洪志在法轮功里说给你肚脐下面按法轮,往右转往左转可以治病,那我也要告诉诸位的是,不用安法轮,装个苹果、梨子也能治病,但是记住是你自己在治你自己的病,不是别人在治你自己的病,你自己在恐惧在害怕,不是别人在害怕,别人使你害怕,完全是因为你自己,如果你自己有抵抗力,一定就没问题。你如果真的是佛教徒,请您打开《楞严经》第九卷、第十卷,那里有五十种阴魔,是试金石还是照妖镜,你一看就明白,原来那就是骗子,那就是外道。所以你要看佛经,不能听别人说去烧纸,这和佛教没有关系,要从轮回中走出来。所以希望你能够"依法不依人"。

第二要"依智不依识"。要相信智慧,不要相信你的耳朵、鼻子、眼睛、舌头、身体意识带给你的错觉。我不要再执着,它是无常的变化的,它是没有实在性的,所以你就不再纠缠了。

第三要"依了义,不依不了义","了义"是从轮回中走出来,"不了义"就是没完没了。猫一天狗一天的你就这样了,今天好明天不好。

第四要"依义不依语"。语言文字是佛经的工具,通过这个语言文字的工具你可以看到天空上的灯，看到天上的太阳、月亮，但是如果你天天执着于这个手指，执着于这个工具，你就会没有办法看到太阳和月亮，没有办法去解决自己的困扰。所以最好的方法是用佛法，观无常，观无我，观解脱。你刚才说的烧小房子的那些事情，肯定不是佛法，佛经里也没有让你烧小房子，所以我们不相信这个。

问：今天上午听了您精彩的演说，非常精彩，非常有感触，相信对在座每一位的生活工作都很有帮助。

两个问题，第一个问题，河南少林寺是全国最有钱的寺院，少林寺方丈释永信是全国最出名的出家人，释永信的一些行为，从您的角度怎么看？第二个问题，最近有一部电视剧《甄嬛传》，非常热播，描写了宫廷的争斗，有一种观点说是非常励志的，好像老百姓都特别喜欢看，对这种现象您作为出家人怎么看？

答：第一个问题，关于释永信和少林寺，我想说整个就是市场经济在作用。刚才我也说了辽宁的歪脖老母现象——佛教搭台，经济唱戏，老板是方丈，农民给他打工，到处找高额的广告费，回报费——是一种传销营利式的方式在经营佛教，致使很多人误解。少林寺现象和我们整体的社会经济环境息息相关，人们在指责少林寺，我也想同大家讲，你的认识是隔着墙的，你不了解真相。2010年我到白马寺，参加一个佛像的开光仪式。开光以后，少林寺的法师邀请我去少林寺，去了后，我问他说少林寺上市了吗？他说我是被上市的。我相信你能明白这个话。他也曾经回答一个记者，说少林寺景区和少林寺没有关系，别人一定要把少林寺绑进去，绑进去的原因就是因为这张招牌很亮。陕西扶风县法门寺旁边也建了一个舍利堂，这个堂和法门寺没有关系，但是更多人都愿意把它扯在一起，朦胧更好一点，就能把别人忽悠过来。这是两个问题：第一，少林寺和这个没关系。第二，少林寺在那样一个非常恶劣的环境中很麻烦，就像我刚才说的——当假和尚不假的时候，真和尚很难真了，有很多的诱惑，也有很多迫不得已的情况，但是相信少林寺有很多无奈的地方，在这里我不便探讨。

第二个问题，说心里话我真的没有看过《甄嬛传》。但是也不是绝对没有看过，我前两天在广州的时候，住在宾馆里偶然看了一集，但是我想说这个问题是人和人之间交往的宫廷争斗，你要把它看得特别重，人就没法活了，就像杞人忧天一样，老觉得天要塌下来，结果几千年天还没有塌下来。所以，不要看得那么复杂，越是简单的人活得越可爱、越自在，所以虽然社会复杂，我们不要复杂，虽然社会污浊，我们不能污浊，你不能找借口也这样做，我想我也只能给你这样的建议。

主持人： 谢谢大家。

今天静波法师给我们做了非常多的开示，他让我们深切地感受到了佛学确实是人类智慧的结晶。当然，今天有这么多的朋友，而且这么热情地和法师来互动，其实也就印证了法师刚才跟我们说的，世俗谛也有种子的积累，我们有今天这样种下的因，后面我们也会看到果，我们可以通过外在来改变我们的内在，我们要像法师告诫我们的那样，要沿着一条认准的道路、正确的道路，坚持不懈、不放弃地往前走。

我刚从山东的尼山论坛回来，在尼山论坛我听到一个调研数字，当问到你是否有宗教信仰的时候，回答说我有信仰的人占70%多，而当问到你认为现在这个社会有信仰吗？96%以上的人都认为这个社会没有信仰了，可见很多人都在认为自己是有信仰的，而社会是没有信仰的。其实我们在今天，按照法师给我们讲的，完全可以通过正常的、正经的、自在的这样的一种追求，来达到我们内心的欢喜和我们整体的圆满和解脱。当然，法师刚才在互动的时候也提到了，我们要感恩、包容、分享和结缘，缘可能就是一种条件，条件可能有各种不同的因素来造成，其中有一个可能是我们自己种下的因缘而呈现为条件。

我们今天的讲座就到这里，非常感谢静波法师。今天没有来得及互动的朋友们，我相信以后还会有机会在我们的大讲堂里听到静波法师的开示，谢谢静波法师。

祖师西来意：对禅宗中国化和中国化禅宗的考察
——以《祖堂集》《五灯会元》相关公案为例

主讲：江西省佛教协会　纯一法师
时间：2012年6月9日
地点：北京师范大学英东学术会堂

主持人：今天是我们京师人文宗教讲堂佛学系列讲座的第六讲，非常高兴，我们请到了中国佛教协会副会长，江西佛教协会会长、佑民寺方丈纯一法师来到这里。我记得在二十多年前曾经有一段时期对佛教的公案特别感兴趣，翻看了《祖堂集》，翻看了《高僧传》，那里面有很多有禅机的公案，但是那个兴趣只是止于字面，无论是当头棒喝，还是绕路葛藤，自己读着觉得特别有兴味，但是感觉是不得其门而入。这样一个宗派吸引了中国古代非常多的文人士大夫，对于我们世俗之外的人有非常大的吸引力。可是，如何通过这些文字的迷雾来参透公案中的玄机，这是包括我在内的很多老师和朋友感到非常迷茫的地方。非常高兴今天大师来给我们开示，下面让我们以掌声来欢迎大师！

纯一法师：各位老师，各位同学，各位朋友，上午吉祥！阿弥陀佛！今天，非常荣幸，能够来到我国最高的师范学府与我国智慧极高的人们探讨佛教和禅宗。对我个人而言，因为我自己出身于宗门，但是后来在佛学院学习的时候，我的主要兴奋点还在法相唯识学，反倒对禅宗的历史和禅宗公案、禅宗思想等方面着力较少。但毕竟是从宗门下出来的，近年来，我越来越深切地感觉到禅宗在当代社会有着极高的价值，那就是：我们可以用禅宗的智慧来提升我们的境界，用禅宗智慧来化解我们的烦恼，用禅宗的智慧来拓展我们的眼界，用禅宗的智慧来了断我们的生死，这就是禅宗留给我们的重大精神宝库。

今天，给大家报告的题目是"祖师西来意"，这里的祖师是特指"达摩"，所以它的完整表述应该是：达摩祖师西来意旨。如何才是达摩祖师西来的大意？同时，我们也根据这一话头或课题对禅宗中国化和中国化禅宗做一个简单的考察。由于禅宗的公案太多、跨代较大，在此，我想仅以《祖堂集》和《五灯会元》中的相关公案为例予以展开言说。

众所周知，人类的文明在公元前6世纪的时候，迎来了"轴心时代"。用方东美先生的说法，就是在东西方同时出现了"哲学三慧"，即西方的古希腊文明和东方的佛教、老庄哲学或中国的古代文明。按照历史学家汤因比先生的说法，人类的文明自古代相传到今天一共有二十六种，其中有八种文明依然还活跃在当今世界，其他的七种文明相对来讲，都受到了西方文明的冲击，有的甚或走向转化与衰亡。然而，近年来，我们也欣喜地看到，东方的文明，尤其是印度的佛教和东方的老庄哲学都在呈现上升的趋势，越来越受到世人的关注，它的价值理性在逐渐被张扬出来。尤其是，在全球时代到来的当代，我们的佛教文化显得特别可贵。刚才，我们讲到了，西方古希腊哲学所演化而来的科学理性与一系列的哲学思考，都是基于一个向外追求的方向上；而东方，不管是佛教还是儒、道思想都是向内寻求，都是追求解决人与自然、人与自我、人与社会这么一个大的课题。记得有一位哲学家曾经说过，西方的哲学特别是欧洲的哲学，是一连串对柏拉图哲学的注解。回观佛教，自佛陀降生以后，尤其是传入中国的禅宗，作为一种教外别传的佛教，它是一连串的对达摩思想的阐释，所以我们把"达摩西来意"作为一个问题提出。这个问题也不是我现在才提出的，而是华夏千百年来历代的禅者、禅师和禅宗及其所影响的文人士大夫们普遍提出的命题。所以，这是中华禅学必须面对的命题或话题，也可以说是第一大公案，值得我们一起探究。因为这个题目比较大，所以，我们用《祖堂集》和《五灯会元》里面所记载的关于西来大意的相关公案做一些简单的梳理。由于本人对这方面研究也比较少，准备的时间也比较仓促，有很多遗漏、疏漏和不正确的地方，请老师和同学们不吝指正。

佛教西来和千年之后的西方文明、西风东渐对中华文明是一种极大的冲击。不过，佛教文明也好，西方文明也好，作为异质文明和新鲜血液，传入中华以后，必然要受到中华本土文化的考量与接纳，甚或提出质疑，发生碰撞与交融，然后，才共同汇入中华文明所能够接受的大的文明洪流之中。特别是佛教，在两汉之际传入中华大地之后，它的价值观一直在冲击着我们的儒道思想与我国儒、道思想，在千百年来的相互讨论、碰撞交流中融汇成独具特色的中华文明的滚滚洪流，并且与儒道一起成为中华文明滚滚洪流中的支柱文明。

达摩祖师的禅法在印度是大乘禅法，它经过了怎样的裂变，才从一个最初受到排挤、慧命如丝、个别禅人一脉单传的印度禅，演变为独具慧眼的禅师和少数知识分子所接纳的这么一个宗派，进而又演变为中国化禅宗的正统，乃至为千百万信众所依赖的佛教显学与价值核心、信仰核心，它是经历了怎样的传奇，何以成为我们整个中国佛教，这个具有民族特色的佛教的主流呢？下面我们先来回顾"祖师西来意"这桩大公案的由来。

达摩禅法，慧命单传，直到六祖出现，才发扬光大，前后跨越190年。这190年，属于纯粹的"达摩禅"时代，主要是以践行达摩禅为主，直到六祖出现，才完成了中华禅宗的"祖统传承"。慧能之后，禅宗由密而明，由隐而显，由涓涓溪流汇成汪洋大海，波澜壮阔，慧光独耀。日本有一位学者叫作忽滑谷快天，他把达摩至六祖这个时代的禅，称为"纯禅时代"，六祖之后称为"禅机时代"。"纯禅时代"的禅风，基本上是质朴而简约的，直截了当，朴实无华；而后者，则逐步由清净质朴演化为机锋转语，直指人心演化为绕路葛藤，方正行持演化为畸言异形，有的时候则棒喝交加。不立文字演化为不离文字，不用文字变成了善用文字，马祖道一是其中杰出的代表，有举拂、竖拳、扭鼻、踏倒、斩猫（斩蛇、烧佛）、棒打、声喝等。从表面上看，这些做法有失佛教庄严，但禅师们也是迫不得已，因为大道至简，大道无言，道确实是一个难以言表的东西，如果非要诠表的话也是一种迫不得已的事。也正如六祖所言："佛法在世间，不离世间觉，离世觅菩提，恰如求兔角。"所以说，祖师用教理之外的种种方便法门，让我们回到生活之中，回到眼前，回到当下，回到生活中每一个时空中来领会佛法的深刻奥义，因为"道在平常日用中"。然而，佛教虽然是良药良方，但时间用久了也会产生流弊，成为障碍，所谓"法久生弊"，无论多么好的良方都不可能是一成不变的。所以，佛陀在《金刚经》上说，"法无定法，无有定法可说"，就是这样的道理。令人遗憾的是，到禅宗的末流，狂禅出现了，沉潜笃行、真参实修之风逐渐演化为拾人牙慧、流于言表这样的拙劣风气，有时甚至成了玩弄文字游戏的禅法，逐步远离了以心印心、不立文字、直指人心、见性成佛的"正法眼藏、涅槃妙心、教外别传"宗旨。可见，禅宗历经了由拈花无言、不立文字，到不离文字、擅用文字，到徒有文字、文字游戏这么一个由盛而衰的过程。事情往往就是这样的，越复杂就离道越远。值此盛世，我们要振兴佛教，振兴禅宗，必须从源头上进行梳理和反思，为禅宗在当代的振兴提供资粮和源头活水。

一 "祖师西来意"问题的提出及其应答范式

"祖师西来意"是禅宗的第一等公案，这种公案不仅是禅林非常关键的话头，也是历代文人墨客普遍发问的话题。可以说，在中华大地绵延几百万平方公里广袤的大地上，特别是在南宗禅法盛行的南方崇山峻岭中，到处都活跃和闪耀着的禅宗智者们在禅房、在田间、在山头、在品茶、交谈、行脚中所体悟到的点点滴滴的灵光，和师徒之间参悟心性过程中流下的智慧碰撞的对话，给我们留下了无尽的智慧宝库。有人对禅宗的灯录做过粗略的统计，五代南唐的《祖堂集》中涉及"西来意"的公案即有30余则，而宋代的《五灯会元》所载则不下340处。

《祖堂集》，初名《古今诸方法要》，是由五代时期盛极一时的泉州招庆寺（今泉州城北清源山弥陀岩南麓，遗址尚存）两位禅师——静和筠编辑成书的，住持净修禅师作序，撰于五代南唐保大十年（952年）。该书收集了从形成禅宗渊源的过去七佛、西土二十八祖和东土六祖到唐末、五代的256位禅宗祖师的主要事迹和代表各自家风的问答句语，而以雪峰一系为基本线索。它是世界上迄今为止所发现的最古的禅门灯录。

灯录，是禅宗历代传法机缘的记载，犹如一盏智慧之灯辗转相传，以灯火相传来形象地譬喻智慧之火辗转不绝，故名传灯录，传的是智慧之灯，传的是法宝之灯。

灯录最早萌芽于南北朝，而正式灯录则是禅宗形成之后出现的。东魏孝静帝兴和年间（539—542年）有一个天竺沙门那连耶舍，译出一本《祖偈因缘》带到高齐境内传播。南梁简文帝又派刘玄远去北方传写，辗转流布，又传到了江南各地。到了唐德宗贞元年间（785—804年）金陵沙门智炬法师将《祖偈》一书又带往曹溪（今广州韶关），同天竺沙门胜持法师"重共参校"，连同唐初以来传法宗师的机缘合并集成《宝林传》一书。五代后，梁太祖开平年间（907—910年）南岳沙门惟劲法师又据此《祖偈颂》连同光化以后出世宗师机缘集成《续宝林传》一书。此后40余年，正式灯录《祖堂集》才得以出现。这部著作成书后，曾在国内流通，北宋皇家图书馆目录《崇文总目》里也有关于《祖堂集》的目录。但后来遗失了，直至1912年，日本学者关野贞、小野玄妙等人对韩国海印寺所藏高丽版大藏经版本进行检索时，才在其"藏外版"中得以发现此书。虽然《祖堂集》传至高丽的具体年代我们目前无从得知，但从记载来看，这部书由一卷增补成10卷，篇幅越来越多，因为后来出现的禅师越来越多，而在这个工程中，"祖师西来意"公案也相应地增加了。对此，日本学者柳田圣山、大屋德城，法国汉学家戴密微等对《祖堂集》均有较为翔实的研究和考证。与宋真宗景德元年（1004年）成书的《景德传灯录》相比，《祖堂集》要早半个多世纪，在史料等方面也就自有其特殊的地位。据粗略统计，书中关于"西来意"的公案就有三十余则。因此，对"祖师西来意"这一公案的考察，我们就必须从《祖堂集》的相关记载开始。

先看《祖堂集》中最早出现"祖师西来意"提法的"老安国师"卷三这一条。老安国师是五祖弘忍大师的弟子，他在嵩山少林寺当住持的时候，有一位法号叫坦然的禅师，携同怀让禅师一起来嵩山向老安国师问道。坦然问："如何是祖师西来意？"老安国师就说："你为什么不问自家意旨？而问其他家的意旨做什么呢？"于是，坦然就说："那如何是我坦然的意旨呢？"老安国师就说："汝须密作用。"坦然又问："如何是密作用？"结果老安国师闭上眼睛又睁开眼睛，坦然随即大悟。密——或许可以说是"不立文字，教外别传"之意。

由此条记载来看，祖师"西来意"公案出现最早的地方，就是当时老安禅师所在的嵩山，问题的提出者是坦然，禅机接引者是老安祖师。老安法号叫慧安，俗姓卫，荆州支江（今湖北省内）人，"其貌端雅，不染俗尘，修学法门，无不该贯"。有趣的是，在隋文帝时，老安甚至连度牒都还没有拿到。在隋炀帝征召百姓开凿通济渠以致"饥殍相望"时，老安禅师悲心大发，托钵乞食相救，许多人因此得以脱离生命危险。唐太宗贞观年间，老安到黄梅参拜五祖弘忍大师，成为五祖弘忍的十大弟子之一。五祖入寂以后，慧安禅师就来到了嵩山，在这里定居，遁世离俗。后来，武则天将其迎请至宫廷，待以私礼。武后圣历二年（699年），在一个风雨交加的夜晚，老安禅师"为嵩山神授菩萨戒"。他当时讲，晚上有一些神人会来这里授菩萨戒，到了晚上，果然风雨交加，来了一批嵩山护法神，国师就为他们授菩萨戒。当然，佛教不鼓励讲这些怪异神通的事，但在史书上确实有这么个记载。到中宗神龙二年（706年）时，皇帝赐老安禅师紫衣，尊为国师，又把他请到宫中供养了三年。景龙三年（709年），老安国师回到了嵩山少林寺，直到128岁圆寂。

怀让禅师是唐代陕西人，武则天垂拱二年（686年）的时候，他在湖北荆州玉泉寺出家后，与坦然禅师一同参拜慧安禅师为师，慧安禅师则指点怀让去拜六祖慧能大师，怀让参拜六祖后开悟，并在六祖晚年侍奉身边15年，得到了慧能大师的衣钵真传。怀让禅师在六祖处开悟后，移居到南岳衡山的观音台，以此为常住。六祖圆寂在公元713年，我们再往上减掉15年，那么，怀让禅师应该是公元698年或者最迟在公元699年来到曹溪的，而老安国师在公元699年4月以后成为武则天宫廷的上宾，离开了嵩山。可见，怀让和坦然禅师应该是在公元698年的时候到嵩山问道的。所以，从现存的文献看，"西来意"公案发生最早的时间应该在公元698年。

这是一段著名的公案。之所以称为公案，就是一个公共文本和案例。但每个人的理解都不一样，尤其是这种关乎生命本质的公案，随着我们每一个人的根基、智慧和领悟不同，对公案的理解也就见仁见智。有的人是从文字上进行解读；有的人是从义理上进行解读；有的人是从修行、证道的角度来解读。正如苏轼在《题西林壁》一诗中对庐山的多元描述那样："横看成岭侧成峰，远近高低各不同。不识庐山真面目，只缘身在此山中。"老安国师闭目开目之际，开合、动静之间，这里面实际上蕴含一种生命的律动，开合、动静中不离"这个"——一体真心，开合、动静一如，此时我们的心如何作用呢？非关动静，但莫污染，但莫外求而已。世人着相，为相所惑，禅者抛却是非、动静、空有、开合，直显"超言绝待第一义"。以公案、灯录来契理垂教，以扬眉瞬目、逼拶棒喝显示机用，上臻"言语道断，心行路绝"的妙高峰顶。这种透过祖师应机接引的言行范例，及拈弄、评唱的因缘，或上堂、小参所开示的话头，都称为"公案"。譬如，马祖有"不得道长短，答汝了也"的公案，石头有"除却扬眉动目一切之事外，直将心来"的公案。

《祖堂集》卷五《大颠和尚》中载：大颠侍立在石头身边，石头问道："你是参禅的僧人还是州县白吃斋饭的僧人？"大颠道："弟子是参禅的僧人。"石头问道："什么是禅？"大颠道："禅是扬眉瞬目。"石头又问道："除却扬眉瞬目外，把你的本来面目呈给我看。"大颠道："请大和尚除去扬眉瞬目外看取。"石头道："我已将扬眉瞬目除完了。"大颠道：

"我将本来面目呈给大和尚看了。"石头道:"你既然将呈给我看,你的本来面目究竟如何呢?"大颠道:"我的本来面目与大和尚的不同。"石头道:"我的本来面目与你无关。"大颠道:"本来无物。"石头道:"你也无物。"大颠:"既然无物,即是真物。"石头道:"真物是不可得到的,你心里的现量意旨正是如此。你要好好护持。"

  禅师在回答什么是道、什么是佛的话头时,不拘一格,有时叫你扬眉瞬目,有时叫你不要扬眉瞬目;有时说扬眉瞬目者是,有时候说扬眉瞬目者非。你说为什么呢?"但学无心,诸缘顿息。"从老安国师闭目又开目机锋来看,和后来的扬眉瞬目有些异曲同工之妙,但究竟怎样切入,就要看个人的领悟了。这个"密"字是非常重要的。所谓的"密",就是不立文字、教外别禅、直指人心、见性成佛,这就是"密",不是文字所能表达的,也不是我们现有经典教理记载过的。当年佛祖告诉灵山会上众弟子:"我有正法眼藏,'密'付于汝,汝当护持,传付将来,勿令断绝。"关于"西来意",你只能"密作用",我也不能直接告诉你,只有你自己去参究,如人饮水,冷暖自知。在"老安国师"这个公案中,当时,还有一位与坦然禅师一起前往嵩山问道、后来在禅宗史上有着显著地位的大师,当时他还没有得到很好的领悟,他就是南岳怀让禅师,后来成为六祖慧能的两大弟子之一。在老安国师和坦然对话的过程中,怀让禅师并没有领悟到其中的奥义,所以他也就没有任何的表达,也没有任何的问题提出。要想提出一个关乎我们生命终极大命题不是一件容易的事,能提出问题,就说明我们有疑问,而长期以来消解不了的疑问,就成为个体生命的大疑问,后来的话头禅把它称为"疑团"。所以,才要请老师来开解。所谓"大疑大悟,小疑小悟,不疑不悟"。当时,怀让禅师在嵩山没有提出问题,老安禅师自然也不便回答,但是,老安禅师慧眼如炬,观其外,知其内,他看到怀让禅师的气质,知道不是一般的法器,就指点他说:你到曹溪参六祖去吧,你悟道的因缘在那里。

  从宗嗣而论,老安国师虽然贵为五祖弘忍的得意弟子,但是因为后代的禅宗是以六祖慧能大师顿悟思想为主流,"南顿"法门为正统,所以,这一公案的首创者——老安国师在禅宗发展进程中反而成为了禅宗的旁支。虽然六祖的高足怀让禅师也是老安国师指点过去的,但在当时,禅宗中以法为师、追求真理、不拘一格、互相尊重的风气非常好,被称为"北宗"渐修的代表人物神秀禅师还让弟子去参拜六祖呢。从《祖堂集》

我们进一步考察，不难发现，当时，这个公案在旁支中还颇为盛行。会昌法难之后，牛头宗衰微，因为教法相近，与曹溪门下的石头宗有密切关系，后世将它并入曹溪门下，为六祖旁支，也称牛头法门。此宗门下有一位鹤林和尚，有学僧问他："如何是西来意？"鹤林和尚回答说："会即不会，疑即不疑。"鹤林和尚还说："不会不疑的，不疑不会的。"学僧一见鹤林和尚，就问什么是西来意呢？鹤林和尚就说了，你说的那个东西，会就不会，但我也不怀疑，那你不怀疑又不会，不会又不怀疑的，这个东西是什么呢？禅师在说法时经常问：会吗？会吗？什么才叫会呢？实际上这个"会"字很玄，难思难议，在禅宗里的确妙用无穷。

从释迦牟尼佛在灵山会上拈花，到马祖道一竖拂尘这个公案，实际上是一脉相承的，佛与祖是一个鼻孔出气。灵山会上，大梵天从空中献给佛陀一朵金色波罗花，佛陀拿了这朵花之后，就向在座的1250位弟子展示，以便勘验他们会不会、懂不懂"拈花之旨"？佛陀仿佛在说：你们会吗？当时，弟子们不明白世尊手里拿一朵花晃来晃去干什么，正纳闷间，只有迦叶尊者会心地"破颜微笑"。此时，师徒二人之心境，冥合相应，无二无别。于是，佛祖说了一段话，印证了迦叶尊者，并把以心传心、不立文字、教外别传的"正法眼藏"嘱咐给迦叶尊者，代代相传，也就是将三藏十二部教典不能表诠的部分，诉诸教外别传，以便相辅相成。所以，如何能说会与不会？没有办法说会，也不能说会，因为会、不会两者都不能完全表达，更何况，不能落入两端、两边啊！佛教一向反对落入边见，在佛的眼里处处皆是中道、皆是真理。悟（或达），则触境皆是；不悟，则处处即乖。达的时候所有的境界都是会，于一毛头得窥全体法界；不悟的时候却是盲人摸象，离道甚远。后来的石头祖师和百丈禅师也就此问题，同样回答学僧。学僧问："如何是祖师西来大意啊？"百丈就回答说："我到这里却不会。""这里"两个字是非常奥妙的东西，这里是哪里？就是此时此刻当下我们的心，就是没有根尘相对的那个心，就是我们此时此刻，不假造作、不假分别的本地风光。禅师们经常告诫我们，心就是我们自己的家，回到自己的家里还要分别什么会与不会，信手拈来，无非妙道。

我们还是继续考察"祖师西来意"这桩公案所呈现的意义。所谓公案，本来是指官府的文书成例及讼狱论定者，简称为"案"，这些法律的公开记录就成为一个社会正义的标准和原则。与此相类，以描绘禅师用热诚、苦口婆心的方法去接引宗门学人的过程而产生的公开记录，自然成了禅宗的公案，这原本的个案，后来就成为天下人所共同参究的一个文本。其内容大致与实际的禅修生活密切相关，禅师在释法的时候，或以问答，或以动作，或者二者皆用，来启迪徒众，使其顿悟。如：隐语、比喻、暗示或者是拳打脚踢，棒喝交加，来绕路诠释。禅宗在纯禅时代是比较直接的，但是一旦进入了"禅机时代"、公案时代，祖师会很小心，不敢随便乱说，如果乱说的话，可能会出现"野狐禅"，将导致以盲引盲。百丈禅师告诫我们：离经一字，如同魔说，依文解义，三世佛冤。

根据天目中峰和尚的解释，所谓禅宗公案，乃佛、祖机缘，即世称公案者。世俗的公案乃"法之所在，而王道之治乱实系焉"！"公案行，则理法用；理法用，则天下正；天下正，则王道治矣！"而"佛祖机缘，盖非一人之臆见，乃会灵源，契妙旨，破生死，越情量，与三世十方百千开士同禀之至理也。且不可以义解，不可以言传，不可以文诠，不可以识度。如涂毒鼓，闻者皆丧。如大火聚，撄之则燎。故灵山谓之别传者，传此也。少林谓之直指者，指此也"。达摩祖师所传也就是"直指"，直指就是"直指人心"，以心印心，见性悟道。直指就是：不可依文解义，不可言传，也不可用文字诠表，不可用意识卜度，不可用世智辨聪来加以分别，或者以逻辑来推断，这样才叫作"如涂毒鼓，闻者皆丧"，就像鼓上有毒，我们不能随便乱摸，动辄中毒；"如大火聚"，你要动一下就烧手了。所以，有了"灵山之别传"。"别传"就是有别于文字，即另外传授的"不立文字"法门，这也就是达摩禅的教法，"不可以义解，不可以言传，不可以文诠，不可以识度"。因此，老安对"祖师西来意"的阐释最终采取了"扬眉瞬目"、绝言示意、大道至简、不落分别、就地还家的应对方式。

由老安国师开风气之先，"祖师西来意"这个在《祖堂集》中被多次提及的话头，虽然后来禅僧们的发问是那么的摇曳多姿，接引禅师们的应答也是异彩纷呈，但值得注意的是，禅师们的这些应答范式，从根本上看，万变不离其宗：绝言示意，直至一心性体。以一种简单的，或者是定义的方式，或者是用逻辑的方式，来比照我们的经典教义的某一章某一节进行理解，这些都不是直指人心法门所要举扬和彰显的。因为禅是只可意会，不可言传，不能简单以义理文字来妄加阐释的。正如大慧宗杲禅师所说"一超直入如来地"。按照佛教的教理来讲，要成佛，证到究竟果位，必须经过三大阿僧祇劫的修炼才能完成，这是唯识五位教理上的修行理路。但是，禅宗则告诉我们，可以顿悟，一超直入如来地，即心即佛，此心即是佛心，心外无别佛，佛外无别心，所以要直心、直行，不能思量，第二念就不行，要悟当下便悟，不能说我回去想一下，这就不行，要想一下就没有到家，所以"拟议思量已曲了也"。《法华经》中，佛陀在反复用文字讲了许许多多的道理以后，十分感慨地说："止！止！不复说，我法妙难思！"意思是说，罢了罢了，到此为止吧，不要再阐述了，我法微妙，不可思议，拟议即乖。天台宗的智者大师在讲《妙法法华经》时，单讲经题中的第一个字——"妙"字，就讲了99天，大家想想，经书都没打开，就"九旬谈妙"，是何等的不可思议啊！对于以成佛为主题的《法华经》而言，一个"妙"字又何足表哉？当然是不是讲了99天，并不重要，以言其多也。但是，它离不开一个"妙"字，妙在什么地方？个人体悟。其实，无论怎样妙，都离不开我们的心，这个心，如果你过分地分别执着，就离"妙"甚远，拟议即乖，不思不量，这才叫妙，可以思量那就不妙。

在《祖堂集》"石头和尚"这一条中，有僧人来问："如何是西来大意？"石头和尚说："问取露柱（指旌表门第立柱柱端的龙形部分）去。"这个和尚就说：我不会，他当然不会咯！无论是石头做的还是木头做的"露柱"，它都不会开口说话的。石头和尚说："你不会，我更不会。"因为一个人，当你的心没有参究或安住在这个命题上，没有行走在"祖师西来意"这一个大道上，即便你提出这个问题，那也只是一个符号，一句话，不痛不痒，并不能代表任何东西。说到底，它与我们的生命没有挂钩，你问什么是西来意？怎么给你个说法，知道了也是祖师的，终究与你无关，所谓"谈饭不饱"。如：什么是佛？《佛学大辞典》里写得非常清楚，佛者，觉也，自觉、觉他、觉行圆满——三觉之尊，三种觉悟，自己觉悟，觉悟他人，觉行圆满，前两种觉都圆满了就是佛。既然辞典上都写得清清楚楚，你再问我什么是佛，我怎么表达啊？如你问这个杯子是什么？我说这个是茶杯，我肯定不会说这个不是茶杯，因为我明明用它来泡茶；有的人就会说，不是茶杯，而是咖啡杯，当西方人用它来泡咖啡时，它不是咖啡杯又是什么呢？也有人说这个既是茶杯也不是茶杯，同样一个器物的名字，古今中外的称呼不同多不胜数。所以，如果要执着这个名字，你就可能失去了它本身的意义了。当你提问时，祖师没法以名诠实，以偏概全，他只能说我不会，没法回答。当时，石头和尚以简洁干脆的语言直截了当地体现了他的诠释风格——拒绝式，迫使弟子山重水复疑无路，忽现"柳暗花明又一村"。我们或许可以从云门文偃祖师的"云门三句"更加看清祖师们的作略和接引学人的手眼，那就是"截断众流，涵盖乾坤，随波逐浪"，你无始以来的业流与无量的意识之流，都给你截断，给你一个铁馒头你咬都咬不动，无法下口，亦如泥牛入海，无迹可寻，这条分别之路走不通，所以，要靠我们没有污染的本心去呈现，我们的心要回来，要反观，不要向外求。

下面，我们再看一段江西黄檗禅师的公案。黄檗禅师三次拳打徒弟，迫使徒弟顿悟玄旨。有学僧问，如何是"西来大意"？学僧正开口的时候，黄檗禅师就一拳打过去了，这个被打的学僧当然是他的高足、最著名的临济义玄禅师。后来，临济到河北正定县弘扬黄檗禅法，演绎出"临济遍天下"之禅风。临济禅法，大机大用，体用一如，非常的犀利、灵巧、活泼，这是非常了不起的，后世尊义玄禅师为临济宗创始人。

临济宗开宗祖师的根基如此猛锐，尚且要问这么一个问题。作为一个禅者，平日里，若举向上一着，参天地万化之本真，或在禅堂打坐，或行走在田间，你都必须要面对这个问题，这个问题是难以摆脱的，达摩西来干什么呢？一个印度的梵僧跑到中华（震旦）来干什么？他们都会问这个问题，所以临济义玄也不免要问自己的老师，可是他一开口就被拳打了，而且还被打了三次。临济义玄觉得这个老和尚真是不可理喻，你打一次就算了，你打两次我就要跑了。于是，临济跑到高安滩头去参见大愚和尚时，大愚和尚看这个和尚眉宇之间还透着智慧，看来还是有一定的来头的。大愚和尚就问："你从哪儿来呢？"临济回答："我从黄檗禅师那里来。"大愚和尚又问："你从黄檗禅师那里来，师父怎么让你跑出来了呢？"跟师父讲了吗？临济说："是我自己跑出来的。"大愚和尚问："你怎么跑出来了呢？"临济说："我两次提问题，两次都被打，我想既然机缘不合，干脆就走了算了，或许我的根基愚钝，做错了什么，外出云游罢了。"这时，大愚和尚说："你师父对你简直就是'老婆心切，眉毛拖地'，你这个蠢材，赶快给我回去！"听了这段话，临济恍然大悟，便说："原来黄檗的佛法无多子！"大愚一把抓住临济说："你这个尿床的小鬼，刚才还来问你自己有无过错，现在却说黄檗的佛法就只有这么一点。你究竟看到了什么，快说！快说！"临济不答，却在大愚肋下给了三拳，大愚把他推开说:"你的老师是黄檗,与我何关!"临济突然开悟了,就又回到黄檗禅师那里去了。

回去以后,黄檗禅师说:"你怎么又跑回来了,不是走了吗?"临济说:"不是,我还是感觉到师父对我太好了,就回来了。"黄檗说:"那你肯定是碰到什么人了。"临济一开始不讲,后来才说我碰到了大愚和尚,他告诉我说:"你师父对你是眉毛拖地,眉毛拖到地下了,这个人得多么的慈悲啊!于是,我就赶快回来报恩。"黄檗边笑边骂着说:"大愚这个老家伙真是多嘴,等他来时,我要痛打他一顿。"临济接着说:"还等什么,要打现在就打!"于是,便给了他师父黄檗一拳,黄檗大叫:"你这个疯子,居然敢来这里捋虎须。"两个人就笑起来了,哈哈大笑。曾经有人也问过马祖:什么是西来大意?马祖也拿拳头打。后来人家问马祖,你怎么也拿拳头打人?他说我要是不拿拳头打他,别人就笑话我,怎么这么老的老和尚,这个问题还要给他回答,这怎么回答啊,就像问什么是佛一样,词典上都写了,你还来问我?你自己不去参究?可见,棒喝是迫不得已的一种锤炼后学的方法,是方便之法。

还有一些更加令人费解的公案。有学僧问严头和尚,什么是祖师西来意?岩头和尚说:你把庐山搬过来,我就告诉你。就像马祖讲的一样,马祖的那个居士问他,"不以万法为侣",这个时候怎么样?这让我想起来了一句话:"百花丛中过,片叶不粘身。"你这个"万法"包括一切法,语默动静,一切的一切,我整天吃饭没有咬着一粒米,终日穿衣没有着一根纱,整天走路没有踩到一片土,要达到这个境界,才不以万法为侣,每时每刻我都能见到我自己的本心,没有根尘相对,没有主客之分,没有二元对立,一切事物都是缘起性空的,没有一件事物在那里是一成不变的存在。所以,你见到了空性,见到了缘起,肯定你就见到了这么个玩意儿。我刚在云居山出家的时候,师父就讲了,生姜是树上长的就不允许说是地上结的,可是生姜明明是地上长的呀,怎么是树上结的呢?要知道,禅师就要从这些方面洗去我们的习气,洗去我们的分别执着,让我们的思路不要在凡尘里打转,要超越,超越二元,超越这些虚妄分别的泥沼,让我们直接进入或者回归无分别的境界,"山河大地是如来"。一般在禅堂里坐香,坐养息香的时候,不吃饭只能喝水,有时吃个馒头。当年,虚云老和尚在扬州打禅七的时候,坐完一炷香以后有人倒水给他喝,水是别人拿到他手上去的,他根本不知道,因为他还在定中,直到开水烫了他的手,才出定，杯子没有抓住，掉到地下碎了，一声清脆的声响，老和尚根尘脱落（宗门也叫"桶底脱落"）作如是言：烫着手，打碎杯，家破人亡口难开。这个东西不是一个杯子碎的问题，是我们所执着的一切东西有没有真实的存在？虚空粉碎，本性如此，春天到了，春风拂煦大地，山河处处皆秀色，山河大地是如来。春天到了就不用去描绘这个花怎么样，那个叶子怎么样。春天来了，漫山遍野都是绿色的；春天到了，就像我们的心情一样，愁意顿消，比如修行，悟到这个境界了，那一切烦恼的东西，从哪里立足呢？烦恼是不是缘起呢？因为什么而烦恼呢？一点小小的烦恼，当你观察到它的因缘时，它就一钱不值，你的无名嗔恨怎么生得起来呢？所以，一定要破除我们的无明妄想，从我们的源头把这个世界看透、看明白。有首通俗歌曲唱道要把世界"看得明明白白清清楚楚"，其实哪里那么容易看清楚？人们实际上总是是雾里看花。如果能达到无分别之境，那才叫山河大地是如来。所以，庐山是拿不过来的，但是明明知道拿不过来，老和尚是大白天说妄语吗？你把庐山拿来我才告诉你，这是告诉你不可理喻，难以用寻思臆想来找到答案，逻辑、哲学层面对此也遥不可及，所以你必须死了这条心，从另外一条路回家，这正是禅师要告诉我们的。

但是也有一些学人不懂装懂，鹦鹉学舌。龙牙和尚这一段公案里讲，有学人问他：如何是祖师西来意。龙牙和尚告诉他：待到石头乌龟能够理解我们说话，我就告诉你。这个学人就讲，现在石头乌龟能理解我们说话呀。龙牙和尚一听，就知道你这个学人不明白，还讲什么"石头乌龟解语也"，不懂装懂，陷入了语言的形势框架中，既然不会，所以龙牙和尚听而不闻，反问："你说什么？"不予回答。当有人问赵州和尚什么是西来意时，赵州和尚回答：亭前柏树子。这也是一个无情说法的公案，借色呈心。佛陀拈花，祖竖拂尘，这些东西都是在生活中见色明心的公案，目的是让我们的心从迷雾中醒来，对境而不乱。

曾经有学僧问沩山祖师，沩山祖师对这个问题也作了回答。学僧问：什么是"西来意"？沩山祖师说：你把床拿来吧，我要睡觉了，也就是说，我不跟你闲聊，我困了。因为这些问题是非常沉重的，非常大的，很难以用言语表达给一个心境未到的人听。后来，这个学僧就说了，我自住山以来，从来就没有遇到过一个以本色示人的禅师。后来有人问他，你有没有遇到一个本色的禅师？假定有一天你遇到了，你认识他吗？这个就是非常正确的。

古希腊哲学史上记载，有人问苏格拉底人生意义是什么？之前，对这个问题，木匠、工人、教师、哲学家都有不同的回答。苏格拉底说，对人生的意义是什么，目前我也不敢下决断，因为我还没有找到。但是，我正在追寻人生意义的过程中，在我没有得到之前，我追求人生的意义或许是我最大的意义。因为当时有人就问他，既然你也不知道，那当人生的意义和你遭遇的时候，你如何判断呢？所以，不管东方哲学还是西方哲学，凡是形而上的这些问题还是有相通之处的。沩山祖师曾说：千斤之弩，不为奚鼠之辈而发。意思是，我这个弓，不是为一些小小的鼠头鼠目的那些人发的。这让我想起了另一个公案，马祖到江西的第一站是抚州石巩寺。有一天，一个少年猎人追赶着一只鹿从马祖面前经过。马祖迎上前去，少年猎人问道："你见到一只鹿从这里过去了吗？"马祖问："你是什么人啊？"少年猎人说："我是打猎的啊！"马祖说："你懂得射箭吗？"少年猎人说："我打猎能不懂得射箭啊？"马祖说："对啊，小伙子，我问你，一箭能射多少只猎物？"少年猎人说："我这一箭只能射一个猎物，不可能射很多。"马祖说："我一箭能射一群，不是射一个噢！"少年猎人说："老和尚，没有看到你拿箭，你的箭在哪里？怎么能射一群呢？"有的禅师认为，这个箭就像知见的"见"、是见解的"见"的谐音，前者是有形之箭，后者是无形之箭。马祖说："我一次说法就有一群人理解法义，所以我这个箭，心中的无相之箭，肯定比你那个有相之箭的射程要远要广。"少年明白了，后来就跟着马祖出家了，名为石巩慧藏禅师，也非常有名的。从佛经里，我们经常会看到：如来一音说法，众生随类而解。如来是一个声音说法，众生则随着个人的根性而产生不尽一致的理解、解读。我看过一些西方哲学的书，包括阐释学，文本和文本以后的一连串阐释，共同构成对一个文本的整体解读。众生是根性不同，而如来说法是同时在跟不同的人说法，在一个场合讲，但是因为根基不一样，理解还是不一样，就像我们每个人听老师讲课一样，每个人的理解是有偏差的。

这种"祖师西来意"问答的范式，在后来逐步演变流行起来，并也得以确立。这在宋代杭州灵隐寺僧普济所编纂的《五灯会元》中，比《祖堂集》得到了更多的体现。据张海沙统计，《五灯会元》中对"祖师西来意"的问答有340多次。而追问这一问题的唐代禅僧，不论是禅宗的正统，还是旁支，无不关涉其中，其地域遍及大唐帝国辽阔的版图，广布有唐一代所设置的十个道五十六个州。显然，在《五灯会元》中对

"祖师西来意"的记载更为丰富，学问僧和禅师们的问答手法也更为多样，一如天目中峰和尚对这些林林总总的方便法门所作的总结："且如禅宗门下，自二祖安心，三祖忏罪，南岳磨砖，青原垂足。至若擎叉，毬辊，用棒，使喝，及一千七百则机缘，莫不皆八字打开两手分付。"虽然对"如何是祖师西来意"的应答并没有超出原来的范式，但因问答的机缘个个不同，提问者的悟性个个有殊，禅师的接引方式也就个个不同，即使对于同一主旨的公案也迥然有别，每一个都鲜活灵动，因此，对"西来意"所呈现和敞开的佛性，也就自然而然提供了无限的可能。

曾经有这么一个公案，有个学僧问马祖："离四句，绝百非，请师直指西来意。"这个学僧的意思是：大师，请不要谈论那些空泛的理论和概念，请你直接告诉我什么是佛法大意吧。这就像刚才我讲过的茶杯，我们就会讲这个是茶杯吗？是茶杯，胡说，这不可能是茶杯，外国人也许说这是一个什么别的玩意儿，那么这个茶杯不是固定的，可以叫这个，也可以叫做那个，这是一个名字而已。第二个人你再问他，他说不是茶杯，因为昨天我问了他，他说可能它不是茶杯。第三个人又说，不是茶杯是什么呢，可能是茶杯又不是茶杯，最后是茶杯也是非茶杯，问人家四句，有，无，亦有亦无，非有非无，这么一个四句，从《维摩诘经》和禅宗很多语录中都有此说。这本来是一个教理上的说法，但是应用却比较广泛。可是，如果你拿它来问禅师，问马祖，马祖可不能按照教理来回答。我们且看马祖是如何回答的。马祖说，我今天很疲劳，我不能给你说了，你去问我的徒弟西堂智藏禅师。于是，这个人就去问智藏禅师。智藏禅师问：你为什么不问马大师呢？他说，和尚叫我来问你啊。智藏禅师说：我今天头痛，不能为你解说，你去问百丈怀海师兄吧！我说不对，他是说疑悟皆不正，不是所有人都能得到这个奥义的。学僧又去问怀海，怀海毫不客气地说：我到这里却不会。到了自己家里，我还有什么会和不会的问题呢？是的，二元消解了，一切对立都消解了。于是这位学僧把经过告诉了马祖，马祖说："藏头白，海头黑！"所谓"藏头白，海头黑"，是说智藏的帽子是白的，怀海的帽子是黑的。这里有一个典故，传说有两个强盗，一个戴白帽，另一个戴黑帽。戴黑帽的强盗，不抢人家的东西，只是用计谋抢走白帽强盗所抢的东西。马祖的意思是怀海比智藏更彻悟。百丈认为，这个问题超乎肯定与否定，不是用言语所能表达的，所以他说"我到这里却不会"。如果你用文字来说的话，我都论不清楚，我都论来论去，论到逻辑上绕走了，所以有的在逻辑上成立的东西，在哲学上是不成立的。有时候，我觉得逻辑是可笑的东西，明明空和有是两个东西，这两个东西怎么搞到一起呢？佛学说亦有亦空，空和有怎么能亦有亦空呢？在逻辑上不能成立的，可能在哲学上能成立，在哲学上不能成立的，在宗教里面又能够自圆其说吧，这个东西怎么样去证明它，那是另外一回事了。这方面，马祖、智藏和怀海禅师三个人共同就把这个公案完成了。

"我到这里"，"这里"二字，我刚才讲了，就是本地风光，不要到处找，你自己家里的宝藏，还用到处跑啊？大珠慧海禅师，建州人（今福州），因未发明心地，跑去找参谒马祖，马大师就问他：你从哪里来啊？答：从赵州（今浙江绍兴）大云寺处来。问：你到这里来，所为何事？答：来请教你佛法。马祖说：你自家宝藏不识不顾，抛家散走，却是何为？意思是指：你自己家里的宝藏你不认识，你抛家散走到处流浪干什么呢？我这里一物也无，你到我这里来是白来的，我也不会什么，回去吧！后来，慧海禅师就明白了：道莫外求。于是，向马祖顶礼膜拜。接着，进一步请求开示，问马祖：噢，哪个是我慧海自家的宝藏呢？马祖说：就是你此时发问的就是你自己家的宝藏，一点都不少，在圣不增、在凡不减，一切都在你自己这里，使用自在，回去吧。慧海于言下"自识本心，不由自觉，踊跃礼谢，师事六载"。这个大珠慧海后来也是个非常重要的禅匠，留下了著名的语录集——《顿悟入道要门论》。

所以说，这个不会啊，马祖、智藏不能说"得"，"得"字是很重要的，无有一法可得，千圣万圣也是一无所得。

所以，达摩祖师问慧可的时候，慧可说：我心痛，心不安，你心不安好啊。他说你要什么啊？请师傅帮我安心。把心拿过来吗？心是什么呢？是这个肉团子的心，还是我们的意识呢？究竟心是什么？心在里还是在外，是嘴里面表达的这个东西，还是耳朵听的这个东西，还是眼睛看到的这个东西，不知道。他说逆心要无可得，我找不到，我的心是什么，我找不到。既然你找不到心，你还怎么痛呢？找不到你还痛呢？所以，一心了不可得，找不到，你还痛啊？所以，好了，一路安心净，就给你安心完毕。怀海干脆说不会。事实上并不是这些禅师要滑头，确确实实是即使佛祖到了也不好说。佛祖讲过，我所说的法，如掌上的土，或者是我脚下之土，我没有说的话如大地之土，如果我把这个话多讲一讲的话，你还是在文字上走，离你的心十分遥远，离我们的目标十分遥远，离我们要解脱十分遥远。所以，佛祖打了一个比方，有一个人，在战争过程中被射了一支箭，一箭射得他很痛苦。医生给他拔箭疗伤，这个人讲，先别把箭拔掉，你给我搞清楚，这个箭是什么人射过来的？这个箭什么方位射过来的？是什么做成的箭？后来医生说等你搞清楚，你就血流不止，生命就结束了。人命在呼吸之间。佛祖问人家，生命有多长呢？有人说一个礼拜左右，有人说三四天，有人说一顿饭的工夫，确实有人吃顿饭的功夫就走了，昨天还好好的，今天怎么就走了呢。这三个人的回答了，佛祖听了这三个人的就摇头。最后那个人说生命在呼吸之间，一口气上不来就走了。尽管我们知道有的仪器比较先进，心脏起搏器什么的，生命这个东西如果没有呼吸，呼吸断了，心电图停止跳动到脑细胞死亡是很短暂的，须臾之间的，所以生命是非常脆弱的，但是生命确实是神奇和伟大的。所以，特别要珍惜，珍惜当下，珍惜此生，珍惜自我，不要在文字上绕来绕去，这是我们禅宗很重要的智慧。

所以，不仅仅是大彻大悟的禅师道不得，即便是佛祖也不能完全道得出，如果完全道得出，就不会拈花以心传心了，就不会把正法演变成教化别传之法，正所谓"言语道断，心行处灭，开口便错，动念即乖"。开口就乱了，在禅师面前一开口就错了。为什么呢？从我们的本心本性来讲，一开口就错了，所以有一句话叫做"通宗不通教，开口变乱道；通教不通宗，两眼黑洞洞"。教就是教理——如来圣言量，"宗"特指教理之外所传的不同之法——不立文字之禅。前面讲的老安禅师的故事里，有个晚上，他为神人授菩萨戒，若给我们的信徒讲是可以的，但是大家的根基不同，光讲神话故事，或者大家不能普遍接受的事，可能会适得其反。所以，祖师就讲了，有的时候我们的心到不了那里，语言到不了那里。最后禅师是逼迫自己，给一个很大的话题，比如祖师西来意，等后来的祖师就讲，父母未生你之前的本来面目是什么，一念还没生起的时候是什么？此时我们心生起觉照，从当下入手，然后又一个一个追问，于山重水复疑无路之际，可能有一个消息，呈现柳暗花明又一村。有一位灵云志勤禅师因见桃花而悟道，呈偈一首，曰："三十年来寻剑（智慧）客，几重华发又抽枝；自从一见桃花后，直至如今更不疑"，曾被沩山赞为"从缘荐得，永无退失，善自护持"。自从我见到桃花，我天天在花丛中走，最后还是发现繁花似锦的花就在眼前，就在当下。学人黏着在"离四句、绝百非"的相上，堕入边见的泥沼，而不明了"离即同时"的心法要义。一旦悟本，则一切音声言语，万法皆显"离四句，绝百非"之奥义，即一切相，离一切相，非一切相。我们禅宗经常讲，有一个公案，刚开始参禅的时候还没有彻底了悟大道，见山就是山，见水就是水。后来见山不是山，这个山也是一个生灭无常的东西，水也是川流不息的，赫拉克利特讲，人不能两次踏入同一条河流，山和水，昨天和今天，包括我们自己，我们十二个小时还是多少个小时，从物质上来讲，我们的色身是新陈代谢了，从意念上来讲，从我们的精神上来讲更是变化万千，喜怒无常，我们没有办法找到一个自我，所以，即一切相，离一切相，非一切相。有个著名的"见山"公案，系出于宋代吉州（江西）青山惟政禅师的《上堂法语》。他说：老僧三十年前，未参禅时，见山是山、见水是水；乃至后来，亲见知识，有个入处，见山不是山、见水不是水；而今得个休歇处，见山只是山、见水只是水。

见山是山，见水是水——"正参"，初参时，为境所迷的认识；见山不是山，见水不是水——"熟参"，是悟后见相非相的境界；最后，不执着空相，回到见山还是山，见水还是水——"活参"，但是，我们远离了山和水的妄相和执着，头上安头、脚上安脚的执取心没有了，一切事物都如其本来的样子，我们的心既不增益也不损减，不给山增加一分色，也不给水减少半点润，一切都是现成的。这就是见山是山，见水是水。凡能诠之语，必有所诠之境，凡有所指，皆是虚妄，也就是说禅宗里面讲的，"说似一物即不中"。你要讲任何一个物，你不能击中他，你这个"名言"（语言）和他所诠的东西不是一码事。记得我刚到禅宗道场云居山出家时，师父不让我们看太多经，甚至绝对不让看，一味要求我们在禅堂里打坐，默照或参话头，目的就是要洗尽我们的凡情，不让我们沿着世间惯常的思维去思考，说生姜是树上长的，你就不能说是地下结的。所以，禅师经常告诫我们，说的都不算，提起话头参！让我们对生命发起疑问，直接读我们的心，直接读大自然，直接读一切事物呈现给我们的玄机，要靠我们自己参悟。所以，佛陀也在《金刚经》中告诫我们："须菩提！汝勿谓如来作是念：我当有所说法，莫作是念！何以故？若人言如来有所说法，即为谤佛，不能解我所说故。须菩提：说法者，无法可说，是名说法。"有人讲了，佛祖你老人家说法45年或49年，怎么能够讲没有说呢！这不等于是打妄语吗？表面看是如此，实则佛陀是方便说，是真语者、实语者、不异语者、不妄语者，佛说："法尚应舍，何况非法？"又说："须菩提：说法者，无法可说，是名说法。"所以，法执必破。佛陀尚且如此，历代祖师也必然提不起，马祖道一又岂能尽表？西堂智藏、百丈怀海禅师虽然是马大师的高足，又能如何？从何说起呢？所以，要超越二元对立，彻见本地风光，这就是我们每一个人本地之佛性，自家之宝藏。

　　根据《五灯会元》的记载，唐代曾经探讨"祖师西来意"这一问题的禅僧广泛分布在十道五十六州，遍及大唐帝国的辽阔版图。禅门对这个问题如此热衷，而这个问题又是如此难以回答，以至于禅门将之形容为"国讳"。《五灯会元》卷五"潭州石霜山庆诸禅师"条载："问：如何是祖师西来意？师乃咬齿示之。僧不会。后问九峰曰：先师咬齿，意旨如何？峰曰：我宁可截舌，不犯国讳。""讳"就是避讳、忌讳之义，有顾忌不敢说或不愿说，这是孔子编纂删定《春秋》时的原则和态度。《春秋公羊传·闵公元年》说"为尊者讳，为亲者讳，为贤者讳"，这一态度是儒家"礼"文化的体现。而"祖师西来意"更是一个很忌讳的话题，本来是一个很秘密的东西，后来慢慢却成为一个显学，人尽皆知的第一公案。这样的话，很多祖师在回答问题的时候就讲了，我宁愿把舌头咬断也不说。甚至咬牙我也不说，而国家的忌讳莫过于圣贤、皇帝、皇后，唐太宗李世民时代，民间念观世音菩萨的名字时就自然避讳了一个"世"字，直接念成"观音"菩萨。对于普通人来说，最起码自己祖父的名字总是要忌讳的，不能随便念的，在这种情况下，就把"祖师西来意"提高到一个非常高的层面，不能随便加以乱说乱议。在佛教里面确实也有这样一条戒律，这条戒律即"未得言得，未证言证"。如果我没有证得罗汉果，却告诉他家说：我已经证得罗汉果了，这属于大妄语，自己没有证到，却非要说已经证得罗汉果了，说自己是解脱之人了，这就是欺佛灭祖，贪求供养，要下地狱的，所以修行人要特别特别小心。至此，我们或许可以发现，禅师们为什么绕路说禅，甚至隐讳言说，甚至用各种莫名其妙的方式，乃至拳打脚踢来表现，其实就是唯恐自己的诠释差之毫厘，谬以千里。

　　在唐代，还有一个故事，就是百丈禅师遇到了一个"野狐禅"的故事。有一天，当百丈禅师讲了许许多多的法以后，有个老人还不肯离去。百丈禅师就问："老人家，你为什么还不走啊？"老人说："我有一个问题百思不得其解，想请师公回答。"百丈禅师说："你有什么问题尽管说吧。"老人说："我现在是一只野狐，住在山后。"百丈禅师说："那你就是非人，按理来说，非人不能变化人身来听法的，不过你还是问吧。"老人说："大修行人，还落因果否？"百丈禅师说："你为什么要问这个问题呢？"老人说："因为在五百世以前我是迦叶佛的弟子，因为讲错了佛法，所以堕落为五百世野狐。"百丈禅师说："你的问题是什么？"老人说："因为有人问我一句话：'大修行人，还落因果否？'"我说："大修行人不落因果，回答错误，误人子弟，致使堕落为野狐。"百丈禅师就说："你且问来。"于是，老人又如是问了一遍，百丈禅师说："不昧因果。"可见，一字之差，凡圣殊途，难怪百丈禅师曾经感慨地告诫吾人："依文解义，三世佛冤；离经一字，如同魔说。"他的意思是说，如果离开经典乱说，不符合经意，就是魔说，但若依文解义，那就三世佛都被你曲解了，因此可以说，"祖师西来意"是一个国讳，应慎之又慎。当然，如果我们一味强调难的话，那怎么用功办道呢？

《传灯录》中有一则著名的公案：有源禅师有次问大珠慧海禅师："和尚修道，还用功吗？"大珠慧海禅师回答："用功。"有源问："如何用功？"慧海答："饥来吃饭，困来即眠。"这么简单，哪还有那么多麻烦事呢？谁不是饿了就想吃，困了就想睡觉呢。仔细想来，那还是不一样噢，一般人，吃饭的时候总是百般思索，不好好吃饭；睡觉的时候又是辗转反侧，也不好好睡觉。所以，不是简单吃饭、睡觉这么容易，而是有话头，值得参究的。用现代的话讲，禅宗大师是一种诗意的表达，是一种隐喻，并非按教理方式来表达的，让学人从最可能理解的地方，以最直接的方式来悟道，直接指向自家宝藏，这个宝藏不是别人家的，就是我们自己家里的旧东西。试想，一个人在自己家里，闭着眼睛，我们也不会乱道，必然是信手拈来，分毫不差，喻指人人本具的"那个"，也就是佛陀在菩提树下悟道的时候讲的"奇哉！奇哉！大地众生皆有如来智慧德相，只因妄想无明而未证得"，就是这个东西。所以，古德说："莫将闲学解，埋没祖师心。"

二 历史语义学的爬梳：佛祖、佛法与祖师、西来意

语义学研究的目的，在于找出语义表达的规律性、内在解释、不同语言在语义表达方面的个性及其共性。而作为语义学分支的历史语义学，所探索的是以往不同社会中含义之生成的条件、媒介和手段，阐发不同的文

化取向和知识结构之载体的共存和互动，以及它们各自的能量和表达语义的诸多可能性。当两种以上不同的文化相遇时，其目光聚焦的是话语和文字的、图像和音响的、礼仪和习惯的表述形式的差异性，并在社会结构的框架内借以表达自己的知识、情感和观念，而语词含义只有借助于此才可能生成、稳固或者被拒绝、调整、确立、边缘化或者变迁。

佛教和马列主义的传入及其本土化，在中国历史上可谓造成两个千年大变局的关键。就佛教而论，佛教一个外来文化在与中国固有的儒家文化和道家文化的碰撞、冲突、调适、融合中，这逐渐被中国文化吸收、融合，由一个个别独具慧眼、少数知识分子的士大夫佛教转变为千百万百姓所依赖的民众信仰，形成了与儒道比肩的独立的中国佛教，并全面渗透、影响了中国社会及其文化的各个方面。佛教对后世中国人来说已如此熟悉，几乎让人以为它就是在中国土生土长的宗教。因此，对佛祖、佛法、祖师及其西来意诸多理念的爬梳，皆应集中在佛教因何从西方传入中土这个问题上。

根据对《祖堂集》和《五灯会元》文本的考察，"西来意"的完整表述应为"祖师西来意旨"，亦简称为"祖师西来意"、"祖师意旨"，乃至简称为"祖师意"、"西来意"、"祖意"；有时禅师们为了表达特有的意趣，也称"祖师玄旨"、"西来密旨"、"祖师西来的意"等，从字面上看，即"菩提达摩从西天来到东土的宗旨"。达摩祖师传法偈亦云："吾本来此土，传法度迷情；一花开五叶，结果自然成。"偈中的确表明有西来传法之意。不过，若只是"传法"，佛法在此之前已然传入中国，又何必西来？可见"西来意"这个问题，又绝非表面文字表达的这么简单。要搞清楚"西来意"语义学的历史意义，我们还得从祖师西来之前佛祖在灵山拈花微笑公案谈起，同时，借此一窥佛祖释迦牟尼佛降临娑婆意，即佛祖出现于世的一大事因缘。

（一）佛祖释迦牟尼降临娑婆意和祖师菩提达摩

1. 佛祖释迦牟尼

公元前565年农历四月初八，喜马拉雅山山麓和恒河之间（今尼泊尔南部与印度毗邻的投罗拉科特附近）的拘萨罗国的一个属国——迦毗罗卫国的国王净饭王，接到王后摩诃摩耶夫人在回娘家的途中为他生了一个王子的喜报。这位王太子后来成为佛教的创始人。相传，王后梦见一只六牙白象进入腹中，在蓝毗尼花园，突感腹痛，于是王太子便从她的右胁降生了。而王太子诞生之时，有各种殊胜妙相与瑞兆产生，大地产生六种吉祥震动，帝释、梵天以各种化身示现，守护四周；天女散花，天龙八部以天乐庄严，并以殊胜美妙之甘露沐浴王太子，诸天以殊胜妙好之甘露沐浴佛身之缘起，所谓"九龙吐水"沐真容，周匝七步，一手指天，一手指地说："天上天下，唯我独尊！"此即后世浴佛法会之由来。诸多经典对释迦牟尼诞生的情景作了绘声绘色的描述："童子诞生，行于七步，举手唱曰：'天上天下唯我独尊，三界皆苦吾当安之。'"而《妙法莲华经》则道出了王太子出现于世的缘起："诸佛世尊，唯以一大事因缘故，出现于世，欲令众生开佛知见，使得清净故，出现于世；欲示众生佛之知见故，出现于世；欲令众生悟佛知见故，出现于世；欲令众生入佛知见道故，出现于世。"迦毗罗卫国国王净饭王在遍访仙人和贤者后，给太子取名为乔达摩·悉达多（巴利文：Siddhattha Gotama；梵文：Siddhārtha Gautama），意为释迦族的圣人。乔达摩，梵文为 Vāmadeva，意即"美丽的仙人"；"悉达多"（梵文：Siddhartha，巴利文：Siddhattha），意思是"吉财"、"吉祥"、"一切功德成就"，又作"萨婆曷剌他悉陀"（梵文：Sarvarthasiddha），意为"意义成就"或"一切义成"。

　　乔达摩·悉达多有感于人世生、老、病、死等诸多苦恼，舍弃王族生活，在29岁时出家修道。在遍访名师，仍然达不到解脱的境界后，太子又与五比丘入苦行林中苦修六年。虽然他日食一麻一麦，虽至形体枯瘦，心身衰竭，但始终未能成道，遂出苦行林，来到尼连禅河沐浴，接受牧女乳糜的供养。在恢复体力后，太子至伽耶村毕钵罗树下，以吉祥草敷金刚座，东向跏趺而坐，端身正念，静心默照，降伏诸魔，入诸禅定。49日后，于十二月初八日破晓时分，豁然大悟，成就"无上正等正觉"。世人尊之为"佛陀"，圣号"释迦牟尼"，时年35岁。为令众生入佛知见，从此，释迦牟尼佛以无量的善巧方便，先度五比丘，三转四谛法轮，足迹遍及五印度，开始了49年的弘法生涯。

　　释迦牟尼（梵文 Śākyamuni），是后人对他的尊称。释迦（Sakya），是其所属部族释迦族的名称，有"能"、"勇"之意；"牟尼"意为"文"、"仁"、"寂默"，所以汉文把"释迦牟尼"翻译为"能仁寂默"、"释迦文佛"等。在《梨俱吠陀》的诵诗中，曾经记载有一种出家修行者，自称为"牟尼"，蓄长发，着褐色脏衣，可飞行空中，喝饮毒汁而无事，所以，"释迦牟尼"可意译为"来自释迦族的修行成就者"、"释迦族的圣人"。

佛陀，是印度古代梵文 Buddha 的音译，亦译作"佛驮"、"浮陀"、"浮屠"、"浮图"等；佛，亦即佛陀，系由吐火罗文转译而成，意皆为"觉者"、"知者"、"觉"。觉有三义：自觉、觉他、觉行圆满，是佛教修行的最高果位。用现在的话讲，就是觉悟人生，奉献人生，圆满人生。一般人缺此三项，声闻、缘觉缺后二项，菩萨缺最后一项，唯有佛才三项皆全。因此，后代把佛陀或佛演变为对释迦牟尼的尊称。小乘佛教讲的"佛"一般是用作对释迦牟尼的尊称。大乘佛教讲的"佛"，除指释迦牟尼佛外，还泛指一切觉行圆满者，宣称十方三世，从空间上讲有十方，即四维上下；从时间上讲，有过去、现在、未来三世，到处有佛，其数如恒河之沙。

释迦牟尼作为佛教的创始人，被尊称为佛祖。"祖"，段玉裁《说文解字注》云："始庙也。始兼两义，新庙为始，远庙亦为始。故衬祧皆曰祖也。释诂曰：祖，始也。诗毛传曰：祖，为也。皆引申之义。如初为衣始，引申为凡始也。从示且声。"又，郭沫若《释祖妣》考证，在甲骨文卜辞中，"祖"作"且"，义为祖先，"系牡器之象形"；而以"示"作为明确意义的符号，反映了对"人之始"的祖先所怀托的尊尚意识。这种祖先崇拜是中国人最古老的文化传统，早在公元前 1700 年以前就已存在。以后经过商、周等朝代的传承，尤其经由儒家的发扬及推行而形成中国民间宗教生活与社会生活的核心，在数千年中国文化进展的过程中历久不衰。

2. 祖师菩提达摩

祖师，是由祖先崇拜演变而来的，是中国古代对创立某种学说或创造某种技艺而为众师法的人的尊称。《汉书》云："定陶丁姬，哀帝母也，《易》祖师丁将军之玄孙。"颜师古注："祖，始也。《儒林传》，丁宽，《易》之始师。"因此，从这个意义上，称释迦牟尼是佛教的祖师并无不可，甚至也可以说这正是释迦牟尼被尊称为佛祖的原因之所在。不过，在佛教文献中，祖师一般是指佛教中创宗立派的大德，如《佛祖统纪》在说明其书名中的"佛祖"二字的意义时说："佛祖者何？本教主而系诸祖也。""佛"是指释迦佛，"祖"是指传衍佛法正统的历代祖师。在历代留下的卷帙浩繁的禅宗灯史和语录中，所谓"祖师西来意"、"祖师意"、

"祖师正令"、"祖师心印"等语句中的"祖师",则指的是中国禅宗公认的东土初祖菩提达摩。

有关论述达摩生平学说的史料传记,汤用彤先生和印顺法师所认可的唯北魏杨衒之的《洛阳伽蓝记》、菩提达摩弟子昙林的《略辨大乘入道四行序》及唐道宣《续高僧传·菩提达摩传》三种。根据这三种资料,再结合胡适先生、台湾印顺法师等的考证,我们可粗略描绘出菩提达摩的人生轨迹:

菩提达摩(梵语 Bodhidharma),简称达摩,南天竺人(或波斯人)婆罗门种。神惠疏朗,闻皆晓悟,志存大乘,通微彻数,定学高之。历游诸国。南朝刘宋(420—478 年)年间,至迟在公元 467 年,他从海路来到南越(今广州)。达摩曾在江南一带长期逗留,曾师从于求那跋陀,是当时的楞伽师之一,还传授过《楞伽经》。大约在魏孝文帝太和年间,身怀使命的达摩禅师,北渡至魏。在洛阳期间,达摩见到永宁寺之壮丽,叹为各国所无,口唱南无,合掌连日。又曾见洛阳修梵寺金刚,亦称为得其真相。洛阳永宁寺建于北魏熙平元年(516 年),毁于东魏天平四年(534 年),达摩应在此期间"游历嵩洛",其间还可能曾到过邺地。在游历中土的行程中,随其行止,以禅法教人。对他所授禅法,当时争议颇大,昙林说"取相存见之流,乃生讥谤",《续高僧传》本传亦云"乍闻定法,多生讥谤"。自云 150 岁。天平年间(534—537 年)灭化洛滨。其著作传有《少室六门集》上下卷(包括《心经颂》、《破相论》、《二种入》、《安心法门》、《悟心论》、《血脉论》);另有敦煌出土的《达摩和尚绝观论》、《释菩提达摩和尚无心论》、《南天竺菩提达摩禅师观门》等,当系后人伪托之作。

达摩禅在北朝仅仅是禅的一支而已,但一入唐却初焕发出异样的光芒,其影响逐步上升,并最终发展为最有影响的一个派别。就在这个过程中,附着在达摩身上的故事和神迹也随之增多起来,譬如梁武问答、一苇渡江、九年面壁、六度被毒、只履西归,有的是传说,有的是附会,也有的是任意编造。这个过程是随着中国禅宗的逐渐壮大和佛教正统地位的树立而自然展开的,也是中土祖师多方努力的表现。

这种祖师崇拜,是中国社会宗法制度在佛教发展中的重要反映,也是佛教为适应中国社会固有的文化传统所采取的重大举措。随着隋唐时代南北政治统一,国家经济繁荣,国际文化交流活跃,佛教也顺着求同求通的趋势，综合南北思想体系，由南北朝时的各类"师说"——学派发展演变成若干新的宗派。其中，势力较大、影响久远的有天台宗、三论宗、唯识宗、华严宗、律宗、密宗、净土宗和禅宗等，它们拥有各自独特的教义，不同的教规，更加强调传法世系的不同。从7世纪末开始，菩提达摩由一位重要的西来传教弘法僧人，开始被多个禅派塑造成为中国禅宗的祖师。

中国禅宗所奉祖师的传承世系，有"西天"（古印度）和"东土"（中国）两大系统。从历史考察，最早提出中国禅宗付法传承的祖统说的是法如禅师（638—689年）。他认为，印度的传法世系为释迦牟尼佛→阿难→末田地→舍那婆斯；中土传法世系则为菩提达摩→可→粲→信→忍→如等六代传承之说，首次把菩提达摩奉为禅宗东土初祖。惠能祖师（638—713年）在《坛经》提出，从七佛到惠能共四十世，除去七佛及中国的慧可到惠能，从迦叶第八到菩提达摩第三十五正好是二十八世。净觉《楞伽师资记》则推求那跋陀罗为初祖，菩提达摩为二世，下以神秀为七世。神会则坚持南宗为正统，达摩为中国禅宗初祖，主张自达摩→慧可→僧璨→道信→弘忍→惠能六代一脉相承；由于禅宗南宗成为后世禅宗众多支派繁衍的总源头，中土六祖的这种说法再没有更改。贞元十七年（801年）智炬的《曹溪宝林传》据敦煌本《坛经》修正西天二十八祖史事，在《付法藏因缘传》之二十三祖外另加婆须密，成为二十四祖，又在师子之后加上婆舍斯多、不如密多、般若多罗、菩提达摩等四祖，共二十八祖。五代南唐成书的《祖堂集》、永明延寿《宗镜录》，北宋初年道元《景德传灯录》和契嵩《传法正宗记》都继承了此说，从而成为禅宗的正统说。由此，东土初祖菩提达摩成为中国佛教祖师崇拜的集中体现者，在促进禅宗祖师尊崇盛行方面发挥了十分重要的作用。随着佛教各宗派不均衡发展态势的加剧，这也对以后佛教的发展产生了多方面持久、深刻的影响。

（二）佛法与祖师西来意

佛法（梵语 Buddha Dharma），简称法（梵语 Dharma，汉译为达摩或达磨）。"法"在佛教里解释为"任持自性、轨生物解"，它所反映的是事物的本来面目，是宇宙人生的真谛，其所包含的内容，简言之，就是四谛、十二因缘、八正道。这些"法"是释迦牟尼佛亲口所说的，除此之外，尚有许多许多未说之法，佛曾宣称："我所说法如爪上尘，所未说法如大地土"，亦即说佛法不是凝固不变的，也不是千篇一律的，更不是面面俱到的，他主要阐述的是人们认知世界人生、改造世界人生所应持的方法，人们在评判某一法是否属于佛法时，只要遵循"诸行无常、诸法无我、涅槃寂静"这三法印就会得出一个正确的结论。释迦牟尼佛在菩提树下所悟得的、一生所宣说的，乃至未说的一切宇宙人生的规律和知识都是"法"。凡具有"法"的属性的东西都可以叫作佛的"法身"的代表。

佛教从两汉之际开始传入中国，到菩提达摩来华传法的6世纪中叶的400多年间，尤其在魏晋南北朝时期，已经有了长足的发展。魏晋南北朝虽然战乱频仍，灾难深重，但在局部地区或短暂时期，又出现了相对稳定和繁荣的局面。这使佛教在全国范围得到了多方位的传播。它深入社会的各个阶级和生活的各个领域，与中国传统的思想文化撞冲激荡，参差交会，形成了独具中国历史特色的佛教思潮，影响甚至支配着南北朝一些大国的统治思想。仅就译经而言，两晋南北朝堪称中国翻译佛经的中坚时期，共计译出1420部3745卷，与现在的"大藏经"部数相仿，卷数半之。

既然在菩提达摩东来中土之前，佛法已经传入中土了，甚至印度禅也已经在北朝开始传播，那么，达摩为什么还要"远涉山海"，不远万里来到中国传播他的"西来意"？回答这个问题，我们先来看《五灯会元》中的一段著名公案：

"世尊在灵山会上，拈花示众。是时众皆默然，唯迦叶尊者破颜微笑。世尊曰：'吾有正法眼藏，涅槃妙心，实相无相，微妙法门，不立文字，教外别传，付嘱摩诃迦叶。'世尊至多子塔前，命摩诃迦叶分座令坐，以僧伽梨围之。遂告曰：'吾以正法眼藏密付于汝，汝当护持，传付将来，勿令断绝。'"

这段禅门流布最广的拈花微笑的公案，当为禅宗之滥觞。迦叶尊者也因之成为禅宗的西天初祖。传到第二十七祖般若多罗，将"正法眼藏"及衣钵传给菩提达摩，成为西天二十八祖。菩提达摩秉承般若多罗的遗训，并说，我灭后67年，你此正法眼藏将东传震旦，以绍隆佛种，普利众生，同时还要许多谶语为此授记。于是，自称"南天竺一乘宗"的菩提达摩来来华弘扬禅法。

相传，梁武帝得知从西土来了菩提达摩这么一位大德高僧，便派人迎接达摩到金陵。他们之间的对话，又成就了历史上另一段著名公案：

自以为即位以来建寺、写经、度僧无数而广造功德的梁武帝，问达摩："朕如此的作为，有何功德？"达摩回答说："了无功德。"梁武帝不解，问其原因。达摩开示道："这只不过是人天有漏果的因罢了，如影子一般，是不实的。"梁武帝又问："那甚么才是真功德？"达摩答："净智妙圆，体性空寂的功德，不是依世间法而能求得的。"梁武帝接着又问："如何是圣谛第一义？"达摩答："廓然无圣。"达摩见机缘不合，便动念北上。当梁武帝将这番问答告知宝志禅师时，宝志说，这个达摩便是观音菩萨在世间的化身啊。梁武帝一听，就马上派人追赶达摩。此时，已到江边的达摩，见到大批人马穷追于后，顺手攀折芦苇一枝，抛向江中，便飘然过江北了，这便是直至今天仍被广为传颂的美谈——"一苇渡江"。

不过，问题随之而来，拥有"正法眼藏"及衣钵的菩提达摩，为什么在与崇信佛教的梁武帝一番攀谈之后，竟然要渡江而去？到底什么才是"正法眼藏"？这个"正法眼藏"与释迦牟尼一代经教有无不同？它与达摩来到中土之前传入中国的佛教又有何不同？

"诸佛为一大事因缘出现世间，为令众生开示悟入佛之知见，而出现于世间"，所以佛祖在悟道后的45年，一直忙于弘化佛法。最初直畅本怀，宣演《华严经》21日，后观机逗教，又说《阿含经》12年，《方等经》8年，《般若经》22年，《法华经》和《涅槃经》共8年，讲经三百余回。而对于个人个别的教化，不知说过无量数次。因材施教，点化迷萌，感化无量数人求皈受戒，改恶修善，得大解脱，了悟无上菩提。所要说的法都已说了，所要做的事都已做了，所要度的众生也都已度了，如佛祖涅槃时所云："初转法轮，度阿若憍陈如；最后说法，度须跋陀罗。所应度者，皆已度讫。"佛教公认，释迦牟尼的一代教法，从第一结集开始代代付嘱。其精要内容就保存在佛教经典，即所谓"三乘十二分教"中。

《祖堂集》卷八"曹山和尚"条："问：'三乘十二分教，还有祖师意也无？'师（曹山）曰：'有。'僧曰：既有祖师意，又用西来做什摩？'师云：'只为三乘十二分教有祖师意，所以西来。'"曹山明确肯定了三乘十二分教与教外别传的本质相同。既然如此，释迦牟尼为什么还要特意付嘱，教外别传？

芙蓉和尚则尝试着来回答这个问题。《祖堂集》卷十七"芙蓉和尚"

条载:"问:'如何是教?'师云:'五千四十八卷。''如何是教意?'师曰:'祖意即是。'问:'如何是祖师意?'师云:'教意即是。'学云:'与摩即教意与祖意无二去也?'师云:'十方佛土中,唯有一乘法,无二亦无三。'大德便礼拜。师偈曰:'祖心即教意,教意即祖意。欲识祖师意,祖师传佛心。祖意与教意,一性一真心。'"芙蓉和尚,即芙蓉灵训,活动于9世纪下半叶,属于禅宗早期禅师。在芙蓉灵训看来,教内代代传承的佛教经法,亦即大藏经中的佛法,与菩提达摩教外别传的佛法,本质完全相同,都是从佛祖平等性海中等流而出的。所以,明确提出"教意即祖意",他这一论断的理论依据,就是《妙法莲华经》中的"十方佛土中,唯有一乘法,无二亦无三"。值得注意的,不仅在于灵训提出的"教意即祖意"这一论断及其肯定性的表述方法,更在于他对上述答问进行总结时编纂的偈颂。我们先来看一下这首偈颂。

第一句:"祖心即教意,教意即祖意。"这一句看似承接前述问答而来,是对前述问答的总结。但仔细琢磨,发现不那么简单。如果是单纯总结问答,便应该总结成"祖意即教意,教意即祖意"才对。灵训为什么起手便用"祖心"改换了"祖意"?他想表达什么?

第二句:"欲识祖师意,祖师传佛心。"这一句是理解整个偈颂的关键。灵训在这里明确指出:菩提达摩所传,实际就是"佛心",明白了这一点,就明白了什么叫"祖师意"。联系灵山会拈花微笑,灵训这里正面指明,菩提达摩"西来意",就是"传佛心"。正因为这样,所以灵训在偈颂开头,用"祖心"替换"祖意"。

第三句:"祖意与教意,一性一真心。""一性",指"佛性";"一真心",指"涅槃妙心",即"佛心"。这个"佛心",其实仍然是"佛性"。从《坛经》开始,禅宗经常把"心"与"佛性"等用。

在这首偈颂中,一方面为了强调这个"涅槃妙心"等同"佛心"、"佛性",另一方面大概也是受五字格律的约束,特意在"心"前冠一个"真"字。这句偈颂的意思是,无论是祖意还是教意,论述的无非都是同一佛性、同一佛心。灵训在这里又一次强调"教意即祖意"。论题的重心,实际上已经发生了偏移。前面的问答和曹山一样,都是"佛法"。但现在,灵训偈颂论述的重心偏移为"佛性",亦即"涅槃妙心"上。佛法与佛性固然紧密相关,不可分离;但这毕竟是两个概念。也就是说,在"西来意"这一公案中,本身就蕴含"传佛法"、"证佛性"两层含意。

佛法是可以宣说的，所以佛祖有三乘十二分教传世；真如佛性（或言"佛心"）是超言绝象的，所以佛祖只能不立文字，教外别传。三乘十二分教中当然蕴含可以契证佛性的内容，就好比人人都蕴含佛性。但是，蕴含的，不等于显现的；可能性，不等于现实性。大迦叶本来蕴含佛性，但以前自己没有证悟；佛祖拈花示众，其实是一种至为祥和、宁静、安闲、美妙的心境，这种心境纯净无染，淡然豁达，无欲无贪，无拘无束，坦然自得，超脱一切，不可动摇，通天彻地，是一种"传法"、"涅槃"过程的境界，只能感悟和领会，不需要用言语表达。而迦叶的微微一笑，正是因为他显现出法喜，是证悟自性的会心一笑，佛祖才把"正法眼藏"和衣钵传给他。

菩提达摩从西方印度传来的"正法眼藏"，即是禅的真消息、真精神，强调人人具有成佛的心，而自心及其觉悟成佛，是要个人亲证，而不能以言诠来表示。所以，佛祖拈花是必要的；而从启发众人证悟自己的"涅槃妙心"的角度，菩提达摩来华也是必要的。

（三）达摩禅法："二入四行"和"大乘壁观"

什么是达摩禅法？昙林曾说，道育、慧可亲侍菩提达摩数年后，达摩具体行持方法上教诲以禅法的真道："如是安心，谓壁观也；如是发行，谓四法也；如是顺物，教护讥嫌；如是方便，遣其不著。然则入道多途，要唯二种，谓理、行也。"这六句话既是达摩大师的真传，也是从达摩以后禅门所有禅法的源头。从达摩教给弟子的如何安心、如何发行、如何顺物、如何方便四种行持方法，即可看出达摩禅法的思想构架：安心（壁观）→发行（四行——报冤行、随缘行、无所求行、称法行）→顺物（教护讥嫌）→方便（遣其不著）。其中，安心为根本，发行、顺物为关键，方便为目的，是指善巧法门。他们构成了一个相融相摄、相辅相成的整体。而昙林所记录的"二入四行"，乃是对这个思想框架的具体内容的最好阐释。

何谓理入？"谓藉教（四卷《楞伽经》）悟宗，深信含生同一真性，但为客尘妄覆，不能显了。若也舍伪归真，凝住壁观，无自无他，凡圣等一，坚住不移，更不随于文教，此即与理冥符，无有分别，寂然无为，名之理入。"

理即真理，理入即悟入佛法真理。所谓佛法真理，就是"含生同一真性"（意为自性本心——真性、佛性），"无自无他"（意为没有自己与他人的分别，平等看待每一个众生），"凡圣等一"（意为凡夫与圣者平等）。这段话的大意是：通过归信和修学佛教而体悟觉悟的要旨（宗），深信自性本心（真性、佛性），本来与佛、菩萨无别，只是由于被情欲烦恼（相对于本心，被称为客尘）污染，才使它不能显现；如果能够凝心坐禅壁观，在内心断除一切情欲烦恼和自他、凡圣等差别观念，不再执着于文字，便使自己的认识与真如佛性之理相契合，达到寂然无为的解脱境地。理入的这一如来藏思想在达摩所传的四卷《楞伽经》中是一个基本理论，该经认为，一切众生都有自性清净心，但是，众生"虽自性清净，客尘所覆，故犹见不净，非诸如来"（《楞伽经》卷四）。故而对自心真性的认识，又必须借助经教的帮助，达到理论上的自觉，再以这种认识指导修行，观自心真性，达到与真性的完全统一。

佛教的突出特点是它的生命哲学，三藏十二部经典论述的中心都是对于现实人生的超拔和完善。基于缘起论，佛教认为众生平等，人人皆有佛性，只是被自己的妄念执着所覆盖，因而缠绕在诸苦中，得不到清净解脱。所以，从本质上来讲，佛与众生若能"舍妄归真"，与"真理冥符"，便可"无有分别"而"寂然无为"。为此，达摩指出：众生必须要学习和悟解佛教经文理论，确定牢固的信仰。这是信解"文字般若"的阶段，是佛法修行的基础。不弄懂佛法教理教义，并把它们作为行动的向导和遵循的规范，就容易盲修瞎炼，事倍功半。尤其对于钝根之人讲，更是如此，这就是所谓"借教悟宗"。这从达摩以四卷《楞伽经》传授给慧可，也可以得到印证。

后世六祖开示韦使君持《弥陀》、开示法达持《法华》等做法，似乎都在这里得到了某些启示。惠能的再传弟子马祖道一对此说得更清楚："汝今各信自心是佛，此心即是佛心。是故达摩大师从南天竺国来，传上乘一心之法，令汝开悟。又数引《楞伽》经文，以印众生心地，恐汝颠倒，不自信此一心之法各各有之。故《楞伽经》云：佛语心为宗，无门为法门。又云：夫求法者，应无所求。心外无佛，佛外无心。故三界唯心，森罗万象，一法之所印。""数引《楞伽》经文"在于"印众生心地"，是主张借助经教文字以体会经论中的意旨；"恐汝颠倒"，则是反对主张滞守经文，甚至食经而不化的妄念执着；而"不自信此一心之法，各各有之"，就是"深信含生同一真性"。可见，佛性当有的思想，确定了"人人皆可成佛"的理论，也因为"人人皆可成佛"，便开启了禅宗自觉自证的行持之新法门。

不过，语言文字终归是方便施设，是随机说法，有着一定的相对性和局限性。若人们将所揭示的真理建立在自己心中，还必须进一步深入地实证参究，发掘自己的智慧潜力，思维现证，来契合佛法真理。彻达"实相般若"的阶段，是禅修的根本，这就是所谓"凝住壁观"。

何谓壁观？自古以来就众说纷纭。有人就字面上解释，谓壁观即面壁而观，认为北方禅师行禅，或石窟洞穴，或黄土墙垣，为"外止诸缘"，当然以面壁而坐最佳；所观，即"专注一境"，当是墙壁或石壁的颜色，其效用与"白骨观"、"十一切处"等禅法，引发青、白、赤、黄等色相是一样的，属于达摩禅法的变形，同样可令心宁静。这种解释，显然局限于达摩"面壁九年"的形式。洪修平则认为达摩来华传壁观之法，强调随缘安心，就是重在心无执着，必然抛弃壁观的形式而突出"心如墙壁"之义。而后世禅宗也认为，菩提达摩传法于二祖时有四句金刚偈云："外息诸缘，内心无喘，心如墙壁，可以入道"，才是达摩对壁观之心印。宗密禅师判之为"达摩以壁观教人安心云，外止诸缘，内心无喘，心如墙壁，可以入道，岂不正是坐禅之法？"；憨山大和尚判之为"此达摩最初示人参究之要法也"。水月道人云："此二老可谓会得达摩之大端，但未会得达摩之宗旨。"他接着列举了一段与之相关的公案，并认为这段公案便是对达摩四句偈的最佳注解："祖初居少林寺九年，为二祖说法，只教外息诸缘，内心无喘，心如墙壁，可以入道。慧可种种说心性，曾未契理。祖只遮其非，不为说无念心体。可忽曰：'我已息诸缘。'祖曰：'莫成断灭去否？'可曰：'不成断灭。'祖曰：'何以验之，云不断灭？'可曰：'了了常知，言之不可及。'祖曰：'此是诸佛所传心体，更勿疑也。'"据此，我们能够更清楚认识到，壁观的要旨在于凝心，安心，住心。从依言而教的闻而思，到不依言教的思而修，才能达到"理冥符，无有分别，寂然无为"的般若现证。

实际上，壁观仍然是理入的一种方便法门，是指在经教的启发下，借助禅定的方式，对于解脱成佛进行理论的思考。印顺法师说，理入是见道，是成圣；依大乘法说，就是（分证）成佛。

理入还需行入。何谓行入？"行人者，谓四行。其余诸行悉入此中。何等四耶。一报冤行、二随缘行、三无所求行、四称法行。"这四行同摄万行,不仅指修行,也包括在日常生活中的行为和表现。"行入"就是要人通过这四个方面的修行、表现来达到觉悟解脱(入道)。

"云何抱怨行?谓修道行人,若受苦时,当自念言:我往昔无数劫中,弃本从末,流浪诸有,多起怨憎,违害无限。今虽无犯,是我宿殃恶业果熟,非天非人所能见与。甘心甘受,都无怨诉。经云:逢苦不忧。何以故?识达故。此心生时,与理相应。体怨进道,故说言抱怨行。"

"二随缘行者,众生无我,并缘业所转。苦乐齐受,皆从缘生。若得胜报荣誉等事,是我过去宿因所感,今方得之。缘尽还无,何喜之有?得失从缘,心无增减,喜风不动,冥顺于道,是故说言随缘行。"

"三无所求行者,世人长迷,处处贪著,名之为求。智者悟真,理将俗反。安心无为,行随运转,万有斯空,无所愿乐。功德黑暗,常相随逐。三界久居,犹如火宅。有身皆苦,谁得而安?了达此处,故舍诸有,止想无求。经云:有求皆苦,无求即乐。判知无求真为道行,故言无所求行。"

"性净之理,目之为法。此理,众相斯空,无染无着,无此无彼。经云:法无众生,离众生垢故。法无有我,离我垢故。智者若能信解此理,应当称法而行。法体无悭,于身命财,行檀舍施,心无吝惜。达解二空,不倚不着。但为去垢,称化众生,而不取相。此为自行,复能利他,亦能庄严菩提之道。檀施既尔,余五亦然。为除妄想,修行六度而无所行,是为称法行。"

"抱怨行"、"随缘行"、"无所求行"这前三行是"顺物",第四行"称法行"是"方便",这都是从实际的事行去进修,而不是从心性去解说的。前三行是对"怨憎会"、"爱别离"、"求不得"苦的进修。作为人生哲学的佛教,着重人与人的和谐,所以佛的律制,特别重视"息世讥嫌"。悟道者并非处身旷野,"静观万物皆自得"。人是生活在现实中的,它有生老病死,有喜怒哀乐,有种种的贪爱执着。特别是"八苦熬煎"中的怨憎会、爱别离、求不得诸苦时时逼迫着我们。生老病死诸苦是一个人自然的状态,而怨憎会诸苦却主要表现在人与人之间的社会状态;对这种社会性的"苦"持什么样的涵养,往往是衡量一个人伦理道德和精神价值的标准。对于修道者而言,这反映出你的禅心、人心,是否做到了"如如不动"。针对这些问题,达摩在讲"行入"之时,先提倡抱怨行、随缘行、无所求行来对治怨憎会、爱别离、求不得三苦。修道者要本着自悟的境地，无怨憎，不憍侈、不贪著，而做到自他无碍，皆大欢喜。这是"防护讥嫌"的"顺物"，也就是不违世俗，恒顺众生，从克己中去利他的。称法行是"方便"——以"无所得为方便"而行六度。行菩萨大行而无所行，摄化众生而不取众生相，"三轮体空"，从利他中消融自己的妄想习气。这样的处世修行，才能真的自利、利他，才能庄严无上菩提。

据此，我们可知，二入即指理入和行入，安心实际上是理入，发行是行入，顺物要求即物顺通，方便是指善巧法门，理入属于慧，行入属于定，理行并重即定慧双修。达摩所传的禅法精要简明，充分显出了印度大乘法门的真面目。中国的禅者，虽秉承达摩的禅法，而专重"理入"，终于形成了偏重理悟的中国禅宗。

让我们还是回到梁武帝问答这段公案上来。在韶州韦使君询问关于菩提达摩见梁武帝时说他造寺、供养等功德"并无功德"时，六祖惠能回答说："实无功德。使君勿疑达磨大师言。武帝着邪道，不识正法。使君问：何以无功德？和尚言：造寺、布施、供养，只是修福，不可将福以为功德。功德在法身，非在于福田。自法性有功德。平直是佛性，佛性者，外行恭敬。若轻一切人，吾我不断，即自无功德。自性虚妄，法身无功德。念念行平等真心，德即不轻，常行于敬。自修身即功，自修心即德。功德自心作，福与功德别。武帝不识正理，非祖大师有过。"

从六祖惠能的解答中可以看出，他认为达摩的宗旨是内见佛性。一般世俗的功德并非真正的佛教功德。所谓的布施、造寺与供养等只是修培福报，是恭敬外行，而真正的功德是在法身上，而法身在自性上显露，只要在自法性上展现平直的心，就有功德。不仅如此，如果众生念念在平等的直心上，自然功德具足。因此，在生活上对自己常行直心，对外常行恭敬，修身修心，自然契合法要，圆满具足一切殊胜功德。

马祖道一在他说法的开头对此说得更加明确："汝今各信自心是佛，此心即是佛心。是故达摩大师从南天竺国来，传上乘一心之法，令汝开悟。"达摩祖师千里迢迢地从"南天竺国"来，只不过是为了一件事，就是"传上乘一心之法"，让你确信"自心是佛，此心即是佛心"。不过，"即心是佛"并不是个理论上的口号，而是自己身上本来具有的一个"事实"。所以，这个问题，问别人是永远得不到真正的答案，应该问你自己才有出路。因此，在坦然禅师问"如何是祖师西来意"时，老安国师说："何不问自己意？"另一学僧在问马祖"西来意"的时候，马祖则说："即今是什么意?"意思很简单,该问的并不是过去达摩他老人家远道而来的意义,而是你"自己"这个人"如今"在这里的意义。除此之外,还能有什么"西来意"?

天柱山崇慧和学僧的一段问答把这一点说明得更加清楚:有学僧问:"达摩未来此土时,还有佛法也无?"崇慧禅师说:"未来时且置,即今事作么生?"学僧说:"某甲不会,乞师指示。"崇慧禅师说:"万古长空,一朝风月。"过了好久,崇慧禅师又说:"阇梨,会么?自己分上作么生?干他达摩来与未来作么?他家来,大似卖卜汉相似。见汝不会,为汝锥破卦文,才生吉凶。在汝分上一切自看。"

显然,所谓"祖师西来意",实际即直指"即心是佛"这一事实。这一事实并不是新来的理论,而是各人身上本来具有的事实。《五灯会元》卷三"江西马祖道一禅师"载,百丈问:"如何是西来意?"马祖便打他,还曰:"我若不打汝,诸方笑我也。"如此看来,马祖突然打百丈也就不那么莫名其妙了。追寻"西来意",不应该问我,而是应该问你自己。我现在要狠狠打你一下,让你亲身体会到你自身的"西来意"。否则,你肯定还会到处去打听"西来意"。那么,"诸方笑我也"——丢脸的,是我,而不是你。

那么,反过来,是不是也可以说,达摩并没有带什么新的东西来,或者,达摩来到之前,中国早有"西来意"?不妨再看《祖堂集》中的几段公案——

"道吾问:'初祖未到此土时,还有祖师意不?'师(云岩)曰:'有。'吾云:'既有,更用来作什摩?'师曰:'只为有,所以来。'"

中国本来就有"即心是佛"这一事,因此达摩才到中国来。要是没有这个事实,达摩来了也没什么东西可以"直指"了,那么,达摩祖师为何远道而来呢?

"问:'达摩未来时如何?'师(投子)曰:'遍天遍地。'僧曰:'来后如何?'师曰:'盖覆不得。'"

达摩还没来的时候,中国已经有"即心是佛"这一事,可以说是铺天盖地,处处皆是。但是,当初大家还没有认清这一事,后来被达摩"直指"一下,这事就明朗起来了,想掩盖也掩盖不住了。

三 禅宗与历史大势及本土文化的内在契合及其调适

汤因比在《历史研究》中指出，宗教的大发展往往尾随一个帝国的崩溃而来。佛教在中国的传播流布，在很大程度上确实得益于两汉儒家文明的政治秩序崩溃之后，持续近400年（东汉末年—三国—两晋—南北朝）的政治分裂和社会危机，根基动摇的社会"成为异域思想和制度得以植入的极有希望的温床"。在这样一个人们难以预知福祸和未来的灾难时刻，佛教和道教都获得了大发展，因为它们至少在一定程度上给了人们精神上的安宁和指引，让他们通过对彼岸世界的追求摆脱现实世界中的焦虑痛苦。

（一）达摩禅进入的历史时段及其场域：时地适宜

"历史时段"就是佛教常讲的"时节因缘"。达摩东入震旦，正值中国佛教蓬勃发展时期。无论南朝刘宋还是拓跋氏的北魏，统治者大体都崇信佛教。而南、北二朝因民族及地理环境的差异，对佛教的信仰需求有所不同。南朝承东晋法统，王公名士承清玄之风，所需于佛教者，较之北朝则多偏重于义学，且因南朝诸帝多喜问道，并延请僧人佐政，因此佛教在南朝有长足的发展。而译经事业无论是译经卷数或其范围，都相当可观；又经论研究蔚为风潮，进而促成各家学派的成立。

北朝诸帝，除北魏太武帝和北周武帝短暂的反佛外，余皆护持佛教，相较于南朝，其佛教的发展与政治间的关系更形密切；又因北朝民族起自北方沙漠地带，性多质朴粗犷，对佛教的信仰则多偏于祈福行善。北魏初祖道武帝任用沙门法果为道人统，不仅开启中国僧官的先河，而法果所提倡的"现在皇帝即当今如来"思想，更形成北朝佛教的特色。除极力主张汉化的北魏文帝提倡义学外，余则多半重视实践修行的禅、净、律三门。一些本土的知名禅师往往师承外域来华禅师，尊奉某类佛典，诵经修禅，并形成相对稳定的传承关系和禅僧群体。他们以嵩洛为中心，分布在河西、长安、洛阳、邺城等由西到东的广阔地域，可谓禅法弥满北土。

关于达摩传禅的情形，昙林说"亡心寂默之士，莫不归信"；《续高僧传》卷二十"习禅门"中总论达摩一宗云："属有菩提达摩者，神化居宗，阐导江洛。大乘壁观，功业最高。在世学流，归仰如市。然而颂语难穷，历精益少。审其其慕，则遣荡之志存焉。观其立言，则罪福之宗两舍。"既然"莫不归信"，"阐导江洛，归仰如市"，这说明达摩在江南、洛阳一带传播禅法非常活跃，声誉颇高，从学之人，云集如市。而"诵语难穷，历精盖少"，即使达摩禅法虽然见地功用，均居上乘，当时知音者难觅，殊难行通，其门下可以视为颜闵者，唯道育、慧可，也可印证这一说法。

　　这说明，即使在北朝这样的重禅环境中，达摩禅的传播也是障碍重重，很难开展，到唐代却勃然而兴，这应该重视"禅法南行"的事实。北方禅是重于事相，重于实行的。然北方的实行，重于有相的，即使是禅观，也都系心为止，托境成观。所以达摩禅在北方，"取相存见之流，乃生讥谤"；听说"情事无寄，谓是魔语"。"得意"的领会，原是南方所长的。但南朝佛教受魏晋以来的清谈影响，只会娓娓谈玄，而笃行精神则不足，这也正是达摩初来在南方没有法缘的原因。隋唐结束了南北对立的局面，南北文化特性，也在大统一下调和起来。虚玄而缺乏笃行精神的南方，因政局的变化，都市的"义学"衰落，而山林重行的佛教兴起。在这一情况下，达摩禅由北而南，也就时地相宜而获得了有利的开展。说到南方北方，就是长江流域与黄河流域（当时是中原）。南方佛教，以江东为重心。江东，为今江苏、安徽的江南，及浙江的大部分。江东的核心，是扬都——当时的政治中心（今南京）。南方佛教与政治一样，以江东为重心（这里的南朝传统最强），沿长江而上，上游的重心是荆州。达摩禅向南移动，传说因周武帝灭法（五七四），慧可到了舒洲的岠公山（今安徽潜山县西北，离湖北黄梅不远）。道信的禅法，就是从这里学来的。道信到长江以南，在今江西省，住了近二十年，然后渡江，在黄梅的破头山住下来。这里是长江中游，离江不远。顺流东下，是江东；上行到荆州。从这里渡江而南，是庐山，再向南是衡岳，岭南。向北上，到襄阳，南阳，洛阳，进入北方的中枢。在这时地相宜的环境下，道信与弘忍五十多年的为法努力，达摩禅终于一跃而成为中国禅法的主流！

（二）佛教和本土文化的冲突与调适

　　当由印度流传而来的佛教和中国固有的传统文化这两种异质文明体系相遇，必然要遭遇碰撞和不断调适。可以说，一千多年后西风东渐时所遇到的大部分问题，在佛教入华时都已在不同程度上遇到，例如本土思想的激烈抵制、一个外来思想体系的自我调整以迅速适应变化、如何使新的异质思想被本土接纳和理解以及经典的翻译工作和交流等。在翻译佛典的过程中，许多违反儒家道德的段落和措辞被删改或省略，并出现了许多护法文，辩称佛教思想"与本土的思想和价值相一致或为其补充之处"，通过这些方式，将这一外来事物嫁接到本土文化的根上。

在南北朝的乱世中，佛教不得不适应南北两种不同的政治环境和文化。这种扎根本土的努力，出现了日后佛教南北宗分化的最初雏形，以及被中国思想所渗透的佛教，事实上此后的中国佛教发展，大抵都可以追溯到这一时期。在演化的进程中，有两点特别值得注意，即佛教从"沙门不敬王者"和"渐悟"的立场上后退，逐渐放弃其独立性和外国色彩。陈寅恪曾指出，拜不拜王者表面上看是僧俗之争，但实质上与渐悟/顿悟之分一样，都是华夷之分，而最终的结局则是佛教为适应本土而屈服于中国文化传统，不但接受了北魏起设立的僧职机构，而且作为对印度佛教的"一种特色的反动"的顿悟说最终发展成汉传佛教唯一的正宗。

另一个重大的调适是众生平等思想和所谓"放下屠刀，立地成佛"。佛教的发源地印度有严格的种姓思想，主张"一阐提不能成佛"，但中国文明却相信"王侯将相，宁有种乎"及"人皆可以为尧舜"。在本土的道教经典《太平经》中就已显露出这种特色的思想，即认为人的命运是靠自己而非鬼神等外力决定，而且只要修行得道，人人都可成仙。这种"自力本愿"的思想主张一切吉凶都由自己造成，人种善因即得善果，种恶因便得恶果，跟鬼神毫无关系，因此所谓鬼神说穿了只是自己精神状态的一种投射而已。这就不难理解为何"成为主流的禅宗顿支主张一种与中国人的一贯信念相合而对于受种姓制度束缚的印度来说格格不入的救赎理想，即：一个人可以在其一生中通过自设的努力而到达巅峰"。事实上如龚鹏程所言，面对中国社会中这一强大的思想现实，"若不在理论上作此转向，佛教恐不能大昌"，禅宗就是绝对"自力"的思想流派。

自唐代禅宗兴起，晚唐后西域通道断绝，佛教又在印度本土衰落，佛教不得不更进一步地中国化，以至于禅宗这样一种从印度佛教的观点看来的几乎已经不能算是佛教的异端，竟演变成为中国佛教势力最大的正宗。禅宗在理论层面吸收了道家玄学性格，大受士大夫知识分子和庶民社会喜爱。但中国佛教中的"佛性"也逐渐演变成主要指人的心性，而非印度所指的真如、实相、法性，这种对心性的和自然主义的过度强调，消解了鬼神与来世的观念，无形中也造成了禅宗的自我瓦解。到最后，砍柴挑水、吃饭穿衣皆是修行，宗教过于生活化，那么这与"穿衣吃饭即是人伦物理"、"百姓日用即道"的儒家说法又有什么差别呢？

（三）中国化佛教在中国社会和文化结构中的呈现和影响

中国思想本来就具有强烈的"此世性格"，对彼岸世界的兴趣较少，因此对佛教教义往往也不甚关注，禅宗"明心见性"的直接最迎合他们的口味。

佛教的业报轮回理论，强调个体行为责任的自负性，认为业行的善恶，决定报应的好坏，要获得幸福，必须认识因果，遵循因果法则，明因识果，起心动念都不能违背因果，方能了生死，证菩提，成佛作祖。为此，必须摒弃一切恶行（十个方面的恶行），这些恶行包括妄言说谎、淫词秽语、搬弄是非、恶口辱咒等"言"恶和杀生、偷盗、诈骗、非正当谋生、使用麻醉剂等"行"恶两大部分。为使人们摒弃恶行，正确修持，达到超脱尘世的境界，佛教在其传播过程中，形成了系统、严格的戒律禁范，它涉及人生的各个方面，既是出家人的行为准则，又是对庶民在内的俗民教化的重要内容，实际上为俗民构筑出一个完整的道德规范体系，具有相当广泛的道德心理约束作用。僧人传教过程中，对这种戒律的反复倡导，增强了庶民的道德约束。

随着佛教的不断渗透，普通百姓对佛教信仰的加深，到唐代时民间风俗逐步改变，"了义惠心能善诱，吴风越俗罢淫祠"的现象不断涌现，唐代的庶民的生活习俗中平添了许多佛教色彩。不论是佛教节日，还是世俗节日，寺院多举行隆重的仪式庆贺活动，普通百姓都会积极参与，并重视祈祷祭祀。本来是佛教的节日，慢慢地由寺院移到了俗民家里，化为民俗节日。如盂兰盆节，原为佛教超度先祖亡灵而设的节日，活动由寺院组织，在唐代则走进千家万户，变成至今沿袭的祭祖节日，并有了"中元节"的别称。对佛教节日的重视，已成为中国许多地方的风俗。而僧人介入丧事活动后，佛教的超度法事已成风习。

佛教在很大程度对普通百姓的信仰者起到了"化导"作用。佛教中包含有积极的因素，如，佛教的平等思想和业力决定轮回的思想，强调着一种主体意识，肯定了自身存在的价值，凭借这种信仰，许多庶民在现实生活不如意的时候，能调节失衡的心理，为着现世或来生的善报而努力去

"积德"，这是一种宗教的进取意识，唐代许多僧人在传教中对此都作了明确的阐发，如僧人慧因告诫弟子"善修三业，无令一生空过"。这种进取意识，是佛教人生观和价值观的积极的一面，对唐代庶民产生了一定程度的影响。

今天的每个中国人都在有意无意中继承着两千年汉传佛教的遗产，别的不说，单我们口语中的日常词汇就有许多都源出佛教文化，例如：世界、时间、信仰、平等、现在、天堂、觉悟、法宝、魔、宇宙、塔、唯心、真理、因果、相对、绝对、十字街头、当头棒喝、盲人摸象……这个清单还可以开得更长。无怪赵朴老当年曾回应那种排斥佛教文化的意见时说："如果真要彻底摒弃佛教文化的话，恐怕他们连话都说不周全了。"

禅宗魅力无穷！西来意未尽！参！

互　　动

问：有很多问题，也不是您今天讲的课。我听佛教人说，比如说今世夫妻两人打架，比如我打他，说明上世他打过我。那么这样的情况我不明白，这样的情况还用心理咨询师解决吗？

答：你是指有的家庭里，丈夫和妻子不和，在争吵的过程中，甚至会打架，导致以粗暴的方式来解决问题，今生我打她（他），可能是前辈子她（他）打过我。我认为，这个现象应该有因果关系，但也不一定都就是前世的因导致的，今生小摩擦的累积（因），久而久之也会导致此结果，所谓性格决定命运。当然，性格也不纯粹是今生养成的。客观而言，因果是一个非常复杂的现象，可是，日常生活中，人们总喜欢把一些因果简化为善恶，尤其是当不好的结果出现时，总爱把它归结为过去做了什么恶事。如我们生病了，绝不能草率地将它定性为过去做了什么坏事。众所周知，有许多病还与我们的生活习惯有关，与作息时间、饮食习惯、运动健身等息息相关，假如晚上休息时，没有盖好被子，结果肚子疼了，如果误以为是过去做了什么坏事，这就错了因果，不符合佛教揭示的"如是因，感如是果"法则。所以，不可乱指、错指和妄指，绝不能增之一分，也不能减之一分，更不能张冠李戴，差之毫厘失之千里，要好好理解百丈禅师所说"大修行人不昧因果"的警句。另外，两个人在动态中的吵架和打架，说明一个巴掌拍不响，必然有互为因果之处，不一定谁欠谁，所谓"清官难断家务事"是也。两夫妻之间如果过去生中没有缘,也不会导致今生的姻缘。当然,缘有善和不善,有顺和逆,有恩和冤,有时节因缘,有时呈多元交织态势……所以,我们面对这些,要平静和包容,忍辱和放下,转换人生态度,转换思维方式,胸怀宽广,保持一颗平常心,提高自己的智慧,以慈悲和智慧来驾驭人生和变局,忍一时风平浪静,退一步海阔天空。

问: 刚才我在恍惚间有点打盹,在那个时刻灵魂进入了禅意非常空明的场里,这个时候感觉到气氛非常好,您能不能给解释下这个场?灵魂到这时候好像和天通了?

答: 你在这么一个场合里面,领会到的可能是你精神升华,或许你什么也没有想,落入了禅宗所讲的"无记";也许你放下了某些执着,进入了"空明"的境界。有些境界,是我人在某个情境中才能出现的,禅宗里面很多这样的事例,比如,洞山祖师在过溪水的时候,他看到自己的倒影而悟道,有的人在听法的过程中悟了,佛祖在讲经时,许多弟子"得法眼净"。但是,你所讲的呢,还不是这个境界。因为,你不是在一个孤明历历的状态下,换句话说,不是在很清明的状态下出现这种景象的,有些恍惚,不是明明了了,也就不是在真正觉照功夫下出现的悟境。

问: 在您讲课过程中,有一句话说的是亦空亦有,这个话怎么解释?

答: "有",从禅宗的角度讲,叫假有、幻有,从佛教的教义讲叫"缘起性空",或者叫"缘起有,毕竟空"。因为呈现在我们面前的一切山河大地和事事物物都离不开因和缘,可见,单独不能存在,任何东西都不是单独形成的,都有支撑它存在的因和缘。所以,从这个意义来讲毕竟是空,因为"毕竟空",一切存在也就都是幻有、假合,也可看做是"亦空亦有"、"非空非有"。

问: 我觉得有和无在本意上有区别的,无就是无,与有还是存在本质上的区别。

答: 因为事物都是缘起的,自性本空,原本没有这个东西,所以它是无,也就是说,它不是自己单独生成的,如花草树木的生成,需要"因"——种子,也需要"缘"——阳光、水土等。可见,"有"是虚妄的有,幻有、假有,而"空"则是本质的空。正如《金刚经》所说:"一切有为法,如梦泡幻影,如露亦如电,应作如是观。"

问: 您在讲座的过程中,我产生了两个疑问,第一个是您中间说到一个有漏的善行和无漏的善行，既然是善行他们都应该有果报，那么有漏的果报和无漏的果报有什么区别呢？我们一般会知道释迦牟尼佛是全知全能的，您之前提到武帝灭佛，他之前那个皇帝在选择继承者的时候，自己没有儿子，但是他有很多兄弟，为什么他会选择武宗，那是佛祖在冥冥之中的安排，还是说佛祖本身也要遵从因果报应？

答：你这是两个问题。第一个问题是说，有漏善和无漏善的区别。佛法告诉我们，有漏的善因是生灭之法，比如我现在做好事就有好报，我修五戒十善，必感得人天的善果。但，人天的善果在六道里面还是要轮回的，不是解脱的，即使升了天，福报享尽了还会堕落，还会轮回。所以，有漏的善是不终极的，是生灭之法。无漏的果就不一样，佛陀是证到无分别智——正智，这种智慧是无分别的，它所缘的境是"真如"。如来在定中是无漏无分别，出定后，在后得智中说法度众生，则是无漏有为，虽然有为，身口意一切活动都在无漏状态下进行，当然也就不存在有漏的因果了。

第二，你讲武宗灭佛，如果知道他将来做皇帝要灭佛，那么为什么要给他这个机会，你认为唐武宗当皇帝是佛祖给他的机会吗？这是不对的。因为佛祖不会逆因果而给予奖惩，或者抹去因果，佛陀自己在成佛后还曾受到马麦之报呢，所以，个人因果与众生共业都是丝毫不爽的。所以，不可能是佛祖给他的机会，而是他个人的因缘和共业所感召的。就好像一个人官当得很大，他前面也努力过、奋斗过，有今生做过的努力，以及各方面的因素，这些因素也有善恶的交织，不全部是善因。所以，后来，万一哪一天，被法办了，这个事情你也没办法。其成也有因，灭也有因。这个因什么时候成熟，他的果就什么时候到，所以说不是不报，是时间未到，佛教称为"异时而熟"。也有"异类而熟"的情况，从我们嫁接树木的自然现象就可以看出，改变一棵树的性质，跟后天的环境和新的"因"的改变也有很大的关联。佛法常常告诫我们，一切事物都是无常的，没有一成不变的事物。记得十世班禅大师就讲过一个故事，有一个弟子问他，说：我们修这么多庙干吗呢，如今这些庙被"文革"毁坏了，而且即使没有人祸，还会发生天灾（火灾）什么的。既然如此，那我们还折腾干什么呢？班禅大师听后，慈悲地笑了，他指出：我们作为一个佛教徒，不应该这么想，要时刻清醒地认识到，一切事物是无常的，是苦的，是空的。"诸行无常，诸法无我"是衡量是否佛法的基本精神，这一切都是方便设教,所以,不能讲殿堂最终都要毁灭,就不要建了,学佛就是要明知寺院也是无常的,我们还要发菩提心去修建,让更多的人能够遮风避雨,闻法知义,广种福田。我记得佛教里面常说"梦中佛事,水月道场",即是此意。《大智度论》里面告诫说:菩萨要以"菩提心为因,大悲为根本,方便为究竟"。

问:在佛教里面,相信灵魂吗?因为西藏佛教有前世、今生,转世灵童?相信不相信鬼神呢?

答:佛教是一个很特殊的宗教,所以有人讲它不是宗教,是哲学,但是有人讲佛教非宗教非哲学。为什么这么说呢?因为佛教是一个彻底的无神论者,无神论不是说不相信有鬼和神,鬼在六道中,神属天道,都是存在的。但,佛教虽然承认有鬼神的存在,却并不主张"有神论"。所谓的无神论,是说佛教不承认有一个造物主,因为一切无常,一切无我,没有一个抽象的至高无上的造物主,这是佛教否定的,所以说是无神论者。但是,并不是说世界上、法界当中只有人等三善道乃至罗汉、菩萨,还应该包括三恶道(地狱、饿鬼、畜生)各种各样的生命现象存在。在娑婆世界,有的时候,一些生命状态我们看得见,有的时候我们看不见,就好像我们所生活的地方,有很多虫子蚂蚁,还有很多微生物,我们肉眼是不容易看得见的,但实际上,大家都生活在这个娑婆世界,佛教称为"无趣杂居"土。

还有一个问题,是"灵魂"的问题,按照佛教的理解,灵魂是这么一个概念,即承认生命现象中,有个一成不变的——"常(永恒)、一(唯一)、不变"的主宰。佛教不承认这个,因为诸行无常,诸法无我,世界上没有不变化的东西,没有一个永远如此这般"常一不变"的东西。佛法的如实观告诉我们,八识中的阿赖耶识是所有"业"(善、恶、无记)的集合,像一个仓库储存在了许多的种子和业障?到我们业报现前、生命出现四大分离时,一口气不来,这个阿赖耶识还会随业流转,或六道轮回,或趋向解脱,看个人修为。但它也是生灭刹那变化的,相持相续的。就像我们每个人,昨天的我和今天的我实际上是一个人,但又不是一个人,因为昨天的我和今天的我,从我们细胞来说,从我们的发展角度来讲,它都是在变化的。另外,从我们的精神层面(受、想、行、识)上也找不到一个不变的"我",动念即乖,自相矛盾的现象经常发生。可见,从物质到精神都找不到一个不变的我。所以,这里面没有常、一、不变的另外一个主宰物，没有"灵魂"二字所定义的那个东西，而是通过佛陀的如实观发现了业力的流转。记得汤用彤先生说过，佛教讲轮回，是"轮回而无我"，是动态的，用唯识学的观点来说，即是"相似相续"，相似则非常，相续则非断。所以，佛教不承认有神论意义上的主宰物，也就不承认有不变意义上的灵魂。

主持人：谢谢法师，因为时间的关系，我们的互动环节进行到这里。法师早年出家于云居山，后来在中国佛学院（南京）栖霞山分院修习，他也是我们北京师范大学的校友，他曾经有这样的机缘。他还是前任中国佛教协会会长一诚长老的剃度弟子和临济、沩仰宗的衣钵传人，也是近代禅门泰斗、一肩挑五叶的虚云老和尚的再传弟子。如果大家想要更多地了解法师的一些思想，可以看他近年的一些著作，法师非常关注佛学、禅宗以及其对当下社会的意义，这方面的著作也非常多，另外，他也主编有《禅林宝训》等著作，大家可以去参看，因为时间的关系，我们今天的大讲堂讲座就到这里。让我们以掌声感谢法师！

佛教在欧美的形象变化
——兼谈全球化时代的佛教理念

主讲：北京大学　李四龙教授
时间：2012 年 11 月 24 日
地点：北京师范大学图书馆三层学术报告厅

主持人：欢迎大家来我们京师人文宗教讲堂，很荣幸，我们今天请到北京大学哲学系、宗教学系教授，北京大学佛学教育研究中心主任，北京大学宗教文化研究院副院长李四龙教授。大家欢迎！

李教授在佛教领域的研究上有着非常精深的造诣，今天李教授给我们讲的是"佛教在欧美的形象变化"。我想这个题目大家很少有机会听到。我们整个佛学系列是学诚法师策划的，有关佛教的系列讲座其实是有自身体系的，比如前面有法师讲到佛教在东南亚的状态，今天我们又能够看到在更广泛的对比下，在当下的环境中，在人类面临将来走向的选择的时刻，李老师给我们带来的他的研究成果。

李老师的研究成果非常多，出版的著作也很丰富，包括《欧美佛教学术史》，在这方面的研究可以说是我们在国内能够听到的最高端最顶尖的。下面我们把时间交给李老师，欢迎李老师！

李四龙：谢谢朱老师！到北师大来，感情是不一样的。因为我们在这校园里生活了 12 年，三年前才离开。以前经常带儿子走过这片地，儿子常问：这里是什么啊？我就告诉他：这是高楼啊——当时还不知道这栋楼要做什么，后来才知道这里是图书馆。所以今天有幸进来，算是圆了三年前的一个梦，感觉非常亲切。

今天讲的这个题目，其实是我以前出版的一本书，刚才朱老师提到的《欧美佛教学术史》的一个浓缩。还有一部分内容是我即将出版的另外一部书的部分内容，就是专门为中国的佛教界出版的《美国的佛教》。稿子基本成了。还有一部分内容是我应该完成，实际还没完成的《欧美佛学思想导论》，实际上是想通过历史的描述问一问：佛教到了西方以后干吗了？它意味着什么？

我在做早期资料准备的时候，意外地发现了佛教这样一种东西——且不说它是什么东西——在西方从最初到现在变化很大。最初的时候，佛教徒被视为异教徒、另类，佛教被认为是遭人鄙视的野蛮人（Heathen）的信仰。到现在，它逐步变成了西方文明的对话者，甚至被视为能够克服、超越西方思想危机、精神危机的思想资源。在美国，从20世纪50年代开始，佛教，特别是禅宗，就经常被当作反抗美国主流文化的一面旗帜。这面旗帜高高飘扬，直到现在。这个变化很大。所以我们首先要梳理一下：这种变化是什么？其次我们要问一下：这种变化它意味着什么？当然，我们还要分析一下，造成这种变化的原因是什么。最后，我们顺便谈一谈全球化时代的佛教理念。在这样一个时代里面，东西方进行沟通交流的时代里，佛教将来应该是什么样的，或者可能是什么样的。

作为开场，我们先看一张照片：乔布斯和他背后咬了一口的苹果。（图1）

乔布斯去世以后，在谈到他的生平的时候，很多媒体都关注了一件小事：1974年，当乔布斯还是大学低年级学生时，他辍学了。19岁的乔布斯休学远赴印度参禅，灵修。两年后回国。实际上，他的"禅"在我看来不一定完全是佛教的，但是有佛教的色彩。有位西方的活佛评价说："乔布斯是一位虔诚的佛教徒，参禅打坐是他一生最大的精神追求，并且引导了他的事业成功。"也就是说，乔布斯除了是苹果的奠基人，同时还是一位禅者。"禅者乔布斯"，创造了一个商业传奇。

图1

那么我今天要问，为什么乔布斯要到印度去？这绝不是他个人的事情，这是佛教形象在西方发生重大转型之后的事情。去印度、去亚洲——当时很难来中国，因为六七十年代我们国门是关着的——并不是乔布斯的个人行为，那是一个时代的风气。一批又一批的美国青年，毅然前往印度、缅甸的丛林，在日本的佛寺里如痴如醉地打坐。这种风气始于50年代，当时美国所谓"垮掉的一代"行为乖戾，他们举起"佛教"、"禅"的旗帜，反抗美国主流文化，抵制以物质丰富为主要内容的所谓"美国梦"。虽然他们不一定理解"禅"是什么,但是"禅"是他们的一面旗帜。当时有一位重要的文化人物叫铃木大拙,是美国青年的偶像。铃木大拙精通美国文化,著有很多用英文写的介绍"禅"和日本文化的著作。直到70年代,美国青年还在延续大学校园里的亚洲传奇。那些年轻人"修禅"回国以后,建立了一大批到现在还很活跃的禅修中心。现在在中国大陆广东、福建、北京、沈阳一带传播比较广泛的"内观禅"其实跟美国就很有关系,这些传播的负责人很多都是在美国受了影响的台湾人。

那么,作为导引,我们要问问:佛教为什么成了美国青年渴望了解的精神家园?佛教现在是犹太—基督教文明的对话者,最终转变是怎么出现的?

基督教传教士接触佛教的历史,实际上要比欧美学者研究佛教的时间早许多。有的书里甚至提到,耶稣的生平里有一段时间是空白的,有好事之徒说,那段空白的时间,耶稣是去了印度。对此,我不敢肯定或否定,但至少说明,佛教和西方的接触可能很早就出现了。那么我们讲讲比较可靠的,中国人都知道的传教士利玛窦。耶稣会士利玛窦于1583年获准在中国境内定居,从那时算起,佛教与西方文明的接触也有400多年了。当时中国人给利玛窦一个外号,叫他"洋和尚"、"番僧"。人们不知道他们是干吗的。但当时这些传教士与佛教的接触非常深入,利玛窦等人对佛教的认识也非常深入。这是传教士跟佛教的接触。

如果我们狭义一点,看西方学者从学术的角度研究佛教,至少也有200年历史。法国布奴夫,被称为现代佛教之父、现代佛学之父、现代佛教学术之父,他建立了现代佛教研究的一个学术规范,就是我们对佛教的研究要进行多文本的综合研究,要了解梵语、巴利语、藏语、汉语等多种语种,要能在对多种经典文本进行相互比较、校勘、翻译。在此基础上,进行思想研究。这种对多种文本的佛典的校勘和比较就叫佛教文献学,在西方叫 Buddist Philology。就是说要进入这个行当,就必须要有语言的、文献的功夫,没有这个功夫就很难进去。特别是对西方学界来讲,他们不像我们中国,佛教传入已经2000多年。对他们来讲,佛教是全新的东西,如果不能直接阅读一手文献,就无所事事。不过现在的美国学者已经不这样做了,他们已经有了前人的积累。但早期的那批学者,都是从一手文献入手的。这种研究思路、研究方法就是由布奴夫确立的。他1820年发表的《巴利语语法》被学界认为是现代佛教学术的开始。我个人倒认为未必要这么精确。

　　从学术的角度讲，佛教与西方文明的接触至少有200年历史。其实，亚洲佛教徒到西方弘法，至少也有100余年。一个比较靠谱的说法是，1893年芝加哥召开过一次世界宗教大会。这次大会说来奇怪，它的起因是芝加哥要搞一次世界博览会。通常世博会都是为了经济目的，但当时的美国人觉得单纯搞一个经济活动不够意思，所以他们就想同时做一个世界宗教论坛，也就是召开一次世界宗教大会。各方面的代表人物都来，讨论宗教是什么，将来应该发挥什么作用。这次大会，佛教有很多代表前来。当时日本有位很有名的宗演禅师，他的助手就是铃木大拙。铃木大拙去美国的因缘就是这么奠定的。

　　再来看南传佛教。当时斯里南卡有位青年叫达摩波罗，也参加了这次大会。达摩波罗在芝加哥参加完大会之后，坐轮船回亚洲。当时他看着地图说，我想去中国拐一下。在他心目中，中国是个佛教国家。所以他到了上海，向中国的高僧大德请求派僧人到印度弘法。他找到了晚清的重要人物杨文会，杨文会举目四望，全中国佛教界没有一位堪当此任的。所以，这件事就促使杨文会兴办佛学教育。这对中国近代的佛教复兴是很关键的一步——不能简单地建庙、印佛经，还要办教育。这都是1893年的那次大会的影响。

　　我们再回到主线，即西方接触佛教的历史，我列了三层关系：殖民者、学者、亚洲佛教徒，他们共同推动了佛教在西方的形象变化。

　　在这个过程里，佛教在西方人的心目中到底是什么东西？17世纪末，准确说是1695年，据当时出版的《世界上所有宗教的历史》——这里原文用的是religion，这个词原本只指基督教，西方人认为其他不属于基督教的东西都是迷信——基督徒占地球人口的六分之一，穆罕默德信徒（Mahometan）五分之一，偶像崇拜者三分之二。他说，若把世界人口分为30份，基督徒占5份，穆罕默德信徒占6份，偶像崇拜者则占19份。在此，佛教甚至还没有被独立出来，只是被笼统地归入"异教徒的偶像崇拜"。大家稍微了解基督教教义的话就知道，偶像崇拜是太糟糕了，是必须被破除的。偶像是什么？是没有灵性的东西，人们在向没有灵性的东西俯首跪拜，太愚昧了。在西方人的笔下，偶像崇拜是完全不可以理喻的，是愚昧、野蛮、迷信。这是最初佛教在西方人心目中的形象。

　　18、19世纪，直到20世纪上半叶，佛教徒都被看作"异教徒"，同样具有野蛮人的意味。在锡兰（斯里兰卡）、暹罗（泰国）、北京、西藏等地的基督教传教士，大多是想用耶稣的福音去感化当地的"异教徒"，他们有着基本相同的宗教诉求。譬如，18世纪初到达拉萨的意大利耶稣会士狄士特里（Ippolito Desideri，1684—1733年），即是出于这一目的，苦学藏语，研究佛教，了解当地人的思想。从1716年到1721年，他在西藏的寺庙里生活了五年，回到罗马以后，撰写自己的旅行报告，就是现在著名的《西藏纪行》。当时有一批冒着生命危险到西藏的耶稣会士，在拉萨设立传教总部。在他们的心目里，信奉喇嘛教的藏民是需要被拯救的"异教徒"。我们看，佛教在西方人心目中原本就是这样的形象：偶像崇拜者、异教徒。

现在呢，佛教变成了对话者，甚至是西方精神危机的拯救者。最后我们会谈到，西方精神危机的拯救者其实并不仅仅针对西方，同时也是针对现代社会问题。问问我们自己，我们的亚洲还是亚洲吗？还是亚洲人的亚洲吗？确切来说，它是西方化的亚洲。或者我们客观一点说，是不断受西方影响的亚洲。也就是说，东西方都面临现代化及其后果。这个后果有好的，有不好的。所以在这里佛教在扮演什么样的角色？佛教在我们这里还只停留在求福报这样一个层面，但它之所以在西方能有这样一个形象的变化，是有自己精神层面的思想资源的。所以接下来我们来看这种形象是什么，这种变化是什么，及这种变化所给我们的思想启发。

我们知道，佛教从大的方面来讲有三大传统。一是汉传佛教。学诚大和尚就是汉传佛教的优秀代表。北京的龙泉寺、广化寺、法华寺都是汉传佛教的寺庙。汉传佛教并不只在中国，韩国、日本、越南北部基本都属于汉传佛教系，特别是禅宗，影响非常大。二是藏传佛教。我们也不陌生，离我们不远有雍和宫，承德的很多庙也都是藏传佛教。当然，藏传佛教也并不都是藏民，蒙古族人、过去的满族人，都信藏传佛教。像我们北师大的老前辈启功先生，他家信奉的就是藏传佛教，雍和宫很多柱子上的联子，都是启功先生题的。三是南传佛教，也即巴利语系佛教。他们用的经典语言是巴利语。这种佛教最初在斯里兰卡，后来传到泰国、缅甸。现在我们云南傣族的佛教基本也是南传佛教的系统。这就是三大语系，从时间上讲就是南传的巴利语系、北传的汉语系、北传的藏语系。因为中国在印度的北方，所以汉藏佛教都叫北传佛教。

这三大传统在过去200年间，形象发生了很大变化。

最早期的时候,西方学者将南传佛教认为是最能代表佛教本来面貌的形态,所以他们认为南传佛教是唯一纯粹的、真正的佛教。现在他们已经不这样认为了。南传佛教并不仅仅是在文献里用巴利语写的佛教,更富有生命力的是它是现实中的佛教。所以当他们有这样的思想变化的时候,就会发现南传佛教并不仅仅是纯粹的,并不是仅仅注重隐修的小乘的佛教,它对现实生活有很大的参与。所以他们发生了变化,认为南传佛教不再是纯粹的佛教,而是参与的佛教。

另外,汉传佛教、藏传佛教不再是印度佛教的附庸。西方学者早期关注汉传佛教,仅仅是把汉传佛教看做是印度佛教的补充,因为汉文佛典里保存了很多印度佛教的资料。所以他们很早就对玄奘感兴趣,并不是因为他的法相唯识学,而是因为他的《大唐西域记》里保留了大量的印度佛教的历史地理资料。他们拿着《大唐西域记》的记录去比对考古实物,以补充研究印度佛教所缺失的资料。他们并不认为汉传佛教自身有什么价值,甚至认为佛教传到汉地、藏区,是佛教不断堕落的过程,他们认为佛教的思想变得不再纯粹了。但是后来汉传佛教和藏传佛教的形象慢慢发生了变化,现在汉传佛教成了佛教传播的主流形态,影响力最大。日本佛教、中国佛教在西方的传播非常凶。藏传佛教在过去的半个世纪里在西方的影响也越来越大。早期西方人称藏传佛教为"愚昧的佛教",现在成了佛教发展的"巅峰"。话就完全不一样了,所以形象变化是很大的。下面我把这几个传统梳理一下。

南传佛教。刚才说了,南传佛教的经典是用巴利语记录的。巴利语佛典被西方人认为是唯一正统的经典,最接近于佛陀当年的原貌。从学术的角度上讲,这有一定的道理。因为现在中国人说起《大藏经》的时候,都会觉得特别多。日本编的那套,铅字排的,大十六开本,厚厚的100册,内容特别多。但是在南传佛教里,《巴利藏》就那么一点点。它的佛经就相当于汉文里的《阿含经》,其他我们汉人熟悉的《金刚经》、《法华经》、《维摩诘经》、《阿弥陀经》他们都闻所未闻。这些大乘佛典他们都不认为是佛典,《巴利藏》里根本不收的。他们只收了相当于是我们的《阿含经》。这种非常简洁的形态被西方人认为是代表了佛教的早期面貌,原始面貌。在他们看来,大乘佛教是后来慢慢发展起来的。这里面就有一个世俗和宗教的立场的差别。在西方人眼里,他们是拿着社会进化论的观点来理解问题的,佛教之所以现在内容这么丰富,就是由释迦牟尼佛讲经说法开始,慢慢整理,佛教的这些思想从早期的小乘佛教发展到后来的大乘佛教。但到了宗教里面,事情就不一样了:佛当年都说了,只是有一段时间时机不成熟,所以就只把早期的人们能理解的经典结集出来,比如《阿含经》。到后来,慢慢基础好了,又结集了一批高深的,像《金刚经》、《法华经》、《维摩诘经》、《阿弥陀经》。但早期接受了《阿含经》的那一批人听不懂,所以就拒绝接受这些经典。所以大乘佛教有很多佛经,而小乘佛教就那么几部。这是按照西方世俗的逻辑,小乘佛典代表了佛教最初的面貌。

但后来西方为什么改变了呢?是因为他们接触了新疆、克什米尔、阿富汗及巴基斯坦一部分地区的佛教。在考古过程中,西方学者发现了很多珍贵的佛教早期文献,这些文献也是小乘佛教的佛典,跟巴利语佛典基本接近,但不太一样。所以他们开始动摇了,认为南传佛教也许并不是最能代表佛陀的原始面貌的。

后来,他们就开始关注现实生活中活生生的佛教。特别是美国学者,在"二战"以后,他们开始关注除了巴利藏里的佛教,还有一个现实存在的佛教。为什么会有这么一个重大的变化?因为以前,那些地方都是他们的殖民地,但"二战"以后,这些亚洲国家纷纷独立。其实西方势力还是想要回去的,在领土上已经不可能了,但在思想文化上还有可能,前提就是了解当地。所以"二战"之后,在西方,特别是美国,学术界就兴起了一门新兴学科:地区研究。佛教这时候不再是作为人文学科里的研究领域,而是作为社会科学,特别是地区研究的一个研究热门:亚洲人,东南亚人,他们都信什么?他们的佛教是什么面貌?从古到今是怎样变化的?到现在还在发挥什么作用?所以在大学里,由政府和民间基金会出面从各个角度深入了解亚洲各地的佛教形态。

西方不再仅仅关注佛经里的佛教,而是关注现实生活中的佛教。在这样的风气里,西方开始重视以当地的民族语言记录的佛教文献,其研究方法,也从以佛教文献学为主转向以社会史、人类学研究为主。德国的贝契特(Heinz Bechert)、英国的贡布里奇(Richard Gombrich)是代表人物。这时候他们发现了一个非常丰富的佛教传统,不再仅仅是巴利语的文本佛教,而是看到了用当地语记录的活生生的佛教。

如果放在整个亚洲的范围看,南传佛教其实是扮演了佛教复兴的发动机的角色。达摩波罗(Anagārika Dharmapāla,1864—1933年)在20世纪亚洲佛教复兴史上应该占一席之地。他的老师是美国人（奥尔高特）(Henry Olcott, 1832—1907年)。阿尔格特在1880年从纽约出发到了亚洲，先到印度、孟买，然后辗转到了斯里兰卡。5月17日，阿尔格特抵达锡兰，八天后正式皈依佛门，成为第一位白人佛教徒。寺庙里佛旗的设计者就是他。他发现当地的佛教徒对佛教的历史与教义其实并不熟悉，于是在当地建立了"佛教神智学会"（Buddhist Theosophical Society）。这个学会强调世界各地的宗教都在探寻一种神秘的智慧，这种智慧在各个宗教都是相通的，但是基督教已经将这种智慧丢掉了，而东方的印度教、佛教可能还保存着这种智慧。于是阿尔格特在当地募款兴学，大力复兴上座部佛教。阿尔格特倾心培养一位佛教青年达摩波罗——在入学之前，达摩波罗是基督徒（当时的青年白领只有皈依基督教，才能有发展的空间）。这位青年在1891年发起成立影响至今的"摩诃菩提会"。达摩波罗其实代表了当时佛教的一种形态，即受西方影响的佛教，也叫"新教式佛教"（Protestant Buddhism）。这批传教士最初往往是有基督教背景的，受的也是新教的影响。他们是想以弘扬佛教的方式抗议（protest）殖民当局对基督教到处传教的纵容。斯里兰卡当时非常过分，当局要求所有当地人宣布他们是基督徒，后来是阿尔格特利用他美国人的身份代表佛教徒到伦敦请愿，才迫使英国承认佛教的合法地位。我们现在的"宗教学"学科是在1870年才得以建立，这个学科的建立标志着西方人不再把基督教当做"religion"唯一的形态，其他的宗教也可以叫"religion"。这是以阿尔格特为代表的当地人的胜利，他们是在以佛教来抗议殖民当局对宗教的垄断。

这些"新教式"佛教徒，绝大部分是在家的信徒，平常的表述大多依赖英语。像达摩波罗，是在阿尔格特的推荐下先绕道英国，然后去了芝加哥参加"世界宗教大会"。这一路上，他拜访了英国的各界名流，能说非常流利的英语。在当时的"世界宗教大会"上，达摩波罗专门发表了题为《佛教与基督教》的演讲。我们中国的太虚大师在1928、1929年差不多走了一样的路，但影响比达摩波罗小得多，究其原因，就是语言不行。

这些"新教式"佛教徒自以为并不需要向活着的僧人学习，只需自己阅读佛典即可领悟佛法精神；还反复强调，自己所信的佛教是一种"科学的"、"理性的"哲学，而不是"宗教"或迷信。中国现在有一批居士表达的基本也是这样的思想，即跳开神职人员。新教的特点就是不需要教会，不需要信众与上帝之间的桥梁，直接通过阅读圣经，直接通过祈祷，跟上帝直接沟通。这是南传佛教自身发生的变化，它希望改变传统的佛教形式。

到后来，这种变化影响力越来越大，而且不再仅仅限于受新教的影响，他们认为，在佛教的内部，有些东西是可以跟居士讲的。比如在南传佛教里，"打坐"这件事被认为是出家人的事，在家居士不需要学，只需要拜拜，表示恭敬就可以了。但是到了20世纪初，南传佛教认为，打坐的事情，也是应该跟在家居士讲的。这就是"内观禅"的发端。跟居士讲禅修，与出家人修禅是不一样的。"内观禅"从一开始就是给在家人准备的，这是南传佛教改革的一个举措。

与此同时，佛教在现实生活中扮演什么角色？对我们中国人来说，一说起南传佛教，就想起它是小乘部派，有在深山老林里修行的所谓"林栖"传统，注重隐修，注重禅修。确实，这是南传佛教的主流。但当时的南传佛教认为除了禅修，他们还应该积极参与社会现实活动，即参与政治，所以当时出现了一批政治和尚，说委婉一点，叫政治比丘。像佛陀达莎（1906—1993年），发表了大量社会政治言论，甚至提出"如法的社会主义"——大家知道，第二次世界大战以后五六十年代，社会主义是一面很光荣的旗帜，非常引以为豪的一面旗帜。从这我们可以看出，在南传佛教国家里，僧人对社会的参与程度。这样的佛教，你还能说它是小乘的吗？还是"纯粹"的吗？不再是了。它对社会的参与远远大于大乘佛教了。

所以在殖民主义势力撤出南亚、东南亚之后，正是以达摩波罗为代表的"新教式"佛教徒、"内观禅"运动、以佛陀达莎为代表的"政治比丘"一起又让佛教回到了社会生活的中心。这种主动的改革，很快受到了西方世界的瞩目。所以，60年代以后，南传佛教在西方人眼中不再是文本的佛教，而是一个既注重社会参与、又强调佛教禅观的佛教。这个新的佛教形象，英语世界常以"参与佛教"（Engaged Buddhism）来称呼，迥异于当年被作为"纯粹佛教"的巴利佛教形象。这是我今天说的第一层变化。

与南传佛教不再是"纯粹佛教"相对应，汉传佛教、藏传佛教也不再被简单当做是"堕落的佛教"。

19世纪中后期，西方社会对佛教的认识集中于佛教的"退化史观"。1889年莫奈-威廉姆斯出版了一部演讲集《佛教》。这位牛津大学梵语教授，是19世纪最重要的东方学家之一，他编的梵音字典到现在还是权威。1888年莫奈-威廉姆斯到爱丁堡介绍佛教的思想与历史。他说，什么是佛教？就是指巴利圣典学会编校出版的巴利佛典。演讲集分成两大部分：前六讲系统说明"纯粹佛教"，分别解释佛、法、僧三宝，以及佛教哲学与戒律思想；后十一讲则是讲述佛教的历史，但这不是"发展史"而是一部"退化史"，传播到亚洲各地的佛教，旨在迎合民众的趣味，混合当地的宗教传统，使"纯粹佛教"演变为"多神的"、"等级森严的"、"仪式性的"佛教，即"地方化"、"民族化"与"本土化"的佛教，最终则让佛教堕落成各种各样的偶像崇拜，而与迷信混淆不清。

这种变了味的佛教，被莫奈-威廉姆斯蔑称为"杂种佛教"（Mongrel Buddhism）。譬如，等级森严的蒙藏佛教，习惯上被称为"喇嘛教"，也就是说，它是以喇嘛而不是以佛陀为中心的。19世纪末、20世纪初，前往藏区的西方人，他们对西藏的印象，以及当时西方社会对西藏的文化想象，大多是持鄙夷不屑的态度。1895—1899年曾在西藏行医生活了四年的一位传教士，她在游记里完全否认当时许多西方人想象中的喇嘛是一种超人，具有卓越的生理与心智天赋，认为这些喇嘛的知识只有孩童的水平，四年里所遇到的喇嘛，根本就没人能解释自然界最简单的现象，他们中的绝大多数是无知的、迷信的，生活在黑暗的时代里，甚至还意识不到自己所处的黑暗。这位借医传教的基督徒说，只有基督的福音才能提升这些藏民的生活，佛教的传播正是导致这种堕落的症结。

但在过去的一百多年里，佛教的形象发生了很大的变化。汉传佛教成了佛教在西方传播的主流形态，尤其是"禅宗"。汉传佛教在西方，特别重视禅修经验的会同。在许多西方人的印象里，"禅"等同于佛教，Meditation（冥想、禅观）是他们愿意接触佛教的主要原因。

我们知道，汉传佛教从古至今发生了很大变化。汉传佛教是在两汉之际开始的，佛教界的传说，是汉明帝永平十年，即公元67年，白马驮经，到了中原。所以后来中国人建了庙，叫"白马寺"。当然，这是传说，学术界的说法要早一点。无论如何，中国人有意识接触佛教到现在有2000多年，其中隋唐是思想建设的高峰，出现了很多宗派，现代学者把它们概括成：密宗、三论宗、天台宗、法相宗、华严宗、真言宗、禅宗、净土宗。这八个宗派到南宋之后，基本上就禅宗一枝独秀了。禅宗大家都知道，花开五叶，有所谓的"五家七宗"之说，南宋之后，其实就剩两大宗派，临济宗和曹洞宗。两大宗派里主要是临济宗。所以你要问中国的和尚他是什么宗派的，十个有九个会说他是禅宗。西方人在接触汉传佛教的时候，印象也是如此，他能碰到的，主要也是禅宗。

欧美学者的汉藏佛教研究，最初只是印度学的注脚。19世纪上半叶，西方学者研究汉传佛教，主要是对玄奘、法显的西行游记感兴趣，以此考订印度佛教的史地资料。但到后来，最晚到19世纪末，他们逐渐把汉传佛教列为单独的研究对象，撰写系统的中国佛教史或日本佛教史。而到现在，禅宗实际上是西方人最熟悉的佛教形态。

这种形象的转变，一则是由于西方学者想借佛教了解中国、东亚的文明体系，二则是缘于过去一个世纪禅宗在西方的快速传播。汉传佛教的价值，并不仅仅是因为大量汉译印度佛典的存在，更重要的是，无论是中国、日本还是韩国，乃至越南等地，它都还是实践中的佛教。西方学者意识到，汉传佛教有其独特的生存空间，西方国家在东亚社会并没有建立殖民政府，这使佛教成为他们研究、解读东亚文明的重要途径。

他们知道，佛教在东亚社会有它的特殊性，跟南传佛教国家的佛教不同。南传佛教是在"印度化了的"文明形态里发展，甚至于所谓的"巴利语"也只是古代印度的某种方言，它本身就是印度文明的一部分。泰国、缅甸、老挝文明的基调跟印度是紧密相关的，所以佛教在这些国家传播，不足为怪。而汉传佛教则是在儒家文明体系里传播与形成，佛教却能糅入中国文化的母体。佛教能从印度文明进入另一个强大的文明体系"儒家文化圈"，不仅能存活，而且还能开花结果。我翻译的荷兰汉学家许理和的《佛教征服中国》，就是讲述公元5世纪以前佛教传入中国的历史，及其与中国文化相互适应的过程。

汉传佛教的独特价值植根于此：佛教如何能在另一个文明体系里存活？佛教对儒家文化的影响到底是什么？这对从未真正进入东亚社会的西方来说，是一个真正的谜团。他们关心这个。进一步，他们关心，西方基督教文化，有可能怎么进去？他们想知道，佛教为什么能成功进入西方，而基督教的东进却几次三番被打回来。所以这时候他们研究的主体不再是佛教是不是种堕落的形态，他们是想通过东亚人对外来佛教的态度了解东亚，来研究他们对外来文明的态度。

西方人对汉传佛教的了解，日本人起了很大的作用，特别是铃木大拙，功不可没。汉传佛教初入美国本土，是因19世纪40年代"华工"前往加州淘金，但他们带去的其实并不是佛教，他们建的主要是天后宫，即沿海一带信仰的妈祖。并且在妈祖庙里，"华工"把观音也放了进去。后来随着"华工"人数越来越多，就什么信仰都有了。当时有美国的基督徒到旧金山的唐人街去看之后，以极端鄙夷的语调描述华人的信仰说：中国人居然在拜一只猴子（应该是孙悟空）——这种信仰在温州一带民间的小庙里现在其实还存在。还说，达尔文的进化论说人是从猴子变来的，看来中国人早就了解了。大家知道，对当时的基督徒来讲，进化论简直就是魔鬼。所以我们可以想象美国人当时对东亚人宗教信仰的了解，是怎么一个状况。

日本人在"华工"之后进入美国。明治维新之后，佛教在日本的现代化过程中处境艰难，被认为是阻力。所以，日本的佛教徒一方面希望自身改革，另一方面希望拓展海外空间。当时，他们通过夏威夷入境，慢慢绕道向西部渗透，进行有系统、有组织的传教活动。1905年，日本的宗演法师到旧金山弘法，他的很多经典文献已经成了研究美国佛教的权威资料。但在美国弘法成就最大的是他的学生铃木大拙（1870—1966年）。当时，铃木大拙跟着师傅宗演法师参加了芝加哥的世界宗教大会。借此机缘，铃木大拙凭借其流利的语言优势接触了美国各界名流，汉传佛教得到美国主流社会的认可。他自己则得以长期在美国工作生活，专心译介日本的佛教与文化。1927年，铃木大拙在伦敦发表《禅宗论集》，以英文介绍和传播"禅"，主要是"临济禅"，又被称作"铃木禅"。该书的出版，后被当作禅宗正式传入西方社会的标志。铃木大拙先后在欧美各大学，如牛津、剑桥，讲演禅与日本文化。可以说，在20世纪上半叶，铃木大拙是东亚佛教在西方的代言人，与西方精英，像神学家奥托（1869—1937年）、精神分析学家荣格（1875—1961年）、弗洛姆（1900—1980年）、天主教作家默顿（1915—1968年）等关系密切。正是在他的影响下，大批的美国人开始了解"禅"，"禅"在西方的知识界开始备受推崇。此后，更多来自日本的禅师定居美国，亚洲其他国家的禅师，比如越南的一行禅师、韩国的崇山禅师也都前往美国传法，十分成功。到20世纪五六十年代，"禅"在美国成了嬉皮士文化的组成部分，成为美国青年反主流文化的旗帜。他们有的熟读铃木大拙的著作，追寻东方的审美情趣，比如当时的金伯格（Allen Ginsberg, 1926—1997年）；有的则学禅宗的行脚，到处流浪；有的模仿禅宗的呵佛骂祖，行为怪异。

经半个世纪的发展，以禅宗为主体的汉传佛教，在西方的形象发生了重大变化，成了佛教传播的主流形态，"禅"是他们对佛教印象最深的东西。这一是由于西方的亚裔佛教徒的努力，特别是出家众的弘法实践。二是由于1965年美国移民法的重大改革，大量的亚洲移民开始进入美国生活。三是由于60年代初期，梵蒂冈召开著名的"梵二会议，"发表《教会对非基督宗教态度宣言》，正式承认其他宗教的思想与社会文化价值，整个基督宗教的世界有意推动普世性的宗教对话——在此之前，他们认为除了基督教，其他宗教是没有真理的。所以这几件事情交错在一起，促成了60年代佛教在西方形象的重大变化，"铃木禅"开始转型。

随着1966年铃木大拙的去世，"铃木禅"渐渐开始走了下坡路。我说的这个下坡路，是说汉传佛教在西方开始多元化了，各方面的汉传佛教势力都开始崛起。其中最有代表性的是"基督禅"。"梵二会议"之后，天主教的传教士在世界各地试图与其他宗教展开对话。其中有位名叫庄士敦（William Johnston）的传教士主要在日本传教，他于1971年发表了《基督禅：冥想之道》，提出了"基督禅"的说法。这本书其实并不是一种严格的学术著作，更多的是感想、心得，是以他常年在日本传教的经验，告诉人们怎样去给有着丰富的佛教知识的东方人传福音，他认为：一是要了解他们；二是要因势利导。他认为，这些人的思想里有些东西是可以为传福音服务的，那就是禅。他们认为可以借用佛教的"止观"、"数息"等禅法，形成基督教的"默观"方法，充实基督教原有的"默祷"，缘此展现禅修对现代西方人的意义与价值。"基督禅"的确切说法，应是"为基督徒而设的禅法"，这个概念早期只对一小部分想到东方传教的基督徒有影响，但它很能说明"禅"在西方的形象变化——早期佛教被基督教认为是"另类"，是"必须排除的迷信"、"偶像崇拜"，到后来被认为可以为它所用，可以与之结合、对话，渐渐被当作是禅宗与基督教融合的产物，同时成为东方佛教在欧美国家传播过程中本土化实践的重要方法。这是一个标志性的变化。直到现在，这种观点依然在继续，并且有所发展。60年代中后期至今，西方出现了很多佛教与基督教对话的组织、杂志、协会等，佛教与基督教的对话成为主流。"9·11"之后，佛教与伊斯兰教的对话慢慢兴起。

从这里我们可以看到，汉传佛教在西方的形象变了，它不再是退化、愚昧的东西，而是自身有很大的独立研究价值，这种价值并不仅仅限于学术上、研究上，而是对于整个西方的社会文化和宗教都有所触动，西方的社会文化和宗教都在试图与佛教有所结合。

刚才讲的是汉传佛教的形象变化。下面我们来看藏传佛教。其实刚才已经有所涉及。

在过去的200年间，西方人对藏传佛教是一脸不屑，认为藏传佛教还不如汉传佛教。他们认为藏传佛教里充满了"萨满教"的迷信。在他们的心目里，藏传佛教甚至还不能被称作"佛教"，只能被说成"喇嘛教"。通过跟藏民的接触，他们认为喇嘛们就是一群愚昧的人，连基本的科学文化知识都不懂，只会念咒。有借医传教的基督徒说，只有基督的福音才能提升这些藏民的生活，佛教的传播正是导致这种堕落的症结。但慢慢地，随着他们对藏传佛教的认识，他们发现事实不是这样的。首先，从印度佛教上来说，藏传佛教代表的是印度大乘佛教的中期和后期的形态（汉传佛教代表的是印度大乘佛教的早中期的形态）。在藏传佛教里保留了大量在印度早已失传的梵文佛典和译为藏语的印度佛典。他们认为这是宝藏。特别是1959年之后，一大批藏传佛教的喇嘛到达美国之后，美国国防部立即拿出专项经费在全世界至少9所大学建立藏传佛教研究中心，培养藏传佛教研究人才。所以我们可以看出，宗教和政治是紧密相关的。所以在过去的半个世纪里，西方社会有了很多的机会直接接触藏民和藏传佛教，西方学者有条件直接跟从蒙藏喇嘛学习藏语、藏传佛教经典，甚至还有一些学者年轻时候跟随喇嘛出家。他们意识到，要了解完整的印度佛教历史，藏传佛教因其保存的大量梵文经典而成为不可或缺的部分。西方大学的梵藏语系也通常都是在语言、文化上把印度和藏区联系起来。

另外，西方对藏传佛教开始有了神秘的想象。这个变化源自于1927年和1933年。

西方社会对藏传佛教产生浓厚的兴趣，主要得益于1927年《西藏度亡经》的译出。此后，该书的不同译本一版再版，畅销不衰，甚至还有录像带、绘图本，向西方人展现了一个神秘莫测的死后世界。像荣格这样的精神分析学家，希望能以"科学"的方式给予清楚的说明，对曼陀罗、瑜伽的神奇功效寄予厚望，藏传佛教缘此把它的神秘经验传递给了西方社会。

1933年出版的小说《消失的地平线》（*Lost Horizon*），最先发明了"香格里拉"一词。该词的藏文意思是"环抱在幸福之源的地方"，源于藏文"香巴拉"（Shambhala）一语，意为"持乐世界"，据传是喜马拉雅山区一个神秘的佛教王国。这位从未到过西藏的小说家，把"香格里拉"想象成人间的乐土，"伊甸园"、"世外桃源"、"乌托邦"等。

这些概念将藏传佛教的形象由愚昧转变成了神秘、幸福的佛教，在学术界还被有的学者描写成佛教发展的巅峰。研究藏传佛教成为西方佛教研究的潮流。

整个藏传佛教在西方的影响已经很大了。目前对西方社会影响最大的宗派，应数格鲁派。其次是噶举派，主要是噶玛巴的噶玛噶举派。宁玛派和萨迦派也有很大影响，而在藏传佛教里原本已与格鲁派合为一体的噶丹派，却在美国相对独立，成为令人瞩目的新宗派。

佛教在西方的形象变化，其深层的理论意义是西方改变了他们对佛教基本思想的理解。

19世纪，西方人将佛教看做是愚昧的偶像崇拜的异教徒。与此同时，他们把佛教所主张的境界"涅槃"，把佛教的"无我"理论，看作虚无主义。这是他们当时哲学上的基本基调。在当时西方传教士的眼里，虚无主义就是这些"异教徒"在否定一切世俗的价值，也就是站在了基督教的对立面，或者是颓废腐朽的世俗生活的同路人。在当时的西欧，"虚无主义"首先是指否定基督教的宗教价值，然后延伸到社会生活的方方面面。17世纪以后，西方社会经历了他们的现代化进程，世俗化倾向日趋明显，科学主义、消费主义大行其道。到19世纪末，虚无主义的社会心理取向已显端倪。进入20世纪，这成了欧美社会思想危机的重要表现之一。批判虚无主义，是19世纪末、20世纪初西方思想家的重要使命。

叔本华哲学的继承者，欧洲著名的"敌基督"尼采把佛教看成"持续几个世纪的哲学运动之产物"，是"唯一真正的实证主义宗教"，超越了善恶。尼采盛赞这种能领悟人生智慧的宗教，但在他看来，佛教同样也是一种彻底否定人生尘世的虚无主义。这样的结论，与当时欧洲佛教学术界的主流观点完全一致。

但站在今天，佛教的形象在西方发生了这么大的变化，如何再去理解佛教的思想？

现在西方不再把佛教看作虚无主义，甚至西方把佛教看作克服虚无主义的思想资源。从伦理上来讲，佛教所讲的"无我"恰恰是时代所需要的，因为人人强调自我，极易引起纷争。而佛教所讲的"无我"则正是要人们放下自我，去包容别人，达到和谐。这不是虚无主义。在哲学上，俄国佛教学者舍尔巴茨基，率先从哲学上否定"虚无主义"的指控。他认为整个佛教哲学的变化丝毫看不见虚无主义的影子。早期佛教讲"人空法用"，一切事物表面上看是空的，但是它还有构成"要素"，这些要素是不空的。实际是"多元论"的哲学。到后来以我们中国龙树的中观学为代表的大乘佛教，讲"一切皆空"、"毕竟空"，认为万事万物都是"非有非无"，主张任何事物都从"中观"的角度上去看，否定一切元素的真实性。这样的"空"，即西方哲学的"绝对主义"。后来佛教又发展到"唯识学"，认为一切都是人的观念的展现，强调观念的有效性。舍氏谓之"观念论"。舍氏这种三阶段的划分法，对后来的西方学术界产生了很大的影响，目前已是东西方学术界的共识，即对佛教哲学以虚无主义理解是不恰当的。

当时的日本学者西谷启治曾经跟从海德格尔学习，对虚无主义的克服成了他最主要的哲学课题之一，他主张佛教的"空"或"绝对无"是超克西方现代性的唯一途径。他以佛教所讲的"无我"，即一种空无的主体性，去改造西方现代性特别关注的主体性结构，改变西方人对主体的实体性认同。

西谷启治的理论简单地说，就是认为佛教所讲的"空"就是叫人们放下对"自我"的执着，在认识到事物的"非有非无"真相之后，可以容纳各种各样的思想。所以我们现在哲学所讲的多元主义并不是相对主义，更不是虚无主义的精致形式，而是强调在认识世界真相的前提下，彼此交流。恰恰是佛家认为世界的真相是"空""无"，才什么样的观点都可以接受，什么样的观点都可以包容。因为我们看到，任何一种观点都是"因缘所生法"，人之所以有这样的想法，是因为由自身的经历、成长环境、社会环境等各种各样的因素造成的。哪怕那是一个十恶不赦的坏蛋，他的想法、做法也都有社会因素、家庭因素和自身因素，多方面"众缘和合"的结果。这样理解，才会让好人更好，坏人变好。否则会让恶人感到无望，变得更坏。所以"空"是现代社会交往的平台，是可以超越虚无主义的一个精神资源，也是建立多元主义的精神基础。我们可以看到佛教在整个现代社会西方形象变化的背后，有这么一个哲学认识上的变化。这是更深层次的变化。

所以，我讲演的最后是说佛教在西方社会有多方面的形象变化。汉传佛教、藏传佛教不再是印度佛教的附庸；汉传佛教具有独立的研究价值；藏传佛教不再被视为"愚昧"，而是神秘、智慧的代表；禅宗则是汉传佛教的精华。

佛教在西方的形象经历了如此巨大的变化，缘此逐渐形成当前全球化时代的弘法理念：注重禅修，强调参与，倡导宗教对话。西方社会学佛的时候，往往是从禅修入手，注重禅修是现代佛教弘法的一个基础。第二步就强调参与。比如中国的佛教推广人间佛教，强调佛法要为现代人生服务。有些佛教强调在重大社会问题上表达自己的看法，有些佛教重视女性的价值，等等。还有一个，就是倡导宗教对话。西方人再重视佛教，也是以基督教为基础的，它的重视是建立在宗教对话的基础上的。亚洲宗教要在西方传播，也只能通过宗教对话。

注重禅修，强调参与，倡导宗教对话这三大纲领，我想对当代的华人佛教应该也有一定的借鉴意义。今天的讲演就到这里！

互　动

问：我是古籍研究院的学生。请您能解释一下"空"和"无"的区别。

答：说有区别就有区别，说没区别就没区别。早期汉译佛典找不到合适的汉语翻译，就借用了道家的"无"来翻译"空"这个概念。但后来发现很容易误会。

道家的"无"是形容"道"太了不得，它的作用太伟大，所以我们无法去规定它的特点，勉强称为"无"。这个"无"恰恰是"道"的状态，即"有"。佛家所讲的"空"，指一切都是"因缘所生法"。指万事万物"本性空"，没有固定不变的本性。这个差别很明显。"无"按照道家的观念，是"大有"、"大道"。佛家讲的"空"是没有，连"空"也是"空"，空空如也。

问：请简单讲一下"唯识学"。

答：简单讲就是"唯心"。在古代"心"和"识"在佛教典籍里往往可以换用。在佛教看来，"心"看不见摸不着，但实有其用，是各种意识的聚合。

有说"六识"，眼耳鼻舌身意。有人又加末那识，又加阿赖耶识。所以我们的心包括这么多东西，有表现出来的，以意识为代表。有没表现出来的，西方叫潜意识。佛教两千来年讲的阿赖耶识就是潜意识的代表。

"唯识学"就是说，世上一切万事万物都是意识的展现，"唯识所现"，不要执着。其实，这个"识"也不真实，是变化莫测的，也是"因缘所生法"，可以通过修行消除，"转识为智"。所以佛教追求的是智慧的人生。这就是所谓的解脱、觉悟。

问：自释迦牟尼佛成佛之后，您感觉世上有几个人成佛了？

答：依史书的观点来讲，我只能很诚实地说，没有统计过。但要是从佛教、佛经的角度上来讲，成佛的人可多了去了，无量无数，无法统计。因为在佛教上讲，不仅这个世界，"十方世界"、"三世"都有佛。佛经最后还说"一切众生皆有佛性"——这个"一切众生"还不仅仅指人，阿猫阿狗蚂蚁都叫众生，都可能成佛。

主持人：李教授的大家风采非常明显，他的讲座在我看来至少有两个非常明确的特征：内容极其丰富，表述极其清晰。我们跟着李教授可以很自然地、一点不疲劳地走向他的结论。

刚才李教授给我们提到了一点，其实也是他本人的治学风范，就是读一手文献才可能展示自己的观点，要不然就都是别人的观点。

另外，李教授将"对话"归结为佛学佛教在更广阔的时代背景下的状态，由此我想到了两周前在纽约联合国总部举办的一个儒耶对话。在这个对话里，许嘉璐先生、学诚法师、张继禹道长、曹卫东副院长和我五位到场，中国学者一共去了12位。许嘉璐院长与天主教华盛顿教区大主教的对话最后，大主教对许先生说了一句话很有意思，说：我明白了，您是大主教，我是虔诚的儒教徒。因为我们这次对话的主题是"超越国度，不同信仰，共同价值"，他的意思就是，互相在对方那里找到了自己认同的价值。刚才李教授讲到了佛教形象变化的自身内部的努力。更重要的是，不同宗教、不同信仰是基于人性、基于社会需求而拥有共同的价值。

对话的前提是不同，但对话的成功进行是基于他们拥有共同价值。我们后面还会有一些不同文明、不同信仰、不同宗教的讲座，我想大家可以通过讲座作为入门，然后阅读一手材料，从中得出自己的结论。这样做的人越来越多，我们这个社会就更可能重建信仰，离我们人类共同的追求真善美，才会越来越近。

禅者的生活

主讲：金山江天禅寺　心澄禅师
时间：2012年12月8日
地点：北京师范大学英东学术会堂

主持人：各位朋友，欢迎大家来到京师人文宗教讲堂。在北京这个零下的气温下，大家放弃休息，来到我们这里，这个选择将给大家带来非常大的收获，因为我们今天有幸请到中国佛教协会副会长，江苏省佛教协会的会长，著名的金山寺和定慧寺的方丈心澄法师。心澄法师在南京佛学院、北京佛学院都学习过，他也在我们国家最早的一届爱国宗教界人士研究班学习过。著作非常丰富，同时也是著名的佛教书法大家。法师昨天晚上坐了一夜的火车，今天早上从火车站直接赶到我们的会场。让我们用热烈的掌声欢迎心澄法师。法师今天要给我们讲禅的人生，刚刚我们看到大屏幕上介绍了具体内容，非常丰富，所以我就不多说了，现在就把时间交给心澄法师。谢谢。

心澄禅师：尊敬的老师、同学们，承蒙贵校的邀请，我能够有机会来跟大家分享禅者的生活。

公元前6世纪，在地球的东部和西部出现了很多圣人，像我们中国公元前6世纪左右出现的孔子和道教的创始人老子，在印度出现的释迦牟尼佛，在希腊出现的亚里士多德，这些圣人的出现对整个人类的文明做出了巨大的贡献。直至今天，我们仍然在他们的思想指导下生活。

我今天主要介绍印度释迦牟尼佛传下来的佛教，并于公元前2年传入中国。佛教在传播过程中，由于各国地区、民族、文明、社会的不同，形成了南北二传。南传，从印度向南传到了斯里兰卡、泰国等地区。北传则从印度向北传到了中国。佛教又可分成三大语系，南传佛教是巴利语系。我国的是汉语系环境下形成的汉佛，现在我们（僧人）穿的衣服也是模仿汉人的衣服。另外佛教传到西藏地区形成了藏语系。所以我们现在称佛教是南北二传,三大语系。

北传佛教可以用八大宗派来总和。佛教的八大宗派是三论宗、天台宗、律宗、华严宗、禅宗、净土宗、密宗,另外有法相宗。法相宗由玄奘法师传入中国。天台宗由智者大师传进,天台宗是中国佛教的特色。华严宗由中国的祖师开创。三论宗是由隋朝吉藏大师建立的宗派。我们今天要讲的是八大宗派里的禅宗。

禅即言语道断,心行路绝。禅只能是心与禅心契合,用语言表达的禅与禅的本身是有距离的。可是如果不用语言来表达禅,大家就没办法知道什么是禅,所以今天我就借用语言文字来比喻什么是禅。禅可以开导我们的心灵,启发我们的智慧,引导我们进入更超脱、更自由的世界。禅符合真善美的境界。

首先我来讲第一个方面——禅的传承。禅是从哪里来的?禅最早起源于佛陀释迦牟尼佛。释迦牟尼佛是印度迦毗卢卫国的王子,出家苦行六年,仍然没有得到解脱,后来他在菩提树下的吉祥草上开始禅坐,最终大彻大悟,成就了佛果。开悟后的佛陀设种种方便,以他开悟的真理来普度众生。相传有一天,释迦牟尼佛手上拿着一朵花,拈花示众。可是大家都不明白佛陀是什么意思,因为佛陀平时总是送花的,今天只拿着一朵花。这个时候,大迦叶尊者——佛陀的弟子,看到这朵花后破颜微笑。佛陀知道大迦叶尊者能够与自己心心相印,就说:"吾有正法眼藏,涅槃妙心,实相无相,微妙法门,不立文字,教外别传,付嘱摩诃迦叶。"(我的佛法经义总得要有个传人,我对佛法的正旨传给谁呢?传给迦叶。)所以从这一段公案里面就确定禅的来源。禅是不用语言,不用文字,只是用一朵花来表达的。佛陀拈花,迦叶微笑。确定了迦叶尊者正式成为了佛教禅宗的二祖。在印度由迦叶尊者把佛陀的禅法一代一代往下传,传到了第二十七祖——达摩禅师。

达摩是中国禅宗初祖,他把禅法传给了第二十八祖后,来到了中国。他为什么到中国来?因为达摩祖师在禅定之中看到中国众生的根基,认为在我们这个国土里众生的根基能够日渐契合于佛陀的心意,能够与禅相印,所以达摩祖师从印度到中国来。为什么当初达摩祖师没有选择到斯里兰卡,没有选择到南方,而是选择到北方?因为他认为北方众生的根基,已经能够契合于佛陀的禅法。达摩祖师在海上经过三年的航行,在梁武帝普通元年(520年)来到中国广州。当时广州的刺史萧昂亲自迎接达摩祖师。梁武帝是一个非常勤俭、虔诚的佛教徒，一生出家三次，对佛教的发展起到很大的作用。我们都知道这句诗"南朝四百八十寺，多少楼台烟雨中"，极言南朝寺庙众多，这其中很多的寺院是梁武帝建设完工的，同时梁武帝也度了很多僧人。所以南朝是佛教的鼎盛时期。梁武帝看到从印度来的达摩祖师，有一天就问达摩祖师："我建了那么多的寺院，度了那么多的僧人，有没有功德？"达摩祖师说："了无功德。"这时候梁武帝心里面觉得非常不舒服，就问"我造了那么多的寺院，为什么没有功德？"他就问达摩祖师。达摩祖师说："这只是人天福报，人天福报与功德没有任何关系。"因为达摩祖师跟梁武帝对话机缘不相投，于是就离开南京到少林寺。

此后达摩祖师在少林寺面壁九年，等待有机缘的人来把他从印度带来的禅法传给中国人。这时候，洛阳的出家人神光在嵩山少林见到了达摩祖师，请求达摩祖师把大法传给中国人。达摩祖师对神光说，在佛陀时期，求法首先从身体开始，其次是从心理。身体上要能够经历种种考验，即"昔人求道，敲骨取髓、刺血济饥、布发掩泥、投崖饲虎"。当时正值隆冬十二月，下着大雪。达摩祖师说："如果天上的雪变成红雪，我就传法给你。"神光听完祖师的话，就从自己的身上取下刀，砍断了左臂，血流到地上把雪染红了。达摩祖师看到了他求法的精神，就问他："诸佛最初求道，为法忘躯，汝今断臂吾前，求亦可在。"神光说："诸佛法印，可得闻乎？"达摩祖师说："诸佛法印，非从人得。"神光说"我心未宁，乞师与安。"断臂首先是身体上感到疼痛，接下来是身体的疼痛影响心理，心理会不安宁。神光就请达摩祖师给他安心。达摩祖师说："将心来与汝安。"神光说："觅心了不可得。"达摩祖师说："与汝安心竟。"在"与汝安心竟"的过程中，达摩祖师与神光心心相传，于是给神光取名为"慧可"，所谓"内传法印，以契证心。外付袈裟，以定宗旨"。后来六祖大师得到的袈裟和钵都是达摩祖师传给慧可的。慧可在"觅心了不可得"、"与汝安心竟"之间完成了佛教第一个传承。

佛教是心谛法门，初祖传给二祖的时候，传法不是就身体而言，而是就心，是传心。平时我们讲修行是修正自己的心灵，因为心出现了问题，所以要修正心灵。初祖和二祖就是以心来传心的。在南北朝北齐天保二年，有一居士年龄四十，不称姓名，有一天他去拜见慧可大师，说："弟子身缠风恙，请和尚忏罪。"慧可大师说："将罪来与汝忏。"结果这位居士寻找自己的罪却"觅罪了不可得"。无论是心也好罪也好,我们都是看不到的。罪在什么地方,你能找到罪吗?人的思想是看不见摸不着的,既然要忏罪,那你把罪拿来我帮你忏,结果居士"觅罪了不可得"。所以这时候慧可大师说:"我与汝忏罪竟,宜依佛、法、僧住。"这位居士说:"我看到了和尚我知道僧是什么,可是我不知道什么是佛、什么是法。"慧可大师说:"是心是佛,是心是法。"这句话的意思是你的心就是佛,你的心就是法。如果你的心和佛相印了,你的心就是佛;你的心和法相印了,你的心就是法,所以佛和法都是在我们的心中,不需我们再去向别人求佛求法,学佛学法应该向自身去寻求。这位居士后来就成了禅宗的三祖僧璨。

　　隋朝开皇十二年间,有一位沙弥道信,去拜见三祖僧璨。这位沙弥拜见三祖的时候,说:"愿和尚慈悲,乞与解脱法门。"因为此时僧璨已经解脱生死,立为禅宗的三祖。三祖僧璨说:"谁缚汝?"对曰:"无人缚。"璨曰:"为何来求解脱乎?"道信顿时大悟。我们心中的烦恼,是由自己的内心所生,不是由外人强加于我们的,自身的烦恼应该由自己来解决。既然不是外人用烦恼来束缚住我们,就不需要让外人来为我们解脱。道信大师在"乞与解脱法门"之间开悟,成为第四位祖师。

　　接下来看看中国佛教的第五祖师是怎么得到祖师位置,怎么开悟的。唐武德七年,四祖道信大师四处弘扬自己的法门。有一天他到今天的湖北黄梅县弘法,在路上遇到一个小孩,七岁左右,骨相奇秀,异乎常童。祖师就问这个小孩:"子何姓?"答曰:"姓即有,非常姓。"祖曰:"是何姓?"答曰:"是佛姓。"四祖曰:"汝无姓耶?"答曰:"性空,故无。"四祖非常器重这个小孩,后来征得孩子父母的同意,带着他四处弘法。这位小孩就是后来的五祖弘忍。

　　五祖弘忍在今天的湖北弘扬大法,建立东山法门,他的禅法奉行于天下。唐咸亨中,有一位居士叫慧能,从新州来参拜五祖,五祖弘忍问他从哪里来,慧能答从岭南来。祖曰:"欲须何事?"能曰:"但求作佛。"师曰:"岭南人无佛性,若为得佛?"能曰:"人虽有南北,佛性无南北。"祖师对他这番话感到非常惊讶,就让他去槽房。八个月后,慧能的根基已经成熟。五祖弘忍召集大众,让每人呈一首偈语,如果谁的偈语能够契合佛的心意,五祖就把禅宗的大法传给他。在五祖的门下有位首座叫神秀,他呈上一首偈语:"身是菩提树,心如明镜台,时时勤拂拭,勿使惹尘埃。"它的意思是我们的身就像菩提树,我们的心就像明镜台,我们要时常的去擦拭它,不要使菩提树、明镜台上面惹有灰尘。就是说我们要不断的修行,不断让自己断除烦恼,让我们的心能够契合于佛心。慧能听后也呈上一首偈语:"菩提本无树,明镜亦非台,本来无一物,何处惹尘埃。"意思是菩提本来就没有树,明镜也不是台,本来是无一物,哪里惹尘埃。把这两首偈语对照起来看,一个从有、一个从空,一个从静、一个从动,一个所表达的是我们通过静静的修行就能够获得解脱,另外一个说只要我们的心顿悟我们就可以解脱了。五祖听到这首偈语,就三弹指示意慧能三更入五祖的丈室。五祖给慧能讲《金刚经》,当讲到"应无所住,而生其心"时,慧能才真正地大彻大悟。慧能之前那首偈语说明他达到了佛教的空心境界,空心与本心还是有段距离的。这时候五祖说"一切万法,不离自性"。慧能真正大彻大悟,说了一首偈语"何期自性,本自清净;何期自性,本不生灭;何期自性,本自具足;何期自性,本不动摇;何期自性,能生万法"。一切都在我们自性之中,我们自性悟,就是佛,我们自性迷,就是凡夫。五祖知道慧能日渐参悟本心,就对慧能说:"不识本心,学法无益;若识本心,见自本性,即名丈夫、天人师、佛。"然后把衣法传给了慧能。慧能成为禅宗的第六祖。

  到了六祖大师止传衣钵而别传于道,六祖的禅宗大法在中国,特别是南方大行于世,禅风遍于宇内,并逐步演成五宗七派。我们今天所有的禅法都由六祖南宗发展而来,所以有南宗北宗之分。六祖遵循五祖之言,一路往南到四惠,即今广东四惠,大师于四惠隐居十几载才出世弘法。六祖的禅风逐渐形成南宗,分为五宗七派,分别是沩仰宗、临济宗、曹洞宗、云门宗、法眼宗、黄龙派、杨岐派。其中临济宗盛行天下。由此我们可看出禅宗传承的脉络,即从佛陀传迦叶尊者,迦叶尊者传达摩,一代一代传至六祖慧能。众所周知,此间传递的是心地法门,均为以我之心契合佛的心,心静则身静。人活于心而非身,因而善恶是非念想均起于心,成为人生主宰也凭心定。心地法门重点于心,因而禅宗又名性心宗。

  以上是第一部分内容禅的传承,其次是第二部分禅的内容。

  提到禅,众人皆有惑:禅是可以说的吗?禅不是不立文字,远离名言的吗?禅是直指人心,以心传心。因而禅真能用语言表达吗?禅确实不能用语言表达,但为了让大家理解,不得不借助文字来交流。佛经有云:"佛法不能说,虽善不能了。"佛法再精深,没有人能传达,再良善也不能了解。因而我们只是借助文字来进行内心修行而达到目的。

　　接下来讲禅的内容的第一点禅与自我。在佛教的各大宗派中，有些是借助外力成佛的，例如净土派，当然我们要内心相信有西方极乐世界，佛陀才会将我们引领至此以成佛。而禅宗则是靠自己的力量。宋朝时，大慧宗杲禅师要道谦外出参学，道谦不肯，后来宗元与他同往。宗元曾告诉他，有五件事别人不能帮忙：走路、吃饭、饥、渴、排泄。言外之意是参禅悟道如走路吃饭一样必须亲力亲为，别人无能为力。还有赵州禅师的故事，有人问赵州禅师："怎样参禅才能悟道？"赵州禅师听后，站起来，说道："我要去厕所。"赵州禅师走了两步，停下来，又说道："你看这么一点小事，也得我自己去！求法这么大的事情我能代替你吗？"那人恍然大悟。先前的大师们都是从小事出发，从一点点启示来让内心得到升华。还有个故事，从前父子两人，同是小偷，有一天，父亲带着儿子，同往一个地方作案。到那个地方时，父亲故意把儿子关在人家衣橱内，随后就大喊捉贼，自个儿却逃走了。儿子在情急之下，伪装老鼠叫声，才骗走了那家的主人，终于逃了出来。主人发现有贼影，遂紧随其后，儿子急中生智，将石块投入井中，追来的人很是沮丧，以为自己将贼逼至投井，很是不安。儿子回到家中，当他见着父亲的时候，一直不停地抱怨。父亲告诉他说，"这种功夫是在训练你的机智，看你的应变能力，偷的功夫，而这种应变的智力是要你自己掌握的，别人是没有办法帮得上忙的"。讲这个故事不是让大家去行窃，而是想说修行是个人之事，必须自己想办法。修行之路是不可重复的，佛陀在菩提树下参禅悟道，你也坐在菩提树下能悟到道吗？你必须走自己的路去悟道。小偷父亲是在训练儿子的机智，偷的功夫只能靠他自己领悟，有言曰："丈夫自有冲天志，不向如来行处行。"我们每个修行者不要走祖师悟道的路，祖师能悟道，我们未必可以。我们刚才所说，通过语言文字我们能了解禅，但语言文字是禅吗？不是。智闲禅师在参访药山禅师时，药山问他："什么是父母未生前的本来面目？"纵使智闲禅师藏书过众，但在这类大问题前也是答不上来的，于是智闲尽焚所藏经书，到南阳耕种。有一天，当他在耕地时，锄头碰到石头，铿然一声，而告顿悟。"一击忘所知，更不假修持。"智闲禅师抛却知识文字的束缚才能悟道，因而禅是不立于文字，直指于心的。

　　下面讲第二点禅与生活。禅是存于生活的，饮食睡眠均有禅。洗钵、扫地也可悟道。有日有人请弘一大师吃饭，菜做咸了，大师仍吃得津津有味，对方觉得菜咸就往菜中加水，结果菜变得太淡了，大师依然吃得津津有味，对方就疑惑发问为什么菜无论咸淡，大师都乐在其中。大师说，菜咸有咸的味道，淡有淡的味儿。有人问赵州禅师如何参禅悟道，禅师答说吃饭睡觉。对方惑曰自己也在吃饭睡觉为什么没有参到禅？禅师答说吃饭就是只吃饭，而你吃饭时百般计较，嫌好吃不好吃还有咸淡，以及聊天说是非，吃饭时不吃饭，吃饭时不专心。禅师睡觉时就睡觉，而一般人睡觉时还要计较床硬或软，被子是否干净，环境美丑，心不在睡觉本身而在别处。如果将禅好好施行于生活中，吃饭时专心吃饭，休息时好好休息就不会有烦恼。2006年中央统战部在人大有个班，我们每天和同学们零距离接触，我们和他们一起吃饭，同学们太浪费了，让人十分难受痛心。粮食来之不易，"锄禾日当午，汗滴禾下土。谁知盘中餐，粒粒皆辛苦"。有人会说饭是自己花钱买的，钱可以买到饭菜，买不到良善。钱可以买到物品，买不到心。我们的生活不应该只为了钱，而应该守护住一颗清静的心，一颗珍惜的心，一颗善良的心。大家都很痛恨蚊子，而禅师会把蚊子放走而不是拍死，因为要守护一颗不杀生的心，一颗慈悲的心，一颗清静的心。因而禅离我们的生活非常近，不在书中，不在佛经，而在生活。生活的点点滴滴都是禅，只要我们有心都能在细节获得开悟，获得智慧。

　　第三点讲禅与自然。现在提倡的环保，在佛教则指心的环保。禅就是自然而然，禅与大自然同在，禅并不隐藏任何东西。"云在青天水在瓶"，"青青翠竹、无非般若，郁郁黄花、皆是妙谛"。眼之所及，万事万物皆有禅机。佛法里在菩萨佛陀出现前，参禅悟道有成者称为元偈。他们通过各种禅机获得禅。今天人类站在自然的对立面上，对自然的开发和破坏都是前所未有的。对森林植被的砍伐，野生动物的狩猎，矿物资源的开采，通常说要保持可持续性发展，为后代留下资源，而现在对生态的破坏是空前严重的，而人类也只能承受其带来的恶果。我们的生存空间，生存环境和未来都面临严峻挑战。禅是自然的，保护环境就是保护我们自身；保护生态就是保护我们自身。事实上我们需要的没有那么多，如果我们秉持与大地一体的观念，就会更加热爱它。

　　佛法传承七百来年有很多相关的故事，今天就来分享几个。金山寺的佛印与苏东坡的友谊证明了当时儒释道是主流。"有僧皆佛印，无客不东坡。"就佛家而言，我们感恩苏东坡之类的大儒。现在的办学模式都是鸦片战争之后学习西方的，有了学校才有文人聚集，在鸦片战争之前，中国的五千多年文明史里有四千多年走在世界前列。鼎盛时期,经济实力占全球68%,衰弱时有24%。如今的美国也才有22%,都比不上消极时的古中国。硬实力背后是强大的软实力,即强大的中国文化。先秦的诸子百家到汉朝的儒释道,佛教是由印度传来的,我们感恩本土文化。

古时的读书人读书场所一般是书院或寺院,很多名人逸事都与寺院有关。西厢记就是发生在寺院的西厢,文人与寺院都有很大关系,正是他们的加入,佛教才有了强大的生命力,留下了诸多故事,诸多艺术和公案。有一次,苏东坡要来见佛印,并且事先写信给禅师,请禅师如"赵州禅师迎接赵王"一样,不出山门相迎。赵州城的赵王特地去拜访赵州禅师,此时,赵州正在床上休息,他躺着对来访者说道:"大王,我食素身体弱,虽然您专程来看我,但我实在无力下床接待你,请别见怪。"赵王非但不见怪反而对赵州更加尊重。第二天,赵王派遣一位将军送补品给他,赵州一听,马上下床到门外迎接。事后弟子们不解,就问赵州禅师道:"前天赵王来时,你不下床,这次赵王的部下来时,你为什么反而到门外相迎呢?"赵州禅师解释道:"你们有所不知,我的待客之道有上中下三等分别。第一,上等人来时,我在床上用本来面目接待;第二,中等人来时,我下床到客堂用礼貌接待他;第三,下等人来时,我用世俗的应酬到门前去迎接。"苏东坡自以为了解禅的妙趣,佛印禅师应以第一等的礼来接待他。当苏东坡来到金山时,却看到佛印禅师跑出寺门来迎接,终于抓住取笑禅师的机会,说道:"禅师你的道行还没有赵州禅师高,我叫你不要来接我,你却不免俗套,跑了大老远地来迎接。"东坡以为禅师这回必输无疑,而禅师却回答一首偈子说:"赵州当年少谦光,不出山门迎赵王。怎比金山无量相,大千世界一禅床。"意思是说,赵州不起床接见赵王,那是因为赵州的不谦虚,而我佛印出门来迎接你,你以为我真的起床了吗,大千世界都是我的禅床。虽然你看到我起床出来迎接你,事实上我仍然躺在大千禅床上。你苏东坡所知道的只是肉眼所见的有形的床,而我佛印的床是尽虚空遍法界的大禅床。又有一次,苏东坡到金山寺和禅师打坐,苏东坡觉得身心舒悦,于是问禅师说:"禅师,你看我坐的样子怎么样?"禅师回答:"好庄严,像一尊佛像。"东坡听后非常高兴。佛印禅师接着反问苏东坡:"学士,你看我坐的姿势如何?"东坡不放过嘲弄佛印的机会,马上回答说:"像一堆牛粪。"佛印听了也很高兴。苏东坡看禅师被自己喻为牛粪,自己终于占了优势,欣喜得不得了,逢人就说:"以往论禅，我一向都输给佛印禅师，今天可赢了！"消息传到苏小妹耳中，小妹问道："哥哥，您究竟怎么赢禅师的？"东坡如实叙说了一遍。苏小妹听后对东坡说："哥哥，你输了，彻底地输了，佛印禅师的心如佛，所以他看你如佛，而你的心像牛粪，所以你看他才像一堆牛粪。"东坡哑然。由此可见二人的心与禅的关系。

《金山志》上有记载着"东坡留玉带镇山门"的典故。有一天，佛印禅师登坛说法。当东坡赶来的时候，座中已经坐满人众，没有空位。禅师见东坡就说："翰林何来？此间无坐。"东坡一向好禅。马上机锋相对道："既然无坐，我就借禅师四大之身为坐。"禅师见东坡和他论禅于是说："好啊！不过，我有个问题，如果你不假思索地回答出来，我就把身体当你的座位；如果你回答不出来，那请将你身上所系玉带留下永镇山门。"东坡一向自命不凡，以为准胜无疑，就答应了，并解下玉带放在茶几上，请禅师问。禅师道："山僧四大皆空，五蕴非有，翰林欲于何处坐？"东坡为之语塞。此联苏东坡毕生都未对上，目前也无人能对。此联出于佛经，四大皆空和五蕴是佛法。如我们今天的讲坛所在的建筑由砖瓦木等建成，小物件组成大物件。再如整座城市，也是由各种元素各种条件组合而成。北京由自己的条件构成，美国纽约亦是，因缘和合而生，一切的存在是真实存在还是假象，如果真实存在就不需要因缘和合而生，没有自己的属性。佛教如何看问题，一切的本性都是空的。透过现象看本质，透过虚空的表象看事物的本质。有人说佛教是消极的，我认为佛教是积极的。别人可以借助缘起而悟道参禅，我们亦可。美国华盛顿可以借助条件和各种因素，我们也可以。我们可以借助自己的因缘成就我们的法身，成就我们的生活，成就我们的事业。我们不要看到别人强大就嫉妒，没有必要。他人借助自身因缘成就自身事业，我们亦可。这就是佛教，佛教是积极的。如果你不积极，你成不了佛，做不了主。如果你不积极，你改变不了你的生活环境，所有生活环境都是自己的。

佛教的空是指心之空，世界的存在是真实存在，如果你看到房子而说它不存在就是在打诳语。它是假借因缘和合的存在，是假象的不存在。我们也是，父母为缘，我们为因，如果我们每个人都有自性，就不需要父母把我们带来这个世界。如果我们有自性，就相信百年之后，我们还在那。如果有自性，孔子就不会在两千五百年前离开这个世界，有自性就不会消失，他就会一直留在春秋战国时期。事实上，我们都没有自己的本性，我们都要经历生老病死。佛教的缘起是为了让我们正确的认识世界，认识我们的人生。我们很多人都执着自己是父母所生，佛教里说我们不是父母所生，父母只是助缘，我们像仓库里的种子，需要阳光雨露才能发芽，父母只是助力。佛教讲轮回因果，人不死不灭、不垢不净。我们以为老人走后就看不见了，是不对的。父母所生之子应该长相相似命运相似，事实上不是这样的，每个人都有自己独特的长相和人生，我们该如何认识自己。佛教讲我们哪里来哪里去，我们弄清楚后就会更自性地走下去。现在虽然科技发达，但是不是万能的。我们到医院解剖，医生不能知道我们的文凭，我们的水平，但是解剖不出不等于我们没有。我们所读的书不会丢失，我们的善行也不会，都储存在善心里。我们应该多行善事，因为恶有恶报，善有善报，不能心存侥幸。正如我们读了很多书，不一定都记得，但是想用的时候就出现了。所以恶行不可为。我们只有理解这些才能活得更好，借助现有资源实现伟大人生。

这是佛教四大皆空，五蕴未有的重点。苏东坡答不出就只能依约，玉带因此留给了佛印禅师。禅师令侍者收此玉带并赐赠云山衲衣相谢。东坡为此作诗云："百千灯作一灯光，尽是恒沙妙法王。是故东坡不敢惜，借君四大作禅床。病骨难堪玉带围，钝根仍落箭锋机。会当乞食歌姬院，夺得云山旧衲衣。此带阅人如传舍，流传到我亦悠哉。锦袍错落犹相称，乞与佯狂老万回。"禅师更有谢偈一首说："石霜夺得裴休笏，三百年来众口夸。争似苏公留玉带，长和明月共无暇。"东坡玉带至今千年，仍完好无缺珍藏于金山寺，实属稀世之宝。乾隆帝见此玉带鉴定为真金并表达自己对汉文化的崇敬和统治之法。

坐禅可静心，有时候心烦意乱时就可坐禅，现在很多地方的公司都让员工坐禅以静心。正襟危坐不作何想一阵后再行事就会事半功倍。有一次，东坡被派遣到江北瓜州，与金山寺只一江之隔。有一天，禅坐自觉了得，做了一首偈子来表达他的境界，并派书童过江。把偈子送给佛印禅师，嘱咐书童，看看禅师是否有什么赞语。偈子上说："稽首天中天，毫光照大千。八风吹不动，端坐紫金莲。"意思是说，顶礼伟大的佛陀，蒙受佛光的普照，我的心已不再受外界的称、讥、毁、誉、利、衰、苦、乐八风的牵动，就好像佛陀端坐莲花座上一样。禅师看了之后，一语不发，拿起笔来，只批了两个字，就叫书童带回去了。东坡以为禅师一定对自己评价很高，看到书童拿回批语，急忙打开一看，只见上面写作"放屁"

二字，于是勃然生怒，觉得岂有此理！禅师不但不称赞我，反而骂我放屁。于是令书童备船，好好与禅师理论理论。船到金山寺。佛印禅师早已站在江边，等候东坡，东坡见禅师，非常气愤地说："禅师，你应该鼓励我坐禅，为何打击我？"禅师若无其事地说："哪有打击？""我那首偈子上面的'放屁'两字呀！"禅师听了，哈哈大笑说："哦，你不是'八风吹不动'吗？怎么一'屁'就打过江来呢？"禅的境界不是语言文字所能表达的，而是靠自己的悟性参禅。无论多好的文字都不能表达真正的禅意。

几段公案对禅的内容的品尝，接下来是禅味品尝。何谓禅味，即我们日常生活参禅处处所表达出来的就是禅味。有一位学僧去参拜越溪禅师问道："禅师，我研究佛学、儒学二十年，但对于禅道一窍不通。您能指点我一些吗？"越溪禅师并不开口，只是迎面打了他一巴掌。吓得学僧夺门而出，心想："真是莫名其妙，我一定要找他理论。"正在生气的学僧，在门外碰到首座老禅师，老禅师看他一脸怒相，就和蔼地问道："出了什么事吗？到我那里喝杯茶吧！求道的人，有什么事值得生气呢？"学僧一边喝茶，一边开始抱怨越溪禅师无缘无故的打他，当学僧这么一说，冷不防老禅师立即挥手也打了他一巴掌，手上的茶杯"哗啦"一声，掉在地上，老禅师道："刚才你说已懂得佛法、儒学，只差一些禅道，现在我就用禅道供养你了。你知道什么是禅道吗？"学僧愣得目瞪口呆，不知如何回答。老禅师又追问一次，学僧始终答不出来。老禅师道："真不好意思，就让你看看我们的禅道吧！"说着就把打碎的茶杯捡起来，然后拿起抹布，把刚才洒了一地的茶水擦干，接着又说："除了这些，还有什么禅道呢？"学僧终于体悟，禅道即在身边。从此就在越溪禅师坐下参学。唐朝有位懒残禅师有一首表达生活禅的诗。在禅林赞誉颇高。世事悠悠，不如山丘；卧藤萝下，块石枕头。不朝天子，岂羡王侯；生死无虑，更复何忧。这首诗传到唐德宗耳中时，德宗很想见见这位禅师，看看到底是怎样的一个人物。于是，就派大臣去迎请禅师。大臣拿了圣旨，寻找到岩洞，正好瞧见禅师在洞里举炊，大臣便在洞口大声呼叫道："圣旨驾到，跪下接旨。"禅师却装聋作哑，毫不理睬。大臣探头一瞧，只见禅师以牛粪生火，炉上烧着地瓜，烟火弥漫，熏得禅师涕泪纵横，大臣看得忍不住叫道："喂！禅师，你的鼻涕流下来了，为何不擦一擦呢？"禅师头也不回，答道："我才没有闲空为俗人擦呢？"懒残禅师说后，随即夹起炙热的地瓜，就往嘴里送，并连口赞道："好吃！好吃！"大臣见状，惊奇得目瞪口呆。因为懒残禅师吃的是一块块的石头。懒残吃时，随手捡了两块递给大臣，并说道："请趁热吃吧！三界唯心，万法唯识，贫富贵贱，生热软硬，心田识海中，不要把它们分在两边。"大臣见禅师这些奇异举动和所说，不敢回答。只好赶回朝廷，据实报告皇上。德宗听了十分感叹地说道："国有如此禅师，真是唐朝之宝。"

看似违背常识违背生活，事实上禅师们的生活境界换在我们身上，我们就不会有过多困惑和烦扰。前阵子我去台湾，台湾处处安静处处体现传统文化，我们之前之所以领先那么多年就是因为我们有深厚的软实力，而如今大陆已经对此陌生了。近百年有两次大运动，新文化运动是一刀切而"文化大革命"则是革了文化的命，现在的年轻人喜欢看韩剧，韩剧里体现的都是中国传统文化。我们对韩国将端午祭申请为世界非物质文化遗产愤愤不平，而韩国还打算将春节也申请了，我们现在的春节又还剩下些什么呢？韩国有部剧叫《乞丐王子》，介绍了韩国祭祖，春节时将祖先像挂在墙上，一道菜一道菜供奉祖先。这个场景和《红楼梦》里，贾府大年三十晚上全家在祖堂祭祀先祖然后守岁一样。韩国人的守岁是子女为父母守岁，父母给子女压岁钱。如今我们是守岁与否都有压岁钱，那个守岁是要给父母磕头报恩的，我们现在已经没有了，我这代人小时候还有。我国很多少数民族，如蒙古族现在仍保持着这种习惯，而汉族在以上两次运动之后就没有了。佛教已经本土化了，我们现在说的禅是中国的禅，除了最初的拈花一笑，现在一切都与中国同化，紧密联系在一起了，传统文化需要继承。改革开放三十年来，经济迅速发展的同时，人心逐渐浮躁。希望人们能沉淀下来，从传统文化中寻回安身立命的根。胡总书记提出的和谐社会，就是向中国传统的"和"文化吸取精华，古为今用。

接下来是第四点禅诗与禅。禅师布袋和尚有首诗："手把青秧插满田，低头便见水中天；心地清净方为道，退步原来是向前。"我们知道插秧的时候，手拿青秧低头就能见到天空的倒影，六根清净才是正途，现在可能已经是机器插秧了，现在我们走是向前走，如果现在往回看往后走可能会发现那些路也是平坦的也是很好的。此诗虽然只是描述插秧，却告诉我们一个非常深刻的道理，时常回顾过往才更有前进的动力。有时候以进为退才是智慧，一味蛮进可能会得不偿失。接下来一首诗是："尽日寻春不见春，芒鞋踏破岭头云；归来偶把梅花嗅，春在枝头已十分。"在外寻找春天，磨破鞋也未寻到，回家一看，春在枝头已十分。人总喜欢在外寻找，外面的世界很精彩。若能回转从自心寻找，就会发现宝藏般丰富美好的心灵世界。周围外在都是通过内心体现。

大家也许都听说过了凡四训，有算命先生对其说他人生将会做到多大官，将会无子嗣，只能活到六十多岁。了凡变得十分消极，觉得一切注定好，再如何努力也无法改变，官职只能那么高，孩子不会有。后来他到南京去，一寺庙主持见如此年轻有为者竟那般消极就去询问，他就将实情以告。禅师说："三界唯心，万法唯是，只要我们内心改变了，所有事情都会改变。日行善事，累积至万就可改变。你在官场更亦举善行，随意决策都关乎众人。"了凡归去后就开始行善，并将善行记录。累积至万时，其妻有孕得一子，了凡继续为善，最后多活了二十几年。心变则万变，我们不能被心束缚，自己被自己束缚住就没有发展空间了。唯有自身可使自己解脱，别人不能做什么。

唐朝有个古灵禅师，与其师生活在一起，后来出外参学，悟道后回到师父那里。有次他见一苍蝇在窗边，众所周知，古代窗户无玻璃，该苍蝇由门入屋不懂出，只是一直钻窗纸缝。古灵就想到其师，终日只是不断念经如苍蝇钻故纸般盲目，于是写诗如下：空门不肯出，投窗也太痴。千年钻故纸，何日出头时。明指苍蝇，实劝其师，应放下经书，修行心地法门。心被烦恼困惑，要用心破除，埋头经海无意义。经书再好只是经书，化为己用才是真。如六祖所言，明事法华转，物事总法华。应从经典中找出自我解脱的法门，将经书消化。读书不为考试为明理，念经为开悟。如佛所说其一生无经典，著书立说只是敲门砖、渡河船，为大家悟道服务。作为工具无须始终携带，完成后便可抛掉，敲完门无须再拿砖，渡完河不用背上船。重点不在经念多少或书读多少，在于为己所用。读成书呆有什么好，说起书呆就想起90年代，我到台湾见过的一个人，书念得十分好，但人生生活等诸多不能自理。无论为何事都要知道自己的目标是什么，善于从故纸中获取想要的。宋朝柴陵郁禅师有首很有启发意义的诗：我有明珠一颗，久被尘劳封锁；今朝尘尽光生，照破山河万朵。表面上看很是简单，其实不然，如前几首诗一般都是开悟之后的写照。明珠其实是指佛性，我们每个人都拥有。佛陀成佛所说："奇哉！奇哉！大地万物真有佛法之大智慧。"佛性即为觉悟，任何人都可过得自在，活得很好。只是我们过于执着于外物被蒙蔽了。我经常与师父们说："你们看得懂新闻联播，我就放心了。"有人可能有疑惑，新闻联播会看不懂？我答："你所看到的只是播音员念着播音稿，新闻背后传递的信息你能了解吗？新闻发生的前因后果知道吗？你看到的是桌面的风平浪静，底下的波涛汹涌你注意到了吗？从一条新闻能领悟什么你清楚吗？如果你都明白，我就放心了。"事情并不如大家所想的那么简单，很多现象背后的本来面目不为大家所清楚。学佛之人就应善于透过现象看本质，才能为自己而活。如果少时为父母活，读书时为老师，老时为子女，都没有为自己活过。儿孙自有儿孙福，何必为儿孙做牛马。每个人都要做自己的主人，才能过得好。

每个人都有佛性，而烦恼将智慧之光掩盖。将烦恼去除，佛光就可照耀人生。不再为俗世蒙骗，明朝有位状元有诗一首，对大家来说都可有所体悟：急急忙忙苦追求，寒寒暖暖度春秋。朝朝暮暮营家计，昧昧昏昏白了头。是是非非何日了，烦烦恼恼几时休。明明白白一条路，万万千千不肯修。此处的修不是指如我般修佛，无论哪个派别或知识，它们之间都是互通的。无论中西方，如我先前所说，西方的亚里士多德与东方印度的释迦牟尼佛是同时代的，我们本土的孔子、老子。人类的文明都是相通的，在学校里我们都学过亚里士多德的逻辑学，老子、孔子的思想。我本人学得最多的还是佛教思想，如果没有学别的，也是学不了的。现在的佛教是融合儒释道的。翦伯赞在写中国通史时，写到唐朝就写不下去了，因为唐朝佛教很兴盛，他没有这方面的知识就无从下手。对佛教文化没有了解的话，就不能对中国艺术和文化能完全概括，也写不成通史。中国传统文化，古人很是精通。从现在的电视剧里可见，上至皇帝，下至士农工商，对儒释道都很清楚。汉乐府、魏晋南北朝的骈文、唐诗宋词、元曲、明清小说，这些都是古人用心血和智慧书写而成，不仅仅是书，是作者的人生和智慧。如果对儒释道知之甚少，看《红楼梦》、唐诗宋词等就无法真正理解，不知其真实表达。其中的诗词不仅仅是诗词，背后是佛教文化，是作者的智慧，作者将宇宙写进去，才赋予作品强大的生命力。

互　　动

问：大师您好！我是来自心理学院研一的学生，我最近在看一篇无我的文章，想知道，无我是不是就是无有，以及无我是一种禅定的状态，还是最后会成为一种生活态度？如何通过禅定来达到无我的状态？谢谢！

答：谢谢。首先，无我的我是什么意思呢？我是主宰的意思，一般认为万事万物都没有离开我，我的房子、父母亲、兄弟姐妹。因为有我，人我之间有了分别。本来很简单的事情就可能复杂化了，佛教唯世宗里有八个世，眼、耳、鼻、舌、肾、胰、目罗和安乃肆。目罗指的就是我，而我有我贪、我嗔、我慢。所有这些都是以我为中心，无论是看问题还是是否，因为有我们傲慢之心、贪心油然而生。佛教所讲的无我，因为我们是因缘和合，我的存在依仗于父母的助缘，没有必要执着于自己本身。我之前所说的父母不能生孩子，是就佛教的因缘而言。如果执着于为父母所生或生孩子，生活将会十分复杂。我们可以看到父母总是叮嘱孩子好好读书，读好书就有好前程。很多父母将孩子视为读书的机器。2006 年，清华大学就发生了几件事情，父母将孩子送往学校，之前孩子生活在父母身边，没有独立生活过，没有生活自理能力，父母走后，孩子就选择跳楼轻生。我们不能把父母视为父母，子女视为子女，应该如孟子所言，将所有父母视为父母，所有孩子视为子女，就不会有那么重的私心。在孟子的大同社会里，我们爱人如己，达到无我境界。通过自身让这个世界更宽广，我们也会更加孝顺。不要认为父母没有生我们就不孝顺，虽不是父母所生，但父母是助缘。因为父母，我们才能来到世上。父母的帮助让我们在这个世上生活得这么好，我们应该报答父母的助缘之恩。我们以我为中心，人生种种悲剧都是因为有我字的存在。如果我们能达到无我境界，生活空间就会变得更加宽广，人生会更有价值、意义。佛教说无我是让大家去除执着，达到这种境界，圆满这世的人生，谢谢。

问：我已经毕业了，谢谢心澄大师带来的精彩讲座。我的问题是——现在整个社会有这样的感觉，佛教职业化，好像和尚是来上班的，上完班后回家又有自己的生活或业余爱好什么的。我想问禅师，您作为佛教界德高望重的长者，如何看待此现象。您认为未来佛教发展是将职业化还是终将回归信仰？谢谢您！

答：谢谢。由于现在的网络开放，对佛教界和社会而言都是很透明的，但有些误会也非常深。对佛教界而言，中国佛教是非常传统的。不论是宗教，还是文化。"文革"之后，中国佛教何去何从经历过讨论。改革开放之初，中国佛教协会会长赵朴老召集佛教界高僧大德在京开会商议复兴佛教。当时有两种声音，一种就是你提到的佛教职业化，像日本僧人，是一种职业，僧人上班下班。还有一种声音就是恢复中国传统丛林式佛教，当时呼声对半。有一半长老呼吁职业化的原因是历史上有很多灭佛运动，三武一宗灭佛、太平天国灭佛还有"文化大革命"灭佛。"文化大革命"灭佛是史无前例的，空前严重的破坏。直到现在，当时受摧残的依旧没有缓解过来。当时是很不容易的，后来决定恢复成中国传统丛林式佛教。职业化佛教在日本发展得很好，职业化的意义在于对佛学的研究，日本佛教在很多方面比不上中国佛教，但是在佛学研究上超过了中国。特别是"文化大革命"之后，日本保存了很多大藏经，从唐朝时起，中国的很多经书都烧毁了，日本保留着，日本有专门的佛教大学来研究佛学。三武一宗灭佛后，中国佛教禅宗化，不立于文字。给日本留下发展空间，日本有很多佛教大学、学者和出家人，这方面比我们强很多。当时有人提出恢复成日本佛教是指文化佛教、知识佛教不是指修行佛教。中国传统佛教是以修行和自我解脱为目的，行善和普度众生为目的，以文化弘扬佛法，教育培养人才。随着很多长老涅槃辞世出现青黄不接的现象后，虽然出现一些杂声，但那些是末流而非主流，中国佛教依然是传统修行佛教为主。以服务社会为目的，而非职业化，现在的模式依然是传统模式。我希望佛教界还有儒界也就是现在的知识界多关怀佛教，毕竟佛教在历史上也作出过很大贡献。如今的佛教是很弱势的，以前是主流，现在不是。我们中国现在的主流是马克思主义和西方文化，然后是传统文化，第三个虽然是传统文化，但佛教在其中依然弱势。以前有很多大儒参与佛教，而如今大儒都集中在学校里，佛教显得很空虚。我们对现状很着急，虽然在中国佛教协会八届会议后我们做了很多相关工作，还是希望大家多多关注，希望我们佛教重新振兴。谢谢大家！

问：我利用业余时间学习禅宗和参话头，想问何谓参话头？如何参话头？谢谢老师！

答：参话头是从北宋的忠厚禅师开始的，所谓话头就是一句话的开头。话头有很多，例如我们先前所说的"父母为生活"以及"我是谁"还有"念佛是谁"，什么人在念佛。还有"我的本来面目"、"我的过去身是谁"，种种这些都是借助那些开悟的祖师给我们人生启发。在禅室里，开悟的禅师将经验讲授给参学者，让他们循着路径能参透自己。话头和公案异曲同工，我们在禅堂参禅主要是参话头和参公案还有讲经，禅师们把如来经和祖师经讲给我们，希望我们能通过这些参禅，可以省去自己摸索的过程。我想话头就是这样的作用，谢谢。

问：谢谢心澄大师！我最近去上海旅游，看到静安寺，静安寺应该是一个佛教传播的地点吧，看名字就不错。我到了才知道静安寺盖得恢宏至极，我不知道这样对佛教有什么影响，我在里面转了转，看到栏杆上挂着各种衣服。您刚才说发展传统佛教和佛学，我很赞成。我不知道静安寺给别人什么印象，我觉得好像很浮躁和奢华。求大师指点，对这样的环境该如何看？

答：谢谢，如果我们换个心态来看，如何看待这些，我们现在的寺院有传统的、新建的还有因为城市建设而拆除重建的，大致分为这几类。传统的寺院得到很好保留，如果你到金山寺，你会觉得很舒坦，它保留着传统。新建的寺院有些是仿古的，有些是高楼大厦，但是所有的寺庙都是物质的，这些都是意报，来自我们心灵的是主报，正报是我们的身心。大乘佛教和小乘佛教不一样，大乘佛教讲究大有国土，就是要恢宏。西方基督教的极乐世界就是由琉璃玛瑙装点，金子铺路。寺庙里建筑宏伟也可以吸引一部分人，当然有些人有不同看法。我们现在的寺院和佛陀时的寺院是不一样的，佛陀时的寺院是商人提供给圣者修行的。在古中国，很多商人把自己的家变成了寺院。我们现在的寺院，国外很多寺院都是皇家寺院，模仿中国的宫殿建筑模式建造的。换种方式，有些人就不能接受了。我最近去中海禅室，它就是高楼大厦，但是里面的布置还是保留着中国传统佛教文化。我们无论是去观光休闲还是什么，我们去拜的不是房子而是佛，我们拜的不是外面的佛而是我们内心的佛。所以外界的很多不同，藏传佛教和南宗佛教不同，和汉宗佛教。日本佛教还有韩国佛教不同。不同的背后，我们应该看到相同处，其实信奉的佛陀是一样的。透过有形的寺院建筑看到无形的文化，才是我们进寺院的目的，谢谢你。

主持人：我们今天的时间已经超过计划时间了。感谢各位提的问题，让大家能更多地聆听大师的教诲。今天心澄大师给我们梳理了禅学的传承，这些很重要，我的体会是很简明且直切要义。例如拈花微笑之类的公案或说大家都明白的故事，跟后来的顿悟有非常紧密和深刻的联系。正如之前有听众问到的参话头，都与拈花微笑有着联系。后来大师还讲了禅的内容，一起品尝了禅的重要理念。我们还有更多要学习的，还有很多机会。明明白白一条路，心有明珠皆可修。在大师的启示下，我们每个人，像刚才这位阿姨提的也是很好的问题,大师说心中有佛,禅床就可很宽大。今天的金山寺的禅床已经延伸到北师大的英东会堂。我们今天再次谢谢心澄大师!我希望有更多人能看得懂新闻联播,让心澄大师有更多的传承人。

中医学系列

中医学理论的特质与中华传统文化

主讲：中国中医科学院　孟庆云研究员
时间：2012年4月28日
地点：北京师范大学敬文讲堂

主持人：欢迎大家走进人文宗教讲堂中医系列讲座。今天我们非常高兴请到中国中医科学院的研究员孟庆云老师。孟老师曾任中国中医科学院基础理论研究所的所长，现任《中国中医基础医学》杂志主编，也是《大百科全书·传统医学卷》的副主编，国家973中医专项专家组成员，国家中医药管理局重点研究室咨询专家。多年来，除了从事临床中医工作之外，他主要做中医理论和中西医结合的理论研究。孟老师其实很忙，前几天刚刚在这边做了一些审稿和其他的工作，今天下午还要出去。所以我们非常感谢孟老师在非常忙的情况下给我们讲课，当然我们也非常感谢各位，在今天并不是休息日的时候来听我们的讲座。今天是"五一"调休，导致很多朋友跟我商量，时间是不是跟我们冲突了，但我们也没有办法再调了。所以感谢大家调整时间出席我们这样一个讲座。下面我们欢迎孟老师给我们讲课！

孟庆云：谢谢大家！我今天的讲题是"中医学理论的特质与中华传统文化"，主要讲三方面问题：

第一，中华文化是中医学发育的土壤；

第二，中医药学理论的特质；

第三，中医和中国传统文化共进，共同振兴。

先介绍一下我对医学的认识。

第一，医学是传统文化的一部分，也是文化的一部分。医学在不同年代、不同时期有不同的定义。中国古代说"医，治病之工也"。医主要是做治病的工作，因此从医之人也叫医工，或叫大夫、郎中，类似有二十多个称谓，这是最早的称谓，中心思想是治病的。后来又提倡预防，医是从事预防治病工作的。经过不断发展，80年代有这样一个提法：医是保障人类生存的科学。由此可见，随着时间的改变，人们对医的认识也不断改变。比如医是科学，它有科学的内容，但也可以这样说，医是"可能性科学"，不是绝对的科学。不是科学能达到的程度，医学就都能达到。科学的能力非常强，可以不断发展，但有时候医达不到这样的程度。因此，医从医学角度来讲是一种"可能性科学"。

第二，医务工作者或许还没有达到科学的水平，但其经验本身也能治病。人类医学的产生也是从随机治疗开始。随机治疗之前一些动物也有本能性治疗，如有一些动物受到外伤时本能地知道什么植物对它有好处，它就去寻找，这就是一种自身救助的能力。从本能到经验治疗，这都是不清楚科学道理，而只知道用哪种草药就能治病的阶段。可见经验也能治病，包括外伤治疗也是靠经验，经验就能解决问题，但未达到理论层次。

第三，医学不断发展，有技术问题，也有工程问题，利用工具等进行治疗，所以医学本身也是工程的问题。

第四，医学人文性很强，这是最主要的一点。医生要有医德，主要体现在医生对待病人的医德问题上，这是自古至今一直强调的。中西方医务工作者都非常重视医德，比如西方的医学院校，学生入校就要背诵希波克拉底誓言。西方也很尊重医学的过程。西医是以尸体解剖学为引导发展起来的科学，所以学生要熟悉解剖。中世纪医学院解剖还要表演，要卖票。学医的学生进入解剖教室要向即将被解剖的尸体敬礼，表示尊重这具尸体，感谢死者把尸体贡献给医生，供学习研究使用。

中国的医德在《黄帝内经》已有记载，说明中国也很重视医德。战国以前已有中医重视医德的记载，例如"非其人勿教"，也就是不是正直的人不教给他医术，否则他不但治不了病，还会害人，或者向患者索要高额报酬等。所以"传非其人，漫泄天宝"，不能泄露天机。遇到好的学生，如果不教，老师就失去了道德。孙思邈就提倡"大医精诚"，当代医学也要学这种精神，要善待患者，因此医德非常重要，永远是人类的规范。

医德包含很多内容，概括起来大概有如下方面：

一是要仁爱，就是医者要有仁爱之心。

二是要公平，就是公平地认识病，公平地对待患者，不能对待位高权重者就特别殷勤，对待平民百姓就态度冷漠。

三是要诚实，医生开错了药，就得赶快告诉患者。例如在手术室洗手就应该按照步骤和规则洗，洗完后等几分钟，要自然干燥，等等。如果错了就得马上改，包括诚实地承认医疗失误。

四是要慎行，医生最需要小心谨慎，因为他们对待的是生命，不仅对待一个生命，还有这个生命所涉及的家庭、社会关系，因此更要慎行。

五是要廉洁，医生不能有贪欲。

六是医生要进取。

不论国内还是国外，医生最需要遵守十二个字：仁爱、公正、诚实、慎行、廉洁、进取，这永远是医学规范。不管社会进步到什么程度，这些医德的基本规范，我想都不会改变。

随着医学的发展，其本身具备的技术性，有社会性、科学性，使医学的定义也随之不断变化。我理解的当代医学定义是利用科学技术工程、经验以及规范来维护人类健康，守望生命尊严，守望生命神圣的综合之道。

生命的神圣体现在哪些方面？

第一，生命的时间，也就是时间价值或寿命，这是生命的实质。

第二，生命质量。

第三，生命价值。

以上三方面构成生命的神圣，既要保障人类的健康，又要守望生命神圣，这种综合之道是医学。

下面简单介绍一下中医。

中医是什么？中医是中国传统医学的简称，所谓传统就是通过延续、传承的方式、世世代代地积累流传下来的文化。中医学是中国的传统医学，但中医学这个名词产生得很晚。中医起初叫国医，一直到18世纪有英国医师合信（音）到中国，编了一系列书，其中一本《西医略论》里把西方医学称为西医，于是与之相对把中国的医学叫"中土医学"，后来又简称"中医"，这是1857年。国内的著作中，《汉书》中有"有病不治，常得中医"，这是最早可见的"中医"，但此中医非彼中医，是指中等水平的大夫。当时的医疗水平不高，治病的时候也有可能没治好反而治坏了，越治越坏，还不如不治，不治还能算是得到了中等水平的治疗，因为靠人的抵抗力能够自愈，只要挺过来就能算治好了。所以才有"有病不治，常得中医"的说法。

中医这个词汇于1857年产生，但没有传播开，直到1915年上海《申报》上才始见，还是配合药而言的。中国传统的草药叫"本草"，以草药为主，所以叫本草。汉代以后就有了专门的"本草学"。可见，本草一直是药的称谓。1915年，上海引进了西医，西药也变得多起来，所以与之相对就有了"中药"，"本草"两个字如此转化为"中药"。而与药对应的是医，因此也开始用"中医"。1915年上海《申报》首见"中医"和"中药"两个名词，中医是古老的，但"中医"作为词汇到近代才出现。以上简要介绍了有关"中医"和"中药"的一些情况。

再补充说一下健康的概念。健康的概念到了1947年才出现。1947年联合国世界卫生组织成立时，中国人史思明，参与了联合国和联合国世界卫生组织的筹建，也是世界卫生组织发起人之一。他当时是学西医的，后来当了孔祥熙的秘书。直到1948年才有了"健康"的定义，当时的定义是躯体、精神及社会三方面均达到完美的状态。后来经先后几次调整，到90年代不断追加，又补充了一句话"适应能力的不断发展"，可见，健康的概念也不断地改变。以上是在介绍今天的专题前所讲的有关医学和健康概念的介绍。

第一部分，中华文化是中医学发育的土壤

文化是人类在发展中创造的物质文明和精神文明的总和，可以简单地解释为文之化成的那些积淀。中医学本身就是文化，也是文化的源流之一，因为人要维护自身，竞争造成的伤残和死亡，需要维护，所以是文化的源流，也是文化的起源。随着文化的发展而发展，又不断吸收文化，因此中医是文化的源头，与文化并肩发展。中国人创造了劳动，创造了中华民族，从那时起中医就开始了，文化也开始了。中华民族最早从山顶洞人到北京猿人，一直到仰韶文化和龙山文化都有医学的痕迹。青海发现一个7000年前的脑壳，脑壳上有一个钻的圆孔，不能肯定说那时候就能做开颅手术，还有争论，有人说那是当时的巫术，认为有邪在脑袋里，所以要钻孔，但不容否认的是那时已经开始对人体进行操作，可以看做是最早的外科探索的证明。

中国人最早使用的工具是石器，在石器运用的时候，中国原始人发明了砭石，敲打砭石，利用砭石来治病，这是最早的治病工具，即创造武器的同时也创造了医疗器械。1963年在内蒙古多伦道发现第一枚砭石。经过专家认定是砭石。后来又发现多枚，如在山东日照、徐州高皇庙等地方也都发现了砭石是治疗工具。后来由砭石发明竹针（针灸的针）以及陶针，后来有金属的针，有铁针、银针、金针，等等。所以砭石是石器文化，也是中国中医学发展的第一个源流。

另一个渠道是神农尝百草，在寻觅食物过程中发现了医药。现在湖南认定了神农尝百草不完全是传说，是历史事实。因此，医学从起源上说，是和文化并行的，以后随着文化的发展，医学本身建立起理论体系。医学上是治病，在治病中积累经验，在积累经验过程中把经验上升为理论。这就要先找一些哲学的和学术的框架，把理论和当时的思想结合在一起，就形成了中医学理论，所以中医学理论往往有哲学的因素，最主要的是阴阳五行和气，也就是结合《易经》，这是中国中医学近取诸身，远取诸物寻找理论时用的哲学框架。

其中《易经》源流本身和中医学也有密切的关系，《易经》说"进取之物，言取出身"（音）形成卦的内容，脏室（音）的内容本身也有脏病（音）的内容，八卦都和人体的器官联系到一起。易学是形成《易经》的源流之一。《易经》又不断发展，经过神学的易到了《易传》，就有了本质上的改变，成了哲学内容，这样医学又进一步和易学结合，吸收了易学的思想而发展了起来。因此，易亦道阴阳（音），中医学有了阴阳的概念。阴阳在中医是天地之道也，万事之刚济，因此中医离不开阴阳，无论是辨证论治，还是诊断治疗全都离不开阴阳。阴阳是中医的主导思想甚至是纲领性的东西。

阴阳也起源于人类的生活，《诗经·公刘》说，"既景乃冈，相其阴阳"，意思是说，部落首领要领着部落的人找一个安室之地，需要观察山的南北向背，这样就有了阴阳的概念。阴阳是中华文化的普遍概念，挑房要看阴面、阳面，人前为阴背为阳。作为基本的判断，任何事物都可以分为阴阳。阴阳在人的生活中无处不在，例如，骑个车叫坤车，戴个表叫坤表。中国的厕所不写男女，不问标志就应该知道哪个是男厕所，哪个是女厕所，左男右女，左边是阳右边是女，此外，在中国的音韵、绘画里，随时都可以找出阴阳。阴阳是宇宙间两种"势"和"力"的形式。

对于五行的理解，我同意五行最早是指天上的五星，之后才是五材的说法。五星在图腾的时代，其变化能预示人类季节性的变化，再往后，五行的改变，才和地上的五材联系到一起，有了"五材说"，并进一步发展。五行运用于中国人也并非偶然，因为人的手指头是五个，所以数东西也要一五一十地数，从数学角度来讲"五"是可以对称、可以互相升和的最简单的模型。五行运用于中医，就可以解说一些东西。《尚书·洪范》里讲"五福"，"一曰寿，二曰富，三曰康宁，四曰攸好德，五曰考终命"。其中好几个都是和人的健康联系在一起的，可见得五行的重要性。现在的五行图，常常是画五个蝙蝠，因为中国人好谐音，五个蝙蝠预示着"五福"。中国人喜欢用"五"，将五行也和医学联系在一起，即把肝心脾肺肾五脏和五行相应地联结在一起，就成了医学的构成成分。

中国古代科学有气论，所谓气，按照现在的理解，是人体功能，它是一种流动的物质，也是信息。中医就是以气为本的人体观，中医认为人体本身就是气，是气构成了人体。中国最主要的学术文化框架的东西，阴阳、五行、气以及最古老的《易经》都联合到一起了。所以，中医就有了理论框架，阴阳五行不仅是医学的框架，也可以说是传统文化的总框架，中国人的思维就是阴阳五行的思想方式，这里的是从文化的角度谈它所起的理论框架作用。

中国人的观念也是中医学的观念，它两个也是离不开的。总的说，中国古代一切科学都是围绕着生命的，例如生生之道，就是围绕生命科学形成了一种中医学。中国人的观点就是天人一体，因为人和自然是离不开的，当然这个"天"和封建的意识形态不一样，封建的意识形态的"天"是神，中国的医学说的"天"是自然，人应该和自然统一在一起，人与天地相应，这是中医的一个主导思想，也是一个医学观念，中医就在这一个医学观念之下，思考着疾病的治疗。因此，中医的辨证论治在很大程度上要体现出天人观。比如说治病和养生都要随着季节的不同而考虑采取不同的治疗和养生方法。

比如说中医里，春天是肝所主，人体的脉就悬一些，突出一些。治病，比如同样是治感冒，在春天往往就多用一些主春季的药，加上一些防风、金戒（音）等，其他季节又不一样。此外，古代还很讲究饮食，春、夏、秋、冬四季的饮食都不一样。所以中医讲究天人相应，人与天地相应，与季节相应，这个观念一直是中医学的主导观念。这是中华文化观念和医学的观念的相通。

中医学的方法论也和中国传统文化有密切的关系。中医学的观念也是方法，天人合一就是方法。与西方不同，西方是天人相分，主客相分的，中医是主客一体，包括切脉也是主客一体的，中医认为大夫和病人构成了一个耦合，因此就有这种现象：六个大夫看同一个病人，对脉的判断却各不相同。我们当年也通过这个考察过一些大夫，不同大夫给同一个病人看病，诊断结果不同，但最后往往开方倒还是一致的，这种体悟不一样，但开方还一致，就是主客不分，主客一体，这也有它的科学性。如果完全从科学性、客观性来比，主客还是有距离的。这是中医的医学观念和医学方法，它运用的是传统医学能够感悟到的方法来认识事物。

比如说逻辑方面，西方讲形式逻辑，讲演绎归纳，中国主要是类比、推理这种思维方式，但类比于人类也是不可少的，它也是一种工程的基本方法。世界文字里，东方文字是方块字，是以形为主的文字，西方文字是听觉文字；关于词汇，东方的名词属性是多义性的，西方单一性的，这种认识方法的不同，也造就了不同的医学形态，所以中医学和西方医学走的是不同的发展路线，这就造成了不同的中国医学形态。比如中国医学的医学形态包括切脉、针灸、用药，用方剂来组成的药物等，这和西方现在走的形态有很大的不同。因此，中医学是有独特见解的，走的是另外一条人类认识自身和发展的道路。

可以这样说，伴随着文化的发展，中医学也在不断地发展。前面说到，随着生产力的发展，由砭石就发展到了金属针，针刺演变成金属针、银针、毫针等，同时理论也在不断地发展，教学方法也在不断地发展，中医学按照传统文化的轨迹而发展，特别是当传统文化发展到汉代的经学时期，医学也就经学化了，医学的教育也经学化了。当时编出的书也称经，例如由战国时候开始写成的最经典的一部医术叫《黄帝内经》。它由《素问》、《灵枢》所组成，是汉代第一次把一些论文整理著成书，并补充了一些汉人的东西而形成的。汉代称其为经书，是医学的经典。

汉代人又整理了前代一些药草著成书叫《神农本草经》，所以医学的著作称为经，它的发展也是按照经学的轨迹。经学讲究著，中国解学系统是著，有著，或有传，著再加上注叫疏，以著、疏、传的方式承传。当时医学不断由师带徒，在南北朝刘宋的时候就已经建立了太医府。太医府作为教育传承，隋代就已经有了。隋代大学就有教学功能，医学纳入高等教育，有了太医府。这比西医认为的最早的医学院意大利撒完诺（音）医学院要早一千多年。

随着中华文化的发展，由过去的口传亲授教弟子，到后来发明了纸，有了书，有了印刷术，医学本身也有了印刷品，医学书就大量普及，特别是宋代发展得更为突出。因为宋代成立了国家的校正医书局，由国家组织出书、著书、出版书，宋代也是医学文化传播最繁荣的时代。以后又经过了元、明、清。这是在医学伴随着文化发展而传承的方面。

医学也像文化似的，《四库全书提要》有一句话叫"儒之门户分于宋，医之门户分于金元"，意思是说儒家在宋代以前，经学、文学不分，到宋代以后分门别派，哲学、文学等都分派了，医学就也大胆地自立一派，以前完全是传承，继承前人，认为和前人越一样越好。到了宋代，医学家也敢自立一家了。医学的圣人是伊尹，亚圣是张仲景。伊尹是周朝的一个宰相，他原来是个厨子，可能正因为他的工作，把几个药放到一起一煎，发明了最早的汤剂。以后张仲景把很多书整理起来，著成《伤寒杂病论》，有的人称张仲景为医圣，有的称他为亚圣，总之是医学的圣人。

到了宋朝以后，医家敢自立一家，自成一派，最典型的有"金元四大家"，就是刘河间（刘完素，因为是河间人所以叫刘河间）、李东垣、李杲、朱震亨，和张子和（张从正），这四家各有各的特点，从金元时代就有了门户和流派。因此，流派性也是中医的一个特点，同样治一个病，因为流派不同开的方就不一样，治法不一样。这时候医学发展的形式和文化完全是并驾齐驱的，甚至医学发展到了关键的理论创新或医学演变时期，也是和文化的发展并行的。

到了明代，可以说仍然按照前代人的轨迹不断发展。在中医发展历史上有这种现象，越是战乱、多疾病、国家贫弱时，反而越出名医。因为所谓"病家不兴医家兴"，是实践造就了名医。东汉末年三国之际的张仲景本来是做南洋太守（现在考证过他确实当过），同时行医，他行医博采众方，勤求古训，著作了最为经典的治病的《伤寒杂病论》，后来人们把这本书分为《伤寒论》和《金匮要略》，都来学习他。那时候传染病大流行，曹植的文章中有记载。

到了明末清初的时候又是一次传染病大流行，当时又崛起了一些医家，比如吴又可、叶天士，形成了瘟病学派，并不断发展。明代在针灸、瘟病各方面都发展了。到了清代，学术上朴学崛起，当然因为各种因素，文化的高压政策，文网非常多，不允许随便发挥思想的倾诉，文字狱也非常多，学者们转向了文字的考证，校勘训诂，造成朴学非常兴盛。朴学的兴盛也开始影响了医学，因为很多医学家也把一生的精力用于文字考证上了，考证《伤寒论》是怎么回事，哪句话错了，什么字错了，对其校勘训诂，也造成了好多学派。比如就一个《伤寒论》就有"错简重订派"、

"重温旧论学派",等等。因此,这时候医学的对象,高明医生的对象都变了,他不是把治病当作第一对象,而是把研究书本当做第一对象。所以朴学虽然把医书搞得很好,但在治病方面落伍了。当然,中医在清代中叶以后落伍还有很多原因,包括很多自身的原因,自身对结构的认识不清是一个大原因。但研究对象的改变也是一个很重要的原因。

当时统治阶级思想也变了,太医院取消了针灸治病科,认为针灸扎在人身上不好。原来太医院是十三科,到了道光年间就剩了六科,整个医疗意识形态和医学观念也在倒退,所以说中医学到清代中期以后就倒退了。这是当代的学术思潮对中医思潮的影响。到了清末民初的时候,西方医学进入,加上洋务运动的崛起,西学东渐,在这种形势下,中医、医生、医学、医学家的观念也变了,因此中医学又产生了"会同派",会同医学,它把中医和西医要会同起来。可见得,中医学确实是在传统文化这个土壤培育发展起来的,建立了它自己的理论体系,建立了它自己的独特认识框架。但是也随着传统文化的延伸发展而发展。

所以,中医和传统文化是捆在一起的,特别是中医的传承,文化性非常突出,中医要背诵一些歌诀,医生应该做充分的准备等待病人,医生一辈子不是什么病人都能见得着的,但你首先得有学术底蕴,遇见各种病你都能认识。所以中医的学习方式是往往就先背诵一些东西,有了这些背诵的东西,遇到病人才好跟他对号,这是以记诵的形式为主。过去说"熟读唐诗三百首,不会作诗也会诌"。中医有句话叫"熟读汤头三百首,不会看病也知方",诗要背,医学的教学形式和它一样。另外,医学和文化是互动的,古代学人往往案头上也要有一本医书,有的是《伤寒论》,有的有《内经》,作为基本知识的书来认识,这就反映在一些文的诗、对联中,有的文化性就非常强,有很多著名的对联,比如说袁世凯退位的时候,有一副名联叫"起病六君子,送命二陈汤"。筹安会有六君子(不是戊戌六君子),成员是杨度等六个人,这六个人老积极撺掇劝进袁世凯当皇帝,当然他也想当皇帝。这是做了病根,这是上联的"起病六君子"。下联是"送命二陈汤","二陈汤"是什么呢?一个是陈宦,一个是陈树藩,还有一个汤是汤芗铭。这三个人原来也是积极支持袁世凯,但后来都反了,这对袁世凯刺激很大,导致病情加重。因此"送命二陈汤"很有讽刺性,借用中医的事儿来造联。据说当时这个联在报上一登出来,大夫都不愿意开"二陈汤"了。因为"二陈汤"是一个治疗痰病的著名方剂,"用半夏陈,益以茯苓甘草臣"，这四个药制成。二陈汤在南北朝创立以后到孙思邈又推广，以后又传下来。也是朱丹溪四大理论之一，朱丹溪以后大夫往往遇病就开二陈汤。因此，民国初年"送命的二陈汤"就影响了中医。

中国很多文人用药名做诗词。在敦煌遗书里还保留了一个医案，用《定风波》词的形式对应医案，可见当时医和文相通。所以中医有一句话："文是基础，医是楼"，学医应该以文化为底蕴，才能把中国医学理解得好。另外医学讲究意象，和绘画、文字都有很大的相通性，所以医学和文化永远是很紧密联系在一起的。

第二部分，中医学的特质

中医学有哪些独特的地方？与西方医学比较来说，除了形态不一样，我主要重点讲理论，形态主要是讲针灸、推拿等，西医也有推拿按摩，不一样。重点从理论上看有什么不一样的。

第一，中医讲的人体观是生成论的人体观，也有人说是生生论的人体观。

所谓生成论的人体观是与西方医学的构成性人体观比较而来的。主张人体是由脏腑、器官、肌肉、组织组合而成的。西方医学的人体观虽然认为人体是统一的整体，但这个统一的整体是构成的，这是西方医学的主导思想，而东方医学的主导思想是更大的系统，是把天地人都合在一起的系统。《内经》对人的定义是："人生于地，悬命于天，天地合气，命之曰人。"也就是说人本身就是天、地、人之间的一部分，而且它是"生生之具"（《汉书·艺文志》），生生不息的、不可分割的整体。它的整体大于各部分之和，超越各部分的功能，而且各个部分随着整体的长大也不断长大，我把它称作生成论的整体。《内经》有一篇文章叫"五脏生成"，认为人体就是这样整体性不断生长壮大，所以叫"生成论的人体观"。而西方"上帝造人说"是指今天造什么，明天造什么，最后才组合为一个世界，是一件件组合的。

18世纪，西方有个学者梅里特提出了人体机械说，认为人体不是别的，就是一架钟表，后来这个理论不断发展，但永远也离不开最原始的意念。当然我得说，现在西方医学零件理论仍然生机勃勃，比如说冠心病血管堵了就安个支架，现在安支架非常多，不光心脏安支架，血栓性脉管炎也安个支架，有的甚至穿高跟鞋时间长的人，脚疼痛也做个支架，现在支架市场挺繁荣。有的人虽然心脏上戴五六个支架，但到90多岁还活得挺好。我听西医的同志告诉我，李登辉戴了18个支架，他还活90多岁呢，这是零件理论。还有换零件的理论，比如说肝脏不好进行肝移植；角膜不好进行角膜移植，这使人的身体越来越健康，所以说零件理论不能完全说不对，它也解决人的生命问题，有的时候还解决得很彻底，但中医不是零件理论，它是一个生长的整体。

现代的克隆技术倒是印证了中医这种基本思想是正确的，不用精细胞和卵细胞结合，就是人体自身的皮肤细胞就可以发育成一个整体，比如克隆羊的基本细胞就可以繁衍成完整个体。所以这个人体观和西方医学的人体观一开始就大异其趣，西方人体观也在发展，但基本的观念仍然在起作用。中医的人体观是生成论的人体观，而且把人看作天、地、人更大系统的人，是在天地人中间。

第二，中医重视人体的时间结构和信息。

恩格斯说任何物质都是由时间和空间构成的。人体的空间因素就是说我一直一百多斤的躯体、肌肉，包括脏腑器官等；人体的时间结构那就是生命，时间结构是人最基本象征。生命的神圣第一实质是寿命，寿命是最主要的，比如说开追悼会致悼词时，首先要说一个人活了多大岁数，会说他活了80多岁或者90多岁，不可能说这个人1.70米高。中医恰好重视的是时间结构，最重视人和时间的因素，因为中国是从农业社会发展起来的，它对农业和人体生命的观察是一致的，农民种庄稼、种农作物讲生、长、化、收、藏，比如一年生的植物春天生，夏天长，到秋天就要转化，就要结实，要化、收、藏。中医认为农作物是生、长、化、收、藏，因此人的一生也有生、长、化、收、藏的过程和期限，出生以后的少年、青年就是生和长；到了四五十岁要稳定，要化；到老了要离去、要归去。小孩的成长随着季节变化也有类似的规律，有人观测小孩的身高变化时发现夏天小孩长个子长得最快，所以说人的生机、生长机能也是有时限的，这个时限和自然界是统一的，这一点也体现在中医学的治病上，刚才说不同疾病处理方法不一样，连诊断也不一样。

中医讲究精气神，这里边就包含很多信息因素，它认为人体最基本的构成元素是精，体现外面的功能叫气，最能体现、指导气的是生命本质，信息就是神。所以中医无论是治病还是什么养生最重视神。在重视信息方面，中医有很多和西医不一样的地方：比如说中医认识到人体任何局部都有整体的信息，现在把它称作全息，《吕氏春秋》把它叫"因同"，说

"一人之身有一国之象"，任何局部都有整体。《内经》认为一个人的面部就包含全身五脏六腑的信息，比如鼻子有肺的信息，两颧有肝的信息，人中的部分体现肾的信息，口唇有脾的信息，通过观察面部的五色就可以看到人体五脏六腑的信息。最明显的是切脉，虽然是局部寸口，但由切脉方法就可以判断五脏六腑乃至全身信息。甚至于看一个手掌，"手为人身一太极"，所以手能反映出全身的信息，一个舌头、一个耳朵也有全身的信息，特别是从反映脏腑这方面来说，耳朵相当于一个倒置胎儿作用的信息。

中医还把这种观察方法联系到人体的长寿、健康，但是也有被后世的一些江湖相面的人所夸大，总的来说相面有一定的合理性，它把一个人一辈子的成长、精力全部都要凝聚在面部表情上，这个东西还是有一定的道理。中央工艺美术学院钱绍武教授曾留学过苏联，他常年画人体像，日积月累了很多经验，也认为面相是有一定科学道理的，而且他在中央电视台也做过相关讲座。《内经》里有几篇文章，例如《灵枢·五色篇》、《灵枢·大惑论》、《灵枢·失传篇》都可以说是相学基本的理论，但中医把它作为人寿长短的判断，比如说大耳朵、耳垂非常长的人寿命长，因为耳主肾，肾非常丰厚就长寿，这是一个局部。他认为人体任何一个局部都含有全身的信息，按照这个理论就可以治病，我治疗局部也就等于给局部输入了信息，给局部进行针刺就相应等于给局部进行治疗一样，这是第二点，重视人体的时间结构，从全息角度来认识人体。

第三，中医有独特的医学发现和独特的医学发明。

关于人的身体，从不同角度能看到不同的东西，西医从解剖开始，中医虽然也有解剖，并且在解剖基础上建立了最早的解剖学知识体系，不过后来提升了很多。在中医认识，中医方法的指导下它认识了很多现象，比如说人体的经络现象，人体的穴位现象。穴位可以说是人体表面解剖，针刺不同的穴位有不同的功效，像针灸有"面口合谷收"，面口特别是牙疼或者面部有什么疾病，针刺合谷这个穴位就可以解决问题。当时还有针刺麻醉，现在针刺麻醉不像"文革"时开展得那么广泛，但在国外仍然保存。

新加坡有一个很典型的病例，这个病人习惯性的下颌关节脱臼，最后非得做手术治疗，手术给它采用的是针刺麻醉的方式，也就是捻转做针刺合谷。在做手术的过程中，他和周围的医生都听到颌关节一下子接上去了，他明显感觉和脱臼以前不一样，下颌关节脱臼治愈了。所以人的任何一个穴位和脏腑都有关系，这叫穴位的特异性，认识到这一点，这也是中医学的方法。

还有"神农尝百草"，认识到百草的药用价值。20世纪很多学者共同编的一本书《中华本草》。这本书记载的药物有12708味，《神农本草经》中属于中药范围的才记述365味药，后来《本草经集注》是730味，到李时珍《本草纲目》是1892种，到现在有一万多种，这些药物有很多治疗价值，这不也是发明吗？把药物用组合的方式来治病这不也是发明吗？中医也发现一些病，比如恙虫病，葛洪在《肘后备急方》这一书中就有记载，这也是发明。所以，中医经过数代人的努力有很多医学发现和医学发明。这是科学的本质，科学就是注重发现、发明和创新。

第四，中医学很巧妙，它用模型方法研究人体。

模型方法研究人体具体来说就是"脏相经络学说"，这是中医学的核心理论，中医起初也有解剖，并且是从解剖开始认识人体的。奴隶制以前，解剖还是很普遍的，不客气地说就是杀一个奴隶，像杀一只鸡、杀一个动物一样，有时候对动物还很爱惜，对奴隶却不一定，这样在解剖过程中就认识到了人的五脏六腑，等等。后来这种认识不断提升，中医关于人体五脏六腑的种种认识在《内经》都有记载，《黄帝内经》有一篇叫《精髓篇》，"若夫八尺之士，皮肉在此，外可度量切循而得之，其死可解剖而视之"。这个"解剖"二字就是来自于这里，《黄帝内经》在先秦的时候就有所记载，而且确实记载了很多。

比如当代医学家中山大学梁柏强（音）教授，当时在外国做的博士论文就是比较了一下《内经》里记载的胃肠比例，研究发现古代和现代人的记载几乎很相似，古代解剖已达到惊人水平，但这种解剖是在建立后代理论，只能起到原型作用。封建时代以后，解剖没继续发展，也没有继续走解剖认识的路线。走的是一条什么认识的路线呢？通过模型来表达人体的认识路线。叫建立了"脏相学说"，不叫"脏腑"，叫"脏相"，"相"就是《易经》的认识方法之一，易学"以言者尚其辞"，它的辞是最好，"以动者尚其变，以制器者尚其象，以卜筮者尚其占"，圣人之道有"四言"，《易经》的象论有三种：

第一种是现象，见而认之谓之象，一看就看到了，从表面能看得见摸得着的叫现象；

第二种是意象，中国很擅长意象，就是心中营构之象；

第三种是法象，就是取法，取类比象，取法与自然之象。

这是现象、意象和法象。中医的理论认为每一个脏腑都有现象的内容、意象的内容、法象的内容，按《易经》的思路认识人体脏腑，所以人体脏象实质是以元初解剖认识为原型，在这个原型基础上根据认识方法建立模型，这种模型名称来源于《内经》有一篇文章有"外揣"，就相当于现在的"黑箱手段"，叫私外揣内。中医有一句话"汗为心之意"，说的是汗是由心所主持的，表达的是这个人心跳、心慌，遇到一件事时心受惊了，这时候冷汗就出来了，还有心肌梗塞的时候不仅感觉疼痛，还大汗淋漓，这是反推出来的，另外寒气通于肾，这也是西医理论，即发现人一冷尿就多了，这是由于寒气通于肾。根据某个临床现象或生理现象来推测黑箱里的东西、推测脏腑功能，这样就建立了脏象理论。

而且这种脏象理论和时间是沟通的，比如肝应春（音），肝就是春天的主室（音），肝在春天容易发病，癔症大发作也在春天，一些精神病也容易在春天发作。中医讲春天肝主气，夏天主心，常夏季节是主脾，肺是秋天的主气，肾是冬天的主气。这种现象，加上意象，还有取法于自然，这就构成了中医独特的认识人体的方法，这种方法是脏相学说，而中医说的肝不完全是解剖的肝，这个肝不是熘肝尖的肝，是有更大内含的肝。中医脏象理论和西医有对应一致，也有不一致的。

中医主要是从以上方面建立脏象学说理论的，因此，民国初期恽铁樵说中医的五脏非血肉的五脏，乃是四时的五脏，中医的五脏和西医的五脏是不一样的。因为在民国初年有一些西医学者不太理解中医，认为中医不正确、连基本的解剖都不懂，比如留日的俞恩秀（音），他在中医领域研究很不错，写书很好并出版过好几部中医书，和章太炎是亲戚并尊章太炎为老师，经过实践，他自己创立了相关学说。而高佑（音）认为中医不科学，但其实科学不是一元的而是多元的，现在这么认为，以后可能就会发生改变，包括真理也是多元的，没有绝对真理，没有唯一放之四海而皆准的真理。他当时没有这种认识，认为肝生于左，肝主左边的说法错误，因为肝明明在右边，你说肝主左，所以你是错误的，其实是由于他不了解中医讲的气化理论，认为肝是主春天，春天主少阳冬生之气，春气生，肺是主降，中医有"肝生于左，肺藏于右，心部于表，肾治于里，脾为之使，胃为之市"，自然界运行升降运化的规律是肝主生，肺是右劲，人体的气化功能讲的就是这个意思。还有治病,比如肝病就用止实、止窍类的,如果是右胁类疼就用钰董,不同的药不同用法,有的不懂这些用法却用解剖的视角来看中医,事实上不是中医是错误的,是他们对讲究功能、讲究气化的这套理论体系不了解。

第五,中医的知识属于意会知识。

英国白尔尼认为知识有两种,一种是实体性的知识,也有人翻译成客观性的知识,这种知识是看得见摸得着,还有一种知识是看不见、摸不着的。从知识属性角度而言,中医讲的很多内容都属于意会性知识,比如说人中男子主阴气,女子主子宫。封建时代,要给妇女看病不像现在的妇科进行双合诊、内诊,去妇科诊查的时候,他哪能摸具体位置呢,那还了得吗?他或者是摸脉,或者看人中。江西有个老大夫,凭借看人中就知道这个妇女有没有宫体倾斜、子宫短、子宫构造、宫颈构造,等等。西医有关人士把他看的病例和具体内诊进行对照,发现符合率超过80%,认为这有它自身的道理。

我看过一个20多岁刚结婚的小女孩的人中,她的人中红得很厉害,就问她你是不是刚结婚,因为刚结婚男女性生活比较频繁,这样容易造成宫颈充血,而宫颈充血的时候人中就发红,她认为我看得很准。所以中医的诊断还是神乎其神,这都有它的经验。

第六,中医操作系统我们管它叫辨证论治。

中医讲究理法方药的程序,全世界医学大体是一致的,都是先诊断后治疗,西方也是先诊断后诊疗。中医最基本的诊断手段是望闻问切,最近有化验和影像学,最基本的还是望闻问切,和西医的"望触叩听"相对应,西医最早的X光以前也全依赖于"望触叩听",从进门开始就已经看病人的步态、形象,然后触诊(摸诊,摸肝、摸脾),然后叩诊、听诊,这也是一个不断的发展过程。比如说听诊,法国一位大夫雷奈克,直接把耳朵放在病人身上听腑脏和胃肠蠕动,突然有一天遇到一个华贵的妇女他就不好直接趴在人家肚子、胸上听,于是他就突发奇想,用纸卷做了一个听诊器,以后按照他的想法又做了木头听诊器,发展到现在的新一代电子听诊器。叩诊发明人是奥斯·布鲁格,他家是啤酒商,一般通过敲啤酒桶来看啤酒桶里还剩多少啤酒,这样对啤酒里的实音、轻音都有一定感受,他当了大夫以后就觉得敲敲人也可以判断人身体里面的情况,这也是黑箱方法,于是发明了叩诊,那是西医18世纪的事儿。

中医讲望闻问切，第一个也是望，望这个人基本指上望、下望，看神态，包括中医望诊还有全息，通过局部观看来发现问题，像通过看指甲来看身体，这有很多说道。比如通过有没有勺形甲、充血程度等诊断有没有长期气管炎、慢性气管炎、肺心病等。

第二是闻诊，病人说话的节奏和态度，都可以告诉你病情。

第三是问诊，问诊很重要，可不要拒绝，我不用告诉你就知道谁是谁，应该如实地把这个事情告诉病人。

第四是切脉，切脉是中国人的发明，《史记》中记载最早使用切脉方法的是春秋末期的名医扁鹊，他叫秦越人。扁鹊本人是皇帝的一个臣子，后来把名医都叫扁鹊。山东还发现了一个华兴专（音），这是一个神话，是远古图腾时代名医的统称，司马迁记载的扁鹊是名叫秦越人的扁鹊，是春秋末年的扁鹊，他发明了切脉、脉诊，关于扁鹊有很多的神奇故事。

有一次他到了郭国，郭国太子此时假死了，扁鹊一看其实并没有死，于是用针一扎扎在三阳五会，他就坐起来了，醒来之后又给他按摩，用灸法，又喂药，然后慢慢地康复。他发明的脉诊方法，距今已有2400—2500年，脉诊不断发展，后来《内经》有《内径》的脉诊，后世讲究，现在也不太讲究。《内经》的脉诊是四时脉，认为春夏秋天四个季节都摸脉，叫弦钩毛时（音），春脉很弦，一摸像琴弦一样叫弦脉；夏脉如钩，很宏大，一摸有个反转像个钩；秋脉如浮，而且不太容易分开；冬脉比较沉，弦钩浮沉，沉到地下，得重摁才能摁起来。这是《内经》的第一种脉叫四时脉。

《内经》的第二种脉叫真脏脉，比如说这个人弦脉主肝，肝有病是弦脉，假设这个人脉弦得不得了，一摸很厉害，便认为这是真脏脉，就是这个人已经到了生命最垂危的时机，这个脉象把一切的体能都调动起来，最后显示一种伪象，呈现回光返照之象叫真脏脉，这是判断死生的一个很重要的脉。

第三种脉的切脉方法不一样，《内经》是片取法，除了片取寸口脉还要摸人迎脉，这个主要是在病人身体垂危的时候看，还有跌阳脉，就是足背动脉的脉，各处都要摸，全身凡是有血管的、能体现出脉象来的都要看。《内经》是片取法，与现在的针法不一样，《内经》脉也有跟后世一样的，比如速脉、缓脉等，这是内因的脉。等到了张仲景，脉就变成三种：人迎、跌阳、寸口，到了张仲景的下一代王述，他的切脉法是读取寸口，读取寸口以后它的脉是 24 个脉，这主要是迎合二十四节气，中医叫"法于阴阳，合于术数"。中国人有个习惯，什么都凑数，凑什么什么好日子，本来是十个元帅硬凑十二个。他认为中国有 24 个节气，脉就要有 24 种，但他是第一个把脉进行归类的人。其他几种脉在这里我不表述了，就讨论一下 24 个寸口脉，寸口脉后来不断发展，到李时珍时编了一本书叫《濒湖脉学》，书中介绍了 27 种脉，后来李士材（音）说你的脉还缺一种，他就又补充了一个疾脉，合称 28 部脉，也为了迎合二十八宿，即人与天地相应，现在中医用的都是 28 脉，其中的疾脉、结脉、代脉等在确诊方面很有说服力，因为心脏有病时解脉能体现出来，这个脉后来传到阿拉伯医学家阿维林纳那里（音），阿拉伯医学家又把这个切脉传到西欧以及扩大到整个欧洲。

望闻问切是中医主要的诊疗手段。早期医生认为切脉最高明并把它放在第一位，张仲景也是脉诊独大，什么都听脉。一直到唐代孙思邈时发生了改变，说明医生的观察信息变了，他把脉诊放到第四位，脉在诊疗作用中已经不像《伤寒论》以前那么独尊。中医的诊疗手段大概就是望闻问切，它的治疗手段叫理法方药。首先，通过望闻问切确诊某个病，其次分析它的理论并给它立一个法，比如清热解读法、活血化瘀法，这是第二个层次。最后出一个方，比如说某个病人气虚，中气不足，说话声音小，语音低微；女子子宫下垂、内脏下垂；某个人肚子平常哐哐响，说明他控制胃肠的能力不够。有的人尿失禁，突然一下子大便失禁，这种人中气不足，得喝补中益气汤，把气补上来，这样，方的层次就来了。

方的层次之后就是药的层次了，就是要配处方用药。好大夫平时背很多方剂的歌，在里面加上几个特殊药然后用药，这个药审核完一个处方，然后在处方里要写上用多少剂，怎么煎，煎煮说明。大概看病的过程就是这样：理法方药，望闻问切。医生的表达反映出他诊疗的艺术性，诊断的艺术性往往有很多，有的采用综合方式把所有资料都拿到这叫四诊合参，望闻问切加在一起总体评判；有的就抓住一症，叫"但见一症便是"，只抓住一个病情就可以进行判断，不同的医生思维方式也是各种各样的。

中医和西医有一个最大的不同表现在：西医叫辨病，即医生利用自己的概念模式来组织它的知识和经验给病人治病，每个医生都有概念模式，西医的概念模式就是取得很多资料，例如 CT、核磁共振、X 光都放在一起，然后综合判断病人得了什么病，这是西医的概念，以病为单元来认识疾病，这是西医的特点。而中医的特点是以症候为单元来认识是什么病。症候是什么概念呢？它也是要以医学症状体征来组合，但症候还有时间的信息。中医中的很多内容都涉及时间因素，比如说不同的节气，不同的天气，不同的季节，应该加什么药是不同的；另外还要加上人的体质性因素，所以中医管它叫"三因制宜"，因时、因地、因人制宜。比如四川人喝水时经常用一点附子，因为四川那地方潮用附子能燥湿，所以四川人耐受量很大，我们看到四川人用附子不是几钱而是几两、几十克，而我们用几钱都害怕，我见过一个叫范仲林（音）的大夫到我们那儿附子用8两，我们看着都害怕，但他用还真没事。四川人对附子的用量大，北方人就不同，北方人用麻黄量可以大，南方人体质弱用这个就不行，所以中医叫"三因制宜"，因时、因地、因人，人的体质以及胖瘦不一样用药也不一样。

中医辨证论治讲究症候，因为讲究症候所以中医说今天你来是这个方，明天可能就变了，因为时间、空间变了所以它的方也要变，并不是一个病可以一方到底，往往里面还有很多的技巧，所以要讲究症候，讲究变化，中医除了讲究症候以外还有很多辨症体系。比如得外感，像伤寒、温病等，它有一个寒热病辨证体系。大体有如下几种：张仲景建立了六经辨症，明代、清代温病学家叶天士建立了"卫、气、营、血辨证"以及"三焦辨证"，这是一个辨证套路和辨证框架。其他杂病有脏腑辨证，髓溢病有气血湿痰的辨证，各科有各科的辨证模式，你患了什么病，大夫就对号入座，根据你的病情从里面选方入药，一般的大夫就是这种对号入座的水平。

更高水平的大夫不仅仅是对号入座，他还创造条件并灵活运用。本来患者得了一个非常难治疗的病，高水平医生讲究套路并很好地运用套路的组合就把病化难为易治愈了。比如说肺源性心脏病，患者起初慢性咳嗽，咳嗽十年就变成慢性气管炎，每年发病，北方、东北患者非常多因为天气寒冷，气管炎十年之后就衍变成肺源性心脏病，一到十月心脏病就来了，患者面色发黑、眼球突出，因为眼球后的血管缺氧，它就增生，眼睛红而鼓，经常喘甚至晚上躺不下，全身水肿，胃肠积水，这样的病人现在治疗起来也是很困难的。

张仲景《金匮要略》就有相关的治疗方法。第一步，用小青龙汤解决利水，当然现在也很忌讳这个，因为肺源心脏病用利尿药之后一定是很危险的，会造成很多后遗症，但他用这个药以前就知道利水有一些副作用，那也得用。用小青龙汤利水之后咳逆倚息，患者不得卧，躺不下，就得靠在那儿，这时候他开一副药之后病人能躺下，之后出现副作用症状，由于利水带来的二氧化碳麻醉状态，面微红（像喝酒那样红）、头眩晕，心律不齐叫奔腾气，老觉得有气往上出来，不好受，疼痛、咳嗽。

他已经预示到了，第二步怎么办呢？第二步，主要解决的是冲气的问题，总感觉气往上冲，好像有个小猪使劲往上蹿。这时候他用桂枝茯苓五味汤，它主要解决心阳的问题，这样虽然把气冲解决了，但是这个病人还没解决喘的问题，他马上用苓甘五味姜辛汤，特别是细辛、干姜之类的，这样就把喘的问题解决了。但喘之外还没有彻底解决问题，肚子里还有很多水，胃肠还有瘀血，而且病人还呕吐，因此他用半夏解决了这个问题。半夏解决之后下肢还有浮肿，本来他说应该用麻黄，但麻黄容易造成阴虚，不适合用麻黄，就用桂枝和杏仁一味药，杏仁宣肺，中医叫开提肺气，认为肺也是利水的，开提肺气，水就下来。最后还有二氧化碳麻醉的问题没解决，他用大黄这一味药就解决了。就是一个很复杂的病，他通过不断地化解最后得以治疗这叫套路。中医用套路应用，这也是中华文化特点。

中国体育上凡是讲究套路的招式都能赢。比如说打乒乓球时一发发个上旋或侧上旋，他明知道侧上旋，真正往上一挑是侧上旋，不是让你接不过来，让你可以接过来，你接过来就高了；第二步他早就准备好了，就打你；第三步他又准备好了，第三步就推直角，这是头三板。中国教练私下说第几套（手一指示）运动员都铭记于心。《三国演义》中，诸葛亮让张飞、赵云故意打败仗，从而把夏侯惇引到圈套内，张飞就不理解，哪有让我当打败仗的将军？但是军令如山，第一仗必须败，要将敌人引到阵地，第二步用火攻，第三步我打你。所以战争也常常发挥套路精神，套路也是综合的系统工程，中国治病治到艺术程度上也是十分讲究套路的。

第三步，辨证论治是以简洁取胜的，不是做的检查越多、花的钱越多越好，就是用最简单的方法解决最实用的病这才叫最高明。这和中国的书法一样，中国的书法叫拉三头一笔，写一个虎字一笔就写出来，认为这是最高水平。中医的辨证论治非常提倡用最简洁的办法完成最难的任务。不像当今社会，现在是过度医疗，一个感冒连化验要花费3000多元，这不是中医的传统思想。中医的辨证论治所提倡的是以简洁为上，这也是中国意象思维的特点。

第七，中医讲究抉机和养生。

举个例子，吉林有个刘柏林教授（音），他看骨科非常好，过去擅长骨科的大多数是蒙古族人，比如说北京的藏寺院，就是皇家医院，那里的大夫都是蒙古人，蒙古大夫骨科非常好源于蒙古人骑射骨伤非常多。那些大夫据说要练十年抓沙袋——把手放在沙袋里一下就能插进去，才能接触病人，利用这种方法按摩正骨，病人不疼还效果显著。刘柏林（音）说到正骨时举了个例子，有一次病人的12个肋骨全骨折了，包括骨盆也骨折了，但是他也敢接，并且治愈。还有急性腰扭伤，老年人容易小关节半错位，还不是全错位，这时候非常疼，他这一招当时就能好。如果遇到这样的病人，他只需在人中以上的督脉、人中下面的任脉、阴交穴附近找到一个反应点，拿三楞针的一点刺、一放血，当时就好。这不仅在国内出名，在国外还经常进行表演，中医在骨伤科、针灸所应用广泛，大家都知道人昏迷了，用针刺点人中、压人中，还有突然鼻子出血时，两手互相拉紧，即可止血。我们可以看出，中医是有一些绝技的，特别是骨伤科是可以练出来的。

中医最著名的是中医养生。所谓的养生是通过自行管理达到健康的目的。根据有关统计，人的生命是否健康60%由他的生活规律决定，50%决定于他的遗传，10%主要决定于社会政治经济问题，8%是由医疗水平决定，7%是气候因素。因此通过自我管理来解决问题、保证健康，以长寿为目标，按照科学理论进行一种记忆性的自我管理来实现的这种实践叫养生。中医的养生很有特色，而且相比于西医具有系统的理论。西医没有独特的养生学，它只是从营养、生理、疾病病因不同角度来论述，没有一个系统的养生治学。

另外，中医还有系统的工法，比如六字诀，这是最简单的办法，吹、呼、嘻、呵、嘘、咽，就这六个字分别锻炼肾、肝、心、脾、三交、肺。这六个字最简单，也最实用。还有十六字诀，就是"一吸便提，气气归脐。一提便咽，水火相见"。做十六字诀的时候最好是在田野郊外，不要在室内，在田野郊外是借用天地之气而调节身体机能。当然关于人的寿命有很多理论，也在不断发展，中医在这方面也有系统的著作，有系统的方法。但记住一句话，还是当时毛泽东年轻时说的，运动方法贵少，要因人而异，要根据不同的人有不同的设计。

第三部分，中国需要振兴，像我们民族需要振兴一样，中医也需要振兴。国家繁荣，中医也繁荣，所以现在提出来振兴中医的口号很有必要，我们也期待着中医的不断发展。各种医疗方式和手段都有优点和缺点，中医也应该现代化，不断进步。至于到底中医和西医能不能结合，我认为从系统共角度而言可以结合，比如说建一个房子，各种零件都能用，但能否结合需要具体问题具体分析，因为中西医是不同的思维体系、不同的认知方式，这样二者很难说结合，不能说绝对不能结合。恩格斯说两条平行线不能相交，假设它们不是平行线，也许理论上解释很难，但并不妨碍我们从工程角度的共同使用，这两个招都可以用到一个人身上，这对治病是有益的。

我就说到这儿，下面的时间交给大家，有什么问题我们可以一起探讨，我知无不言。

互　动

问：孟老师您好！我想问一下您如何评价朝鲜许浚《东医宝鉴》这本书的历史地位，它不是申遗了吗，请问一下您对这本书的看法。

答：《东医宝鉴》是明代或明代中后叶许浚写的，他几乎全用了中国的中医，那时候朝医还没有形成自己的理论体系，我也看过这本书，认为还不完全是把中医的精华包括在内，对于朝鲜来说《东医宝鉴》是朝医最早的几本书之一，这本书中有几个方是他选的，比如说外台茯苓饮治急性肾炎，这是在唐代书里选的几个方，其他方我认为选的都挺一般。

对于申遗这个事儿，朝鲜人好抢镜头，特别是把我们的端午节都抢了，这也是他抢镜头的书。我曾经参加了申请《黄帝内经》和《本草纲目》为历史文化遗产的项目，当时我们把他请来详细而全面地介绍了我们这些书，那时他已经申请成为专家组成员，但并不能因为他申遗就说明他这本书的价值比我们高，我认为这本书选了一些好方，有一定的实用价值，但比起同时代明代的书还要差一些。

问：孟教授您好，针对现在生活压力逐渐加大、人们的生活节奏变快、年轻人普遍存在着焦虑和抑郁的现状，您认为我们应该怎样做才能更好养生？

答：中医有句话"医者因得之。"既然是病因得之，就是解铃还须系铃人，病从哪儿来就针对哪里来缓解，比如说从气上来的就解决气的问题。中医最常用解决抑郁症的药方叫逍遥散，用当归、芍药、柴胡、茯苓、白术、枣，已制成成药可以用。这两个配合。吃点药也解决一些问题，再加上配合，因为病人一看吃药也有一些心理的疗效作用。女孩子爱生气，也容易月经不调，用逍遥散效果不错。有俗话：月经不调，必用逍遥。

中医有一句话：月经不调，必用逍遥。逍遥散是一个挺适合中国广大妇女的好方。中医还有句话，男不离四君，女不离四物。四君就是四君子汤，四君子汤中和义，人参、白术、茯苓、甘草这四味药搭配，男子凡是气虚的人就可服用；女子不离四物，就用四物汤，主要调节气血，女子以血为先天，就是当归、川芎、芍药（白芍或赤芍）、熟地（地黄），这是调节血的主方。这两个药加在一起也是叠加原理——八珍汤，再加上黄芪、肉桂，那就是十全大补汤，中药的加减主要方剂也是叠加的办法，如果你有兴趣浏览一下中药的方剂，也很有意思。

问： 孟老师您好！大家都知道是药三分毒，我们平常吃西药的时候会有说明，介绍毒副作用，为什么开中药没有这个毒副作用说明，难道中药没有毒副作用吗？我的父亲有胆汁反流性胃炎，请问一下这方面的注意事项。

答： 第一，这是中医的观点，中医认为所有的药都有毒，西医也有这个观点，区分毒与非毒就是剂量的问题，剂量小没有药效，在范畴内它就是药，过了剂量什么药都是毒。比如洋地黄是治心脏病的药，在一定程度上强心利尿，再重就是毒。所有的药都是毒，中药最早就是毒，你看《神农本草经》把药就叫做毒，这关键在于你怎么用。中医为什么处方讲究"君臣佐使"？意思是这个药有毒，但我用别的药辅佐它、牵制它的毒，只要让它的毒不发挥作用就行。

第二，这个毒是针对病情而言的，有些人对特殊的药耐受量大，而换作别人就不行，就不耐受。所以中医有这样的观点，药都是毒，关键在于怎么用。

第三，用药有一定时间范围，身体好了就不能再继续服药了，不能经常吃药。

一般说中药有小毒，大毒应该在处方上进行说明，这是医生应该做的，但现在还没有做。目前还有一个因素是，尽管成分药理学在中医学已经很发达了，一些学者已经研究了几十年，但还没能够完全把药的成分和毒性成分说清楚，而在这一点上，西医从帕拉塞尔·苏斯以后就讲成分药理学，现在发展到药代动力学，吃了什么药，在几点钟发挥作用，西医说得很明白，这一点是西医学的优点，中医学还没建立一个很好的药代动力学体系，中医学、中药应该往这方面努力。

第二个问题，您刚才说反流性胃炎。反流性胃炎要考虑几种因素，仅仅胆汁反流性胃炎或者因为偶然吃多了造成的这好办，只需养养胃就行了。如果是严重器质性病变，还不仅仅是慢性胃炎和贲门缺乏松弛造成的，就一定要仔细检查，因为慢性胃炎、胃溃疡引起的恶性病变最好排除之后再用。治疗这种疾病中医有很多方法，比如半夏泻心汤就是通用方，这类病最好明确诊断以后再用方剂，如果不是器质性病变造成的，那还是很好调整、很好治疗。

主持人： 谢谢孟老师，由于时间关系，如果大家再有问题可以通过北京师范大学人文宗教高等研究院与孟老师沟通。今天，孟老师非常清晰地用了两个多小时给我们勾勒了与中华传统文化同生共融、和中华文化今后的发展同步前行的、也是一个最能够体现中华文化特质的中医药本身的面貌。我想大家的收获都非常大，也让我们看到一个中医大师和中医研究者的精气神。

再次感谢孟老师！

中华医道与中华文化

主讲：中国中医科学院　傅景华研究员
时间：2012 年 5 月 12 日
地点：北京师范大学英东学术会堂

主持人：各位老师，各位同学，各位朋友，上午好！非常欢迎大家光临我们的京师人文宗教讲堂，今天是中医系列讲座的第四讲。在中医系列，我们已经请曹洪欣教授讲过认识中医，维护健康；陆广莘教授讲过中医文化，养生智慧；孟庆云研究员讲过中医学理论的特质与中国传统文化。我们都知道，中医作为中国传统医学的瑰宝，在历史上，在近现代，我们相信在未来也一定既是我们这个民族赖以健康生活和生存的法宝，同时也是我们中华文化走向世界的一个急先锋。

今天我们非常高兴地请到中国中医科学院的傅景华研究员，为大家做一个关于中华医道与中华文化的讲座。请大家欢迎！

傅先生多年从事我国医学的研究，也从事医疗工作，他在学术和社会上有各种各样的兼职，我这里不一一介绍了。在这么多年来，他主持编辑出版的有 1200 多种中医的古籍以及其他医学方面的文献，自己编著有 50 多本著作，发表有 100 多篇论文，可以说是著作等身。他的研究成果曾经获得多个国家级奖项，可以说傅先生在中医理论方面有非常精深的造诣，同时他有 40 多年丰富的临床经验，所以，可以说他在理论和实践方面都是非常出色的。

我们希望今天的讲座能够给各位带来新的惊喜，下面有请傅先生给大家开讲。

傅景华：各位领导，各位同学，大家好！我今天来到人类工程师的摇篮与大家一起聊一下中华医道与中华文化，所以说，世界是因缘的聚合，因缘聚则生，散则灭，我们能走到一起来，是一种缘分。佛说，前世五百次的回眸，才换来今生擦肩而过，我们能够有两个小时的缘分，看来我们前世的缘分还是不浅的。大家喜欢中医，喜欢中华文化，说明我们上辈子都是中国人，我们是龙的传人。

中华民族有5000载，中华儿女飞腾世界，有5000载传统文化，什么是传统？传就是传承性，道德的传承性、文化的传承性、精神的传承性。什么是统？统就是大一统，天地人的大一统，生命与自然社会的大一统，古往今来的大一统。传统就是要回归自然，就是要崇道。中华文化从甲骨文到老子，到诸子百家，最根本的就是要回本，所以我们今天讲的中华医道与中华文化，重点讲一下中华文化之源与中华医道之本。

老子说，"为学日益，为道日损"，为是互动的意思，学是细致规模的意思，互动于末，要一天一天地增加知识，而互动于本，要一天天的摈弃旧学。南因禅师（音）在招徒弟的时候，有个学生去找他，他往杯子里倒水，倒满了还继续倒，一直流到外面。什么意思呢？如果你脑子里装了很多从小学到的西化的概念，西方的知识，西方的逻辑，还有一些陈见、旧学，就不可能通悟大道。如果想感悟中国文化和中国医道，必须要抛弃旧学，并不是说你要忘记你所学到的知识，而是在我们通悟中华医道与中华文化的时候，在通悟老子、孔子、诸子百家的时候，不能用已经学到的知识，经常使用的西化概念来理解、解释、验证甚至歪曲我们的祖先。所以，今天首先跟大家讨论一下中华文化之源。

一　中华文化之源

中国甲骨文是空符加延伸符（音），空动延伸（音）是一切发展变化的根本。甲骨文上两个隐空延符（音），是说明在不断的隐空延动（音）中使一切发生发展变化，所以中为本，化为用（音），文为史，化为过程（音）。所以，中华文化就是中华民族发生发展的全过程。

甲骨文是中华文化之源。为什么叫做甲骨贞文呢？因为甲骨是一个载体，它上面刻了中国文字之大成，而每一个甲骨片上都有一个贞字，所以我把它叫做甲骨贞文，它是中国文化之本源。而老子大道是中国文化之枢，中华文化是我们的民族之根，中华医道是我们的民族之神。

甲骨贞文在殷墟被发现，而在春秋战国以后，历代文人都没有看到过甲骨文，我们却有幸见到了我们中国祖先所通悟自在，用生命之神所显现的自在之本源，是我们非常荣幸的事情。甲骨贞文主要在殷商，特别是武

图 1

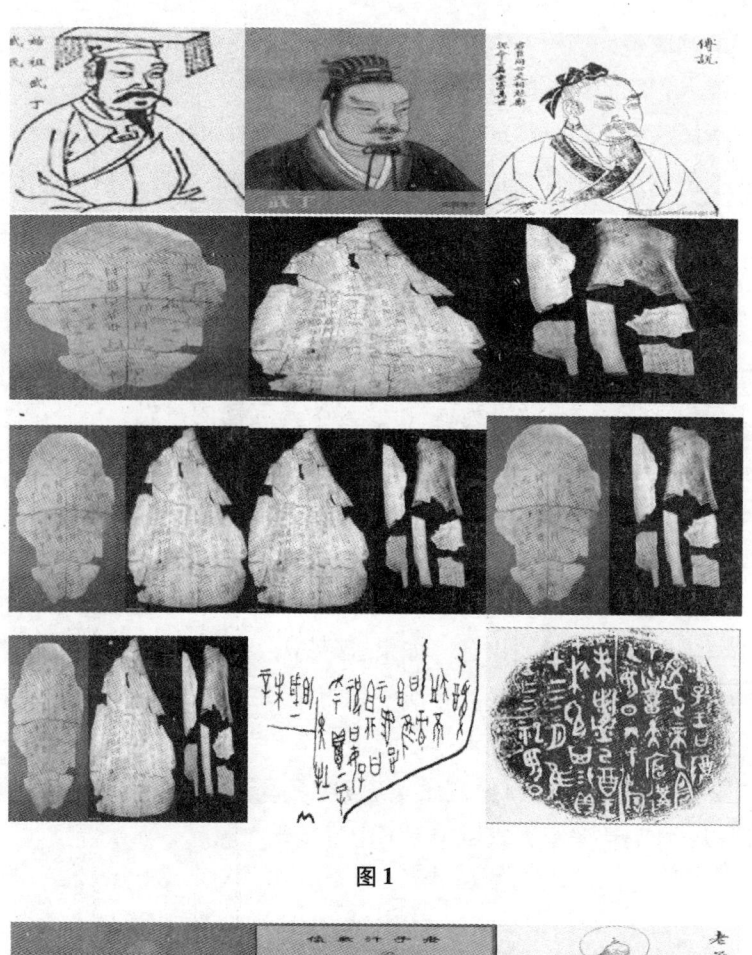

图 2　后人画的老子

丁深入民间,与所有的人民(当时的奴隶)同吃同住同劳动,在那个地方发现了傅说,他把傅说请回去以后,傅说是一个奴隶,我们现在说的平

图 3

民，他从事打墙盖房子的劳动。他回去以后广泛起用真人，大批真人从政，这是人类历史上的第一次。所谓贞人这个字就是上一个虚空符（音），下一个虚空符，然后上面一个像人形的头像入到虚空，就是入与虚空（音），入与虚空就是贞人。

所以，他们所通悟的自在是生命对自在的写实，通过生命之神所写实的甲骨文，不是什么创造，不是什么象形文字，而是对自在的通悟，对自在的显现。

每一个甲骨片上都有一个贞字，这个甲骨片上最上面的那个字就是贞字。这个字上面是一个虚字，下面是一个向下的虚字，中间是一个空符，所以它就是入与虚空（音）。这并不是非常神秘的事情，我们每个人都能入与虚空（音），因为每个人都在生命时空中，所以入与虚空（音），生命虚空与自在空是完全合一的，这样才能通悟自在。所以每一个甲骨片上都有真字。

为什么说甲骨文不是象形文字呢？如果认为甲骨文是文人创造的，或者是劳动人民创造的，那么它所画的一些形象都是生活中的、劳动过程中的一些非常具体的形象，用一些具体的形来解释甲骨文是不可能的。就拿"口"字来说，甲骨文带有口字的有几百个字，都用口字来解怎么解？如果这是一个手，把互动符解释成手，甲骨文有几百个带手的字，那怎么用手来解？所以，甲骨文是以形取象，取象比类，比类生符，生符至简，至简通贯，通贯自在。

字的本义就是本。在这里是一个变空符，变空符上下左右无限延伸就是一切。所以，"自"为史，"在"为全部过程，自在就代表了从始到终，从本到末的全部过程。"通贯自在"就是用所有的符来表达一切自在，所以说，上面这些都是一种符，用这些符可以通悟甲骨文所有的字。这样的空符，这样的延伸符，这样的上化符，下聚符，下统，上统，向右自动，向左自动，向右互动，向左互动，上化成形，下聚成形，上化是形化，下聚是形聚，所以，"形"就用下聚而成形。通过这样一个符就可以解释甲骨文全部的字，而且通贯一切自在。

用这样的符可以形成一个字，每个字都是有六个方向，向上向下向左向右向内向外，六向开始动变，动变来显示它的本义，它的本义是显示神气，神气空时。"自在之本，空动为时。"空洞以后出现时，这个时不是时间，空也不是空间，是翻译的时候借用了中国的空字和时字，形成了空间的概念，空间是没有物体的地方，和中国古代的空风马牛不相及。时是翻译的时候，借用了中国的时和间两个字，形成了时间概念，时间只是时的计量，而时是整个过程，空动产生的一切过程都属于时，有了时才有过程，有了过程以后才有气，气是无限的运动方式。而所谓物质是最末最末的。

不同的方向表示的意思不同，举例来说，左本右末，左虚右实，左归右进，左从右比，上隐下显，上化下聚，上气下形，上伸下延，内入外出，内收外放，内限外张，内生外转。自动符向右，就是自动向末，而自动符向左，就是自动归本。互动也一样，互动向右，是互动向末，越来越从空到实，从实到气到神再到物再到形再到体。而上通互动就是越来越归本，凡是归本的字都是向左的，凡是取末的字都是向右的。比如说发动的"发"，它的所有符号都是向右的，发生、发展都是向细枝末节、向物、向体来发展。而下通的互动全是要归本，比如说"人"，人为什么要向左，从它的形象来说，它像是一个侧立的人，侧立的谦卑的人。从符来说它是一个引动符（音）加一个右向被动的符，所以人必须要归本，要崇自在，崇自在才是人，归本才是人，崇才是人，违道就不是人，违背自在就不是人。所以说，每个符的方向都是不同的，这些不同的方向，表示了不同的意义，如果把这些不同方向的字都变成一个方向，就完全歪曲了甲骨文的本意。就像左右来说，向左互动就是右，向右互动就是左，如果极左拼命地向右互动就是回末，如果极右就是回本。所以，由本到末，由末到本，人类在和谐的情况下才能长久。如果一味地向左或者向右，不是回末就是回本。这是举几个例子来说明甲骨文每个符示的方向不同，它的意思也是完全不同的。

甲骨文可以纲纪本末，囊括无有，纵横宇宙，经纬天地，包罗虚实，综观古今，空时动变，无限贯通。

大道纲纪。孔南国去上书（音），为伏羲、神农、黄帝之书，为山恒大道也。山峰之书，都是讲大道的。大道就是天道地道人道，因为道包罗万象，由本至末，由末至本，全归属道。而大道是道中的最重要的部分。"大"字好像一个站立的人形，如果用符示的话，上面是上化符，下面是一个更广阔的上化符，整个的"大"字就是上化上面延。"道"字，现在所看到的道都是金文的道，没有找到甲骨文的道。而把这个字归属于率字，实际上率字两面四个点，绝对不可能是从一个空到无限的符发展来的，所以道字的两面是通限符，通限符是包罗万象的，但是必须受到限制，有限才能限，才能通，如果无限的话就无所谓限无所谓通。而他们中间是两个引空联动符，两个引空在连续动变，这样它就代表了一切动变，所以，道是一切的动变，而且这一切的动变都是要在通限之中，上下左右无限贯通之中。为什么说道从本到末都能包括呢，就是引空联动是无限的动变，无限的动变是一切事物，一切生命发生发展的根本。但是道不仅是本，而且还包括末，所以它要限，要通，只有无限的通贯才是道。

为什么金文的道字现在变成这样呢？金文是铸在钟鼎上的，在铸钟鼎的过程中，是用模子先刻，刻好以后容易糊的，所以把中间这个字变成了现在的自己的自字。这是金文后期的"道"。

《老子》讲的通篇，主要是讲的大道。天道、地道、人道。老子讲人法地，地法天，天法道，道法自然，他说的道法自然的道是指大道，是指人道天道地道反映自然，自然和自在是不同的，自在是从零到万，从本到末，而自然是一个过程，自为始，百为终，自然就是一，或者是由一到万，而自在是由零到万。所以老子讲的道是属于大道。

2003年的时候在陕西宝鸡眉县杨家村出土了周代的28件青铜器，有些器物上记载了当时它主人叫带来（音），带来（音）一家八代辅佐了周王12代。周宣王四十三年的时候，封带来（音）为立人（音）。周宣王自己家门口可以放九个鼎，而带来（音）家门口可以放十个鼎，这在人类历史从来没有过的。所以，带来（音）是周宣王的挚友，是周幽王的教父。后来把老子叫老聃，也有人叫老子为老迷子，后来关于老子的传说是春秋时期的图书馆馆长，倒骑黄牛，西出函谷关，紫气东来，富有迷信色彩。如果《老子》是在出函谷关的时候，函谷关的官吏让他写的，那么他怎么每篇都在训斥王，而为民讲话？老子是真正的人民代表，他每一句话都是为人民讲的，而且他处处在训斥王，他说你能像孩子一样对待人民吗？像婴儿一样？如果说以民为本，那你还高高在上，说民可载舟亦可覆舟，你还在人民之上。如果人民是王的母亲，等儿子长大以后能孝顺母亲吗，他能一心一意地对待母亲吗？这是不可能的。所以，王是婴儿，人民是母，要像婴儿一样无限的依赖，无限忠诚，无限崇拜地对待人民。所以他处处在教育王，让他不能为自己的所得而放弃民得，《老子》处处讲民得，而讲王不得，王不能得，你不能有无限的权力，你不能有无限的财产，你要不得，而让人民得。所以，我们并不能完全确定《老子》就是单迷来（音）写的，但是从带来（音）地位来说，他绝对可以训斥帝王。

　　《老子》是用甲骨文写的。因为如果《老子》刻在钟鼎上，基本上是不会遗失的，而且也不可能刻在钟鼎上。所以，在钟鼎文以前只有甲骨文，《老子》一定是用甲骨文写的。这是把《老子》用甲骨文写的原貌复原，但是当时还没有找到甲骨文的道字，引用了金文的道字。不能用西化概念、现代汉语的意义来理解《老子》，《老子》的每一句话每一个字都是一本书，都是一个意境，都有一段意义，所以他的文章要一字一段。一不二，二不三，能一字一段就一字一段，能两字一段就两字一段，基本上没有三字一段。比如说"道，可"，不是可以，而是上面一个局限符，下面一个聚空符，所以说"可"是局限于空的意思。所以，道必须局限于与空（音），生命要局限于生命的与空，这个房子要局限于这个房子的与空，只有无限的局限于与空，才能形成道。道是局限与空（音）的，而"道非"，道是局限于非的，非不是没有，也不是不是，非上同上义，等同末义，上面是相同的，下面是不同的，从不同的方向发展的，所以说非的本义是等同末义。所以各种各样受局限的道根本是相同的，但是它的末是不同的。所以，生命之道，政道、经道、兵道、儒道、艺道、武道，各种各样的道它的本都是一致的，都归于空。而它的末是不同的，所以，道的本是相同的，它的末是不同的。本是一个环动，电子围着原子动，地球围着太阳动，太阳围着银河中心动，银河中心围着宇宙中心动，一切都在环动，本就是无限的环动，各种局限的道本是同义的，而所有的这些道加起来都属于环动，无限的环动就是道，一切的原动都归于道，但是道不仅仅局限于它的本，而一切的末也属于道。举个例子来说，用甲骨文的本义来通悟老子，与用现代汉语、用日常生活、用西方概念所理解老子，具有天壤之别。甚至都不是天壤之别，是天物之别和天极之别。什么是天极之别呢？老子讲的大道就是像天地一样，而现在用西方概念和现代汉语所理解的仅仅是具体的物体的关系，有的甚至是垃圾。所以，它是天物之别和天极之别。

这是用甲骨文写的《老子》的第二篇。这是用甲骨文写的《老子》的第三篇，具体的内容这里不写了。

这是"文"，这是文化的化。文，一个变空符，变空内显，是一切变化之始，就是开始。化，这是取了一个从左一个从右的人，从左的人是归本的人，从右的人是下来的人，是回归的意思，就是从生到归，我们不说死，我们说归，从生到归的全过程就是化。化是一个无限的过程，所以，文化就是从发生、发展到回归的全部过程，而不是现在所说的文化。特别是翻译的时候，用了中国的文化两个字，他们的含义已经完全不同。

这是"化"字，一个向左，一个向右，头冲下的是归，第二人们说了死，死实际上是归，归是归本，而不是右，而向左的是从本。

大道显示，天道地道人道，天地不是指天空和土地。天上面一个空，下面是大，实际是上化，就是一切向上向化的空都是大。而地是一个变空符，加一个下限符，一切变化的向下显现属于地。所以，天地不是指我们现在所说的天空和土地，而是指的动变，天为动，地为变，天为化，地为聚，天隐地现，天合地开，天降地升，天雍地明，他在不同的意境中意思是完全不同的，但是他的本是一个，它的本都是天动地变，但是在不同的意境中末义就不同了。比如说父为天，母为地，那是在父母的相互关系中，父天母地，在男女相互关系中，男天女地。在中医六气中，天是四天之气（音），地是在穴之气（音），所以天地无处不在，无时不有，到处都是天地，天地动变，动者为天，变者为地，隐为天，现为地。这就是中医和西医的根本不同。中国的文字本意是一，而它的寓意和隐义在不同的境域中完全不同，它是无限义。而西方是没有文字的，西方只有拼音符号。为什么西方必须要形成概念，概念必须要定义，它的拼音符号没有义，它没有义，必须要人为定义，人为定义就定成了概念，它是完全死的，而中国的文字本身有形音义，而它的义不是人们生活中一般交流的工具，而是表示天地空始之大义，它是显现自然的，显现生命过程的，所以它的每一个字都包含着无限的自在与生命从本到末的过程，所以越是简单的符号包含的意义越大，越是复杂的字，它的含义越末。

人从形象来说，它像一个侧立的弯腰的谦卑的人形，他表示要对自然的崇尚，天地的崇尚，我们要敬自在，敬天地，敬道，敬祖宗敬父母，只有这样才叫人。违天背道，废弃祖宗，不尊敬父母，不尊敬师长，根本就不是人。所以，人必须要崇道，必须要崇天，必须要敬天畏地，必须要崇尚祖宗和崇尚父母。这样才能限制人，人必须自省自律，如果人的物欲横流，超前消费，自己的事自己做主，就会违天灭地，欺师灭祖，这样不仅要毁灭自己，还要毁灭祖宗，毁灭文化，毁灭地球。所以，天地人，不是天空土地和人形，而是空始之动变与崇道。所以，大道就是天道地道人道，而人道显现了天人之道，入世之道和生生之道。天人之道，包括了人与自然的相互关系，入世之道包括了社会之道，比如说政道、兵道、武道、佛道等等都属于入世之道，而生生之道包括了生存之道，因为今天我们主要讲中华医道，所以我们主要讲生生之道。

生生之道有三大道域，九大道域，二十七大道域，八十一大道域。一生二、二生三、三生万物。一是无限的过程，一是显现了二，二的动变显现了三，三的动变显现了万，显现了万以后才出现了物。

道域本空，空时机形，时生气和，和数序类。道域之本为空，而空动为时，时就出现了过程，生就是一个过程，而气就是运动方式，和是相互作用。相互作用又产生了和数序类。数是相互作用的方式，而数序是相互作用的序列，类是相互作用的类别。有了动以后还必须要变，而变的根本就是机，外变发于机，机是一切发展变化的根源，所以机发才能化变，变就会出现不同的态势象，态是变化的方式，势是变化的趋势，而象是变化的显现。通过上面的动，下面的变，然后才呈现了形，形就是向下一个三角，上面一竖，从下延到下聚成形，成形以后出现了器。

器有四个引动符（音），中间一个上化。所以气有四个空，四个空在其中进行引风于化变，所以气就像人说的，"升降出入，无气不有"。气是有容乃大，气就是聚空，聚空中存在了四大变空。《黄帝内经》说八动之变，后来所有人动解释成，八是八风，八风就是东风南风西南风西北风，如果说八动就是八风的话，八动之变变成八种风的变化，那只能是真人了。《黄帝内经》说八动之变了才是真人，如果东风南风西北风就是真人的话，那么老翁就是真人，所有人都知道东南西北风的变化。那么八动是八大变空，八大动空反正虚实开合圆方，过去说天圆地方，不是说天是圆的地是方的，天是圆空，地是方空，天圆空，地方空，圆空和方空是八大变空中最低的部分，而八大变空中最低的就是升降出入。八大动空反正虚实合开，并不是说这些离我们很远，我们每个生命过程都是八动之变，没有八动之变生命是不可能发生的，如果说生命就是蛋白的话，那么你找一个蛋白来制造生命？为什么克隆才能克隆出生命，就是因为每个细胞里包含了全部的生命空动之变，所以它才能克隆，你用一个蛋白克隆生命可以吗？所以，气是升降出入八大变空中最弱的。而机一个上通符，一个异与符，各种相互作用，这是正常的相与，这才是各种变化的相与，与就是相互作用，把各种不同的相互作用统在一起，让它进行上升，这就是机。机是一种生命的程序，像现在所说的，在机的下面才有物。这个物也不是现在所说的物质，甲骨文的物是说的一切的生命过程，包括人的生命过程，动物的生命过程，植物的生命过程，一切有生命的过程都是由物到光微体，物的下面才有光微体。"光"好像一个跪着的人头上顶着一个光字，这个入境调升的人知道，这个只有在调升到一定程度，才知道自己是一个光，这个光和自在是完全相同的。而微，小点都是微符。所以说，光相当于或者说包括现在物理学所说的场，有生命光，生命场，生命波，都是属于光，而各种生命粒子都属于微，包括分子、原子、质子、中子、电子、微子全属于微，然后才出现了体，生命体在生命粒子之下，在生命波之下，生命光之下。老子说和光同尘，就是说他早就知道在每个粒子的周围都有一个场，波粒二象性在近五十多年来才发现，西方认为是物理学最伟大的革命，实际上中国古代早就知道在物质下面还有光微体。

今天讲的内容都是我自己第一次说，其他文献上都找不到的。

生生之道，显现时机形，时显现生气合，不能把生和气全打开，这是"生"，所以我们把"合"打开，这是气，气显现神气精，气是无限的生命运动方式，而无限的生命运动方式可以显现神是最高的生命运动方式；而不是鬼神之神。气是一般的生命运动方式，而精是基本的生命运动方式。和是相互作用的，相互作用出现了数序类，数是相互作用的方式，序是相互作用的类点，类是相互作用的类别。这个数已经到纂体了。

数显现二三五，物证学说（音），一二三五这几个数，古来明之，就是说一二三五这几个数是大道之至数，这是最主要的数，就是最主要的相互作用方式，二二相互作用就是二，三三相互作用就是三，五五相互作用就是五，而最基本的相互作用就是二。

机，机是一切发展变化的根源。甲骨文的机字，上面是引空符，引空联动，下面是抒机符，抒机发动，就是说机是一切变化之抒，所以说一切变化都是来源于机，机通过发才能化变。所以，这就是发字。发就是向右互动，无限的发展就是发。所以机发才能化变。这是后来的"机"字。

变显现态势象，态是变化的方式，势是变化的局势，象是变化的显现。物显现光微体。体才显现整体的部件，部件之下才有生物分子、组织细胞与实体器官。这就是说现代医学所研究的对象，仅仅在部件层次以下，生物分子的水平，他主要研究的是实体器官和组织细胞，而实体器官和组织细胞的生物大分子排在生物分子之下，因为生物大分子上面还有生物分子。这些共同加起来才是一个生命部件。生命部件和生命系统和生命整体加起来才是一个生命体。生命体和生命光和生命微加起来才是一个生命物。生命物和生命数序、生命物类加起来才是一个生命形。如果把生命当成人体，而把人体又当成组织器官，这是整个生命过程中最末最末的部分，现代医学的研究对象在于生命体以下部件层次，生物大分子以下的水平，而现代物理学已经开始向粒子、场、波的方向挺进，他们才开始向上挺进，而现代医学还停留在生物大分子的水平以下，而中医的求索境域，他们是研究对象，研究和求索是完全不同的。

在翻译的时候，借用了研究两个字，是日本人借用来的，而研和究两个字，研就是把石头打开看，中国古代的中药里研磨，把石头打成碎末，把石头打开看的人是什么人，把这个打开看是什么东西。而中医是求索，求索是什么，是求本索源，求生命之本，求自在之本，索生命之来源，索自在之源。所以，屈原说吾将上下而求索；后来郭沫若翻译的时候说他要上天入地而到处追求。实际上他说的求索是求本索源，中国古人说的是求自在之本，求自然之本，而不是舍本逐末。西方人专门舍本逐末。比如说写信，中国人总写中国北京东城区某某街道某人，先是本然后是末，而西方人写信首先写名，然后写号码、街道，最后写州和国家，他们把末看在第一位。所以，他们一再主张解放自信、解放自我，都是在逐末。而中国讲的限制，不让人过分地追求自己的物欲，只有这样才能长久。有的人说中国人落后于西方，中国科技落后西方，甚至把它归罪于《周易》，归罪于中华文化。中华文化怎么会落后于西方呢？中华文化包罗万象，通贯天地，纵横古今，是西方无法比拟的。就像刚才所说的，形而上学为之道，形而下学为之气，论道西方不可望中道之向背，论气也不可同日而语。形的上面是道，形的下面是气，西方科学是研究物质运动规律的，而物质运动的规律主要是体的运动规律，它在物的下面，它比气还低得多，所以论气也不可同日而语。如果中国从老子以后，已经能通悟自在，通悟大道，然后舍本逐末去发展科技的话，那现在还有世界吗，还有地球吗？所以，老子说没末就是末动，而不是没有的意思，身不是身体，是过程。没，限制，制动，自动归隐，这边是隐动，要限制末动，要归于隐，归于以后，要慢动，这个末不是没有的意思，这是相当大的事，是自动归隐，自动归。这样这个身上面是一个变空，变空无限延伸，它是一个过程，动变的过程。制动归隐的慢动的过程才能长久。如果速动就是速亡，一个生命如果你经常消耗自己，拼命地追名逐利，钩心斗角，追求物质利益，物欲膨胀，肆意享受，这样死得快。一个民族，如果拼命发展，拼命开发资源，拼命消耗能源，然后破坏环境，破坏生态，这个民族就死得快。整个人类如果动得太快，就死得快。发展发展，竞争竞争，其结果是加速灭亡。所以，老子说不能快动，要慢动，要弱要柔要低，不是更快更高更强，要更弱更低更柔，所以，中国才能保存了5000年的文化，如果在春秋战国以前，中国人已经懂得了天地，空实，动变，懂得了什么是死，什么是机，什么是体，什么是物，什么是光，什么是微，那我们早就不在世界上了，地球的能源早就毁完了，石油挖光了，煤挖光了，土地枯竭了，水源污染了，后面的人怎么活？遍地都是垃圾，能活下去吗？所以，我们在消耗几十万年几十亿年留下的资源，掠夺地球就是掠夺儿孙，不是掠夺后代，就是掠夺儿子的。所以，要慢动，并不是说中国落后于西方，而是我们自古以来就要自律自省自限，要崇自在，崇道，要满足，要知足常乐，够生活就行了，不要追求太高的享受，你追求就要毁灭地球。

中华文化有八大境域，道德术理，智思学技。道最高，德为道之用，术不是现在所说的技术，是翻译的时候，西语借用了我们的技术两个字，术是自在之法则，理是自在者关系，道德术理是自在，而自在是人为。

大道至德，隐术明理，上智睿思，微学末技。技是本，学本实，实本至，理本至，至本术，术本道，大道为本，哲学为末，大道为本，科学为末。

甲骨文的"学"字，分、异与，异常相互作用是不断地变，相互作用就要变，不断地分，不断地变，一直到末，越分越末，越变越末，下面这个是一个长限，所以甲骨文里大量的长限，宇宙的宇是长限，宇宙的宙是长限，国家的国是长限，国家的家是长限，什么都要限，就是限制。后来金文的时候加了一个"子"，这个子不是儿子的意思，不是说家里有孩子，这个子是引空下入，空下入是一切发生之始。所以子为始，子丑寅卯，子是开始，为什么叫做老子孔子，子就是始。如果说这个是小孩的话，那老子就是老聃小儿，孔子就是孔丘小儿，那就等于侮辱咱们的祖先了。所以，子不是儿子的意思，这里加了子以后，就说明了限制，限制了根本，限制了引空和相与。而无限的突破，分而又分，变而又变，为什么科学越分越细，西医越分越细，分消化、呼吸、泌尿、肾、前列腺、肺炎，越分越细，分而又分，变而又变，然后变到最末，然后限制的是谁？限制的是本，把根本限制，子是时，把生命之本限制住了，然后把生命之末越做越细，所以科学是研究物质运动规律的，西医是研究人体结构与功能的，而人体的结构功能在整个生命过程中是最末最末的，所以说它叫微学末技。

中医自己也说不科学，要求自己科学化。科学化，看看和人家的科学完全不是一回事，说我们是另外一种科学，科学还有两种科学吗？物理学为什么没有两种，化学为什么没有两种，偏偏医学有两种科学？最后说科学打不过人家，说我们科学是伪科学是假的，最后说我们是哲学。哲学还是朴素之法，朴素是什么意思，之法是什么意思，原始的落后的像小孩吃奶一样，最落后的，最后高唱中医是哲学，然后西医是科学，我们是哲学，哲学是科学的父亲，西医是科学的儿子，所以我们是你的爷爷。开个玩笑说，有个小区居委会主任看到一个孩子在那儿哭，问他为什么老哭，说我的父亲母亲老打架。就问，你父亲是谁，为什么老打架？"我也不知道我父亲是谁"，这就是他俩老打架的原因。中医西医老打架，中医说我也是科学，西医说你不是科学，中医说我是哲学是你爷爷，西医说哲学也是朴素之法，也是落后的。中医明明是生生之道，生生之道属于人道，人道属于大道，大道包罗天地，通贯宇宙，为什么要把自己贬低到科学呢，中医怎么是科学呢？科学是研究物质运动规律的，西医是研究人体结构与功能的，中医根本不研究人体结构与功能，中医求索的是生命之本，生命光，生命微，生命变化方式，生命运动方式，生命过程，生命空时，哪一个不比生命体大，为什么把自己贬低到人体以下，组织器官以下呢？所以说，中华文化的八大境域非常重要，中华民族是大道，西方科学是微学，而西方科学和中医学和其他运动学加起来才是学，它的科学才是学的一小部分。

九大名义。为什么要说九大名义呢，如果不懂九大名义根本就无法理解中医。

名，左面聚空，右面八动，加一个内斜（音），这样名就是用空的曲线的部分来显现无限的动变，名就是用末来显现本，用一个字来显现自在。九大名义，深本寓隐，浅末喻借，衍异西畸，名义包括深义、浅义、衍义，深义有本义、寓义、隐义；浅义有末义、喻义、借义；衍义有异义、西义、畸义。

中国古代甲骨文期间，春秋战国以前基本都用的深义，有本义，寓义和隐义，到后来的汉语用的浅义都是末义、喻义和借义；衍义是近代出现的，近代翻译的时候，借用了中文，形成了西方概念出现了衍义。

什么是本义，刚才我们讲了甲骨文都是说的本义，本义就是用文字来显现自在。寓义就是本义以外，蕴含一个更广阔的义。隐义是更隐藏的，不为人知的意义。比如说，释迦牟尼，在走的时候，弟子问他，你走了以后我们怎么和你联系，他就手持圆环，没有说话，下面的弟子没有懂，他的大弟子懂了，就是说他用这个话来表示一种隐义。谭嗣同走的时候写了一首诗，"去留肝胆两昆仑"，他说的肝胆绝对不是西医说的肝脏和胆囊，所以他是蕴含了隐义，这个意思别人不知道，他知道，大刀王五知道。

什么是末义呢，从本义开始逐渐地向末，一个字末是很多的，都是末义，《现代汉语词典》解释的基本都是末义。喻义是隐喻义，比如说花的本义是动变的发展过程的最旺盛的阶段，那就是花。开花的花就是末义。花钱的花就是借义，名花有主的花就是喻义，用花来比喻美女就是喻义。

什么叫做衍义，衍义包括异义、西义和畸义。异义有两种。下面说的异误异讹，形类误传是一种异义，曲解讹传也是一种异义。什么是西义，就是在翻译的时候借用中国的字，形成了西化的概念，那就是西义，现在物理学、化学、生物学使用的都是西义。什么是畸义，西方概念里没有，中国古代里也没有，中国人自己歪曲自己的文化，歪曲中医所形成的就是畸义。

整个名义就是文示动变，兴于甲骨。字义不二，限用乃名，它受到了限制以后才产生名。名义有九，皆在境域，在不同的境域名义是不同的。境别义别，境同义同，同一个境域里名只有一个。就像阴阳，在男女境域，男为阳女为阴，这是不能变的，但是境域一变就变了，在上下境域里上为阳下为阴，所以不同的境域里意思完全不同。本源末流，本义是甲骨文的本源，末是向末流动的。寓弘就是说寓义比本义更广阔一些，而隐义就是更秘密一些。喻转借音，喻义就是比喻，借义就是用它的音同而借的字。异误异讹，说异义有两种，本来不是一个字，误解成一个字了，这也出现异义，或者本来是一个字，最后解释错了，把这个错解的东西再遗传下去，传下来，就变成了异义。

举个例子，家，家要长限还要下分还要归本，长限下分归本为家，家必须要长限，还要不断地分，家必须要有后代，还要不断地分，分了以后还要归本，为什么要认祖归宗，就是要归本，如果你不归本不认祖归宗就不称之为家。为什么成为异义呢，这里面认为是猪，所以后来认为猪圈被当成家了，家里养着猪，所以家是自私自利的，有自己的财产，所以称为家。这是一种异义，这个异义哪里来呢？把本来不是甲骨文的字认为是甲骨文的字，所以出现了异义，把家的意思完全变了，家要长限，无限地扩展是家，必须要长限，长限不是把房子长起来，就是说这个家族要有自己的祖宗，自己的文化，自己的家训，要受自己家族文化的约束，而且这个家必须要不断地延伸，不断地生孩子，不断地发展，而且它的发展过程一定要归于自在之本，而家不是一个自私自利的私有财产的单位，不是一个猪圈。把这两个字都归成日，实际上这个日是一个隐空内动的，太阳这个日就是一种大的隐空，太阳不是实的，它是空的，你外面看像实的，里面全是空的，就像电子围着原子转，电子和原子加起来质量小的可怜，它的中间全是空的，所以中国古代用这个字来表示日，日实际上是隐空。为什么时间的时也用隐空呢，这就不是指日头，它是指隐空内动，然后下面发展到空动，就变成实的。而这个日，它是一个方空，它是一个聚空，聚空内显，所以过日子的日，就在这个聚空里，在这个时间段里，在这个日子里显现了自己的生活和自己的工作，这就是过日子的日，前面这个是日出的日，太阳的日，日月的日。太阳是一个无限变化的隐空，所以这两个意思完全不一样的，现在都变成一样了，所以就出现了异义，这样的话"日"字不仅有太阳的意思，还有过日子的意思。

讹传是指本来就是那个意思，现在越传越不像样了。什么叫做西畸，西义当然是西化的概念，现在所有的都是西化的概念，包括宏观客观微观，什么竞争利用，什么发展等这些全变成了西化的概念，本来是中国字，中国的字本来有自己的意义，现在变成了他们的意义，完全变了，中国的宇宙两字是中国字本来有的，变成了西方的宇宙，完全变成了天体，而中国的宇宙，宇是无限的空，实是无限的实，要比现在说的宇宙大很多。刚才说的天地也是变成了他们的意思。什么叫做畸义，就是西方没有，中国没有，是人为捏造的。

气是无限的运动方式，后来金文的时候，写成三横。气是无限的运动方式，但是这种运动方式是弯曲运动的，就像爱因斯坦说空间是弯曲的，牛顿说空间是绝对的，马克思说绝对空间，普朗克说空间是一个量子化的空间，所以他们说的弯曲空间就相当于我们刚才说的圆空，他说的绝对空间是方空之下，他们刚刚从方空进入圆空，所以气的无限运动是一种弯曲的运动，后来把气变成了空气末义，后来中医把气解释成功能，中国古代的气没有功能的意思，西方也没有功能的意思，中医把气解释成功能，西方没有中国也没有，这是现在编出来的。经络是气血运行的通道，脏腑是组织器官，阴阳是对立统一，五行是五种物质元素，肝脏学是肝脏储藏血量的功能，脾脏学是脾脏予血液在血管里流动不使外溢的功能，营气（音）是流动在血管里的营养物质，血是流动在血管里的红色液体等等，这些和中医本来的名义毫无共同之处，完全都是西义。现在中医教材所用的名义，80%所使用的是畸义，还有20%使用的是西义，西化的概念，几乎没有用本义的。用讹义的都是引用古人的，如果说中医教材中有对的话，那就是引用古人的，除了引用古人的话是对的以外，自己编出来的话没有一句是对的。这就是概念西畸，所以古人用的特别是春秋战国以前用的都是本义、寓义和隐义，后代特别是宋代以后用的基本是末义、喻义和借义。近代以来基本上使用的都是异义、西义和畸义，如果用异义、西义和畸义来解释孔子，解释《老子》，解释《周易》，解释中国古代文化，我们的古人和祖先被歪曲成什么样，根本就无人知晓。如果把它再用这些歪曲的西化义翻译成英语，翻译成其他语言，连上帝都不知道你说的是什么。

九大意境。为什么必须说九大意境，因为中医入门必须有三大门径，第一个门径就是用义，所以首先要知道九大意境。第二个就是要识文就是认字，识字就是要知道九大名义，第三个是悟道。九大意境就是易虚隐显，显悟感知，皆觉思识。

生命之神显现魂神意魄志，肝藏魂，心藏神，脾藏意，肺藏魄，肾藏志。肝不是现在所说的肝脏，心也不是现在所说的心脏，是翻译外语的时候，比如说英语，翻译英国人的书借用了中国人的肝，变成了西方的概念，翻译它的时候，借用了中医的心，变成西方概念，借用了中医的脾，又变成的西方概念，借用了中医的肺，又变成了西方概念，借用了中医的肾，又变成西方概念，而中医说的心肝脾肺肾根本就不是器官，是生命之神五藏的五神归类，它的五行归类是木火土金水。我们没有时间全部展开，专门说一下脾意，脾意是心神之用，心神是肾志之用，脾意显现虚义隐义显义，显义显现悟感知，悟感知分别又显现悟觉悟思悟识，感觉感死感识，知觉知死知识。

我们每个人生命过程中都有生命之神，都有魂神意魄志，每个人的意都有虚义隐义和显义，而你自己感觉到的是义是显义的一部分，虚义和隐义是感觉不到的，就像西方人所说的潜意识，潜意识是隐义的一小部分，而虚义和隐义不受你控制，而显义的一部分受你控制。显义有最高之悟，其次是感，再次是知。悟有悟觉悟思悟识，感有感觉感思感识，知有知觉知思知识，所以知识是整个显意中最低的部分，而知识的下面还有思维，思维上面还有思想，思想上面还有思虑，中医说一言三人思虑，思虑比思想比思维要高得多，思维是一条线，而思虑是一个网，所以思虑比思维要高得多，而思维的下面还有逻辑思维，辩证思维等。所以，思维是知识的末，知识的最低的部分，而知识又是知的最低部分，所谓的思维和现在所谓的意识就是指的知识，而知识光指思维，不指思虑。所以，所谓的思维，意识知识，是九大意境最低最低的部分，是最末的。所以，动不动说中医思维。中医怎么用思维呢？思维可以学习知识，但是通悟大道必须忘掉思维，不但忘掉思维，还要忘掉知识，忘掉知觉，忘掉知，忘掉知以后再忘掉感觉感知感识，然后才能显现悟，要灵动悟觉，启动悟识，启动悟思，这个阶段才能通悟大道通悟中医。现在对儿童的教育，从小就是灌输式、填鸭式，让他们学习知识，现在字都不用写了，都用电脑，变成了电脑的奴隶，这种教育是一种扼杀性教育、毁灭性教育和残害性教育，他不但消灭了孩子的悟性，还限制了孩子的自信，不让他有创造性思维，让他周继生法，是家长和老师规定的法，不是真正的自然之法。让孩子变得很乖，不听话就不好。有的白血病患儿治病治不好，写字说是自愿放弃治疗，因为家里没有钱，结果死了以后在墓上写着"我来过，我很乖"。所有的孩子都乖乖地听话。在印度洋海啸的时候，老鼠跑了，大象跑到山上去了，海鸟不飞了，三十多万精英成功人士都趴在海岸上了，什么原因？老鼠知道地震要跑了，海鸟飞走了，大象跑到上山去了，有一个小孩说海浪要来了，快跑，有200个人跟着他跑到山上去了。英国《泰晤士报》说他是神童。中国老农都知道，看到蚂蚁搬家要下雨了，你看到月亮旁边有光圈就要刮风了，现在没有天气预报，你知道明天的天气怎么样？过去教育小孩都说树上有四只鸟，打死一只还有几只？传东禅师（音）问自己的弟子，说两个手能拍出声音，一个手拍出的声音是什么？这都是启发悟性的题，让你离开感觉，离开知觉，而引动悟性，知道自在是一个空思动变的过程，在这个过程中，不是用现在所说的数学物理化学所能解释的。所以，现在的孩子们全部扼杀了他们的天性，天天背着大书包，天天做作业累得要死，非常的辛苦，倒是那些退休的老太太在街上扭秧歌，她们才是祖国的花朵。

　　真正想通悟大道，通悟中华文化，通悟中医，必须要静知动悟，悟通大道。就要把知觉知识知思忘掉，要入静，这种情况下，才能显现悟觉悟识悟知，这种情况下才能通悟大道，这是达到了一个最低的阶段。静悟动隐，把悟觉悟识悟知也要忘掉，也要静，才能启动隐意，启动了隐意才能知道隐引无有，才能知道什么是无有，无有是无处不在的，到处都是无有。无，好像看起来像个人拿着手绢跳舞一样，那是行帖，用符化，倒挂，扭动，所以，无有限至隐，由显至隐的全过程就是无，无不是没有，是一个过程，是什么过程呢？从显到隐的过程是无，而从隐到显的过程是有。所以，只有到静悟动隐的时候，你才知道一切都是无有无有，由显到隐，由隐到显。举个例子，从经济生产到上层建筑由显到隐，为什么老子说无为呢，"为"末动，老子说的无为，不是什么也不干，而是互动从显到隐，就是无为，我们天天都在无为，把我们看到的事情写成文章是无为，从经济领域向上层建筑过渡是无为，把产品变成金钱是无为，自然界来说冰化成水是无为，水变成水蒸气是无为，从水蒸气变成雨是有为，从雨变成了水有为，从水变成了水蒸气又有为，由显至隐，由隐至显是无处不在的，到处都是无有。所以静悟动隐，才能隐引无有。

静隐动虚，虚合空时。

要把隐意忘掉，要入定，进入虚意，到了虚意才知道什么是空什么是实，因为入定到了虚的时候，才知道整个生命是通的，八动八变，而且八动八变的自在之空和你的生命之空同时动变。这个时候你才知道空时。

静虚动神，神明自在。

然后把虚意忘掉，静虚，这个时候才能够引动心神，心神一出才能神明自在。它的最高境域就是心神出，然后空自在。所以意乱则神迷，意静才神明，只有把整个意都隐掉，整个意静以后才能神明，这也是中医的养生最高境界，要想通过中医必须静知动悟，静悟动藏，静隐动虚，静虚动神，经过这样的过程才能知道什么是生命，什么是自在，光靠实验室仪器所看到的生命，那不是人体，是尸体，根本就不是生命的过程，当进入实验室里和显微镜下，生命过程已经荡然无存，留下的全是物质，还是物质下面的物体，物体下面的部件，部件下面的死的细胞。

以上把中华文化之源给大家介绍了一下，主要讲甲骨文《老子》，九大道域，九大名义，九大意境，这样才能知道中华文化的源是什么，中华文化博大精深，但是我们必须要追本溯源，知道本才知道后面的发展过程。谢谢大家！

二 中华医道之本

道本学末。中医医道，其末医学，道可容学，学不替道。中医是医道，而不仅是医学，道可以包容学，学不可以替道。中医有医道医德医术医理一直意思医学医技，医道为本，医学为末。中本医和。甲骨文的"中"字，空动符，贯穿延伸符，空动延伸，一切之本，万物之本。甲骨文的"医"字，左向右极限符，右上化变空上升。金文又加了一个术，术是制动。

真贞中字，空洞延伸，万类之本，贞文医字，限化变显，调和之本。为什么叫做限化变显，中医要限制各种生命之化，生命之变，生命之显，不能让生命的化变显太过，太过则不及。好多都是因为生命运动方式不适合，生命化变太多，所以必须要局限，所以医就是要局限调和各种生命化变。

医和人道。医和人道非斗病学，医道和人，其病自治，病人与医生，病人是本，医生是标，人与疾病，人为本，病为末。中医是不是治病的？中医不是治病的，中医是和人之道，中医通过和人而病自治，每一个人都有自身自问自调自显自化自和的自在，医生的目标就是要调动这些自在，促进这些自在，医道的根本目标是促进生命过程的全面自动实现，全面自由发展，全面自行和谐，而不是干扰取代破坏人们所了解的部分人体结构与部分人体功能。

二五数道指的是阴阳五行，为什么讲阴阳五行，因为人们说阴阳五行是中医最重要的部分，所以这里提一下。一二三五，天地至数，阴阳数二，五行数五。而五是最高的数，二的前面还有零，一。零二三五加起来，是大道的至数。阴阳相互关系，同气相求，异气相害，同性相斥，异性相与，同象相类，异象相别。阴阳有阴阳之气阴阳之性阴阳之象，他们之间的相互关系是同气相求，异气相害，同行相斥，异性相与，同象相类，异象相别。

五行的相互关系是生承制化，胜复乘侮，生无制有，承有化无，阴生阳承，阳化阴承，阳乘于阴，阴侮于阳。五行是生承，生是阴，承是阳，五行指阴互相相生，五行指阳互相相生，相生就像母子的关系，相承就像父子的关系，并不是克，没有克字，生承才能制化，在异常的境态下，才有胜复乘侮，到了胜复乘侮的时候才会产生疾病。

神机五藏。藏的甲骨文，左面是神的变符，右面是速记符（音），有人说这像个眼睛，实际上左面那个一个引空符，一个变空符，实际上它是神变，生命的化身就是一种神变，右面的抒机加起来使得神机，甲骨文藏字的本义是神机，所以，五藏是神机五脏，而不是身体器官，是翻译英语的时候，借用了中文把它变成了西化的概念，后来整个中医界都把它认为肝就是现在所说的肝脏，心说成心脏，而事实上，肝心脾肺肾在身体结构领域部件层次组织器官水平才是指人的身体之脏，其他的境域都不是指身体之脏。

木火水金土都不是指木头、流动的水或者金属，也不是着了火。木异变符加延伸符，一切相互作用都不断延伸，使万物发生逐末。上化，上升，指一切运动方式，不是火。变显通末，变空至显，而产生的各种现象都属于土。金，藏限收等运动方式属于金。隐动为显这样的运动方式都属于水。肝,下引符,发生符,相互作用发生属于肝。心,合空,出入,开合,等生命运动方式,是心。肺下通下延。肾伸变符加互动符(音),生命的发生,生命的运作,生命的过程都归属于肾。

贞文藏字,神显机变,神机五藏,非实体脏,藏归五行,通显诸域,无处不在,无时不有。到处都是五藏,到处都是木火土金水。举个例子来说,我们开车,汽车搁在那儿如果你不动它的话,无所谓阴,无所谓阳,它没有关系。你上去一开汽车,它就是阴,你就是阳,就有了阴阳关系。把车一开到街上,马上就变成了五行关系,你前面是一个运动方式,后面是一个运动方式,左面一个运动方式,中间一个运动方式,这就是五行的关系,每个运动方式都和你有关系,前面的运动方式和你有影响,你后面的运动方式有关系,如果你前面的汽车掉到坑里去了,你就不开了,前面的汽车撞人了,你拐弯跑了,所以前面的运动方式如果你是火,他就是木,他生你;你生后面的运动方式,如果你是火,他就是土,你掉坑里了,他停下了,您撞人了,他跑了。左面的运动方式一旦它出现问题,必然有打路,他左打轮把自己撞了,他往右打轮就撞你,所以他蹭你,你蹭谁,你蹭右面的运动方式,如果你是火,右面的运动方式是水。所以,到处都是五行关系。五行阴阳不是物质,不是什么对立统一,不是物理元素,而是关系相互作用,各种关系各种相互作用无处不在。

五藏有神藏光藏气藏形藏微藏脾藏太藏机藏,各种各样的地方都有五藏,我们举气藏为例。心犹君主,灵慧主持,驱动致用,归属于心,肺属相位,辅佐传递,引导转输;肝如将军,谋虑运筹,疏泄协调,脾似仓管,演变供给,运化通达。肾属根本,隐动发生,统摄机巧。为什么肾为先天之本,一切的生命的发生与统摄过程归属于肾,生命的发生,细胞的发生,粒子的发生,生命光的发生,生命波的发生,生命变化法身的发生,生命运动方式的发生,生命气的发生,生命神的发生,生命过程的发生都归属于肾,而不是什么泌尿系统器官。

为什么脾是后天之本,一切演变运化的生命运动方式归属于脾。所以,脾是一个后天之本。而一切谋虑疏泄协调的运动方式都归属于肝,肝是辅助于心的,而心是君主,它是一切主导与驱动的运动方式。肺,是一切传递与转输的运动方式归属于肺。所以,五藏到处都是。举例来说一个企业有没有五藏,一个家庭有没有五藏,一个国家有没有五藏,到处都有五藏。企业的机器重要,员工重要,厂房重要,资金重要,还是生产方式重要，管理方式重要，显微镜下实验室里能不能看到管理方式，能不能测量到生产方式，生产方式是企业的什么？生产方式是企业的肾阴，没有生产方式就没有企业，生产方式是企业之本。统筹方式，是肾阳，管理方式是企业的肾阳，营销方式是什么，营销方式是企业的肺。

气腑

胆性正直，不偏不倚，准确决断，膻中使臣，代君行令，表达情志，大肠驿守，变化输导，传送外泄，小肠受盛，转化物类，泌别清浊。三焦开通，上下显隐，升降出入，膀胱会聚，秘藏津液，通行气化。这都是生命的运动方式，连腑都不是肌体的器官。就拿胆来说，教材上把胆解释成胆囊，说胆囊有储藏胆汁的功能，这是西医的胆囊，中医担负决断，决断是生命过程的一种运动方式。而且肝胆是无处不在的，谋虑是肝，决断就是胆，你要想拿一个东西，琢磨拿不拿就是肝，你说拿就是胆，然后伸手去拿就是心，心主驱动。所以到处都是肝胆。肝胆相照，是那个胆囊和肝吗。剑胆豪情，剑胆琴心，是那个胆吗？一心一意是西医的心吗？所以，心肝脾肺肾无处不在，到处都是五藏，到处都是六腑。

审察病机

中医病机，求因属势，非位性量，治道之要，审察病机，调动生机。中医病机求因求属求势，而不是定性定微定量，中医治病的关键在于审察病机，调动生机，病机求因属势，因有六淫、七情、劳伤，属有藏腑、经络、气血，势有局势、趋势和时势，局势有虚实、寒热、燥湿，趋势有表里出入、上下升降、开合聚散，时势有卫气营血，温病三焦，伤寒六病。中医病机根本就不是找症，症是最低的部分，中医病机是要求因求属求势，只有把握病机才能合人，合人才能治病。

中医诊治之道。诊道有神气形，治道有神气形，诊道之极在于神诊，治道之极在于神治。治道有神治、气治、形治，形治有治神、治气、治形，治形有调治、刺治、药治。药治是治之末。现在药都有大量的替代品，非地道药材，然后治气、治神更是无人知晓，神治、气治更是望尘莫及。《内经》反复讲神治气治，而不是讲形治，形治是治道之末，而药治是治形之末。

调治包括调神、调气、调形，刺治包括导引、推拿、针灸，药治是治道里的最低部分。而药治有三个境界，其上为神用无方，法无定法，以化促化，以变促变。其中有审病求机，随机变法，依法组方，运方促治。其下有辨病求因，据因立法，专方专药，随症加减。所谓辨证论治是把药治里的最下一个境界的辨病求因拿掉，据因立法拿掉，专方专药拿掉，把最后的证提上来搞成辨证论治，辨证怎么治病？《伤寒论》辨太阳病，辨证辨脉都纯属于辨病，辨证比辨脉还低，辨证和辨脉加起来才达到辨病，辨病也不是辨别疾病，辨病是审察病机，太阳病的病机，而不是西医所说的病理。太阳为开，阳明违和，上阳为疏，它是一种病机，是一种生命运动中，各种生命运动方式变化的趋势，所以只有通过辨病求因，据因立法，才能够治病，这是药治最下的境界。《伤寒论》就是用的这种方法，并不是《伤寒论》低，而是《伤寒论》构造培养下工的，他就是让人看到什么症用什么药，而不是讲道理。因为当时在大灾的情况下，必须要尽快培养人来进行治病，所以他说太阳病，发热，无汗，脉浮平就用麻黄汤就对了。所以这是药治最下的境界。并不是《伤寒论》最下，而是它的培养目标是培养人们快速地治病的方法，这是一种比较直接的，就像建筑大师培养泥瓦匠一样。

本草草本

中医本草不是中药，把本草变成中药，把中药说成药物，把药物说成植物，把植物说成要寻找它的化学成分，完全是舍本逐末，药上面是引空、联动、求本。本草草本，草本空时神气，化学成分，体之末末……本草之本，是本草之神，本草之气，本草之空，本草之神，而不是体，更不是化学成分。

神气数序，化变态势，相生相承，相反相成，空动开合，光微出入，相从相应，相通相合，四气五味，升降归经，相求相与，相佐相抑。植物的空时作用于人的生命空时，植物的神气作用于人的生命神气，植物的数序作用于人的生命数序，植物的运动方式作用于人的生命运动方式，植物的生命变化方式作用于人的生命变化方式，植物的生命光作用于人的生命光，植物的生命粒子作用于人的生命粒子，植物的化学成分作用于人的化学成分，植物的有机化学成分作用于人的有机化学成分，植物的无机化学成分作用于人的无机化学成分，无机化学、有机化学、生物化学是整个本草中最低的部分。所以，提取所谓的有效化学成分和化学制剂，在提取过程中，生命信息，生命波，生命光，生命长，生命气，生命势，生命态，生命基，生命树，生命序，生命神、生命空荡然无存。抛弃这么多的对人的生命最有用的方式，取了那个最末最末的化学成分，取了化学成分变成西药，西药所有的危害都从提取的那些化学成分中显示出来了，这是一种彻底消灭中药和中医的途径。有人认为对中医的发展还有分歧，对中药发展是没有分歧的，意思是整个中药都是从化学中提取的，研究投资无数个亿元，一个中医药剂就6000万元的课题费，全部采取代替化合物的研究，这种研究方法不仅是消耗了大量的人力物力财力，而且进入了一条死路，这条死路就是舍本逐末，彻底毁灭中药和中医的一条死路。

中医养生，以精化气，以气化神，以神还虚，以虚归空。入境调神入定道家叫修炼，佛家叫定慧，中医叫调神，通过调神来以精化气，以气化神，以神还虚，以虚归空，这才是中医养生。饮食调和，起居调和，精神调和，推拿、针灸、按摩养身之末，调神、吐纳、导引才是养生的主要方法，而化神归空是养生的最终目的。

以上把中华医道的一些最根本的道门给大家介绍了一下。

三 走向未来的文明

中本西末，中主西从，和谐包容，相反相成。中医和西医不是平等的关系，更不是西医来统治中医，中西医结合不是用西医解释认证改造中医，把中医变成西医。就像泰国一样，已经有那么多女孩子了，非要把男孩子变成女孩子，非要把中医变成西医，所以，中医科学化、中医现代化是人类认识上的人妖现象。所以说中医和西医是两种不同的科学，中医是大道包容的科学，中医求本溯源，包括西医的实体研究，所以中本西末、中主西从，他们可以和谐包容、相反相成，中医和西医是不矛盾的，它是包容关系。为什么发生矛盾？是因为西医统治了整个卫生领域，统治了中医，所以才逼中医不得不起来纷争。就像大量的交通事故是由什么引起的？是汽车零件结构引起的吗？修理厂把汽车零件结构修好了，说上街吧，没有问题了，结果一上街车毁人亡。交通事故99.5%不是汽车的结构引起的，而是汽车的运动发生相互关系引起的，在交通部的眼睛里看的是汽车的相互关系和运动方式，而不是汽车的型号、汽车的零件，所以汽车的零件和功能出了问题谁来管？修理厂管。汽车的运动方式和相互关系出了问题，谁来管？交通部管。人的生命过程中，人体与结构和零件出了问题，谁来管？西医管。人的生命过程中，各种运动方式和相互关系出了问题，谁来管？中医管。你让汽车修理厂的工人去当交通部部长，用他的实务来统治交通部,交通部会怎么样,让南京机车车辆厂的工人和厂长去管理铁道部,硬件修理工程师管农业信息部,其结果会怎么样?所以说,由西医来管中医,就像用修理厂来管交通部一样。所以,发生了矛盾。如果中本西末、中主西从就不会发生什么矛盾。

科学革命。科学创新,否定否定;大道传承,肯定肯定。科学革命,终归大道,人类危机,呼唤中医。近年来随着科学主义发展主义的统治,人类的物欲不断膨胀,征服自然的野心不可遏制,环境污染,生态破坏,文明浩劫,空气污染,病毒变异,药品危害,人类面临着严峻的生存与健康危机。全世界有识之士都把注意力转向中国,转向中华文化,转向中医,全世界都觉得应该回归自然,中国人反而拼命地追求物质,扩大消费,要消耗能源,正好和西方形成一个循环,而西方科学面临新的革命,为什么西方科学要革命?因为西方科学是由末到本,舍本逐末,它是人为的,所以它要不断地否定,不断地更新,不断地创新,而中医是由宏及微、由本到末,所以是不断地传承,所以大道是肯定肯定,科学是否定否定,科学在革命中创新,大道在传承中发展。1900年西方科学界在充满骄傲和自信的岁月里,物理学晴朗的天空中出现了两朵乌云,引发了亘古以来最为强大的20世纪风暴,爱因斯坦的相对论,还有普朗克的量子论相继问世,牛顿的机械力学体系·拉普拉斯决定论面临着根本性的挑战。1925年,海森伯的测不准原理和S矩阵理论又引发了一场亘古以来更为强大的爱因斯坦学派和量子论学派的论战,爱因斯坦学派因为量子论学派不能实现没有指标(音),而量子论学派正是这种没有指标的、模糊的、互补的不可测的、测不准的,反而是未来科学所追求的目标。所以,随之而来的相对论、控制论、信息论、耗散结构理论(音)、分析论、混沌论,引发了一场空前的物理学革命。在这场空前的物理学革命中,一大批哲学家、科学家、哲学史家惊呼这场科学革命是向中国古代的回归,是向中医大道的回归。

世界医疗寄望中医,人类健康寄望中医,回归自然寄望中医,人类未来寄望中医。当今之世,我们要重现贞文,重现老子,重现内经,复兴文化,实现我们的文化复兴、民族复兴和中华复兴。21世纪是东西方交汇的时代,21世纪是复兴中华文化的时代,人类两条腿走路,古代的中国迈出了道法自然的第一步,近代的西方迈出了实体还原分析的第二步,当前实体分析的潜力穷尽的时候,科学的革命性战略就会到来。所以,我们中国特别是中医界,它的战略决策应该是遏制西化,正本清源,包容医学,弘扬医道。

中医现代发展的战略目标是主导国际医疗卫生,捍卫人类自然健康,引领现代科学革命,迎接未来文明大同!当我们走向未来的时候,指导我们前进的不是肆意歪曲我们自己祖宗留下的遗产,也不是无限崇拜大洋彼岸他人的恩赐,而是我们自己中华民族真正的觉醒!让我们承担伟大的时代责任,担负神圣的历史使命,实现民族的光荣与梦想,实现中华的复兴与崛起!

谢谢大家!

互　　动

主持人：谢谢傅研究员。每天早上我起床以后推开窗子,我们看到的都是同一幅风景,今天傅先生给我们推开了一扇我们从来没有意识到它可能存在的窗子,让我们意识到完全不一样的风景。今天的讲座我觉得非常受启发,比如说前些年和最近这些年有人认为中医是伪科学,我们愤怒于中医怎么是伪科学,中医也是科学。傅先生愤怒于怎么能够把我们的中医贬低到科学级别。我想这是一种新思维,包括什么是祖国的花朵,包括我们在座有很多老师和同学对文字学感兴趣,我们都知道有一本书叫做《说文解字》,它是通过形训的方法,用形来解释中国古代的文字。傅先生用符解。所以我听这个讲座,两个多小时我用两个词来概括个人的感受,一个是新奇,另一个是宏大。

因为时间的关系,我们只是听到了傅先生对中华文化和中国传统医学的他的宏大的理论体系的一部分,但是我觉得已经是让我个人很受启发,我想我们在座的也许都有一些老师和同学朋友和我有同感,所以,让我们再次以热烈的掌声谢谢傅先生。

因为时间的关系,还是给大家一些机会提问,或者有一些观点的分享。但是我有一个请求,希望所有的朋友限于一个问题或者一条分享,另外请大家提炼自己的问题和要分享的观点。

问：我不是分享一个观点,首先我表示感谢,非常重要的一个议题。我要说的一件事是,今天所有拷了PPT的同志,如果您在自己机器上看的时候,一定要断网,国家产权局的知识管理没有知识这块的管理。谢谢！如果您尊重讲课的老师，如果我们尊重知识，我相信我们今天来的人都比较尊重知识，或者是希望尊重知识，那么就替这位老师，对于他的发现表示尊敬，表示尊重，表示我们心里真的是想学、想问、想思、想辩。谢谢大家！

答：我说的这些是所有文献和网上都没有的，这些如果让国外知道的话，他们会投入很大的力量研究我们，对我们威胁很大。

问：弘扬是弘扬，弘扬不等于是不知道方法的弘扬。就像中西医结合，中西医不是结合的问题，我们的很多观念都是错误的。而且对网络的三网合并，我想大家可能不是这个产业和专业的了解得更少，我今天之所以提出来，是因为它里面存在问题，我希望我们尊重知识，因为有几个人拷了，我也拷了。

问：请问傅先生，因为我是学教育的，所以，我今天听到了一场非常精彩的讲座，感谢的话就不说了。我想问一下，您对中医教育现在的状况和传播过程中的一些事情怎么看？第二，您觉得中华医道需要怎么来进行传承和弘扬？

答：现在的中医教育主要是以教材为蓝本，而教材的编写主要是西学中用的一些人员编写的，挂的是老中医的名，他们编写的教材是近代以来力图用西医概念和理论解释、验证、改造中医形成的。所以有位老中医今庸（音）写了一首诗，叫"吾人生性太愚钝，发展中医愧无能，卅年教学工作苦，培养自己掘墓人"。所以，现在的中医教育基本上是把学生引入歧途，越走越远，从科学化、现代化到市场化，科学化中医已死，现代化中医两死，市场化中医三死，使中医走向了不归之路。

怎样弘扬中华医道，必须遏制西化，正确回归中华文化，回归《黄帝内经》、回归《老子》、回归甲骨文，真正揭示自然、自在和生命的本源，求本溯源，这样才能使中华医道恢复。但是这种恢复需要等待时机，就像愚公移山一样，愚公自己怎样把山移走呢，他拼命一点点地工作，最后感动上帝，上帝移走的，如果上帝不感动，他永远移不走，现在那座山还在那儿挡着。所以，中华医道的复兴要等待整个时机成熟，特别是等待有识之士的推动，才能根本上扭转中医西化的经验。中医学派西化不仅威胁人类的身体健康，而且威胁整个人类的未来，中华医道的复兴关系着人类未来前途和命运。

问：老师，请问我们听说学中医专业的学生得不到西医的证书，你是怎么看这个问题的？

答：在中国不严格，在其他国家中医生都不能开西药，西医也不能开中药，这种限制是有道理的，如果不限制他就乱开药。所以，中医学生不取得西医资格是对的，但是现在基本上限制不那么严格，现在中医出去以后还是乱开西药，中医基本上都是西医的，中医院一般都不用中药治病，基本都用输液、抗生素、激素化疗，也依赖仪器看病，用CT、X线各种检查，西医来说是不用脑袋看病的，就像无脑儿一样，完全依赖于机器，依赖机器不仅是把生命当成人体，还把人体当成骨肉，犹如一个躯壳。所以，现在中医不是中医医生没有西医证，而是乱开西药，乱用西医的方法，这样实际上危害是很大的，并不是中医老开中药，中医必须要掌握西医，因为中医是包容西医的，不懂物质结构领域也是不行的，就像科学一样，科学不发展怎么行？但是科学发展是有限制的，不能用双刃剑来危害整个人类。所以，西医也是对的，它在人体物质结构所取得的成就是无比辉煌和无与伦比的，不能否定西医。我们否定西医的统治，它在它的领域是对的，但是它统治整个医疗卫生系统那造成的危害就是很大的。就像中药一样，中药是人类精神生活的需要，是非常正确的，是不能否定的，但是如果中药统治政治经济社会文化等人类一切领域，人类就会走向蒙昧。科学在它的领域也是对的，但是科学要统治人类政治经济文化等一切领域，人类就会走向灭亡。

问：我想问一个问题，在我的同学中，肯定有这样一种认为，即中医是数千年的东西，中医一直在学没有发展和变化的老祖宗的东西，而西医是创新的进行实证分析的，您怎么看待这种方法？

答：为什么中医一直在看《黄帝内经》，因为整个中国文化都是从本、归本，所以甲骨文、《老子》、《周易》和《黄帝内经》都是讲本的，从本到末，它已经把本讲清楚了，它的后来人发展的就是传统，什么是发？发就是发挥，展就是展现，不是现在的发展就是为了盈利，为了挣钱。所以，中国文化是在传承中发展，西方科学是在革命中创新，它是人为的。中国的大道是自然显现，西方的科学是人为的创造，所以它创造的肯定是有错的，人为对自然的创造肯定是有错的，它是由低级到高级，所以它不断地否定自己，不断地实证，这是完全两条相反的道路，并不是说追本溯源就错，舍本逐末就对，也不是说舍本逐末就错了，求本溯源就对。两种都是对的，我们要正确地使它融合起来，所以我们推崇《黄帝内经》不是复古,也不是仿古,但是我们就是要追求自然的本源,仿古、复古就是要追本,就是要归本,这是非常正确的。并不是说古代人落后、现代人先进,在物质结构领域的研究中现代人是先进的,在追求大道、追求根本、追求自然生命的过程中,现代远远比过去落后。所以,只有入境、入定、入虚,生命之空与自然之空才能融合合一,这种境域现代人是无法超过古人的。所以要想看先进和落后,不是看古代和现代,而是看什么境域,是大道境域。现在根本是离经叛道,连古人的皮毛都不济。如果在物质结构领域的追求,那现代人比古人高明得多,所以首先要确定境域才能认识问题,所以中医追崇《黄帝内经》,完全是大道传承的必然结果,西医在不断地革命和不断地创新也是它的必然结果,它不革命、不创新它就全错了,全死了,今天发明的明天就会认为是错的,所以西药是不断地淘汰,中药本草几千年不变,如果把中药提取成有效化学成分,也是不断被淘汰的,是假中药。所以,五千年以前的生命过程和现在的生命过程是一样的,所以医道不能变,说天不变、道亦不变,自然过程不变,生命过程不变,医道是不能变的,不能创新和不能革新的,而西方是研究微末的,微末不断地提高自己,不断地修饰自己,所以它不断地要革命,这是两种境域,中医仿古是完全正确的,西医创新也是完全正确的,但是他们创新的最终目的是要归本。

问:我们听了讲座挺有感触,但是我觉得对中医不用那么悲观,因为我觉得西方医学,从它的发展历史来讲,是研究他的死的方法,它是从死人研究开始的,他的书都是死的讲话的,中医从已经开始研究生命,研究动和变化,所以他用死的研究方法会造成现在这种现象,但是他死的你永远不能把活的研究成死的,中国人讲死马当作活马医,西方医学是活马当做死马医,虽然现在西医的气势很盛,虽然现在是不太好时候,但是我对中医还是很有信心的,相信它经过这个阶段会有一个否极泰来重新回归全世界的过程,所以我很感谢老师这次的演讲。

答:就刚才您的问题我多说一句,作为一种学术是有理论的,学术理论的建立是有过程的,而中医的学术理论建立是在很早很早2500年前就建立了,这个建立由于它的高度使我们后面的人很难跨越,因为我是搞分析的,我是反推的,我反推以后发现中医的基础理论是对的,最近也在做这方面的工作,所以,如果说一个理论有上中下,如果说一个理论有本和末,那么我想告诉大家的是,我们中医的理论是上,是本,所以,在做工作的时候，我说的是中医的基础理论是对的，但这个对是相比较西医来说的，因为其他的医学我不太理解。对于中医和西医我自己都上过药，所以我想不管是学中医的人还是学西医的人，如果你有能力要去完善某些学术，那么你要学得更多，如果你说我只是一个医疗，那么，你要掌握基本的医学的理念，它的关键的词语，它词语之间的关系，如果医疗的话，我要掌握医疗技术，我们不去多说了，医疗技术仅就中医来讲要比西医多得多。谢谢！

主持人：谢谢分享，因为时间的关系，我们今天的互动就到这里，最后让我们再次以热烈的掌声感谢傅教授。

中医非物质文化遗产的核心价值与公众健康

主讲：中国中医科学院　柳长华教授
时间：2012年9月22日
地点：北京师范大学图书馆三层学术报告厅

主持人：各位听众、各位同学：今天我们非常高兴地请来中国中医科学院中国医史文献研究所所长、教授，博士生导师柳长华先生给我们做讲座，大家欢迎！

我个人真的不懂中医，但我想借此机会跟各位交流一点我个人的想法，可能要占用柳先生一点时间。中国的传统医学到现在已有几千年的历史。当我们的先民从山上走到平原，威胁我们生存的不再是虎豹豺狼的时候，人们就开始关注身体。考察古代文献我们可以看出，在甲骨文里，记载身体部位和疾病的词还非常少，到了金文就有很多这样的词。这说明到了春秋战国时代，我们的传统医学已经有了相当的发展。在古代的记载当中，我们有神农氏、华佗、张仲景、李时珍这样的神医，也有《本草纲目》、《伤寒杂病论》这样的医学巨著。但到今天，对中医、西医哪一种对我们的健康更有帮助，还是见仁见智。我个人的想法是，西医讲究分析，强调的是实验性。中医讲究综合，强调的是经验性。我听许嘉璐先生说，俄罗斯一个国家领导人每年从中国成麻袋的运走中药，他信中医。但也有人否定中医，比如电影《刮痧》，就把刮痧看做是对人体的虐待。也有人质疑中医，比如中医说人体有经络、穴位，但是解剖一看，什么都没有。所以公众对中医不甚了了。今天我们就请柳先生给我们讲讲，中医的哪些东西可以作为我们中国的非物质文化遗产。另外，柳先生还有一个题目是关于我们公众健康的选择。当我们想健康长寿的时候，我们对中西医要采取什么态度。

柳长华：

谢谢张老师的介绍。我1984年在北师大进修训诂学，许嘉璐先生是我班主任。今天很高兴回到母校。

我是从2005年开始受国家中医药管理局的指派来做中医非物质文化遗产的工作的。2005年国家推动非物质文化遗产，由文化部负责，13个部委组成部级联席会，我们国家中医药管理局也在其中。国家公布的第一批国家级的非物质文化遗产代表作名录里，中医有9个项目。这个工作一做就放不下，感觉自己的思想开始发生变化。看看中医目前面临的现状，我今天讲的这些话题，不管是学中医的，还是普通民众，对中医的看法都要转一个大弯。今天主要讲两个方面。一个是讲中医的非物质文化遗产的时候，主要讲中医的生命与认知，中医的生命观和疾病观是什么？另一个就是作为民族的传统医学，它对我们今天的健康，对公众来说，我们应该有什么选择？大家知道，最近中医很热，养生尤其热。各种各样的人物都在登台讲养生。那么，养生到底是怎么回事？

我特别想说的是，国家公布的第一批国家级非物质遗产代表作名录里，第一个项目就叫中医生命与疾病认知方法。这个项目列在里面是很不容易的。当时有人说，中医的非物质文化遗产还要保护思想吗？我说，这个是中医的命根子。非物质文化遗产都不保护，谁来保护呢？我特别高兴的是，时隔七八年了，今年暑假教育部的暑期班，题目就叫中医生命与疾病认知方法。我特别高兴这个观念在被越来越多的人接受。因为学中医的人都知道，我们现在的科班教育里没有这门课，虽然它是讲中医基础的。

所以我想，咱们先从什么是文化来看。为什么要从这样一个大家很熟悉的问题入手？其实很简单，不同的民族有不同的文化，对文化有不同的理解，所以没必要非对文化下一个定义。我们中华民族对文化有一个特殊的理解。文的本义是纹理、花纹。文字最初称"文"，是模仿各种事物的轮廓画成图形，犹如花纹，所以叫做"文"。织在衣服上的纹理图案，光彩华丽，因此，穿着有纹彩的衣服又称为"华"。《左传·定公十年》杜注："中国有礼仪之大，故称夏；有服章之美，谓之华。"所以我们称自己是"华夏"民族。

化的本义是变化、教化。一类人群，一个地域，服色美者则有礼仪，具有优越之德，为人们所仰慕。所以，《易》称尧舜"垂衣裳而天下治"。《易》曰："观乎人文，以化成天下。"《论语·八佾》子曰："周监于二代，郁郁乎文哉，吾从周。"有了文化，就可以变鄙薄为文明。这是汉民族"文化"一词的内涵。特别是对我们这样一个有悠久历史的民族，我们真的可以追溯到公元前3000年左右的时期。当时的华人大概是在黄河中下游，主要的活动聚居地在山东、山西、河南、河北一部分，那个时候的丝织品才能染色，才能很华丽。过去穿麻，麻制品是不能染色的。所以才有"垂衣裳而天下治"之说，指的是某一阶层的人。所以，文化是为某个民族所认同的，由这种文化而构成传统，并代代相传。因此，文化和传统是民族的，不能不分民族笼统地谈文化。任何一个民族都有属于自己的文化，因此民族没有高低贵贱，文化没有大小优劣。所以我们想想，当今世界，我们在推动文化繁荣发展的时候，是不是也要考虑民族文化的问题？

那么，中医的文化是什么？近百年来，我们说到中医的历史，甚至说到中国的历史，就会说是劳动人民在生产劳动中创造发明的，这其实是西方人的史学观，是有一定的政治背景的。实际上，中华民族是崇拜自然的，对自然现象和对物性的认识起源于理性的观察。从某种角度上说，历史是圣人创造的。我们说到中医的时候，说最早的起源大概是人类无意间受伤了，看到动物有什么行为，人类很偶然地发现了某种草有什么功能，这实在是不可思议的事情。对这个问题，我们的世界观和价值观，要分开。实际上我们说中医植根于中华民族的文化，只能说中医是这样一种民族文化的产物，而不能笼统简单地说中医是由劳动人民创造的。

我们说中医文化的根基是以人物为代表的创始者。炎帝神农氏发明了用药物治疗疾病；黄帝轩辕氏创造了生命与疾病的认知知识；神农、黄帝是创造中华文明的先驱和代表，也是中医的创造者；扁鹊是诊脉的创造者；伊尹是汤液的创造者；张仲景是辨证论治的创造者。

实际上，是中国人习惯于把历史用一个代表人物来表现。炎帝的书是不是炎帝的？不是。是代代传下来的，到汉代才有《神农本草经》这本书。《黄帝内经》是在西汉整理起来的。扁鹊在《汉志》里有记录，有《扁鹊内经》、《扁鹊外经》。我们今天看到的《黄帝八十一难经》是唐以后才叫这个名字，实际是扁鹊的书。扁鹊，实际是一种鸟，是商族人的图腾，在中国东部，以山东为主，鲁西南一带。伊尹是商代初期的，我们喝的酒，调和五味，重要的方剂，汤液都是他发明的。有趣的是，神农氏应该是西方人，指中国的西方陕西、甘肃一带；黄帝应该是黄河中下游人，中原人；扁鹊是东边一带的人，"天命玄鸟，降而生商"。我曾经思考过一个问题，大家看山东嘉祥的汉画石，扁鹊人首鸟身在做针灸，《黄帝内经》说，砭石东方来，毒药从西方来，"导引按跷"从中央出。我曾经想过，但缺乏考证，我觉得这应该是个真实的历史。在相当长的历史时期——有多长？不知道。——东方人就是用针灸和砭石治病，不吃药。针灸就要诊脉，所以今天说看中医都要诊脉，其实针灸才诊脉。针灸需要知道脉气的虚实啊。《黄帝内经》记载，诊脉有三部九侯，上部人迎脉，中部是寸口脉，下部趺阳脉。每一部都有九侯，上中下，寸关尺，浮中沉。到了西晋以后，王叔和有《脉经》，然后张仲景才第一个把脉学和吃药结合起来。而西方人就吃药，不针灸。中原人有病就行气导引，不吃药也不针灸。这种地域性的医学不知道延续了多长时间，但我相信《黄帝内经》的方医讲的是对的。只是后人整理典籍都把它规整了。现在的针灸已经萎缩得很窄了，说明很多东西已经失传了。再看张仲景的《伤寒杂病论》，我说他是辨证论治的创造者，其实也是说他是代表人物。很多学中医的人都说，中医的精髓就是辨证论治，个体化诊疗。有一天我突然意识到这话不准确。大家想想，我们中医除了辨证论治还有什么？成方啊。同仁堂都将近四百多年的历史了，生产的药一直在延续着。还有鹤颜堂啊、广誉远啊、达仁堂啊等中药老字号，最能够代表我们中华民族了。一个企业、商业，能存在好几百年，这在世界上都是绝无仅有的，不要老说西方怎样怎样。对这些成药怎么理解？医学能发展到能用成方治病的时候才是最高境界，它可不是辨证论治。有人说中医是经验医学，靠经验，是因为他没读过《黄帝内经》。大家去读《史记·扁鹊·仓公列传》，看看仓公是怎么成长的。你就知道，原来西汉时候的医学已经可以通过系统学习掌握了。学什么？医经。所以我们说，不能简单对中医下个结论说它是经验医学。我们的中医学，早在2000年前就有了系统的理论。到东汉的时候，张仲景把经方和医经结合起来。这是很了不起的时期。

那么，中医的生命观是什么？中医认为，人的生命由精神和物质共同构成。西医认为生命就是蛋白质。在这一点上，中西医截然不同。《黄帝内经》说，"天之在我者德也，地之在我者气也；德流气薄而生者也"，认为天地合气创造了人。《灵枢·经脉篇》云：人始生，先成精，精成而脑髓生，骨为干，脉为营，筋为刚，肉为强，皮肤坚而毛发长。五脏一具，精神乃始。中医的这种生命观的产生源于中国人对自然界观象的认识方法。阴阳是最大的象，用以说明物性，五行说明象与象之间的关系。这没什么神秘，也不奇怪。一个阴阳五行学说把一切自然现象都概括进去了。用这种方法认识生命，人身的脏腑、形体、精神、气血都具有阴阳的属性，均可以用五行说明它们之间的关系。五脏、六腑、经络、气血都是象，是具有自然属性的象。所以，大家去研究经络、肾阴、肾阳，没必要。因为这产生于两种不同的生命观。

中医的核心价值就在于它的生命观，我们希望这样一种文化所产生的医学，千秋万代也保留它的本色，这是我们的宝贝啊，这是我们中华民族创造的医学啊。为什么要去验证它呢？有种学问叫诠释学，要用现代的语言解释中医，让现代人都听明白。我觉得，有这必要么？想学中医就老老实实去读《黄帝内经》。想外国人明白，就让他来中国学。没必要诠释。

那么，有了这样的生命观，衍生出来中医的疾病观。中医认为自然界的万象，生克制化，保持着阴阳的平衡，一旦平衡被破坏，就会成为致病的因素。西医学认为人的疾病是物质的，外来的，比如细菌啊、病毒啊之类的。既然是外来的，那么致病之后肯定要消灭它，比如西医多用抗生素之类的药。中医认为，病因包括内因和外因。自然界的风寒暑湿燥火，失常则成为致病的外因；人体的喜怒忧思悲恐惊，失常则成为致病的内因。自然界的风寒暑湿燥火发生变化了，或跟人体不协调了，就会伤人。能消灭它么？不能。人体的喜怒忧思悲恐惊是人正常的精神活动。你老觉得不满意，不公平，能不生病么？保持平衡的话就健康，不平衡的话，就要生病。内因生病会伤五脏，外因先伤皮毛，其次至肌肤，其次至经脉，其次至六腑，其次至五脏。至五脏者，半死半生也。那么中医的这些疾病能消灭么？不能。只能调整，和谐。因此，中医首先会选择养生来预防疾病，争取不生病。这是中医很自然的选择。其次才是利用具药物的自然属性如寒热温凉、辛甘酸苦咸来组成方剂，治疗疾病。

正是因为中医有这样的生命观和疾病观，中华民族认为万物都是有情有性的，用来防治疾病的药物也是有情有性的。它的性正好可以协调疾病的过或不足。针灸也是通过疏通经脉调节气血。针灸也能补血，只是现在能掌握这门技术的人太少。有人认为针灸就是刺激，是错误的。

下面我们看什么是中药。前几年有人想给中药下个定义，说中药就是在中医学理论指导下使用的药物。我就想，那什么叫西药啊？所以我给中药这样下了定义：利用自然界的草木金石等自然属性（不改变其自然属性）防治疾病，称为中药。如果这个定义成立，那么中药跟西药的分别就很清楚了。正是因为中药是利用了物的自然属性，所以就算炮制、烧焦了，它也还有存性。所以伤寒论的方子，2000多年了还能用。有人说中医不进步，也不创新，2000多年了，还在用以前的方子。这话听着就有点不让人高兴。这话可以换个角度说：中医真了不起，都2000多年的方子还可以用呢。可惜的是，我们举国上下都在创新，非得把它改了不行。但是我们看这样一种医学，正是利用了物的自然属性，"天不变，道亦不变"，怎么会过时呢？再看西药，据说就剩阿司匹林了。不断在淘汰。因为西药是化药，本质上是改变了物的自然属性的。比如青蒿素，唯一的中药提取物，治疟疾的，提取了之后就是化药了。用化药解决问题的时候，常常出现魔高一尺道高一丈的状况，疾病的耐药性随着化药的药性的变化而不断发生变化。我们曾经一度说我们解决了一切的传染病，鼠疫啊、天花啊。但是，2003年的SARS是种警告，真是没有办法。近些年的各种变异性病毒还在不断出现。我觉得现在还是毛毛雨咧，不知道什么时候人类和自然界的这种不断对抗会爆发什么样的危机。我想，病毒和细菌也有生存的权利啊，你为什么要杀死它？而且我们现在生活方式改变地太厉害了，比如对鸡啊、猪啊的密集养殖方式，各种疾病、传染病，不知道什么办法能够抵御。发现以后，就把它们烧了、埋了？我是觉得这个问题太深刻了，要告诉我们人应该怎么活的问题。问题太大了。

我们知道汉代问世的第一部本草著作《神农本草经》将药物按上、中、下三品分类，凡365味。以应周天之数，四时八节之气。每药包括性、味、产地、炮制、功用主治等。有趣的是，它说上品养性，中品延命，下品毒药养病。我们想想，中国第一部的药物学书里有2/3是养性延命的，只有1/3是养病的。这才是中药。这是什么道理啊？

再看什么是方剂。刚才说它是商代伊尹发明的。其实在中医学中，本草和方剂是两个门类的知识。看看古籍自古以来界限都很清楚，今天还很清楚。本草是本草，方剂是方剂，从来不乱。药物是用来组方的，方剂才是直接用来攻病的，就像兵法中把兵组成阵来攻敌是一样的道理。所以中医常说"用药如用兵"。只是我们今天把本草和方剂都放在一起了，这可是天大的事情。有一年一个先生问我，本草书里，药物下面有主治有功用，方剂里也有，这是怎么回事啊？我说这很清楚，本草里的主治功用是为主方服务的，方剂里是为临床医生服务的。换句话说，中医不是直接拿药治病的，是用方来治病的。中国人早就进步到把各种性味的药通过各种思想理论组成方了。我们今天一方面研究单味药的成分，另一方面研究复方里的什么成分能治病。今天把药和方混为一谈了。其实从某种意义上讲，这是一种倒退。比如我们现在一些不入门的中医师，临床看病，特别是用了现代医学对中医药的分析看病的，说金银花可以杀死病毒，感冒了就一堆金银花。完全是这样一种组方的方式了。那个方子杂得很，都看不明白是怎么回事。

中医组成的方，都是对症的——刚才说了，中医治病不用药。还有一句，就是中医不治病。所有的中医，看病是对症的。所以一个方是针对一个症的。症有阴阳表里寒热虚实，药有寒热温凉、升降浮沉，方有君臣佐使、大小缓急奇偶复。每一个方剂，都会有一个文化内涵。方子不在它的组成，而在组方的立意是什么。比如李东垣《内外伤辨惑论》补中益气汤，由黄芪、甘草、人参、当归身、橘皮、升麻、柴胡、白术八味药组成，组方的主旨是甘温除热，功效是升阳举陷。主旨是方子的精髓，药物都是可变的，可是再变化都不能改变它的立意。后人在用这个方子的时候，很少用原方。但是现在在申请复方专利的时候，眼睛就盯着组成。这跟中医大相径庭，这个专利对中医起不到任何保护作用。再看北宋《太平惠民和剂局方》的"四君子汤"，是由：人参、白术、茯苓、炙甘草组成的方剂，主治脾胃气虚。四药配合，气味平和，寒热适度，有"君子致中和"之意。

我们再进一步看中医文化的内容。

中医的生命知识。是对生命发生、生命形态、生命活动、生命与自然的关系等生命现象与规律的认知，是中医认识和防治疾病的依据和理论基础。主要包括天人合一、阴阳五行、脏象、精神、气血、经络、形体等知识。大家看这幅明代的中医脏腑图（见图1），虽然中医画了这幅图，但还是重在它的功用上。中医主要还是用"观象"的方法来理解人的生命现象。这个脏腑图以后不断演化、变化。清宫里后来出现的有内景图，其实就是这个脏腑图的演化。说白了，这是中医对人的生命现象的解释，跟西医是不一样的。

中医的疾病知识。是关于疾病的病因、病机、症候等的知识。中医对病因的认识主要有外因（风、寒、暑、湿、燥、火）、内因（喜、怒、忧、思、悲、恐、惊）；对病机的认识是运用阴阳、五行、表里、寒热、虚实、正邪消长等解释疾病的发生传变机理；症候是疾病的表现形式，是中医治疗疾病的着眼点。

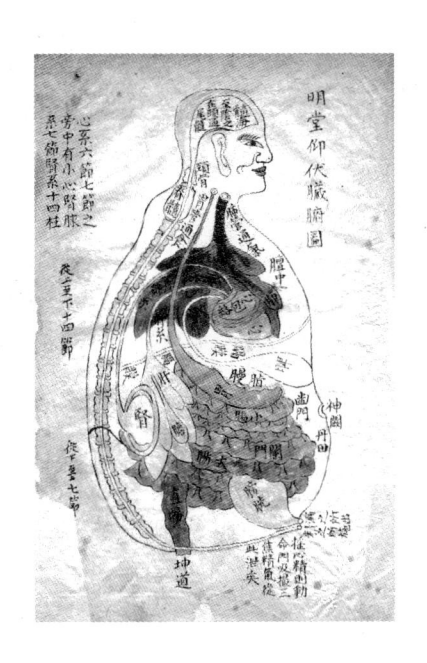

图 4

中医的诊法知识。是获取和分析疾病征象,判断和确定症候的知识。

主要包括"四诊"和"辨证"。四诊即望、闻、问、切四种诊察疾病的方法。辨证是依据四诊所得的资料运用中医理论判断疾病证候的方法。辨证的方法很多,主要有八纲辨证、脏腑辨证、六经辨证、卫气营血辨证和三焦辨证等。

中医的治疗知识。包括治疗原则和各种各样的治疗方法。治疗原则如"治病求本"、"扶正祛邪"、"寒者热之,热者寒之"、"同病异治,异病同治"等;治疗方法包括药物疗法、针灸疗法、正骨疗法、手术疗法、推拿疗法、刮痧疗法等不同类别。

中医的本草知识,即中药的知识。本草即药物。是关于药物产地、采收、炮制、性味、归经、功用、主治、毒副作用等方面的知识。包括金石、草、木等多种类别。中医利用药物的自然属性调整身体的阴阳平衡而达到治疗疾病的目的。

中医汤液的知识。汤液即方剂。是针对不同证候把药物组成治疗疾病的方以及方的制作知识。包括君、臣、佐、使的组方法则和膏、丹、丸、散等各类剂型的制法等。汤液知识跟中医其他方面的知识一样,跟现代人的观念格格不入。我跟大多数人的疑问是一样的,大家知道,中药的剂型千百年来是不变的，我想：中国人不至于这么笨吧？其实不是笨。中医用药的文化内涵太丰富了，反映了中医的生命观和疾病观。比如那大蜜丸子，改片剂就不如药丸效果好。还有我们现在基本不用的煎药，也是。我们年纪比较大的人都知道，一边包药，一边就买砂锅，泡一泡，放到炉子上煮，一边煮一边搅，好了倒出来，再煮再搅，再合成一块儿。但现代人觉得这种方式太落后了，还浪费时间。但是有一天我突然感悟到这种熬药方式的好处。你想想，家人生病了，你去包药。回到家，病人躺在床上，你把药放在黑黑的砂锅里熬熬搅搅，药香一会儿就充满全屋。熬好，倒出，端给病人，病人还没吃药，病就好了一半儿了。为什么？想想我前面讲的，中医的生命观是什么？生命是精神与物质的统一。这种熬的过程体现了亲情。精神疗法。所以很多中医的剂型有它特殊的内涵，不要轻易否定。

中医的针灸知识。是关于人体经络、腧穴和使用针刺与艾灸治疗疾病的知识。包括经络、腧穴、针法、灸法、针具、灸具等。通过针刺或艾灸相应的经络和腧穴，可以调节脏腑气血，使其恢复平衡，以消除疾病。

中医的养生知识。是关于养生、保健、防病、益寿等方面的知识。主要包括饮食养生、药物养生、精神养生、导引养生等。养生是中华民族独特的、卓越的一种思想和方法。通过养生，可以达到防止疾病发生、提高生存质量和延长寿命的目的。

以上种种，就是中医文化的内容——如果我们说文化的时候，它的参照物是科技的话，这些统统都是文化。

下面我们谈谈中医文化的价值。中医在中华民族文化之中孕育发展，天人合一、脏象、经络、精神、气血、内因、外因、药物的自然属性等，是中医的核心思想，这种独特的生命观和疾病观，是人类文化多样性的生动体现。对关于"中医不科学"、"中药成分不明"等对中医的质疑，要有一个清醒的认识。文化问题其实是意识形态的问题。西方文明改变了我们的生活，改变了我们的价值观，人们既缺乏对传统的真正理解，却热衷于站在传统之外对其评头论足。我们在谈中医的生命观和疾病观的时候，会面临非常大的阻力。对很多在从事中医的现代化研究的人来讲，这种观念是不合适的。中药为什么能治病啊？因为它有药性。药性是什么呢？它又没有成分。用没有成分的药治病，你不是巫师么？在这个问题上，我们真的感觉到一份非常强烈的民族责任感，很有压力。这种传统文化与现代文明的扞格之处，或许正是它的真实价值所在。

其实回过头再看的时候，中华民族形形色色的文化可以归结为一个字，即"道"，道即自然，即法自然。中医源于中华民族传统文化，其核心价值是"医道"。我们今天中医说叫医学，其实过去先人们都不这么叫。王冰在唐代的时候立法，把中医作为医学去管理的时候说，这样不好。为什么呢？因为我们今天一说学，就是画圈圈，画框框，画界。所以《素问·著至教论》中黄帝问雷公说："子知医之道乎？"雷公对曰："诵而颇能解，解而未能别，别而未能明，明而未能彰。"帝曰："道上知天文，下知地理，中知人事，可以长久，以教众庶，亦不疑殆。"我刚才说了，黄帝内经今天还要读，为什么？因为医学是"究天人之际，通古今之变"的学问。医之为"道"，乃中华民族所特有。"道"不是科学技术，"道"是思想智慧。大家知道，今天看病难，看病贵。我估计会越来越难，越来越贵。因为现代医学已经越来越技术化了，现在去医院看病，医生已经越来越不敢运用自己的智慧了，所有的医疗都是标准化规范化了，医生不敢越规。医生的聪明智慧都被束缚起来了。所以我觉得这真是个大问题。这个问题的背后大家能感受到一个问题，当我们有病的时候把生命交给医生真是慎重慎重再慎重。不要抱怨，这不是医生的问题。中医真正的核心价值就在这里。中医就主张顺应自然，自己要调节自己的性情，这样一种生命观，及由它衍生出来的中医的疾病观和健康观。

我们现在看到的各种各样对中医的研究都是对中医的利用。也就是说中医学传承数千年而至于今，还有一种价值的体现，即可以被现代科学技术所利用。实际上，这种利用跟中医自身的发展没有关系。但是，恰恰是这种可利用的价值却误导了人们，认为这就是中医生存发展的必由之路。东阿阿胶，大家很熟悉。我去东阿阿胶厂，他们说他们在跟某高校合作研究阿胶的成分，我们投入多少建研究室。我说，等你们真的把成分研究出来，美国人生产的阿胶要比你们生产的好十倍。老总不明白。因为那阿胶没有成分啊，它其实就是乌驴皮，上柴火，地下的济水。那济水在泰山脚下，深400米。按本经说，济水因在地下，阴气重，性子急，脾气很大。性急而趋上，找个缝就往上钻。水也有水性的。阿胶就是用这个至阴之水炼制的，本经记载它可补五脏，因为乌驴皮是有情有性之品嘛。其实阿胶就是丹药。这就是它的本质。所以，我们有必要分清楚中医的存在价值和可利用价值。这个观念应该牢牢地树立起来。这在政府工作层面尤其重要。中医要持续生存，必须发扬光大中医文化。

我们再来看传统的观念面临的问题。

第一，传统实践及与之相关的信仰逐渐丧失。由于外部社会和环境的压力、现代生活方式的影响以及传统生活方式的解体，削弱了传统文化的保存与传承方式。

第二，独特的生命与疾病观得不到理解。传统医师为患者所处的方剂，不能分离和描述其中特定的化合物，不能用生化术语描述其对人体的效应。人们很难理解这些治疗是建立在一种独特的对生命与疾病认知思想和世代累积的经验之上。如果以另外一种文化视角来看待或评价，比如用西方的实证主义思想，就会忽略甚至歪曲对中医真实价值的理解。比如王老吉，被诉里面含有夏枯草，有人投诉说喝过肚子疼。卫生部门马上通知王老吉把夏枯草撤出来。但王老吉其实是成方制作，受非物质文化遗产保护法保护的。这事儿据说有商业背景，因为王老吉在广东、香港、澳门的销量已经超过了可口可乐，此事为两家竞争所致也未可知。最后不了了之。但事实上，中医就是用毒药治病的，《黄帝内经》说："大毒治病，十去其六，常毒治病，十去其七，小毒治病，十去其八，无毒治病，十去其九。谷肉果菜，食养尽之，无使过之，伤其正也。"中医用毒药治病，这是中国人的智慧，"有故无殒，亦无殒也"。砒霜也是药，可以用来治白血病。陈竺部长对此有30年的研究经验。

第三，各种不当制度束缚了传统的生存与传承。现行的一些制度不适合传统的生存与传统，如新药注册、执业医师、专利等搬自西方的制度。典型的例子如保滋堂的"保婴丹"，有2300年的历史，主治小孩杂病，效果奇好。1985年实行新药注册以后，因为里面含有朱砂被禁止生产。"保婴丹"停产之后香港不愿意了，因为这个药在港澳东南亚十分畅销。后来广东一盅制药跟香港私下达成协议，由广东负责生产，运香港分装、上标，本来很便宜的药摇身一变，价格成百倍的上涨。这几年，中国人再从香港着了迷地高价往回买。国家利益何在？唯西观念真是要命。西医学其实是西方文化的产物。医学在进入20世纪以后越来越技术化了，医疗行为被各种各样的标准保护着，医学的人文关怀被淡化了，医生与患者变成了商品关系。有一位很有名的科学家在七八年前就在《光明日报》发表讲话认为，包括西医在内的医学，应该归入社会学的部分。而中医学里最丰富的就是人文关怀，因为它的生命观就是生命是精神和物质的。

在我们了解了中医文化的各个方面之后，我们来看，当我们面临健康问题的时候，怎样选择？刚才我说了，第一选择就是养生。养生即"治未病"，它有很多内涵。刚才讲到，《黄帝内经》说："故邪风之至，疾如风雨，故善治者治皮毛，其次治肌肤，其次治筋脉，其次治六腑，其次治五藏。"其实很多病都只在皮毛和筋脉，没必要吃药、针灸、推拿、刮痧、拔罐就可以解决了。真入了脏腑，真得吃药。

中医学从根儿上说，到西汉才有。西汉时刘向等校书将中国的所有学问分为六个部分。医学是其中之一，称为"方技略"。方技者，皆生生之具，王官之一守也。太古有岐伯、俞拊，中世有扁鹊、秦和，盖论病以及国，原诊以知政。"方技略"包括：医经、经方、房中、神仙四大门类。其中"神仙家"是养生的鼻祖。

医经七家：医经者，原人血脉经络骨髓阴阳表里，以起百病之本，死生之分，而用度箴石汤火所施，调百药齐和之所宜，至齐之得，犹慈石取铁，以物相使。拙者失理，以瘉为剧，以死为生。

经方十一家：经方者，本草石之寒温，量疾病之浅深，假药味之滋，因气感之宜，辩五苦六辛，致水火之齐，以通闭解结，反之于平。及失其宜者，以热益热，以寒增寒，精气内伤，不见于外，是所独失也。故谚曰：有病不治，常得中医。

房中八家：房中者，性情之极，至道之际。是以圣王制外乐以禁内情，而为之节文。传曰：先王之乐，所以节百事也。乐而有节，则和平寿考；及迷者弗顾，以生疾而陨性命。在今天就叫"音乐疗法"。

神仙十家：神仙者，所以保性命之真，而游求于其外者也，聊以荡意平心，同死生之域，而无怵惕于是胸中。然而或专以为务，则诞欺怪迂之文，弥以益多，非圣王之所以教也。孔子曰：索隐行怪，后世有述焉，吾不为之矣。不是那些妖魔鬼怪的就是神仙，神仙就是今天说的"精神养生"。人们练的五禽戏啊，八段锦啊，耍太极啊，都是神仙。关键不在动作，在行气。精神内守，调节气血。

养生的精髓。

养生的精髓是"服食"。服食包括日常饮食与服药，包括草木药、炉火丹药、内丹药物、服气、服石、服液等，还包括道门中的服符、内炼中服内丹等。服食的目的是为了增进健康和延年益寿。服食方药的制剂有丸、散、膏、丹、汤等。服食是中华民族特有的理论与实践，属于中医

"治未病"的范畴。如果给它下个定义的话，可以这样来说，可以长期定量服用的药物也好，饮食也好，丹药也好，称为服食。这些可以长久服食的，叫服食之品。中华民族几千年来，在这种思想的指导下，有很丰富的经验和服食方法，创造了各种各样的服食之品。刚才我们说的"阿胶"就是一种服食之品，丹药。

服食来源于中华民族"和实生物"的思想。西周末年思想家史伯提出"和实生物，同则不继，以他平他谓之和"。古人以土与金、木、水、火相互混杂而融合，创造了各种器物，这就叫"和实生物"。比如中华民族重视对五味的调和，对水、火、木"三材"的运用，与《汉书·艺文志》经方序"辨五苦六辛，致水火之齐"的道理是一致的。汤液制剂与烹调之理相通，关键在于一个"和"字，即"和实生物"。《吕氏春秋·本味篇》记载了伊尹"说汤以至味"的话："凡味之本，水最为始。五味三材，九沸九变，火为之纪。时疾时徐，灭腥去臊除膻，必以其胜，无失其理。调和之事，必以甘酸苦辛咸，先后多少，其齐甚微，皆有自起。""和实生物"能导致微妙复杂的变化，达到出神入化的境界，即"鼎中之变，精妙微纤，口弗能言，志不能喻"。

中华民族的服食之品通常都是炼制出来的，通过调和配伍炼制，去掉了偏性。有人说绿豆养生，是服食之品。这是不对的，因为绿豆有偏性。人们常说的六味地黄是服食之品，是丹药的一种，因为它没有偏性。我们说这只是一种理念，具体跟产品质量也有关系。我们历史上很多达官贵人都服食丹药。有人说服食不是容易中毒么？是容易中毒，那是丹药炼制的质量不好。大家知道藏药里有名的药叫七十味珍珠丸，其中有一味药是"汞"，所以水银的洗炼是一道很重要的工序。我去年去西藏看了，整个工序有四十多道，炼到最后像烟灰一样。丹药里面还包括云母、硇黄、黄金、白银，等等。藏药里矿物药特别多，但是七十味珍珠丸好得不行。它有很多的工序，很复杂。

再比如龟龄集。龟龄集也是服食之品。龟龄集是以炉鼎升炼技术炼制的"丹药"。有延年益寿的功效，曾是皇宗贵族和达官显贵的服食之品。它由30味左右的药组成。药的组成都是公开的，但是别人做不了。它整个的炮制过程非常复杂。龟龄集是结合三才、五行、八卦、九宫等思想，通过择日、炮制、粉碎、水浴、夜露、日晒、装锅等工序，炉鼎升炼七七四十九天制成，有99道大工序，360道小工序。在制作过程中，结合烧炭法、火燔法、土埋法、金炼法、水浴法等对药物进行炮制，对应五行的木、火、土、金、水，而且根据五行相生相克、相互平衡的理论，使整个处方得到水火既济之妙。我见过它的泡姜方法。它泡姜还是用传统的方法：两分鸭蛋似的大陶罐，把干姜放进去，合上黄泥封住，放在火里烧24小时，之后拿出来砸碎。你想想，干姜烧了24小时都焦了，焦炭一样。拿起来一摸，软软的像棉花糖，一掰还拉丝儿。油光光的断面，一闻味道比鲜姜味儿都浓，我才体会到本草里说的：烧存性。没了性，这药就不叫药了。现在怎么泡姜？就是拿大铁锅一炒，外面都糊了，里面还掰不动。而且传统的泡姜，大泥罐子是要专门的技师烧的，泥一裂了要赶紧补上，不能泄气。一泄气，这一罐子姜就不能要了。什么叫"气"啊？什么成分啊？不知道。所以这个传统的工艺只在大山里还保存着。为什么城市里没有了？成本太高。传统工艺做的地黄也是九蒸九晒。所以，传统的工艺生产出来的东西就是货真价实。但是国人很少有人懂这些，甚至很多人都会认为服食不是迷信吗？我们身边那些养生之品如果真的都能按照古法炮制的话，一定对人体是有益的。

好，这个话题我们就到此为止。希望对大家能有点帮助。说得不好请大家批评。

互　动

问：现在各行各业似乎都面临变革，所以需要一个有领导力的人去带领行业的变革、提升。

答：就中医而言，我觉得更多的是要寻找、回归我们的精神家园。当然这个不是简单的回归，它一定需要变革以适应现代社会。但对于中医来讲，当务之急是保持它的本色，能够让这样一种传统文化得以生存、延续。恰恰是这一点带来的冲突是最大的，因为更多的人是要用科技研究中医，推动中医的现代化。这样就有经费，能评职称，等等，带来诸多好处。

问：您刚才讲到龟龄集，我想问问商场里的龟苓膏能不能服食？

答：你说的是广西梧州出的龟苓膏，跟我说的是完全不一样的东西。那个是膏子，滋补的膏方，入冬后南方人都会做一些类似的东西滋补。可以吃，但是跟我说的不一样。可以这么说，龟龄集跟阿胶一样，是过去老百姓吃不上的，那得是王室人才能吃上。龟龄集最初是因为乾隆皇帝身体不好开始炮制的。

问：我国很多中医典籍在古代就散失了，后来又弄回来的。是不是可以这么说，中医文化的丧失是不是从古代就开始了？

答：在隋唐时候，中国跟日韩的交流就比较多了。我们的典籍到了日韩，他们都视为宝贝。这跟中国人对文化的态度有关，认为"学问乃天下之公器"，不像现在，还讲著作权，我们过去很多东西都是无偿地、很放开地往外传。就像今天，我们还一定要把中医往外传。但我认为，我们在进行文化传播的时候，还应该去珍视我们自己的文化资源，该保护的还是要保护。

问：我没听清楚您对经络研究的认识，以及它在平时生活中应用的看法。

答：这是一个很沉重的话题。就像我们不要去研究药物成分一样。我们说，药就是四气五味。中医的理论，黄帝内经的思想就是根据药的性味来组方攻病的。如果非得说药物成分，那就是说中医理论可以不用了。就像青蒿素一样，什么辨证什么对症统统可以不要了，只要化验是药原虫就可以注射。可青蒿素的命运并不佳，几年以后药原虫变异，开始用复方青蒿素，青蒿素被严格禁用。再过几年又不知道是什么。这就是两种医学。说如果我们把经络发现了，就意味着中医的脏腑经络气血理论可以不要了。但是不要了，这种文化就没有了。结果会怎样？我们不知道。但有这种文化比没有好，这一点我们还是相信的。那我们为什么非得去搞搞它的成分它的机理，非要把它去掉？可惜的是，我们举国上下都是科技文化。我不知道一个政党在执政时秉承的文化是什么，但我们知道西方的文化是以科技为主的。它是向自然索取，是对抗。所以美国炮制"中国威胁论"，这就是文化的隔阂，根深蒂固。那么，人类的生存、人类社会的一切都必须是科学的才行得通么？我想说，中医本来就不是科学。科学才多少年历史，中医存在了多少年？非要给它打上科学的帽子才能行得通？没有必要，这点智慧我们还是要有的。特别是，随着西方文化弊端不断的暴露，中国文化对人类可持续发展的价值会越来越被发现、被重视。我们可以研究经络，分析成分，但是如果我们非得以这些研究为中医发展必须要走的道理，那就像我们山东一句话所说的：瞎老婆疼孩子——瞎疼。

问：我想听听您对"气"的理解。因为"气"是中医和西医最大的区别。

答：这个问题，从哲学的角度上我是说不清楚。但是我可以从中医角度上说说。"气"分阴阳，气与血比较的话，气为阳，血为阴。中医的"气"是构成人的生命的一种物质，"天地合气，命著于人"。生命是精神和物质的统一，这是中医的生命观。

主持人：今天柳教授给我们上了一堂中医课。往大里说，柳教授是把中医学放到社会学、文化学的角度去看，看中医的生命观和疾病观。我想到前不久许嘉璐先生在华东师范大学召集了一批顶尖的人文社会科学的学者讨论"中华文化如何在海外传播"。许先生讲完话以后，一位哲学教授立刻质疑，说，如果我们想要中国文化在海外传播，首先我们要知道中华文化有什么值得传播。这真是一个很沉重的话题。有时候我们只说中华文化传播，但是实际上我们对中华文化知之甚少。往小了说，至少我们对保婴丹、龟龄集、阿胶有了更深的了解。相信一定会促进销量。让我们再一次用热烈的掌声感谢柳教授的演讲！

再说一句，今天是秋分，24小时是均分的，全世界没有极昼极夜，按中医的说法，今天应该养胃。谢谢！

儒释道文化与中医文化的精神

主讲：北京中医药大学　张其成教授
时间：2012 年 1 月 5 日
地点：北京师范大学英东学术会堂

主持人：尊敬的各位听众，尊敬的张先生，大家知道，随着我们国家人民的温饱逐步解决以后，人们越来越关注健康，以至于电视台的养生节目成了最受欢迎的节目。我们人文宗教高等研究院要请就请顶尖的学者，今天请到的张其成先生是著名的国学专家、养生专家、中医文化专家，出生于国家非物质文化遗产"张一帖"医家，为第十五代传人，是我国首届"国医大师"李济仁先生、国家非物质文化遗产传承人张舜华女士的长子，幼承家训，学习医儒，后来又修习道禅。他是北京大学哲学博士，北京中医药大学博士后。

我想我国的医学专家不少，但作为医学专家，同时又研究儒学、道学、佛学，这样的专家在中国屈指可数。张先生现在除了作为自己学校的教授、博士生导师之外，也担任中国人民大学、北京大学和清华大学的兼职教授或特邀教授，是国家中医药管理局重点学科"中医文化学"学科带头人，也是北京市哲学社科重点基地"北京中医药文化研究基地"首席专家。

今天听张先生的讲座"儒释道文化与中医文化的精神"，我们可以看一看，中国的传统医学与中国的儒学，从西方来的佛学，以及中国土生土长的道学有哪些关系。我相信，张先生的讲座不仅能为我们提供养生方面的信息，更能为我们了解中国的中医文化增添一些知识。下面有请张先生。

张其成：大家上午好！

我今天讲的题目是"儒释道文化与中医文化的精神"。我先说个题外话，我的出身是祖传中医，但我现在不好意思说，现在一说祖传中医，十有八九是假冒伪劣，但我们家是真的，去年被列入了第三批国家级非物质文化遗产。我爸姓李，我妈姓张，我爸"嫁"给了我妈。当时谈判第一个条件是，将来生了儿子要姓张，所以我就姓张了。我有一方闲章就叫做"张冠李戴"。我不是医生，但小时候学过医，后来没有从医。本来我天生就应该学医，因为我们家是"张一帖"，"一帖就好"当然有点夸大其词，但一般的急性热病一帖药就能有显效。"帖"不是贴膏药的"贴"，"帖"指一剂药。我后来为什么没有从医呢？因为我这个人喜欢静，家里来看病的病人太多了，小时候就嫌闹得慌。我父母当时看病特别尽心，一个病人如果看不好就会茶饭不思，我觉得特别耗神，就走向文。我硕士学的是医古文，博士在北大学的是哲学，搞《易经》，娄毅是我的师弟，我们俩在一个房间住了三年。所以今天非常高兴，也算回到了半个娘家。

现在转入正题。

什么是国学？这个不需要太多解释，"国"就是中国，"学"就是学问，"国学"就是中国传统的学问或学术，和中国传统文化不是一回事。准确地说，它是中国传统文化中的精华部分。按照典籍的分类可以分为四大类，经、史、子、集；按照学科的分类，我在主编的教材里分了五大类，文、史、哲、科、医，把中医学专门列了出来。为什么？其实我们的中华文化从思想史层面来说，是有一个结构的，我把它归纳成六个字"一源三流四支"。

这个"源"指的是玉树，玉树是三江之源，所以我们中国的地理结构就是"一源三流"，中华文化的基本结构也是"一源三流"，中医讲的人体生命结构也是"一源三流"。地理之源指玉树，"三流"指长江、黄河和澜沧江。这个地理结构在某种意义上对我们的文化起到了一定的影响。中华文化之源在哪？我认为是《易经》。中国当代"三大圣人"之一马一浮说，"国学者，六艺之学矣"。他讲的是大"六艺"，即"六经"，也就是说，中华文化的源头在"六艺"，即"六经"。我们平常说的"六经"是《诗》、《书》、《礼》、《易》、《乐》、《春秋》，按照时间的次序是《易》、《书》、《诗》、《礼》、《乐》、《春秋》。"六艺"是第一批经典，是中华文化的源头。"六艺"里谁又是源头呢？另外一位圣人熊十力说，"义礼归宗于六经，六经归宗于大易"。熊十力融贯儒和佛，最后归宗于大易，所以"一源"用一个字来说就是"易"。

"三流"指哪"三流"？是指东汉以后就成为中华文化三足鼎立的儒

家、道家以及中国化的佛家。中国化的佛家在隋唐时期形成八个宗派，其中最具中国特色的是禅宗。所以这句话应该这么说，"三流"是指儒家、道家和禅宗。

"四支"里的三支就是儒、道、禅，第四支是"中医"。我做了一副对联，"易贯儒道禅，道统天地人"，头两个字是"易"、"道"，后面的"道"不是道家的"道"，不是道教的"道"，也不是"道学"的"道"，而是大易之道的"道"。"易"分易术和易道，"道"才是中华文化的主干，只有"易"才是中华文化的主干、主线和主导。

当代中国最大的危机是什么？信仰危机。那你要信什么？信儒？那不行，儒太过了，所以五四运动打倒孔家店是有意义的。只信道或只信佛也不行，应该是儒、道、佛三教合一。合在哪里？就在"易"上。还有中医，直接源于"易"，所以加一个字就是"易贯儒道禅医，道统天地人心"。这个"道"统领了天道、地道和人道，这个观点我认为到现在还是成立的。我写过一本书叫《易道：中华文化的主干》。我们学这个不是要研究知识，要转识成智，找到我们的信仰。这是民族的信仰，也是我们每个人的信仰。中国人要信能够统领儒、道、禅、医的这个主干，只能是"易"。

我经常说，学国学一定要学五部书：《易经》、《论语》、《道德经》、《六祖坛经》和《黄帝内经》。我当过八年大学图书馆馆长，经常说一句话，"书千万不要多看，要看就要看经典"。作为中华民族的经典，这五部书是必须要读的，读其他经典当然也行，但这五部书不读是不行的，这五部书也正是"一源三流四支"的代表作。要搞清楚中华文化的结构和脉络，读懂这五部书就清楚了。

我发现一个秘密，《论语》是明解《周易》，《道德经》是暗解《周易》，《六祖坛经》是活解《周易》，而《黄帝内经》是直解《周易》。怎么读呢？少年、青年必读《论语》，中年必读《道德经》，老年必读《六祖坛经》，同时读当然可以，但少年不读《论语》是不可以的，中年不读《道德经》是不可以的，老年不读《六祖坛经》是不可以的。一定要通篇地读，反复地去悟。从人生、从某种意义上来说，学国学、学国学的经典就是人生之学，"国学者，人生之学也"，"国学者，修心之学也"。《论语》告诉你来这个世上要做什么，《道德经》告诉你来这个世上不要做什么，《六祖坛经》告诉你来这个世上要往哪里去。《易经》和《黄帝内经》呢？很简单，一辈子。为什么呢？首先，《易经》是源头，历史上多记载伏羲作八卦,《周易·系辞传》:"古者抱牺氏之王天下也,仰观象于天,俯则观法于地,观鸟兽之文,与地之宜,近取诸身,远取诸物,于是始作八卦,以通神明之德,以类万物之情。"司马迁的《史记》里没有提到伏羲作八卦,但《太史公自序》里说,"余闻之先人曰:伏羲至纯厚,作易八卦"。班固《汉书》里说,"人更三圣,世历三古"。三圣指伏羲氏、周文王和孔夫子。《周易》经过了三个圣人,从时间上经历了三个古代,上古、中古和下古,上古的伏羲氏、中古的周文王和下古的孔夫子。

其次,历史上还记载,其实《周易》是第三部《易经》,第一部叫《连山易》,第二部叫《归藏易》。很遗憾的是,现在前两部早已失传,只剩下《周易》。历史书上也记载,神农炎帝作《连山易》,轩辕黄帝作《归藏易》,夏代人信奉《连山易》,商代人信奉《归藏易》,周代人信奉《周易》。

中华文明开创的历史有多少年?一般说五千年,这是从黄帝算起,因为司马迁《史记》130篇中第一篇《五帝本纪》的第一个纪就是黄帝。五帝包括黄帝、颛顼、帝喾、尧、舜。可是我今天要告诉大家的是,中华文明的历史绝对不止五千年,中华文明的历史应该从伏羲算起。我们说"三皇五帝",道观里也有三皇殿,"三皇"一般指伏羲氏、神农氏和轩辕氏,所以,中国的历史至少应该从伏羲氏算起,距今七千年左右,上下七千年就是从伏羲算起。

伏羲作八卦是真还是假?历史书上是这么写的。2006年5月,我们在河南省淮阳县出土的陶片上发现了最早的八卦,上面刻了一个离卦,两边是两个阳爻,中间是一个阴爻。李学勤教授认为这是最早的八卦,探测仪检测显示其距今4500年。这连5000年都没到,那为什么说7000年前的伏羲作了八卦?还说神农氏作《连山易》,轩辕氏作《归藏易》。伏羲作八卦到底是真还是假?因为我们无法证明距今4500年的离卦是最早的八卦,所以千万不要回答没有,说不定哪天从我们北师大的地下挖出距今7000年或8000年的八卦。

1993年,湖北省江陵县出土了394支竹简,经专家考证,这就是《归藏易》。前几年,贵州省全国唯一的水族自治县三都县出土了一本用水书写的《连山易》,后来发现这本《连山易》的人写了一本书,并让我作序,在他再三恳请下,我为他作了序,写道"我不懂水书,可是我相信,这本书肯定可能是真的"。不要轻易否定古人的东西。为什么说中国当代最大的危机是信仰危机？信仰危机最大的表现就是没有敬畏心，"我是流氓我怕谁"，这是最可怕的。我们对古人说的东西要有敬畏之心，不要轻易否定，说不定哪天发现了就给你一个耳光。

我们还犯了一个错误，"文化总是越来越进步"，错，文化不总是越来越进步的，准确地说，科技文化和法治文化是越来越进步的，但宗教文化、哲学文化和伦理文化是越来越进步吗？儒家里有超过孔子的吗？道家里有超过老子的吗？佛家里有超过释迦牟尼的吗？都没有，也不可能。

中华文明形成的历史就是《易经》成熟的历史，阴阳五行八卦就是中华文明的源头。一提到八卦就是算命，就是封建迷信，现在又多了一条罪名，叫八卦新闻。我经常去新浪网、搜狐网做节目，看到网站上有一个栏目叫八卦，但上面全是男女明星的各种绯闻，我欲哭无泪。我们的邻国韩国将太极八卦图作为自己的国旗，国旗是一个国家和民族精神的最高象征，你要对一个国家进行抗议非常简单，把它的国旗烧了。对于我们中国人，这难道不是信仰危机吗？我们要找到自己的精神支柱，不从这里找从哪里找？

现在看《周易》的成书历史。如果说伏羲作八卦多少还有传说的色彩，那周文王演六十四卦就是真实不虚的了。《周易》的经文部分在周朝初年就形成了，这是学术界公认的。《周易》分经文和传文两部分，传就是对经文的解释，是孔夫子所作，不过这个在历史上也有争议。有人认为不是孔夫子所作，但是大量文物的出土证明古人说的是对的。但也不一定是他亲自作的，可能是他的弟子或者弟子的弟子，这个问题不重要。周文王是商朝末年商纣王时代的人，他的儿子姬发在他去世后才把商朝灭了，灭的那一天是公元前1046年1月28日，最后一仗是牧野之战。所以《周易》的经文部分距今3000余年。

孔子作《易传》，第一个表示怀疑的是欧阳修，他写了一本书叫《易童子问》，历代反对的人越来越多。当代学者只有金景芳一人坚持《易传》就是孔子所作，他的道理很简单，因为司马迁是这么说的。但是我刚才已经讲了，随着大量文物的出土，如1973年湖南省长沙市马王堆汉墓出土了帛书《周易》，湖北省江陵或荆门一片出土过一批竹简并被收入上海市博物馆，竹简中就有《周易》、《易传》等，上面的"子曰"就写成"孔子曰"。孔子作《易传》距今2500年左右，孔子生于公元前551年阳历9月28日、阴历八月二十七，老子生于公元前585年阴历二月十五，释迦牟尼生于公元前565年四月初八。关于释迦牟尼的出生有60多种说法，一般采用学术界比较公认的说法。孔子活了73岁，释迦牟尼活了80岁，老子活了多少岁？《史记》记载四个字，"不知所踪"。《六祖坛经》是中国人写的唯一一部成经的佛教书籍，六祖惠能距今1300百年，相当于中国的释迦牟尼，真身现在在广东韶关南华寺，今年我还去拜见他了。

儒、释、道的创始人都生活在公元前500年左右，如果把眼光放广一些，我们会发现，中国处于春秋战国时期，西方正处于古希腊时代。古希腊文明是西方文明的摇篮，它的文学、哲学、史学、神话等现在都没有人超过，尤其是哲学，亚里士多德的逻辑更是没人超过。这就印证了我刚才说的，"文化不总是越来越进步的"，世界文化的最高峰就是这个时候，这不是我发现的，是德国哲学家雅斯贝尔斯发现的，并将其称为"轴心期"，我把它称为"高峰期"。也就是说，到2013年1月5日上午10点还没有出现第二个高峰，12点会出现吗？不可能。就像我刚才说的，佛教里有谁超过释迦牟尼的？道家里有谁超过老子的？儒家里有谁超过孔子的？都没有，所以文化不总是越来越进步的。

他们与《易经》是什么关系？很多人都读过《周易》，周易六十四卦，第一卦、第二卦是乾卦和坤卦，乾象曰：大哉乾元，万物资始，乃统天。坤象曰：至哉坤元，万物资生，乃顺承天。乾象曰：天行健，君子以自强不息。坤象曰：地势坤，君子以厚德载物。这是中华民族的两大精神，也成为清华大学的校训。简单地说，一部《周易》就是乾坤二卦，乾、坤也可以用阴、阳来说，《周易》就是讲乾坤、讲阴阳的，这样就好理解了。抓住了阴阳，你对中国文化和中华民族的精神就会"一通百通，一了百了"，这就是我们的原创思维。

《周易》里用阴爻和阳爻两个符号代表阴、阳，上面是乾卦，下面是坤卦，阴爻和阳爻的三次组合是八卦，六次组合就是六十四卦。"易"字有两种写法：第一种写法是蜥蜴的"蜴"，就是四脚蛇、变色龙，所以"易经"有变化的意思；第二种写法，东汉魏伯阳第一次提出"日月为易"，上面是"日"，下面是"月"，日叫太阳，月叫太阴，所以日月就是最大的阴阳，即"玄象莫大乎日月"。准确地说，看得最完整的象就是太阳和月亮，但还有看不完整的象，就是天和地。庄子说"《易》以道阴阳"，《周易》就是说阴阳的，"易道"才是中华民族的精神支柱，才是我们信仰的对象。

我们找社会主义核心价值观找了半天没有找出来，党的十八大提出了24个字，其实最关键的就是八个字：自由、平等、公正、民主。这是中国特有的吗？这是全世界的普世价值观。大家一定要搞清楚，民主不单单是西方的，仔细考察一下，这八个字最早是谁提出的？最大的平等是哪一家？佛家当然不用说，是最大的平等。对中国人来说，最大的平等是道家。所以，只信儒家绝对是不行的，儒家太讲等级观念，"天尊地卑、男尊女卑、君尊臣卑"，所以导致专制。当然，这在一定程度上又是必须的，不能说哪一家绝对好，哪一家绝对不好。但是你把它一结合起来，道家庄子的《齐物论》，"天地与我并生，而万物与我为一"，绝对的平等。这八个字都很对，但真正属于我们中华民族的核心价值观到底是什么？不许多，太多了记不住，"八荣八耻"你能背下来吗？越简单的东西越接近事物的本质。

如果用四个字来说，中华民族的基本精神和信仰的精神支柱是什么？中华文化如果用一个人来代表，这个人是谁？现在国家推崇的是孔子，那老子呢？很多人提出要建老子学院。光有孔子代表还不够，那是谁？伏羲呀！你到道观里看看，三皇殿中坐在中间的就是伏羲。

如果用一本书来代表中华文化，用哪一本书？只有《易经》。西方有《圣经》，东方有《易经》。我没说中国有《易经》，韩国人更信《易经》，日本民族为什么那么团结？因为他们信教，信神道教，"神道"就出自《周易》，"神道设教"。日本叫什么民族？大和民族，"大和"就是指《周易》，"保合大和，乃利贞"，"太和"就是"大和"。韩国就更不用说了。再不弘扬国学，中华文化将来就没了，只能到韩国和日本去学。日语中的很多词都保留了古汉语的意思。日本人都信"易"，他们请我去讲课的时候，让我不要说"国学"，"国学"是中国的，让我就说《易经》。

如果用一张图来代表中华文化，什么图？就是下面这张八卦图。

儒、释、道以及中医的关系可以从这张图里看出来。这张图叫阴阳图，也叫太极图、八卦图或阴阳鱼图，一般叫太极图。中华文化如果用一张图来代表，非这张图莫属。这张图和我们见到的太极图一模一样吗？我们看一下其他的太极图。

上面这些太极图和我的太极图不一样，你们有看到过和我的一样的太极图吗？（观众回答：没有）听好了，你们所看到的太极图全都是错的，

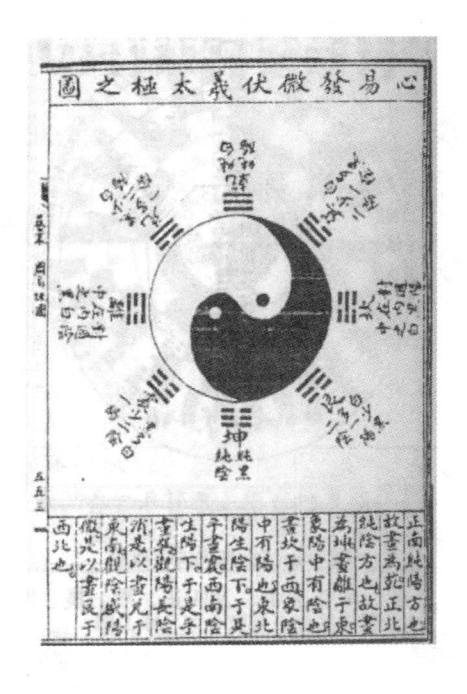

图 5

图 6　　　图 7　　　图 8

我的是唯一一张正确的太极图。这张图里有儒、释、道、中医，这张图搞清楚了，儒释道与中医文化精神也就清楚了。太极图就是中华民族之心，中华民族之魂，你们不仅要喜欢它，更要深深地爱上它。学了这张图，你就知道《易经》了，也就知道中医了，中医看病完全符合这个原理。这张图是中华文化最完美、最典型的表达方式。

目前学术界公认的最早的太极图是下面这张明初赵㧑谦的"天地自然河图"，那个时候还不叫太极图。明代末年，赵仲全的太极图叫"古太极图"，但我的考证是，南宋张行成的"易学"是最早的。

图 9 　　　　　　　图 10 　　　　　　　图 11

图 12　天地自然河　　　　图 13　古太极

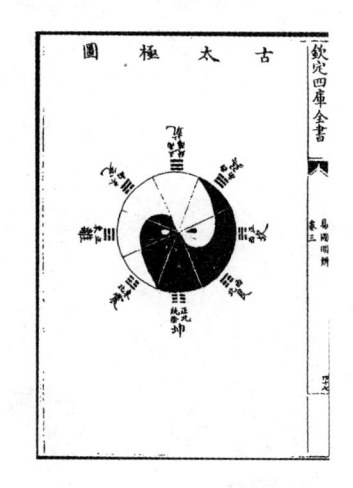

　　这张唯一正确的太极图有什么不同？弧度不同，中间 S 曲线不同。我们所看到的太极图都是半个圆，白的半个圆，黑的半个圆，无论这半个圆是左右结构，还是上下结构，全都是错的。我的呢？如果将半圆看成鱼头的话，我这张里的白圆和黑圆都是小鱼头，其他的太极图都是大鱼头，这是最大的区别。

　　我们用这张图来说明，并不是说这张图生出儒、释、道、医，只是用这张图来说明儒、道、佛、医。这张图的要素很简单，白的、黑的、中间 S 曲线、两个点、外面一个圈，搞清楚儒、道、佛、医在这张图里的位置，就能知道你、你的身体、你的体质和你的生理周期的位置。儒家崇"阳"，在白圆里，道家崇"阴"，在黑圆里。我们先看第一个秘密，孔子和老子都生活在公元前 500 年左右，为什么后来没有人能够超越那时的文化？再看第二个秘密，他们的坐骑是不同的。老子的坐骑是青牛，青牛就是黑牛，因此道家崇尚黑色。自然中什么东西最接近"道"？水，生水是黑色的。道教五方神中地位最高的是北方玄武大帝，是黑色的。孔子的坐骑是马，一个是马，一个是牛，这就是儒道两家思想的象征。文殊菩萨的坐骑是狮子，普贤菩萨的是白象，观世音菩萨的是金犼，地藏王菩萨的是谛听（神犬）……这些都是他们特征的外在表现。《周易》上写得很清楚，"乾为马，坤为牛"，马和牛一刚一柔、一快一慢、一儒一道、一白一黑，所以中华文化才走到今天。

如果中国历史上只有儒家或只有道家，早就完了。汉代末年引入佛家，于是儒、道、佛三足鼎立。儒家是白的，基本精神就是乾卦的基本精神，自强不息、刚健有为、勇往直前、百折不挠，所以才有历代的民族英雄、仁人志士。越往上，白的越多，最上面白的最多。道家是黑的，所以老子崇尚阴柔，厚德载物、柔弱虚静、自然无为、居下不争。儒、道两家在太极图中是"你中有我、我中有你"的关系，不是截然对立的，中国的儒、道、佛之间的关系非常和谐。外面的圈代表佛家，所以佛家讲究"空性"，"四大皆空"、"十二因缘皆空"、"色即是空、空即是色"……中医在哪儿？《黄帝内经》时的中医，也就是汉代时的中医，是儒家和道家的结合体，吸收了儒、道的精髓，然后运用到人体生命科学上。唐代时的中医则是儒、释、道三家结合，代表人物是孙思邈，他写了《大医精诚》，"凡大医治病，必先安神定志，无欲无求，先发大慈恻隐之心，誓愿普救含灵之苦"，里面用了很多佛家的语言。从文化学角度来说，当代中医可以说是中国传统文化的一种最形象的代表，而且还是唯一活着的、每个中国人一辈子总要使用的一种科学文化。所以中医绝对丢不了，最终只能被中医自己整死。

中医到底在哪里？两个眼睛、中间 S 曲线。很多人攻击中医，说中医太简单了，一个人有病，阴阳失调，怎么治病呢？调和阴阳，病治好了，阴阳调和了。这就是对的，越简单的东西越接近事物的本质，越复杂的东西越偏离事物的本质。我经常说一句话：把复杂的问题简单化，这叫智慧；把简单的问题复杂化，这叫知识。我们不是学知识的，越学越简单，就像老子说的"复归于婴儿"、"复归于朴"、"复归于无极"。返璞归真才是本质。"一通百通，一了百了"的"一"是什么？就是"易"。

很多人刚才看到儒家在中间，或者两个点，道家在中间，或者两个点，佛家在中间，或者两个点。准确地说，黑点表示"阳中有阴"，白点表示"阴中有阳",儒家是站在阳刚的立场上讲"中",叫"中庸"。子曰:"君子中庸,小人反中庸。"什么叫"中庸"?不偏谓之中,不倚谓之中。喜怒哀乐之未发,谓之中;发而皆中节,谓之和。中也者,天下之大本也,和也者,天下之达道也。致中和,天地位焉,万物育焉。道家也讲"中",是站在阴柔的立场上讲"中",叫"中道"。《老子》第四十二章:"道生一,一生二,二生三,三生万物。万物负阴而抱阳,中气以为和。"《老子》第五章:"多言数穷,不如守中。"佛家是站在"空性"的立场上讲"中",叫"中观"。佛教在印度经过了四个阶段,原始佛教、小乘佛教、大乘佛教和密教,其中大乘佛教是鼎盛时期,分为瑜伽行派和中观派。中观派由文殊菩萨创立,用"中观"解释"空"。西藏拉萨大昭寺旁边的八角街有一个叫玛吉阿米的建筑,那是六世达赖喇嘛在一个雪夜里会见情人的地方。他作了一首诗,但也有人说不是他作的,这首诗还出现在电影《非诚勿扰2》里。

你见,或者不见
我都在那里
不来不去

你念,或者不念
情都在那里
不增不减

你爱,或者不爱
爱都在那里
不长不短

你握,或者不握
我的手都在你的手里
不舍不弃

这首诗是讲什么的?是一首情诗吗?这就是"中道",就是"空"。龙树菩萨这样解释"空":"不生不灭、不一不异、不来不出、不常不断",《心经》里则解释为"不生不灭、不垢不净、不增不减"。这就是"道",就是"空"。所以,佛家也讲"空"和"中",是站在"空性"的立场上讲"中",叫"中观"。

中医当然是站在"中"的立场上讲"中",叫"中和"。所以,我们叫"中国"。你要为自己生在这个国家,生在这个文化中而骄傲,因为世界未来的文化必定是这种文化占主导。如果仍然是以西方的"二元对立"为主导,必定带来世界的毁灭,只有中国的这种思维才能带来世界的和平与发展。这不是我说的,是马一浮说的,原话如下:"世界人类一切文化最后之归宿,必归于六艺。"我稍微做了一点修改,"世界人类一切文化最后之归宿,必归于中华传统文化"。

中华传统文化的精髓就是这张太极图。用哪四个字可以概括这张图呢?这四个字就是中华民族的核心价值观,是中华文化的基本精神,必须能够统领儒、道、佛、医。这四个字就是"阴阳中和",这是中华文化的基本精神,也是这张图的基本含义。

为什么这张图是唯一正确的太极图?它的来龙去脉我刚才已经简单地说了。最早的画法都是量化的,这张太极图也是可以量化的。后来的人由于不懂这个,就出现了五花八门的太极图。这张图其实就是伏羲八卦图,伏羲作八卦的"八卦"是什么?作出来后通过"太极生两仪,两仪生四象,四象生八卦,八卦定吉凶,吉凶生大业"生出来"乾一、兑二、离三、震四、巽五、坎六、艮七、坤八",用图来表示就是这张图。

S曲线的这个弧度只能这么画,因为它的八条半径就是八个卦。先找到这张图的圆心,圆心上方只有一条半径全是白的,白的为阳,就是纯阳,所以阳阳阳就是乾卦。下方只有一条半径是黑的,黑的为阴,就是纯阴,所以阴阴阴就是坤卦。再看左边这条半径,有白有黑,白黑比例是1:1,白的在外,黑的在内,也就是阳包着阴,所以是离卦。再看右边这条半径,有白有黑,白黑比例也是1:1,不过白的在内,黑的在外,也就是阴包着阳,所以是坎卦。其他的太极图达不到这样,只要是大鱼头半圆组成的太极图全都是错的。

刚才说的是四个正位,上、下、左、右,南、北、东、西。我们接着看一下四个余位,也就是四个拐角。左上这条半径有白有黑,白黑比例为2:1,两根阳爻、一根阴爻,所以是兑卦。左下这条半径有白有黑,白黑比例为1:2,一根阳爻、两根阴爻,所以是震卦。右上这条半径有黑有白,黑白比例为1:2,一根阴爻、两根阳爻,所以是巽卦。右下这条半径有黑有白,黑白比例为2:1,两根阴爻、一根阳爻,所以是艮卦。两个点是什么意思？先看白点。白点是黑中有白，也就是阴中有阳，外面是阴，中间是阳，这个点就是坎卦。刚才已经说过，这是一半白、一半黑，坎卦实际上是两根阳爻、一根阴爻，不能表示一半对一半，只能表示外面阴、中间阳，所以就用这个点补充说明。再看黑点。黑点是白中有黑，也就是阳中有阴，外面是阳，中间是阴，这个点就是离卦。

韩国国旗就是这四个卦，中华文化的儒、道两家用乾、坤二卦来说的话，儒家就是乾卦，道家就是坤卦。如果用"乾坤坎离"四个卦来说的话，儒家是乾卦和离卦，道家是坤卦和坎卦。仔细考察的话，道家和道教都崇尚阴，崇尚黑色，道教后来分为全真道和正一道两派，全真道来源于金丹派，正一道来源于符箓派。第一本讲内丹的书是魏伯阳的《周易参同契》，主要讲的是坎离问题，儒家讲的是乾坤问题，天地的观念。所以道教是坎、离二卦，坎、离也是药物，在外丹上就是汞和铅，在内丹上就是元精和元神。

中医直接来源于《易经》，是对《易经》阴阳哲学的运用，也吸收了儒、道两家，尤其是道家的精髓，所以《黄帝内经》里引用了很多《道德经》里的话。刚才说到五部经，周文王写的《易经》距今3000年，《道德经》和《论语》距今2500年，《黄帝内经》则具有较大争议，我有一个博士专门写了一篇论文《〈黄帝内经〉成书考》，最后的结论是：《黄帝内经》的形成是一个相当长的过程，从春秋战国一直到它的主体部分，主体部分形成于汉武帝以后，距今2000年左右。自然就会受到老子和孔子的影响，主要受到了老子的影响，所以汉代初年出现了"黄老之学"。

明代医学家张介宾说过：《易经》是外易，《内经》是内易。也就是说，《易经》讲的是宇宙、人体，宇宙周期变化的大规律，《黄帝内经》讲的是人体里面生命周期变化的大规律。张介宾还引用了孙思邈的话"不知易不足以言太医"，做医生的最高目标就是成为"太医"，必须了解《易经》。说到底就是阴、阳。中医就是按照阴、阳解释一切，阴、阳后来细分了，细分之后就是五行。

目前对于"五行"最早的记载出自《尚书·洪范》篇，上面说到：周文王打下了天下，但是不知如何治理，于是向箕子请教，箕子告诉他治理天下有九种大法，其中第一大法就叫"五行"，一曰水、二曰火、三曰木、四曰金、五曰土，水曰润下、火曰炎上、木曰曲直、金曰从革、土爰稼穑。这是目前关于"五行"最完整的记载。很多人说"阴阳"出自

《易经》，"五行"出自《尚书》。有的名医认为一定要保留"阴阳"，废弃"五行"，这是不对的。虽然"阴阳"和"五行"的来源不同，但是《易传》里已经有"五行"了。《易传》中《说卦传》第十一章虽然没有提到"五行"这个词，但是马王堆帛书中的《易传》提到了"五行"，我专门通过考证并撰写了论文。也就是说，"阴阳"和"五行"在《易传》里已经合在一起了。

实际上，它们的思维方式是一模一样的，废弃"五行"就等于废弃"阴阳"。"阴阳"的细分就是"五行"，可分为太阳、太阴、少阳和少阴"四象"。除"四象"外，还有一个位于中间，不阴不阳、半阴半阳、有阴有阳，这个就是土。太阳是火，太阴是水，少阳是木，少阴是金，中间的就是土。举一个很现实的例子：取消黄灯。这不是中国人的思维方式，是"二元对立"。黄灯位于中间，非常必要。北京原来的东城区和西城区分别与崇文区和宣武区合并，合并后命名为东城区和西城区。这是不对的，应该叫崇文区和宣武区，崇文就是木，宣武就是金，完全是按照这个来的。

"五行"就是"阴阳"，最了不起的是加了一幅图。古希腊的希波克拉底把人分为四类，古印度也是四大——地、水、火、风，韩国李济马的四象医学，都是四。我们主要是五，最早是文王八卦里的排列方式，这在《易传》里已经有了，就是"五行"。上面是火，下面是水，左边是木，右边是金，中间是土。再看中医上的五脏，上面是心，下面是肾，左边是肝，右边是肺。左边就是东边，右边就是西边，因为中国位于北半球，正常的方位是坐北朝南，那自然就是左东右西。古建筑前面一对狮子中左边的肯定是公狮子，右边的肯定是母狮子，否则肯定就是错的。

西医总是攻击中医，认为中医胡说八道，说人体的左边根本没有肝，右边也没有肺。实际上，这是中医功能思维方式的产物，肝气要上升，肺气要下降。如果不上升，肝气就会淤积，各种毛病就会随之而来，其中最容易得的是抑郁症，尤其是大学生。肺气如果不下降，容易得哮喘、咳嗽等。这是一种思维方式，是中国古代的思维模型图，一切都是按照这个来的，包括看疾病、看风水等。比如看人的舌苔，舌尖看心，舌根看肾，两边看肝胆，中间看脾胃。中医把脉，左为心肝肾，右为肺脾命。古人的这种思维方式贯穿了天、地、人，所以中医看病就是典型的天、地、人合一的看病。

怎么算命呢？只看生辰八字不行，同一生辰八字出生的有上亿人，包括死去的、现在的以及未来的。但不能不看生辰八字，它只是一个要素"天"，还要看"地"，最重要的还要看"人"，人的先天和后天。先天包括体质、长相等，后天包括性格等。把天、地、人三者合起来就是"易道"，"易贯儒道神，道统天地人"，这绝对就是正确的。

上次在中央电视台做节目，主持人撒贝宁问我：张老师，您能不能简单说一下中医和西医的区别？我说：西医治病绝对是头痛治头、脚痛治脚，找出病毒和病菌，然后将其杀灭。中医治病可能是头痛治脚、脚痛治头。举个简单的例子：头昏脑涨、血压高的时候要从哪里治？治脚。牙齿疼呢？右齿疼治左手，左齿疼治右手，分别扎左右手的合谷穴。脱肛了呢？扎百会穴。五脏如此，经络也如此。

下面讲讲养生。养生其实就是养"精气神"，"精气神"开始叫"形气神"，最早出现于《淮南子》中。《淮南子·原道训》："夫形者生之舍也，气者生之充也，神者生之制也。一失位则三者伤矣。"后来叫"精气神"，人生三宝"精、气、神"。如果从儒、道、佛三家来说，各家都有所偏重。儒家重"气"，从"气"入手调节"精气神"；道家重"精"，从"精"入手调节"精气神"；佛家重"神"，从"神"入手调节"精气神"。"精气神"并重才是真的养生。"精、气、神"号称人生三宝，"精"是生命的物质，包括精液、血等一切支持生命的最基本物质；"气"是生命的能量，现在有一个比较时髦的词叫"正能量"，就是"正气"。孟子说过"吾善养吾浩然之气"，"浩然之气"从"德"入手，配的是"义"，所以叫"大义凛然"。如果从人生角度理解生命的能量，解释就太多了；"神"就是生命的主宰。

养生里面，养精是基础，养气是途径，养神是关键。儒、道、佛三家虽然入手点不同，但落脚点都是"神"。道家特别讲炼精，道教中有房中术，男人的精就是精液，房中术不要简单理解成男女交合的知识，是指行房事过程中如何保精，不仅不射掉，而且能沿着督脉上去补脑，这叫还精补脑。如果用太极图表示，精在哪里？精是阴的，所以叫阴精。神在哪里？神是阳的。气在哪里？狭义的气在中间，是精和神的桥梁，叫炼精化气，炼气化神。广义的气到处都有，精里面叫精气，神里面叫神气，庄子说过"通天下一气耳"。我们这里的气场为什么这么好？是因为气在沟通。不管是从炼精还是炼神入手，最后都要回到神上，神才是关键。好多人问我养生要吃什么，我被问烦了，就说道：最高的养生就是不吃。不吃那吃什么？吃气，叫服气。我有一个师傅，今年96岁，是全真道第十八代传人，当过周恩来总理警卫连连长。他就是采气，告诉我采气有20种方法。我已经办过69期修炼营，一开始五天，后来三天，现在准备扩大成七天，其中就要采气。

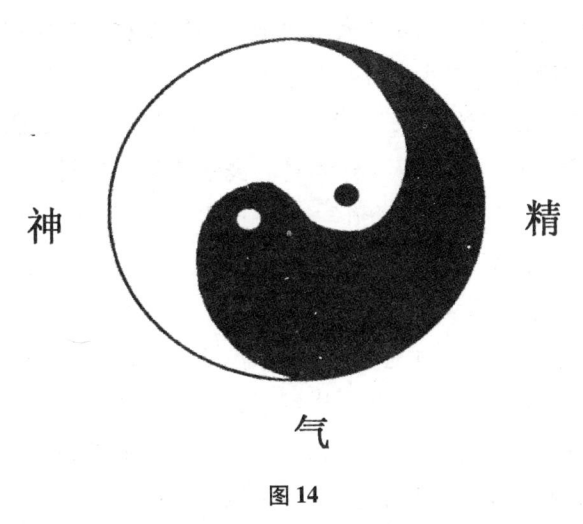

神　　　　精

气

图14

　　这张图我至少可以讲18天。呼吸就是后天之气，可以练中气，先天之气叫元气。我的个人网站（http://www.zhangqicheng.com/）上有一个栏目"视频"，其中有一段视频是印度瑜伽大师缇瓦瑞和我在新浪网上的对话。缇瓦瑞是世界上有限的几个能控制呼吸的人之一，比我高多了。怎么呼吸？用神控制，这位大师从第一个字到最后一个字全在教你如何呼吸。

　　儒、道、佛、医四家都归结为神，神才是生命的主宰。广义的神就是生命的活力，一切精神活动都叫做神，比如说，这个人两眼炯炯有神，这个人神采奕奕等。狭义的神就是人的精神意识，或者叫意念、思维活动。神也分先天之神和后天之神，先天之神叫元神，后天之神叫识神。我们现在都被识神所控制，识神也叫欲神，人的杂念、欲望、情绪等都属于后天之神，其最大的特点是好动。所以人总是静不下来，思欲、烦躁、浮躁、焦虑，等等。

　　儒、道、佛、医四家中的养生实际都是要让后天回归先天，让识神回到元神，只是叫法不同。道教讲元神或元性；儒家叫本心或本性，"人之初，性本善"，孟子认为人的本性是善，荀子认为人的本性是恶，究竟人的本性是善还是恶？王阳明说过，"无善无恶心之体，有善有恶意之动，知善知恶是良知，为善去恶是格物"。佛家叫自性或佛性，《六祖坛经》开篇就说了四句话，"菩提自性，本来清净。但用此心，直了成佛"。自性就是佛性。为什么说主要来源于《易经》呢？《易传》里说："易，无思也，无为也，寂然不动，感而遂通天下之故。"中国的禅宗就采用了禅修这种方法。

怎么养神？儒家叫正心："大学之道，在明明德，在亲民，在止于至善。"这是三纲领，还有八条目："格物"、"致知"、"诚意"、"正心"、"修身"、"齐家"、"治国"、"平天下"。"正心"正的是儒家的"仁之心"。道家讲清心，"致虚极，守静笃。夫物芸芸，各复归其根。归根曰静，静曰复命"。老子就讲"道"，"道"的内涵用一个字概括就是"无"。具体来说，有"无为"、"无极"、"无名"、"无利"、"无功"、"无欲"等，其中就有"自然无为"，这个"自然"就是"本然"的意思，也就是元神、元性、本性或自性。儒、道、佛三教合一，"红莲白藕青荷叶，三教原来是一家"。佛家讲明心，十二因缘第一个因是无明，所以才有贪、嗔、痴三毒。这个心就是觉悟之心，精进心、慈悲心、虚空心。医家讲调心，也就是平和之心，要阴阳平和。

修心具体来说就是正心、静心、明心和调心，修的是天地之心、民族之心、企业（组织）之心和个人之心，从大到小。这四个心就是一个心，天人合一。天人合一不能片面理解成保护自然环境，是指天人同心，天人同道，天人同理，天人同构，天人同行。古代中国人信天，敬天法祖，所以天地之心就是天理、天道、天命，"君子有三畏：畏天命，畏大人，畏圣人之言"。民族之心就是民族之魂，魂就是中华民族的文化。组织之心就是各机构的组织文化。个人之心就是个人的信仰，作为一个中国人，应该信"易"。

修心的共同法门是"静"，儒家"止定静安虑得"，尽心、知性、知天；道家"致虚守静"，老子讲"涤除玄览"，庄子讲"坐忘心斋"；佛家"戒、定、慧"三学，"戒"是行为的戒，有五戒、八戒、十戒，戒杀生、戒偷盗、戒邪淫、戒妄语、戒饮酒等。"定"就是禅定，四禅定，然后就能开智慧。儒家读经，朱熹"半日读书，半日静坐"，王阳明就更不用说了。佛家禅定，禅定是梵语禅那（Dhyana）的音译，就是要静虑。《六祖坛经》对于"禅坐"讲得很清楚，"自性不动，名为禅；心念不起，名为坐。外离相为禅，内不乱为定"。医家内守，《黄帝内经》上说："恬淡虚无，真气从之，精神内守，病安从来？粗守形，上守神。得神者昌，失神者死。故生之来谓之精，两精相搏谓之神。淳德全道，和于阴阳，调于四时，去世离俗，积精全神。"在我看来，道家在养生方面的功夫最高，最高的功夫就是内丹功，包括炼精化气、炼气化神和炼神还虚三个阶段。看一下下面这幅图：

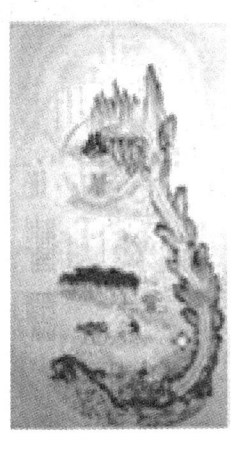

图15

这是一个人。刚才讲过，中华大地及中华文化的基本结构是"一源三流"，生命的基本结构也是"一源三流"。生命之"源"在肾，肾为先天之本，也可以说两肾之间，肾间动气，也可以说在少腹，女子子宫、男子精。然后从会阴穴流出来，第一条流从后背往上走，走到头顶的百会穴，接着下来到督脉；第二条流从会阴穴往前走，走到任脉；第三条流是冲脉，有三个走向：一条从任脉的两侧走入乳房，女子二七十四岁时这条脉很盛，第二性征乳房隆起。接着走到嘴部绕嘴唇一周，男子二八十六岁时来天癸，第二性征长胡须。还有一条往下和督脉接起来走。

再看一下任督二脉、冲脉与太极图的关系。

任脉是阴之海，督脉是阳之海，冲脉是血之海，这张图可以用三句话解释：宇宙周期变化的大规律，人类知变应变的大法则，人生为人谋事的大智慧。谋事中就有一件事是养生。规律是这样看的：从左边往上，阳气越来越多，最上面的阳气最多，阴气也随之而来并越来越多，最下面的阴气最多，阳气也随之而来并越来越多。练内丹功也如此，肾经练足了，从下丹田开始，从后面往上走到百会穴，接着往下走到督脉，来到兑端穴。

督脉　　　　　　　　　任脉
（阳之海）　　　　　　（阴之海）

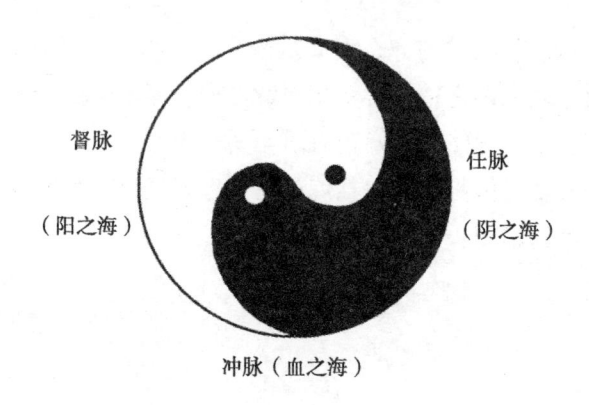

冲脉（血之海）

图 16

再往下经过嘴，来到任脉，最后经过中丹田到达下丹田，这就是一个周期。督脉往上，阳气往上走，任脉往下，阴气往下走。下丹田就是关元穴，肚脐眼下三寸即是。肚脐眼叫神阙穴，往下一寸半是气海，往下三寸是关元。后面有三个关：下关、中关和上关，前面有三个田：上丹田、中丹田和下丹田。

最后总结一下：中华文化的基本结构是"一源三流四支"，用一张图来表示就是太极图。儒家崇尚"阳"，道家崇尚"阴"，佛家崇尚"空"，但他们都崇尚"中"，儒家讲"中庸"，道家讲"中道"，佛家讲"中观"，中医讲"中和"。所以，这种思维方式和价值取向的核心价值观用四个字来说就是"阴阳中和"。中医的核心价值观也是"阴阳中和"，养生的基本原则也是"阴阳中和"。《黄帝内经》的说法是八个字：法于阴阳，和于术数，简化成四个字就是"阴阳中和"。儒、道、佛、医四家虽然各有所侧重，但基本理念是一回事。最后希望大家能够走入"易道"神妙的世界，从中找到自我，找到灵魂。祝大家都有一个健康的人生、快乐的人生、智慧的人生。谢谢！

互　　动

问：张教授您好，请您谈谈人体温度差的重要性以及如何调节人体的温度差。

答：这个可以用"阴阳中和"来解释。热的时候，人的表现是：哎呀，好热好热。冷的时候，人会缩在一起：哎呀，好冷好冷。这就是阴阳自己的平衡，热了要打开，补充阴的东西，冷了晒太阳要晒后背，补充阳的东西。你说的温度差应该就是调节阴阳，找到平衡点。

这个问题其实很有意义，可以运用到很多方面，比如说教育孩子，究竟是狼爸虎妈教育好，还是快乐教育好？按照中医的说法，都不要极度。佛、道、佛、医四家都强调不要太过，但必要的时候是可以的，也就是太极图刚好走到乾卦和坤卦的时候。比如说，日本想侵占我们的钓鱼岛，我们不能一味地求和，但是常态肯定是和。单纯的快乐教育不行，一点挫折孩子就会承受不了，单纯的狼爸虎妈教育更不行，这都是极端。中国人不讲极端，讲"中道"，但在何时讲"中道"就需要自己把握。《黄帝内经》将养生分为四个方面，食饮有节、起居有常、不妄作劳、形与神俱。"不妄作劳"就是不要太过，偶尔可以，长期肯定不行。

问：张教授您好，我特别想知道如何打通任督二脉，请您指导。

答：九天或者七天能不能打通任督二脉？主观上能打通，客观上打不通。主观上就是用意念指挥，通过呼吸先把任脉打通，一般都能打通，但不是百分之百。但客观上很难，因为按照内丹功，光打基础就需要一百天，叫"百日筑基"。客观上打通就是不去想，只要静下来，气自然就在动，这个很难。当然如果你以前练过，或者悟性比较高，就不需要着急，你越着急就越打不通。我有一句名言：越要脸越没有脸，越不要脸越有脸。就好像失眠，你越着急就越睡不着。

问：张教授您好，会阴很重要，会阴如果发病会出现什么状况？另外，会阴在太极图中处在什么位置？

答：会阴在坤卦里，这个非常重要。2012年12月21日是冬至，阴气最重，阳气最少，这是练功的最好时机，事半功倍。我现在比十多年前还要年轻一些，窍门就是练会阴，收腹提肛，同时配合呼吸，左手在前（左手是阳，前面是阴，阴阳中和），右手在后（右手是阴，后面是阳，阴阳中和），左手劳宫穴对准下丹田，右手劳宫穴对准命门，然后从中间压，做6次或者6的倍数，因为一六为水，二七为火，三八为木，四九为金，五十为土。大家跟着我做一下。

主持人：各位听众，我们真的非常有幸听到这么好的讲座。张教授给我们带来的养生方法不是吃什么灵丹妙药，更不是吃绿豆，而是让我们从中华传统文化中汲取营养。我个人的感觉就是好像听了现场版的百家讲坛，希望今后在京师人文宗教讲堂中再听到张先生的讲座。